Das Zahlenbuch 2

Lehrerband

Ausgabe Bayern

von
Erich Ch. Wittmann und Gerhard N. Müller

Lernzielkontrollen von Martina Röhr

Unter Beratung von
Christine Gerhardt, Roßtal
Edeltraud Habermann, Stein
Günther Hartlieb, Dittelbrunn
Gabriele Klenk, Schwabach
Sigurd Ramming, Bindlach
Helmut Tiefenthaler, Töging

Ernst Klett Schulbuchverlage
Stuttgart · Leipzig

Vorwort

*Rechnen zu wollen, ohne denken zu wollen,
ist ebenso gut, wie atmen wollen ohne Lunge.*

A. Diesterweg

Die Grundkonzeption des ZAHLENBUCHs ist auf den Seiten 6–19 des Lehrerbands 1 ausführlich dargestellt. Dort wird ausführlich auf die folgenden Besonderheiten des ZAHLENBUCHs eingegangen, die für die Arbeit mit dem Buch beachtet werden müssen:
– die *ganzheitliche Behandlung* zentraler Inhalte in *mehreren Durchgängen*
– das praktisch unerschöpfliche Angebot an *Übungen*
– den integrierten Kopfrechenkurs „*Blitzrechnen*"
– den „alternativen Weg" zur Förderung *lernschwacher Kinder*
– die Eröffnung *individueller Lernwege* und die Förderung von Kindern mit unterschiedlichen Voraussetzungen im gemeinsamen Unterricht

Da der Mathematikunterricht in den ersten beiden Schuljahren in Bayern in der Regel in einer Hand ist, wird darauf verzichtet, die Konzeption des ZAHLENBUCHs im vorliegenden Lehrerband 2 nochmals abzudrucken. Lehrerinnen und Lehrern, die im zweiten Schuljahr neu mit dem ZAHLENBUCH arbeiten, bitten wir sich im Lehrerband 1 zu informieren.

Zur ökonomischen und effektiven Nutzung des ZAHLENBUCHs erinnern wir daran, dass auch der Band 2 aus fünf Komponenten besteht:
– *Schülerbuch*
– *Blitzrechenkurs*
– *Arbeitsheft*
– *Lösungsband* (Schülerbuch mit eingetragenen Lösungen)
– *Heft*

Das *Schülerbuch* bildet den Leitfaden für den Unterricht und ist als *Angebot von Möglichkeiten* zu verstehen. Wie sein Inhaltsverzeichnis zeigt, ist die Arithmetik wieder in Themenblöcke gegliedert, innerhalb deren Schwerpunkte gesetzt werden können. Der Themenblock „Ergänzende Übungen" dient als eine Art Puffer, aus dem frei ausgewählt werden kann. Die Themen zur Geometrie und zu Größen- und Sachrechnen sind an passenden Stellen integriert.

Der *Blitzrechenkurs* spielt eine zentrale Rolle und erfordert nachhaltige Maßnahmen im Unterricht und darüber hinaus, wie im Lehrerband 1 ausführlich erklärt wird. Insbesondere muss eine Mitarbeit der Eltern organisiert werden. Zur Unterstützung steht die Kartei „Blitzrechnen 2, Basiskurs Zahlen" zur Verfügung.

Das *Arbeitsheft* ergänzt das Schülerbuch. Es enthält nur Aufgabentypen, die zuvor im Schülerbuch behandelt wurden, und eignet sich daher auch gut für Hausaufgaben.

Der *Lösungsband* für das Schülerbuch sollte frei zugänglich gemacht werden, damit die Kinder ihre Rechnungen selbst überprüfen können.

Die Bearbeitung von Aufgaben im *Heft* wird durch Hinweise im Schülerbuch unterstützt. Diese Hinweise sind nicht als Vorschrift zu verstehen, an die sich die Kinder sklavisch halten müssten. Rechnungen, Zeichnungen und Texte müssen übersichtlich, gut leserlich und sauber sein.

Auch der Lehrerband 2 enthält zusätzlich zu den didaktischen Hinweisen zur Bearbeitung der Seiten des Schülerbuchs und Arbeitshefts Kopiervorlagen für die Denkschule (ab S. 15) und zusätzliche Materialien (ab S. 230):
– Operationsfeld
– Leerformate
– Zusätzliche Arbeitsblätter zu besonders wichtigen Schülerbuchseiten
– Formenzeichenkurs
– Lernzielkontrollen
– Blitzrechenpass

Wir wünschen allen großen und kleinen Benutzern auch mit dem zweiten Band des ZAHLENBUCHs viel Freude und Erfolg.

Die Autoren

Inhalt

Übersicht über den Band 1 *Was wird benötigt?*	Arbeits- und Demonstrationsmittel	4
	– Grundausstattung Arbeitsmittel – Zusatzausstattung: Demonstrationsmittel – Materialien zum Blitzrechenkurs	
Worum geht es inhaltlich?	Konzeption der Inhaltsbereiche im Band 2	5
	– Arithmetik – Geometrie – Größen- und Sachrechnen – Mini-Projekte	
	Denkschule	15
Tägliche Praxis *Wie kann man vorgehen?*	Didaktische und methodische Hinweise zu den Schülerbuchseiten	25
Was ist sonst noch hilfreich?	Materialien	230
	– Operationsfelder – Leerformate – Arbeitsblätter – Lernzielkontrollen – Blitzrechenpass	

Grobe Anhaltspunkte zur Verteilung der Themenblöcke auf das Schuljahr

1. Halbjahr: Orientierung und Einführung	2. Halbjahr: Übung und Vertiefung
Schuljahrsbeginn bis Herbstferien: Wiederholung, Orientierung im Hunderterraum	*Ende 1. Halbjahr bis Ostern:* Fortsetzung der Multiplikation und Division (evtl. einige vertiefende Übungen)
Herbstferien bis Weihnachten: Addition im Hunderter, Subtraktion im Hunderter	*Ostern bis Pfingsten:* Vertiefung der Addition und Subtraktion, Vertiefung des Einmaleins
Weihnachten bis Ende des 1. Halbjahrs: Einführung der Multiplikation bis etwa S. 65	*Pfingsten bis Schuljahrsende:* Ergänzende Übungen

Das Einmaleins sollte möglichst bis Ende des 1. Halbjahrs wenigstens eingeführt sein.

Arbeits- und Demonstrationsmittel zum Band 2

Man hat mittlerweile begriffen, dass die Aktivität des Kindes auf bestimmten Stufen wohl eine Manipulation von Gegenständen und sogar in gewissem Grad das materielle Betasten erfordert, dass sich aber auf anderen Stufen die echteste Aktivität rein auf der Ebene des Denkens und der konsequentesten Abstraktion entfalten kann.

Jean Piaget

Grundausstattung: Arbeitsmittel

Folgende Arbeitsmittel für die Hand der Kinder werden zum Band 2 benötigt:
– *Hunderterfeld* (abgedruckt im ausklappbaren Umschlag des Schülerbuches, großes Hunderterfeld als Kopiervorlage)
– *Zahlwinkel* und *Einmaleinswinkel* (aus stabilem Karton leicht selbst zu erstellen)
– *Hundertertafel* (abgedruckt im ausklappbaren Umschlag und als Kopiervorlage)
– *Zehner-* und *Fünferstreifen* (Kopiervorlage, passend zum großen Hunderterfeld)
– *Einmaleins-Plan* im Format DIN A3 (Kopiervorlage)
– *Einmaleins-Tafel* (auf der Rückseite des Schülerbuchs)
– *Tangram-Spiel* (Kopiervorlage)
– *Rechengeld* (Münzen und Scheine in Cent und Euro)
– *Wendeplättchen*

Im Programm „mathe 2000" sind folgende Arbeitsmaterialien erhältlich (Bestellnummern und Preise entnehmen Sie bitte dem aktuellen Katalog des Ernst Klett Grundschulverlages):
– *Arbeitsmittel* (Zahlwinkel, Einmaleinswinkel, Tangram, Zehner- und Fünferstreifen, Einmaleins-Plan, großes Hunderterfeld) im Fünfer-Pack zum Nachbezug
– *Wendeplättchen*, Klassensatz mit 1500 Stück aus dicker Pappe
– *Der Hunderterrahmen,* das Holzmaterial für den Anfangsunterricht (100 be-greifen!)

Bei dem zuletzt genannten Holz-Material handelt es sich um eine besonders haltbare und handliche Alternative zu den Zehner- und Fünferstreifen, welche einen wesentlich besseren haptischen Zugang zum Rechnen erlaubt als die Materialien aus Karton, was für manche Kinder sehr wichtig ist.

Zusatzausstattung: Demonstrationsmittel

Die Unterrichtsarbeit wird erleichtert, wenn einige oder im Idealfall alle Arbeitsmittel auch als Demonstrationsmittel im Großformat zur Verfügung stehen. Kinder können dann Arbeitsaufträge, Aufgabenstellungen und Erklärungen der Lehrerin am Demonstrationsmaterial unmittelbar nachvollziehen und auch ihre am eigenen Material erarbeiteten Lösungswege und Überlegungen mit Hilfe des Demonstrationsmaterials der ganzen Klasse vorstellen. Dies ist effektiver als eine rein verbale Präsentation.

Folgende genau auf die Arbeitsmittel der Kinder abgestimmte Demonstrationsmaterialien werden im Programm „mathe 2000" angeboten:
– *Die Einmaleins-Tafel,* Poster 84 × 119 cm, stabiles Kunststoffpapier
– *Der Einmaleins-Plan,* Poster 84 × 119 cm, stabiles Kunststoffpapier
– *Wendeplättchen* (100 Stück), blau/rot, doppelseitig magnetisch, Ø 4 cm

Die Einmaleins-Tafel kann ähnlich wie die Einspluseins-Tafel auf einem großen Bogen Tonpapier aufgezeichnet werden, wobei man die Farbgebung der Felder durch die Farbe der eingetragenen Aufgaben ersetzen kann (rote Felder rot beschriften, blaue blau, …, weiße Felder schwarz). Nach Möglichkeit sollte man die Schüler an der Herstellung beteiligen.

Für die Arbeit am Overheadprojektor können die benötigten Zahldarstellungen auf Folie kopiert oder mit einem Permanentstift gezeichnet werden (vgl. Materialien ab S. 230).

Mit dem Zahl- und Einmaleinswinkel kann man auf den Folien bequem operieren und man kann die Folien mit einem wasserlöslichen Stift auch beschriften.

Das Tangram-Spiel der Kinder kann direkt auf dem Overheadprojektor verwendet werden.

Eine Hundertertafel für die Magnettafel kann aus Papier angefertigt werden, jedes Feld 5 cm × 5 cm passend zu den magnetischen Wendeplättchen.

Materialien zum Blitzrechenkurs

– *Kartei „Blitzrechnen 2, Basiskurs Zahlen".*
Dieser Kurs dient zur Unterstützung der Grundlegung der Blitzrechenübungen. Die Kinder können nach kurzer Einführung mit den Rechenkarten selbstständig arbeiten.
Zur Automatisierung des Blitzrechnens dient die CD-ROM „Blitzrechnen", die auf Wunsch mit dem Arbeitsheft bezogen werden kann. Unabhängig davon ist diese CD-ROM mit den Übungen für das 1. und 2. Schuljahr separat lieferbar:
– CD-ROM *„Blitzrechnen",* 1. und 2. Schuljahr

Konzeption der Inhaltsbereiche im Band 2

Reine Selbsttätigkeit, in der das Kind völlig auf sich bezogen lernen könnte, ist nicht möglich, weil alles Tun in einem Medium, in einer Situation, unter äußeren Bedingungen vor sich geht. Aber ebenso wenig ist eine bloße Aufprägung des Stoffes von außen möglich. Alles hängt von der aktiven Auseinandersetzung mit dem Stoff ab. Der Wert der Fachinhalte, die den Lehrgang bilden, besteht aber gerade darin, dass sie den Lehrer befähigen können, die Lernumgebung des Kindes zu bestimmen und so das Kind auf indirekte Weise zu führen.

John Dewey

Um die Grundideen der Arithmetik, der Geometrie und des Sachrechnens über die Klassenstufen hinweg deutlich zu machen sind die Inhalte des ZAHLENBUCHs in thematische Blöcke gegliedert, die jeweils einen ganz bestimmten Fokus haben. Die folgende Tabelle gibt eine Übersicht über die thematischen Blöcke der drei ersten Bände des ZAHLENBUCHs.

	ZAHLENBUCH 1	ZAHLENBUCH 2	ZAHLENBUCH 3
Arithmetik	• Entwicklung des Zahlbegriffs • Kraft der Fünf (strukturierte Zahlerfassung) • Orientierung im Zwanzigerraum • Ausblick in den Hunderter • Einführung der Addition • Einführung der Subtraktion • Mini-Einmaleins • Integrierende Übungen • Vertiefende Übungen • Ergänzende Übungen	• Orientierung im Hunderterraum • Addition im Hunderterraum • Subtraktion im Hunderterraum • Einführung der Multiplikation • Einführung der Division • Integrierende Übungen • Vertiefende Übungen • Ergänzende Übungen	• Orientierung im Tausenderraum • Addition im Tausenderraum • Subtraktion im Tausenderraum • Einführung der schriftlichen Addition • Einführung der schriftlichen Subtraktion • Multiplikation im Tausenderraum • Vertiefung der Multiplikation und Division • Ergänzende Übungen
Geometrie	• Formen herstellen • Formen zusammensetzen • Spiegelsymmetrie • Maße • Pläne • Knotenschule	• Formen herstellen • Formen zusammensetzen • Maße • Pläne • Knotenschule	• Formen herstellen und zeichnen • Formen zusammensetzen • Spiegelsymmetrie • Maße • Pläne • Knotenschule
Größen und Sachrechnen	• Zahlen in der Umwelt • Formen in der Umwelt • Geld (Euro, Cent) • Zeit (Woche, Tag, Stunde) • Sachrechenstrategien • Sachaufgaben	• Zahlen in der Umwelt • Formen in der Umwelt • Geld (alle Scheine und Münzen) • Zeit (Stunde, Minute, Monat, Jahr) • Länge (m, cm) • Flächen (Meterquadrate) • Sachrechenstrategien • Sachaufgaben	• Zahlen in der Umwelt • Formen in der Umwelt • Geld (Umrechnungen) • Zeit (Stunde, Minute, Sekunde) • Länge (km, mm) • Fläche (Meterquadrate) • Sachrechenstrategien • Sachaufgaben

Wie ersichtlich ziehen sich die inhaltlichen Grundideen von Arithmetik, Geometrie sowie von Größen- und Sachrechnen konsequent durch die Schuljahre.

In die arithmetischen Themenblöcke ist der *Blitzrechenkurs* integriert, der sich ebenfalls konsequent von Band zu Band fortsetzt. Als inhaltsunabhängiger Block kommt noch eine Denkschule mit 10 Aufgaben pro Band hinzu.

Im Folgenden werden die Themenblöcke des zweiten Bandes beschrieben und didaktisch analysiert. Bei jedem arithmetischen Block werden der Fokus der Behandlung und die evtl. auftretende(n) Blitzrechenübung(en) herausgestellt.

Arithmetik

Im Band 2 ist die Arithmetik in folgende thematische Blöcke untergliedert:
- Wiederholung und Ausblick (S. 4–10)
- Orientierung im Hunderter (S. 11–23, 32–33)
- Addition im Hunderter (S. 37–45)
- Subtraktion im Hunderter (S. 48–52)
- Integrierende Übungen (S. 53–54)
- Einführung von Multiplikation und Division (S. 62–65, 68–73, 76–79)
- Vertiefung der Addition und Subtraktion (S. 82–83, 88–91)
- Vertiefung des Einmaleins (S. 98–101, 104)
- Ergänzende Übungen (S. 110–117)

Wiederholung und Ausblick

Fokus: Operative Beziehungen zwischen Aufgaben
Blitzrechnen: Die Blitzrechenübungen „Einspluseins" und „Einsminuseins" vom Band 1 werden wiederholt und in einen Trimmkurs überführt.

Die wichtigsten Lernziele des Bandes 1, das Einspluseins und seine Umkehrung, werden systematisch wiederholt (S. 4–9). Den Kindern soll nochmals bewusst werden, dass die Beherrschung der farbigen Kernaufgaben das Rechnen erleichtert.

Die Wiederholung erfolgt teilweise anhand wohlbekannter Formate (Einspluseins-Tafel S. 6, Rechendreieck S. 8) und teilweise in neuen Zusammenhängen (Rechnen in anderen Ländern S. 4–5, Würfelexperimente S. 9). Auch das Mini-Einmaleins wird mit Blick auf das Einmaleins wiederholt (S. 10).

Orientierung im Hunderterraum

Fokus: Dekadische Gliederung des Hunderters
Die Kinder sollen lernen sich im Hunderter unter Beachtung der Zehner und Einer flexibel zu bewegen. Dem kardinalen und ordinalen Aspekt der Zahlen entsprechend spielen dabei das Hunderterfeld, die Hundertertafel und die Hunderterreihe die zentralen Rollen.
Blitzrechnen: Übungen „Wie viele?", „Welche Zahl?", „Zählen", „Ergänzen zum Zehner", „Zählen in Schritten", „Ergänzen bis 100", „100 teilen"

Nach dem Prinzip von der Zone der nächsten Entwicklung ist bereits im Band 1 immer wieder die Grenze über den Zwanziger hinaus in den Hunderter überschritten worden, insbesondere auch im Zusammenhang mit den Seitenzahlen des Schülerbuchs und Arbeitshefts. Im Band 2 wird der (wieder nach oben offene!) Hunderter systematisch erschlossen. Die Anschauungsmittel im Hunderter (Hunderterfeld, Hunderterreihe) setzen die entsprechenden Anschauungsmittel des Zwanzigerraumes (Zwanzigerfeld, Zwanzigerreihe) nahtlos fort.

Die Behandlung des Hunderters beginnt mit dem Bündeln in Zehner innerhalb eines Sachkontextes (S. 12–13). Die Notation der Anzahlen in der Stellentafel macht deutlich, dass neben die Einheit Einer die neue größere Einheit Zehner tritt. Unmittelbar im Anschluss daran (S. 14) wird bewusst gemacht, dass mit dieser größeren Einheit genauso gerechnet werden kann wie mit Einern. Im Band 3 wird diese fundamentale Tatsache, auf der die Leistungsfähigkeit des dekadischen Zahlensystems beruht, verallgemeinert: Mit *jeder* neuen Stufenzahl des dekadischen Systems kann gerechnet werden wie mit Einern.)

Auf den S. 15–23 und 32–33 wird die Hunderterstruktur anhand verschiedener Anschauungsmittel erkundet. Der Hunderterraum und die grundlegende Unterscheidung von Zehnern und Einern stellen sich dabei von Seite zu Seite in etwas anderem Gewand dar, was von den verschiedenen Zahlaspekten her auch erforderlich ist. Nach dem Prinzip von der fortschreitenden Schematisierung wird auf S. 16–17 die ikonische Darstellung mit Zehnerstrichen und Einerpunkten als Verkürzung der Darstellung am Hunderterfeld eingeführt.

☐ Beispiel:

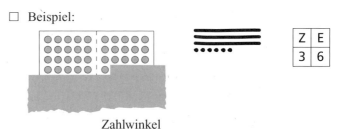

Zahlwinkel

Ein neues Darstellungsmittel ist der „Rechenstrich" (S. 22–23). Diese von niederländischen Didaktikern entwickelte Zahldarstellung ist für das Ordnen von Zahlen und für die Notation bestimmter Rechenstrategien sehr sinnvoll. Bei dem Rechenstrich kommt es nur auf die richtige Reihenfolge der Zahlen, nicht auf die genauen Abstände an.

Dadurch dass die Kinder den Rechenstrich selbst zeichnen und Zahlen selbst eintragen, wird ihre produktive Gestaltungskraft besonders gefördert.

Die strukturierte Zahlerfassung ist auch im Band 2 Grundlage für das denkende Rechnen, insbesondere für den verständnisvollen Umgang mit halbschriftlichen Rechenstrategien. Die „Kraft der Fünf" behält ihre überragende Rolle bei und tritt an der Unterteilung des Hunderterfelds in vier 25er-Felder besonders hervor.

Vom Standpunkt des aktiv-entdeckenden Lernens sind „Anschauungsmittel" Handlungsfelder für strukturierende Aktivitäten der Lernenden. Es genügt daher nicht, dass die Schüler das Hunderterfeld, die Hundertertafel usw. einfach betrachten und Fakten über Zahlen daraus ablesen. Vielmehr müssen sie zu Operationen und Fragen angeregt werden (operatives Prinzip):
- Wie ändert sich eine Zahl, wenn der Zahlenwinkel auf dem Hunderterfeld oder der Hundertertafel nach rechts, links, unten, oben oder diagonal bewegt wird?

– Wie heißen die Zahlen auf den Nachbarfeldern einer Zahl auf der Hundertertafel? Wie viel fehlt bis zum nächsten Zehner? Bis 100? usw.
– Zu welchen Zahlen gelangt man, wenn man sich auf der Hunderterreihe mit gewissen Sprüngen nach rechts oder links bewegt?

Im Laufe der Auseinandersetzung mit den Anschauungsmitteln gehen diese Operationen und die daraus gewonnenen Einsichten immer mehr in Vorstellungen über und unterstützen das flexible Kopfrechnen.

Der Hunderterraum wird auf den Seiten 24, 27 und 34–36 auch noch von verschiedenen Sachkontexten (Umwelt, Metermaß, Geld) her beleuchtet, wodurch das Verständnis für den Hunderterraum und die anwendungsbezogenen Zahlaspekte, insbesondere den Maßzahlaspekt, weiter vertieft wird.

Insgesamt wird der Hunderterraum auf fast 20 Seiten in mehreren Durchgängen und unter verschiedenen Aspekten gründlich erarbeitet. Diese ganzheitliche Behandlung muss wie jede ganzheitliche Behandlung zügig erfolgen. Es wäre verfehlt anzunehmen, man müsse bei jedem Durchgang jeweils so lange verweilen, bis möglichst alle Kinder die entsprechende Darstellung des Hunderters in allen Einzelheiten erfasst haben. Dies würde zu unnötigen Verzögerungen führen. Für Kinder, die am Anfang noch Lücken aufweisen, bestehen im Verlauf der weiteren intensiven Arbeit im Hunderter noch genügend Möglichkeiten die Lücken zu schließen. Wie schon in Band 1 hervorgehoben wurde, unterscheidet sich der ganzheitliche Ansatz in dieser Hinsicht grundlegend von der traditionellen Methode, bei welcher ein Stoffgebiet Schritt für Schritt behandelt und ein Abschnitt erst dann abgehakt wird, wenn er bei (möglichst) allen Kindern (einigermaßen) „sitzt".

Bereits bei den Orientierungsübungen werden die Kinder mündlich rechnen und sie dürfen es auch. Es wird aber bewusst darauf verzichtet, das Rechnen in dieser Phase schon zu thematisieren, mit bestimmten Sprechweisen zu verbinden oder gar schriftlich notieren zu lassen. Der Nachdruck liegt zunächst ganz auf der Förderung sicherer Vorstellungen von der Zehner-/Einerstruktur des Hunderters.

Addition und Subtraktion im Hunderter

Fokus: Bewusstmachen verschiedener Rechenwege im Hinblick auf geschicktes Rechnen. Es wird nicht angestrebt, dass jedes Kind mehrere Wege beherrscht.
Blitzrechnen: Übungen „Verdoppeln", „Halbieren", „Einfache Plusaufgaben", „Einfache Minusaufgaben"

Das additive Rechnen im Hunderterraum (und später im Tausenderraum) ist typischerweise *halbschriftlich,* d. h. die Rechnungen werden unter Verwendung von Rechengesetzen vorteilhaft in leichtere Teilaufgaben zerlegt und die Teilergebnisse mehr oder weniger ausführlich schriftlich festgehalten. Die Ergebnisse entstehen Zahl für Zahl, nicht wie beim schriftlichen Rechnen Ziffer für Ziffer.

Nach traditionellem Verständnis ist das halbschriftliche Rechnen lediglich Durchgangsstation zum schriftlichen Rechnen. Im ZAHLENBUCH dagegen wird es als eigenständiger Rechentyp behandelt, der wegen seiner engen Verflechtung mit den Rechengesetzen eine elementare Form der Algebra darstellt: Die Betonung der Grundideen des halbschriftlichen Rechnens und des Einmaleins stellt die Weichen für ein grundlegendes Verständnis der Mittelstufenalgebra.

Da beim halbschriftlichen Rechnen Flexibilität angesagt ist, kann es keine Normalverfahren wie beim schriftlichen Rechnen geben. Es müssen vielmehr mehrere Strategien erarbeitet werden, die von den Kindern nach eigener Vorliebe eingesetzt und notiert werden können.

Folgende Hauptstrategien kann man unterscheiden, wobei die Zwischenrechnungen bzw. nur der Rechenweg jeweils unter einem Trennstrich notiert werden können:

Addition
Zehner plus Zehner, Einer plus Einer
☐ Beispiele:

$\underline{38 + 45} = 83$ $\quad\quad$ $\underline{38 + 45} = 70 + 13 = 83$
$30 + 40 = 70$ $\quad\quad$ $30 + 40$
$8 + 5 = 13$ $\quad\quad$ $8 + 5$

Zehner dazu, dann Einer dazu (oder umgekehrt)
☐ Beispiele:

$\underline{38 + 45} = 83$ $\quad\quad$ $\underline{38 + 45} = 78 + 5 = 83$
$38 + 40 = 78$ $\quad\quad$ $38 + 40 + 5$
$78 + 5 = 83$

$\underline{38 + 45} = 83$ $\quad\quad$ $\underline{38 + 45} = 43 + 40 = 83$
$38 + 5 = 43$ $\quad\quad$ $38 + 5 + 40$
$43 + 40 = 83$

Vereinfachen
☐ Beispiele:

$\underline{38 + 45} = 83$ $\quad\quad$ $\underline{38 + 45} = 83$
$40 + 43 = 43$ $\quad\quad$ $40 + 43$

Subtraktion
Zehner minus Zehner, Einer minus Einer
☐ Beispiele:

$\underline{96 - 57} = 39$ $\quad\quad$ $\underline{96 - 57} = 40 - 1 = 39$
$90 - 50 = 40$ $\quad\quad$ $90 - 50$
$6 - 7 = -1$ $\quad\quad$ $6 - 7$

Erst Zehner weg, dann Einer weg (oder umgekehrt)
- Beispiele:

96 – 57 = 39
96 – 50 = 46
46 – 7 = 39

96 – 57 = 46 – 7 = 39
96 – 50 – 7

96 – 57 = 39
96 – 7 = 89
89 – 50 = 39

96 – 57 = 89 – 50 = 39
96 – 7 – 50

Vereinfachen
- Beispiele:

96 – 57 = 39
99 – 60 = 39

96 – 57 = 39
99 – 60

Ergänzen
- Beispiel:

96 – 57 = 3 + 36 = 39
57 + 3 = 60
60 + 36 = 96

Jede dieser Strategien beschreibt Rechenschritte, die man mit beweglichem Material (Zehnerstreifen, Einerplättchen, Hunderterrahmen, Rechengeld) oder an bildlichen Zahldarstellungen (Zehnerstrichen/Einerpunkten) konkret durchführen kann. Insofern sind diese Strategien anschaulich sehr gut zu begründen. Besonders bei der Subtraktion muss man darauf achten, dass die Kinder die Rechenvorschrift konsequent von links nach rechts interpretieren: 86 – 57 bedeutet in der Sprache von Band 1 „Lege (erst) 86, nimm (dann) 57 weg".

Die Addition wird auf S. 37 mit der fundamentalen Analogie „Rechnen mit Einern – Rechnen mit Zehnern" vorbereitet. Wie im Band 1 wird das Verdoppeln als Spezialfall der Addition vorab behandelt (S. 38).

Dem Aufbau von Addition (S. 40–45) und Subtraktion (S. 48–52) liegt die gleiche Abfolge von Strukturelementen zu Grunde wie später beim Einmaleins und im Band 3 beim halbschriftlichen Rechnen wie sich in der Gegenüberstellung zeigt:

Addition
- Aufzeigen von Rechenwegen an der Aufgabe 38 + 27 in einer Rechenkonferenz
- Einfache Aufgaben
- Von einfachen zu schweren Aufgaben
- Herausstellen einer weiteren Strategie: Tauschaufgaben
- Übungen

Subtraktion
- Aufzeigen von Rechenwegen an der Aufgabe 57 – 23 in einer Rechenkonferenz
- Einfache Aufgaben
- Von einfachen zu schweren Aufgaben
- Herausstellen einer weiteren Strategie: Ergänzen
- Übungen

Die Notierung der Rechenwege auf S. 40 und S. 48 dient lediglich der Kommunikation. Es wird nicht angestrebt, dass die Kinder hier schon ihre Rechenwege aufschreiben. Sie sollen nur angeregt werden, über verschiedene Wege nachzudenken und mündliche Beschreibungen zu versuchen.

Integrierende Übungen

> *Fokus:* Die Kinder sollen Plus- und Minusaufgaben als Umkehrungen erkennen und diese Erkenntnis als Rechenvorteil nutzen.
> *Blitzrechnen:* Übung „Zerlegen"

Nach der getrennten Behandlung von Addition und Subtraktion werden in diesem Themenblock operative Beziehungen hergestellt. Die S. 54 wiederholt Erkenntnisse von S. 60 im Band 1. Als neues Übungsformat werden auf S. 53 Rechenketten eingeführt. Im Sachkontext „Alle werden älter" (S. 55) scheint das Gesetz von der Konstanz der Differenz auf: Der Altersunterschied zwischen Menschen bleibt immer gleich.

Einführung von Multiplikation und Division

> *Fokus:* Kernaufgaben des Einmaleins als Rechenvorteil erkennen
> Die Kinder sollen anhand grundlegender Arbeitsmittel (Hunderterfeld und Malwinkel, Einmaleins-Plan) lernen, „schwere" Malaufgaben auf „einfache" Aufgaben zurückzuführen.
> *Blitzrechnen:* Übungen „Einmaleinsreihen (am Feld und am Einmaleins-Plan)"

Das Einmaleins ist durch das Mini-Einmaleins (Band 1, S. 100–101, Band 2, S. 10) bereits vorbereitet. Das Wörtchen „mal" wurde auch schon bei der Orientierung im Hunderter als verkürzte Bezeichnung für eine Addition von zwei oder mehreren gleichen Summanden benutzt. Bei der Einführung der Multiplikation kann daher schnell zum Malpunkt übergegangen werden.

Wie jede Rechenart wird auch das Einmaleins ganzheitlich und in mehreren Durchgängen behandelt, wobei das Prinzip von der fortschreitenden Schematisierung zur Geltung kommt. In jedem Durchgang wird jeweils das gesamte Einmaleins erfasst, da es sowohl von den Anwendungen als auch von der mathematischen Struktur her künstlich wäre, Reihe für Reihe durchzunehmen.

In diesem Themenblock erfolgen die drei ersten Durchgänge:
- Auf S. 62 wird das Einmaleins über *multiplikative Situationen* im Kontext einer Küche eingeführt.
- Auf S. 63–65 werden Malaufgaben mit Hilfe von Punktmustern am *Hunderterfeld* mit dem Malwinkel systematisch behandelt.

– Auf den S. 68–73 werden Malaufgaben am *Einmaleins-Plan* systematisch behandelt. Dabei treten die Einmaleinsreihen deutlich in Erscheinung, die auch innerhalb des ganzheitlichen Zugangs noch eine gewisse Berechtigung haben. Sie werden in Gruppen verwandter Reihen durchgearbeitet: Einer-, Zweier-, Fünfer-, Zehnerreihe auf S. 68–69, Dreier-, Sechser- und Neunerreihe auf S. 70–71, Vierer-, Achter- und Siebenerreihe auf S. 72–73.

Die Darstellung von Malaufgaben durch rechteckige Punktmuster wurde für das ZAHLENBUCH nicht von ungefähr als grundlegende Darstellung gewählt. Unter allen möglichen Darstellungen ist sie aus folgenden Gründen die leistungsfähigste:
1. Die Multiplikation ist am Punktmuster auf einen Blick als verkürzte Addition gleicher Summanden ersichtlich, denn jede Zeile hat offensichtlich gleich viele Punkte.
2. Die wichtigen Rechengesetze sind in Punktmuster sozusagen direkt eingebaut:
   – Durch Zusammenfassen der Punkte in Zeilen bzw. Spalten ergibt sich das Kommutativgesetz: Tauschaufgaben sind ergebnisgleich.

   □ Beispiel:

   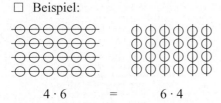

   $4 \cdot 6 \qquad = \qquad 6 \cdot 4$

   – Durch eine oder zwei Geraden lässt sich ein Punktmuster dem Distributivgesetz entsprechend in zwei oder vier Felder zerlegen.

   □ Beispiel:

   $5 \cdot 7 = 5 \cdot 5 + 5 \cdot 2 \qquad 5 \cdot 7 = 3 \cdot 5 + 3 \cdot 2 + 2 \cdot 5 + 2 \cdot 2$

Mit Hilfe der 25er-Einteilung des Hunderterfeldes („Kraft der Fünf") kann das Ergebnis jeder Einmaleinsaufgabe nach dem Distributivgesetz durch Addition berechnet werden (S. 63–64), wobei es keine Rolle spielt, ob die Kinder direkt oder umständlich zum Ziel gelangen. Wichtig ist, dass sie Malaufgaben anschaulich erfassen, gliedern und miteinander vergleichen. Zwanglos stoßen sie dabei auf die Kernaufgaben (einfache Aufgaben): „2 mal", „10 mal", und „5 mal" (= Hälfte von „10 mal"). Auch werden Tauschaufgaben als ergebnisgleich erkannt.

Die Herleitung der Ergebnisse von „schweren" Malaufgaben aus „einfachen" Kernaufgaben tritt beim Einmaleins-Plan besonders prägnant in den Vordergrund. Jeder Einmaleinsreihe sind zwei Streifen zugeordnet, oben ein Zahlenband mit Fünferzäsur zur Einordnung der Ergebnisse, unten eine gegliederte Punktreihe mit den vier Ergebnissen der Kernaufgaben („1 mal", „2 mal", „5 mal", „10 mal"), die zu „kurzen Reihe" zusammengefasst werden.

Aus den kurzen Reihen lassen sich alle anderen Ergebnisse der Reihe durch Addition und Subtraktion systematisch ermitteln, wie auf den S. 65, 69, 71 und 73 durch eine besondere Farbgebung prägnant herausgestellt wird.

□ Beispiel:
Achterreihe (· 8)
Kurze Reihe: 8, 16, 40, 80
Herleitung der anderen Malaufgaben aus den Aufgaben der kurzen Reihe:

$3 \cdot 8 = 2 \cdot 8 + 1 \cdot 8 = 16 + 8 = 24$
$4 \cdot 8 = 5 \cdot 8 - 1 \cdot 8 = 40 - 8 = 32$

$6 \cdot 8 = 5 \cdot 8 + 1 \cdot 8 = 40 + 8 = 48$
$7 \cdot 8 = 5 \cdot 8 + 2 \cdot 8 = 40 + 16 = 56$

$8 \cdot 8 = 10 \cdot 8 - 2 \cdot 8 = 80 - 16 = 64$
$9 \cdot 8 = 10 \cdot 8 - 1 \cdot 8 = 80 - 8 = 72$

Die Ergebnisse der Kernaufgaben fallen den Kindern in den Schoß: „1 mal" und „10 mal" sind trivial, „2 mal" ist als Verdopplungsaufgabe bereits aus Band 1 bekannt (Blitzrechnen!) und „5 mal" kann aus „10 mal" durch Halbieren gewonnen werden (Blitzrechnen!). Da sich die anderen Einmaleinszahlen aus den kurzen Reihen durch „leichte Plus- und Minusaufgaben" berechnen lassen, die ebenfalls im Blitzrechnen geübt worden sind, ist für ein ökonomisches Einprägen des Einmaleins vorgesorgt.

Die rechteckigen Punktmuster am Hunderterfeld und die linearen Punktreihen am Einmaleins-Plan stehen in enger Beziehung:
Wenn man ein rechteckiges Punktmuster „linearisiert",

entsteht eine Punktreihe. Umgekehrt ergibt sich aus einer Punktreihe durch Zerlegen in gleich lange Abschnitte und Übereinanderstapeln der Abschnitte ein rechteckiges Punktmuster (evtl. mit Rest).

Diese operative Beziehung ist für die Erarbeitung der Division als Umkehrung der Multiplikation grundlegend, wie die S. 76–79 zeigen. Besonders aufschlussreich ist die S. 78, bei welcher Ergebnisse von Divisionsaufgaben durch „umgekehrtes Lesen" des Einmaleins-Plans ermittelt werden.

☐ Beispiel:
Einmaleinsaufgabe: Der Fuchs (Viererreihe) springt 7-mal. Wohin gelangt er?
Antwort: 7 · 4 = 28
Divisionsaufgabe: Der Fuchs springt auf die 20. Wie oft muss er springen?
Antwort: Er muss 5 mal springen, denn 5 · 4 = 20.
Also 20 : 4 = 5.
Beim Nachvollzug der 5 Sprünge sieht man, dass 4 in 20 genau 5-mal enthalten ist.

Vertiefung der Addition und Subtraktion

Fokus: Beschreiben von Rechenwegen und vorteilhaftes Rechnen

In diesem zweiten Durchgang durch die halbschriftliche Addition und Subtraktion (S. 82–83, 88–91) werden die Rechenwege, insbesondere im Hinblick auf vorteilhaftes Rechnen, nochmals bewusst gemacht. Die Kinder werden darüber hinaus angeregt, ihre Rechenwege zu beschreiben und so weit wie möglich auch zu notieren. Es muss ihnen aber auch in diesem Durchgang überlassen bleiben selbst zu entscheiden, inwieweit sie diese Anregung aufgreifen wollen. Die Erfahrung zeigt, dass die Fehlerquote steigt, wenn von Kindern zwingend verlangt wird, Rechenwege zu notieren.

Das Sprechen über Rechenwege auf der Grundlage gemeinsamer Notationen von Rechenwegen an der Tafel, wo sich Fehler leicht korrigieren lassen, ist aber unverzichtbar.

Auf den S. 90–91 werden die Addition und die Subtraktion gemeinsam geübt. Zahlenmauern und Rechendreiecke erweisen sich dabei als ein besonders ergiebiges Übungsfeld.

Besondere Aufmerksamkeit verlangt die Strategie „Zehner minus Zehner, Einer minus Einer" bei der Subtraktion. Falls der zu subtrahierende Einer kleiner oder gleich dem vorhandenen Einer ist, verläuft diese Strategie völlig glatt:
65 – 42 = 20 + 3 = 23
60 – 40 = 20
 5 – 2 = 3

Ist dagegen der zu subtrahierende Einer größer als der vorhandene, tritt eine Komplikation auf:
65 – 48 = 20 – 3 = 17
60 – 40 = 20
 5 – 8 =

Auflösung der Komplikation: Von 60 kann man 40 subtrahieren und erhält 20. Von 5 soll man 8 subtrahieren. Diese Anweisung kann nur teilweise ausgeführt werden: Man nimmt 5 weg und muss dann noch 3 wegnehmen, was nur durch „Anknabbern" eines Zehners möglich wird.

Wie weiter oben schon festgestellt, ist diese Rechnung am Material oder an der Zehner-/Einer-Darstellung genau nachvollziehbar und damit einsichtig. Trotzdem muss man davon ausgehen, dass eine Reihe von Kindern mit dieser Strategie zunächst Schwierigkeiten haben wird. Traditionell denkende Didaktiker entscheiden sich bei dieser Problematik zur „Flucht nach hinten": Die Strategie „Zehner minus Zehner, Einer minus Einer" wird aus dem Unterricht ausgeklammert. Dieser Weg stellt aber aus zwei Gründen langfristig gesehen keine befriedigende Lösung dar:
1. Ein solches Verbot widerspricht dem Prinzip von der Zone der nächsten Entwicklung.
2. Die Strategie „Zehner plus Zehner, Einer plus Einer" ist im Bereich der Addition unverzichtbar, da sie für die schriftliche Addition benötigt wird. Es lässt sich aber schlechterdings nicht verhindern, dass die Schüler diese Strategie von sich aus analog auf die Subtraktion übertragen. Sie rechnen z. B. 86 – 29 folgendermaßen: 80 – 20 = 60 und 9 – 6 = 3, also 86 – 29 = 63 (!). Wie empirische Untersuchungen zeigen, kommt dieser Fehler relativ häufig vor. Wenn er nicht diskutiert wird, werden ihn gerade schwache Kinder immer wieder ahnungslos begehen.

Im ZAHLENBUCH wird die Strategie „Zehner minus Zehner, Einer minus Einer" durch Gegenüberstellung von Aufgabenpaaren wie 67 – 23 und 63 – 27 bewusst thematisiert. Im Vergleich zeigt sich der grundlegende Unterschied:

Im einen Fall bleiben Einer übrig und müssen zu den Zehnern gerechnet werden (Rechenzeichen +):
65 – 42 = 20 + 3 = 23
60 – 40 = 20
 5 – 2 = 3

Im anderen Fall fehlen Einer und ein Zehner muss „angeknabbert" werden (Rechenzeichen –):
65 – 48 = 20 – 3 = 17
60 – 40 = 20
 5 – 8 = –3

Das Teilergebnis –3 lässt sich bereits auf dieser Stufe überzeugend erklären: Es sind 8 Einer wegzunehmen. Man hat aber nur 5. Also nimmt zuerst 5 weg und muss sich merken, dass dann noch 3 wegzunehmen sind. Dies wird als –3 notiert. Anschließend werden 3 von einem Zehner weggenommen, der zu diesem Zweck „angeknabbert" werden muss.

Die Bewusstheit der Kinder für die richtige Anwendung dieser Strategie wird erhöht, wenn man sie anhält, sich schon vor einer Rechnung zu überlegen, ob ein Zehner angeknabbert werden muss oder nicht.

Diese Überlegung wurde schon bei der Addition in folgender Weise vorbereitet: Die Kinder werden bei S. 83, Aufgabe 1 aufgefordert zu überlegen, bei welchen Rechnungen ein neuer Zehner entsteht und bei welchen nicht.

Genau dann, wenn bei einer Additionsaufgabe ein neuer Zehner entsteht, muss bei der Umkehrung dieser Aufgabe ein Zehner angeknabbert werden.

☐ Beispiel:
47 + 25 = 72
40 + 20 = 60
7 + 5 = 12

72 − 25 = 50 − 3 = 47
70 − 20 = 50
2 − 5 = −3

Abschließende Bemerkung: Es ist keine Frage, dass durch die Auseinandersetzung mit der Strategie „Zehner minus Zehner, Einer minus Einer" das Zahlverständnis gefördert wird, unabhängig davon, ob ein Kind diese Strategie sofort sicher anwenden kann oder nicht. Entschärft wird die Problematik im übrigen schon dadurch, dass die Kinder ihre Rechenwege frei wählen dürfen.

Vertiefung des Einmaleins

Fokus: Bewusste Nutzung der Kernaufgaben für flexibles Rechnen
Blitzrechnen: Übung „Einmaleins vermischt"

Der vierte Durchgang durch das Einmaleins auf den Seiten 98–101 fußt auf der Einmaleins-Tafel, kurz Mal-Tafel, einer ganzheitlichen Aufstellung aller Einmaleinsaufgaben, in der die Kernaufgaben sowie zusätzlich die Quadratzahlaufgaben farbig hervorgehoben sind. Anhand der Mal-Tafel wird die operative Struktur des Einmaleins im Zusammenhang erneut verdeutlicht und die ökonomische Automatisierung, der fünfte und letzte Durchgang durch das Einmaleins, zusätzlich unterstützt.

Für die Kinder ist es ermutigend zu sehen, dass von den 100 Aufgaben des Einmaleins nach Abzug des Mini-Einmaleins und der Kernaufgaben bei Beachtung des Vertauschungsgesetzes nur noch die 18 „schweren" Aufgaben gelernt werden müssen:

6 · 3, 7 · 3, 8 · 3, 9 · 3
6 · 4, 7 · 4, 8 · 4, 9 · 4

6 · 6, 7 · 6, 8 · 6, 9 · 6
7 · 7, 8 · 7, 9 · 7

8 · 8, 9 · 8, 9 · 9

Ergänzende Übungen

Fokus: Entdecken, Beschreiben und Begründen von Mustern

Dieser Themenblock dient der Abrundung der halbschriftlichen Addition und Subtraktion sowie des Einspluseins. Er stellt ein reichhaltiges Angebot zur Erforschung von Mustern dar.

Auf den S. 110–111 wird die Division vertieft. Wieder wird anhand des Mal-Plans anschaulich vorgegangen. Den Kindern fällt die Division umso leichter, je besser sie das Einmaleins beherrschen. Die Division wird daher im Band 3, wenn das Einmaleins noch besser „sitzt", erneut behandelt, und dann ist es Zeit für eine verstärkt rechnerische Behandlung.

Auf den S. 114–117 werden Themen von Band 1 aufgegriffen (gerade/ungerade Zahlen, Gleichungen und Ungleichungen).

Zu den ergänzenden Übungen ist auch die Osterseite (126–127) zu rechnen, auf der in Fortsetzung der Osterseite von Band 1 die kombinatorischen Grundaufgaben weitergeführt werden. Im Mittelpunkt steht dabei das Baumdiagramm.

Hingewiesen sei in diesem Zusammenhang auch auf die sechs „Expeditionen ins Zahlenreich", von denen drei unter der Rubrik „Forschen und Finden" im Schülerbuch vorgestellt werden (S. 45, 52, 100), die anderen drei an passenden Stellen im Lehrerband. Zahlenexpeditionen bieten den Kindern besondere Möglichkeiten sich ihren Voraussetzungen entsprechend ohne Konkurrenzdruck mathematisch auszuleben.

Der Blitzrechenkurs

Zur besseren Übersicht werden die in die arithmetischen Themenblöcke integrierten Blitzrechenübungen in der folgenden Tabelle noch einmal vollständig aufgelistet.

Übung	Schülerbuch
Wie viele? Welche Zahl?	S. 17, 19
Ergänzen zum Zehner	S. 21
Zählen in Schritten	S. 20, 23
Ergänzen bis 100	S. 32
100 teilen	S. 33
Verdoppeln und Halbieren	S. 38, 39
Einfache Plus- und Minusaufgaben	S. 41, 49
Zerlegen	S. 59
Einmaleinsreihen (am Feld und Plan)	S. 65, 69
Einmaleins vermischt	S. 99

Forschen und Finden

Auch im 2. Band werden wieder 6 Expeditionen ins Zahlenreich beschrieben.

Forschen und Finden	Schülerbuch
„Dreieckszahlen"	S. 47
„Differenz von Umkehrzahlen"	S. 54
„Passende Pärchen"	S. 74/75
„Abbau von Zahlen"	S. 90
„Kreuz und quer durchs Einmaleins"	S. 99
„Versteckte Einmaleins-Reihen"	S. 100

Geometrie

Die Themen der Geometrie lehnen sich wie im Band 1 an die geometrischen Grundideen an:
- Herstellen von Formen (S. 46–47, 60–61, 81, 122–123, 125)
- Operieren mit Formen (S. 28–29, 30–31, 81, 122)
- Maße (S. 26–29)
- Koordinaten (S. 106–107)
- Praktische Geometrie (S. 80–81, 87, 105, 125)

Die Grundideen „Geometrische Gesetzmäßigkeiten und Muster" sind integriert, Themen zur Grundidee „Formen in der Umwelt" werden später unter Größen- und Sachrechnen besprochen. Alle Geometrie-Seiten regen reichhaltige Aktivitäten an, die weit über das Buch hinausführen. Auch im Band 2 ist daher das Gewicht der Geometrie erheblich größer, als an der bloßen Anzahl der Seiten abzulesen ist.

Erkennen und Herstellen von Formen

Eigenschaften räumlicher, flächiger und linienförmiger geometrischer Formen werden am besten „be-griffen" und „erfasst", wenn diese Formen hergestellt und zum Bau komplexerer Gebilde verwendet werden. In diesem Sinn wird auf S. 46 die Würfelstruktur genau untersucht: Die Kinder bauen aus Kantenstreifen und Papierquadraten eine Tischlaterne und erfahren dabei die Ecken-/Kanten-/Flächenstruktur dieses Körpers. Auf der nachfolgenden Seite wird gezeigt, wie quaderförmige Ziegelsteine industriell gefertigt werden. Die besondere Eignung von Quadern für das Bauen wird in Aufgabe 3 auf spielerische Weise genutzt, wobei sich interessante arithmetische Einsichten ergeben. Auf der Weihnachtsseite 125 wird der Bau eines Würfels aus einem Netz beschrieben, auf S. 81 der Bau eines Quaders.

Auf S. 28 wird das Lineal zum Zeichnen von Strecken (vorgegebener Länge) eingeführt. Die Doppelseite 60–61 regt zum freien Zeichnen geometrischer Grundformen (Kreise, Quadrate, Rechtecke, Strecken, Spiralen usw.) und geometrischer Muster (Ornamente) an. Teilweise wird zur Hilfe Gitterpapier verwendet. Die Herstellung einer Origami-Schachtel aus quadratischem Faltpapier auf S. 123 schult ebenfalls das Verständnis für geometrische Grundformen und deren Symmetrien (Quadrat, Rechteck, Dreieck).

Operieren mit Formen

Diese Grundidee wird im Kontext von „Formen zusammensetzen" weiter verfolgt:
Auf S. 29 wird die Aufgabe gestellt, aus Quadraten und Rechtecken verschiedener Farben Fliesenmuster (Parkette) zu legen. Das altchinesische Legespiel Tangram (S. 30–31) fordert die Kinder heraus, die sieben Teile immer wieder neu zusammenzusetzen, sodass schematische Darstellungen der verschiedenartigsten Gegenstände und Lebewesen entstehen. Durch das Mini-Tangram im Band 1 ist diese Aktivität gut vorbereitet worden. Mit dem Tangram kann man auch abstrakte geometrische Formen auslegen. Dies ist der Inhalt des Denkspiels D 6 (vgl. Abschnitt Denkschule).

Maße

Auf S. 27 wird die Unterteilung des Meters in Zentimeter durch Herstellung eines Metermaßes handelnd erarbeitet. Die Kinder nutzen das Metermaß zum Messen von realen Längen. Auf der folgenden S. 28 ist das Lineal zum Zeichnen und Messen von Strecken einzusetzen.

Koordinaten

Der Kontext „Eckenhausen" von Band 1 (S. 106–107) wird fortgeführt. Dabei werden längere Wege betrachtet, und die Wege werden zusätzlich mit Hilfe von Lagebeziehungen (geradeaus, rechts, links, ...) beschrieben.

Praktische Geometrie

Im Band 2 werden folgende Themen von Band 1 fortgesetzt:
1. *Knotenschule:*
   Auf S. 87 werden der Kreuzknoten und der Spierenstich, auf der Weihnachtsseite (S. 125) der Packerknoten erklärt. Alle drei Knoten dienen zum Verbinden zweier Schnüre bzw. der zwei Enden einer Schnur. Der Kreuzknoten, der von Chirurgen zum Nähen von Wunden verwendet wird, ist durch die Schuhschleife aus dem Band 1 bestens vorbereitet. Er ist nichts anderes als eine Schuhschleife ohne Schleifen.
2. *Pläne:*
   An die Stelle eines Stuhlkreises treten im Band 2 der komplexere Sitzplan eines Klassenzimmers (S. 105) und ein Fernsehstudio (S. 80). In beiden Fällen geht es darum, Bild und Plan zu koordinieren.
3. *Grundrisse und Seitenansichten:*
   Auf S. 81 lernen die Kinder grundlegende Begriffe der darstellenden Geometrie kennen und schulen dabei die Raumanschauung.

Größen- und Sachrechnen

Auch im Band 2 werden Zahlvorstellungen und Rechenoperationen stets aus Sachzusammenhängen heraus entwickelt (Beispiel: Einführung der Multiplikation S. 62) und in Form von Textaufgaben konkret interpretiert (Beispiel: S. 37, Aufgaben 6 und 7), worauf in diesem Abschnitt aber nicht eingegangen wird. Wir beschränken uns hier auf solche Seiten, auf denen Größen- und Sachaufgaben eigens thematisiert werden. Dies findet innerhalb folgender Rahmenthemen statt, die vielfache Bezüge zum Sach- und Sprachunterricht herstellen.
- Zahlen und Formen in der Umwelt (S. 24–25, 46–47)
- Geld (S. 34–35)
- Zeit (S. 66–67, 74–75)
- Länge (S. 26–28, 84, 118)
- Lösungsstrategien für Sachaufgaben (S. 36, 56–57, 92–95)
- Sachaufgaben (S. 36, 55–59, 84–86, 96–97, 102–103, 108–109, 118–121)

Zahlen und Formen in der Umwelt

Das gesamte ZAHLENBUCH ist als Anregung für die Kinder zu verstehen Zahlen und geometrische Formen in der Lebenswelt bewusster wahrzunehmen. Auf S. 24 werden die Kinder auf Zahlen, auf S. 25 und S. 46–47 auf Formen in der Umwelt besonders aufmerksam gemacht.

Geld

Die Behandlung des Größenbereichs „Geld" lehnt sich wie im Band 1 eng an die Erschließung des entsprechenden Zahlenraums an. Auf den Seiten 34–35 werden nach der Einführung des Hunderterraums Geldbeträge bis 100 Euro und Münzbeträge bis 100 Cent behandelt. Durch diese enge Beziehung soll erreicht werden, dass sich das reine Zahlenrechnen und das Rechnen mit Geldwerten gegenseitig stützen.

Der Umgang mit Geld wird im Weiteren durch Sachaufgaben geschult.

Zeit

Die Kenntnisse aus dem Band 1 (Einteilung des Tages in Stunden und des Monats in Tage) werden weitergeführt und ausdifferenziert. Auf S. 66–67 wird die Einteilung einer Stunde in 60 Minuten und die Angabe der Uhrzeit in Stunden und Viertelstunden besprochen. Im Zusammenhang mit dem Einmaleins (Fünferreihe) werden diese Erkenntnisse später vertieft (S. 103). Auf S. 74 geht es um den zeitlichen Ablauf der Tage einer Woche (Stundenplan), auf S. 75 um die Struktur des Jahreskalenders (Beispieljahr 2007).

Die existenzielle Bedeutung der Zeit für das Leben des Menschen über größere Zeiträume wird auf S. 55 unter der Überschrift „Alle werden älter" angesprochen. Dieser Kontext fordert die Kinder auf, ihre eigene Altersentwicklung zu der ihrer Eltern und Großeltern in Beziehung zu setzen.

Länge

Durch Herstellung eines Metermaßes und durch Messübungen (S. 27) lernen die Kinder die Maßeinheit 1 cm kennen. Praktische Anwendungen des Metermaßes finden sich auf S. 84 im Zusammenhang mit dem Wachstum von Pflanzen (Baumschutzordnung, Wuchshöhe von Blumen) und auf S. 118, wo es um Messungen am eigenen Körper und die Bestimmung von Konfektionsgrößen geht.

Lösungsstrategien für Sachaufgaben

Bereits im Band 1 ist angeklungen (S. 68–69), dass es bei einer Sachaufgabe um eine Übersetzung einer realen Situation in die Sprache der Mathematik geht (Grundidee 7):

Die gegebene Sachsituation muss mathematisch „modelliert" werden und mit Hilfe des Modells muss die gestellte Aufgabe gelöst werden. Zur „Sprache der Mathematik" gehören aber nicht nur Fachausdrücke und Symbole, sondern auch konkrete Darstellungen (Plättchen) und zeichnerische Darstellungen. Plättchen und Skizzen sind bei der Modellierung vieler Aufgaben sogar viel effektiver als Symbole.

Zur Bearbeitung von Sachaufgaben stehen also drei grundlegende Lösungsstrategien zur Verfügung, die sich nicht ausschließen, sondern je nach Aufgabe kombinieren lassen:
1. „Legen und überlegen" (Modellierung der Sachsituation mit Material, z. B. Plättchen)
2. „Zeichnen und überlegen" (Modellierung durch eine Skizze)
3. „Aufschreiben und überlegen" (Modellierung durch Symbole, z. B. eine Tabelle).

Die Strategie „Legen und überlegen" wurde in Band 1 (S. 68) anhand von Plättchen demonstriert, wobei großer Wert auf die operative Abwandlung von Aufgaben gelegt wurde. Es wird im Band 2 konsequent weitergeführt: auf S. 36 bei Aufgaben mit Geld, auf S. 58 bei Aufgaben mit Anzahlen im Hunderterraum. Auf S. 94–95 werden an Beispielen die Strategien „Zeichnen und überlegen" und „Aufschreiben und überlegen" thematisiert.

Der Erfolg beim Sachrechnen hängt noch mehr als der Erfolg in der Arithmetik davon ab, dass Kinder frühzeitig lernen mathematische Überlegungen selbstständig zu entwickeln. Wir verzichten daher bei der Behandlung von Sachaufgaben bewusst auf das Schema „Frage, Rechnung, Antwort", weil es leicht zu einer Zwangsjacke werden und die Kinder an der Entwicklung eigener Überlegungen hindern kann.

Sachaufgaben

Die Sachaufgaben im Band 2 erfassen alle bisher behandelten Größenbereiche:

- Geld (S. 36, 57–59, 86, 92–93, 96–97, 120–121)
- Zeit (S. 55, 57, 85, 96–97, 103, 120–121)
- Länge (S. 84–85, 94, 118, 120–121)
- Anzahlen (S. 56, 57, 85, 95, 102–103, 119, 120)

Eine Reihe von Aufgaben wird durch Bilder unterstützt, um das Verständnis zu erleichtern. Eine besondere Rolle für die Verbindung von Blitzrechnen und Sachrechnen spielen die Seiten 96–97 „Sachrechnen im Kopf". Hier geht es einerseits darum, einfache Sachsituationen aus Bildern und sparsamen Angaben zu erschließen und die (leichten) Rechnungen mit den verfügbaren Blitzrechenfertigkeiten schnell zu erledigen. Die Beziehung zwischen realen Situationen und deren rechnerischen Erfassung wird auf S. 108–109 thematisiert.

Mini-Projekte

Bei dem Mini-Projekt „Bald ist Weihnachten!" (S. 124–125) sind unterschiedliche mathematische Aktivitäten unter einem Sachthema zusammengefasst. Das Mini-Projekt „Bald ist Ostern!" (S. 126–127) bildet einen Kontext für die Einführung des Baumdiagramms zur Lösung kombinatorischer Aufgaben.

Beide Mini-Projekte müssen jahreszeitlich passend eingeordnet werden.

Denkschule im Band 2

*Wir meinen, das Märchen und das Spiel
gehören zur Kindheit: wir Kurzsichtigen!
Als ob wir in irgendeinem Lebensalter
ohne Märchen und Spiel leben könnten.*

Friedrich Nietzsche

Didaktische Hinweise zur Denkschule

Um die folgenden Denkspiele verstehen und in ihrem pädagogisch-didaktischen Wert richtig einschätzen zu können, muss man sie unbedingt selbst handelnd durchführen.

D 1 (zu S. 8)
Schiebespiele
(Typ: Platzwechsel)

Dieses Spiel ist eine unmittelbare Fortsetzung des Denkspiels D 1 für das 1. Schuljahr.

Spielpläne und Spielmaterial

Auf jedem der folgenden zwei Spielpläne ist eine bestimmte Anordnung von quadratischen Feldern vorgegeben, von denen zu Beginn einige mit „blauen", andere mit „roten" Spielsteinen (Wendeplättchen, Damesteine, …) belegt sind. Einige Felder sind frei.

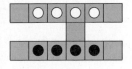
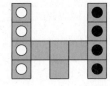

Spielregeln

Das Ziel besteht darin, die Steine so zu verschieben, dass am Ende „blaue" und „rote" die Plätze ausgetauscht haben. Dabei darf man Steine nur auf Nachbarplätze bewegen ohne zu überspringen. Damit die Kinder das Ziel nicht aus den Augen verlieren, empfiehlt es sich, die Felder, auf denen am Anfang die „blauen" Steine liegen, „blau", entsprechend die Felder der „roten" Steine „rot" zu färben. Wie beim letzten Spielplan des 1. Schuljahrs kommt es hier genau darauf an, die freien Plätze optimal auszunutzen. Ein direkter Tausch von „Blau" und „Rot" ist nicht möglich. Man muss einige Plättchen zeitweilig wieder zurücksetzen. Wesentlich ist bei beiden Plänen, dass die Brücke zwischen „Rot" und „Blau" nicht in der Mitte verläuft. Ziel muss zunächst sein, einen roten oder blauen Stein in die jeweils entfernteste Ecke der Endlage zu verschieben. Dort stört er dann den weiteren Spielverlauf nicht mehr.

D 2 (zu S. 24)
Dreiecksmemory
(Typ: Gedächtnistraining)

Auch dieses Spiel ist eine Weiterführung des Spiels D 2 des 1. Schuljahrs.

Spielplan

Benötigter Spielplan:

```
                        1
                      2   3
                    4   5   6
                  7   8   9  10
               11  12  13  14  15
             16  17  18  19  20  21
           22  23  24  25  26  27  28
         29  30  31  32  33  34  35  36
       37  38  39  40  41  42  43  44  45
     46  47  48  49  50  51  52  53  54  55
```

Die letzte bzw. die zwei oder drei letzten Reihen können abgedeckt werden, sodass kleinere Spielpläne entstehen, die geringere Anforderungen stellen.

Spielmaterial

Bis zu 55 Wendeplättchen
Benötigt werden jeweils 4 Kinder: der Spielleiter, zwei Assistenten und der „Kandidat". Zuschauer sind in beliebiger Zahl zugelassen und willkommen.

Spielregeln

Der Spielleiter sitzt an der Spitze des (hinreichend großen) Spielfeldes und achtet darauf, dass die Regeln eingehalten werden. Ihm gegenüber sitzt mit verbundenen Augen der Kandidat. Die beiden Assistenten sitzen vom Kandidaten aus gesehen links (l) bzw. rechts (r) an der Seite und legen abwechselnd ein Plättchen nach dem anderen auf die Felder, und zwar in der obersten Reihe beginnend, jeder von seiner Seite aus von außen nach innen. Sie gehen erst dann zur nächsttieferen Reihe über,

Denkschule 15

wenn eine Reihe voll belegt ist. Zu legen beginnt der (vom Kandidaten aus gesehen) links sitzende Assistent mit Feld 1.

Für den Spielplan mit 8 Reihen (bis 36) ergibt sich daraus folgende Reihenfolge der Felder:

1	3	2	6	4	5	7	10	8	9	11	15	12	14	13	21	16	20
l	r	l	r	l	r	l	r	l	r	l	r	l	r	l	r	l	r

17	19	18	28	22	27	23	26	24	25	29	36	30	35	31	34	32	33
l	r	l	r	l	r	l	r	l	r	l	r	l	r	l	r	l	r

Die Assistenten legen aber ihr Plättchen erst, wenn der Kandidat die Nummer des Feldes vorher genannt hat. Aufgabe des Kandidaten ist es also, die Reihenfolge der Felder richtig aufzusagen. Sobald er einen Fehler macht, hat er die Prüfung nicht bestanden, und ein anderer Kandidat kommt zum Zuge. Zur Demonstration der Regeln werden die Kinder um einen Tisch versammelt, zwei von ihnen werden zu Assistenten ernannt und frischen vor den Augen der Klasse die Legeregel auf. Am günstigsten ist es, wenn der eine Assistent die Wendeplättchen mit der roten Seite, der andere mit der blauen Seite nach oben legt. Auf diese Weise lassen sich die schwierigen Lagebeziehungen „links"/„rechts" durch die Farben „Rot" und „Blau" ersetzen. Wenn die Endposition erreicht ist, werden die Legeregeln ein zweites Mal demonstriert, indem die Plättchen (von 1 beginnend) wieder weggenommen werden. Man erspart sich dadurch das „Abräumen" der Plättchen nach jedem Spiel. Anschließend werden die Plättchen noch ein paar Mal gelegt bzw. weggenommen, wobei zusätzlich die Feldnummern laut genannt werden. Wenn die Legeregeln klar sind, können die ersten „mutigen" Kinder bereits als Kandidaten antreten.

Lehrerinnen, die das Spiel nicht kennen, scheuen leicht davor zurück, es einzusetzen, weil sie Unruhe befürchten. Die Erfahrung zeigt aber, dass die kleinen Zuschauer dem Geschehen sehr interessiert und diszipliniert folgen und durch das Spiel beruhigt werden.

D 3 (zu S. 36)
Spring im Dreieck
(Typ: Solitärspiel)

Spielplan

Benötigter Spielplan:

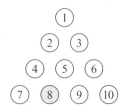

Spielmaterial

9 Spielsteine (Plättchen, Münzen, …)

Spielregeln

Die Steine werden auf die Felder des Spielplans gelegt, sodass das besonders gekennzeichnete Feld „8" frei bleibt. Jeder Spielzug besteht darin, mit einem Stein genau einen anderen zu überspringen, sodass man auf einem freien Feld landet. Der übersprungene Stein wird entfernt. Das Ziel besteht darin, möglichst viele Steine „abzuräumen". Bei geschicktem Vorgehen schafft man es sogar, dass nur ein einziger Stein übrig bleibt (daher der Name „Solitärspiel"). Die Aufgabe steht auch im Schülerbuch (S. 36, Nr. 6).

Optimale Lösung, bei der ein einziger Stein übrig bleibt:

Zug	10 auf 8	7 auf 9	3 auf 10	10 auf 8
Entf. Stein	9	8	6	9
Zug	2 auf 9	9 auf 7	7 auf 2	1 auf 4
Entf. Stein	5	8	4	2

D 4 (zu S. 58/59)
Mu-Torere
(Typ: Strategiespiel)

Dieses unscheinbare, aber die Aufmerksamkeit der Spieler sehr fordernde Spiel stammt aus dem indonesischen Kulturkreis und ist unter verschiedenen Namen bekannt.

Spielplan und Spielmaterial

Sieben kreisförmige Felder sind in bestimmter Weise miteinander verbunden. Drei benachbarte Felder des Randes werden zu Beginn mit „blauen", die anderen drei mit „roten" Spielsteinen belegt, das mittlere Feld bleibt frei.

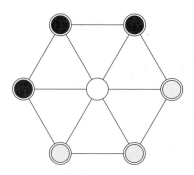

Spielregeln

Den beiden Spielern gehören jeweils die Steine einer Farbe. Abwechselnd ziehen die Spieler eine ihrer Marken entlang einer Linie auf ein Nachbarfeld. Das Ziel ist den Gegner zu blockieren, sodass er nicht mehr ziehen kann. Der erste Spieler darf aber bei seinem ersten Zug nicht mit seinem mittleren Stein ziehen, da er sonst seinen Gegner sofort blockieren würde.

Wie bei dem Spiel D 4 „Pong-Hau-Ki" des 1. Schuljahrs können es beide Spieler bei geschickter Spielweise vermeiden, dass sie verlieren. Nur bei nachlassender Konzentration erhält der Gegner eine Gewinnchance.

D 5 (zu S. 67)
8er-Uhr
(Typ: Anordnungsspiel)

Spielmaterial

Ziffern- oder Wendekarten von 1 bis 8, Spielplan bestehend aus 3 × 3-Quadrat

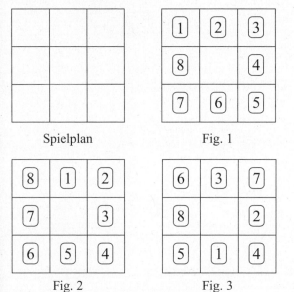

Vorbereitung

Die acht Ziffernkarten werden zuerst zweimal der Reihe nach auf die acht Randfelder gelegt, sodass die 1 einmal links oben (Fig. 1) und das andere Mal oben in der Mitte liegt (Fig. 2). Den Kindern wird gesagt, dass sie eine dieser Reihenfolgen am Schluss des Spiels erreichen sollen.

Spielregeln

Vor Beginn des Spiels werden die acht Kärtchen zuerst beliebig auf den Randfeldern verteilt, das mittlere Feld bleibt frei (Beispiel: Fig. 3). Bei jedem Zug darf ein Kärtchen auf ein freies Nachbarfeld geschoben werden. Ziel ist es, am Schluss eine der genannten Reihenfolgen zu erreichen. Unter Ausnützen des inneren Platzes lässt sich das Ziel schrittweise erreichen.

☐ Hinweis: Die $8 \cdot 7 \cdot 6 \cdot 5 \cdot 4 \cdot 3 \cdot 2 \cdot 1 = 40.320$ möglichen Randplatzierungen (Permutationen) der 8 Ziffern zerfallen in zwei getrennte Klassen zu je 20.160 Platzierungen (gerade bzw. ungerade Permutationen). Die zugelassenen Züge erlauben es nicht, von einer Klasse in die andere zu wechseln. Daher muss man die beiden o. g. Endplatzierungen zulassen, die unterschiedlichen Klassen angehören.

D 6 (zu S. 30/31)
Tangram
(Typ: Legespiel)

Spielmaterial

Tangram-Spiele von 9 cm Kantenlänge (Arbeitsmittel zum 2. Schuljahr oder Arbeitsblatt 4 als Kopiervorlage)

Spielregeln

Mit den 7 Formen sollen die auf den Seiten 17–21 folgenden 13 Umrisse ausgelegt werden. Das sind alle Vielecke ohne einspringende Ecken (konvexe Vielecke), die man legen kann.

☐ Lösungen:

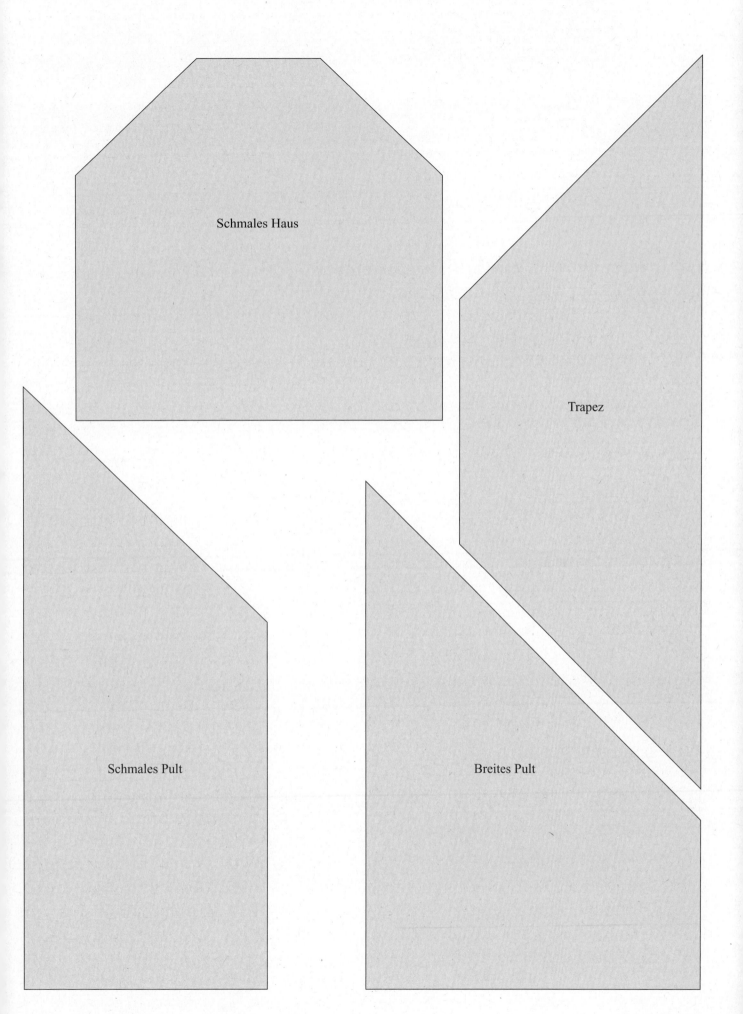

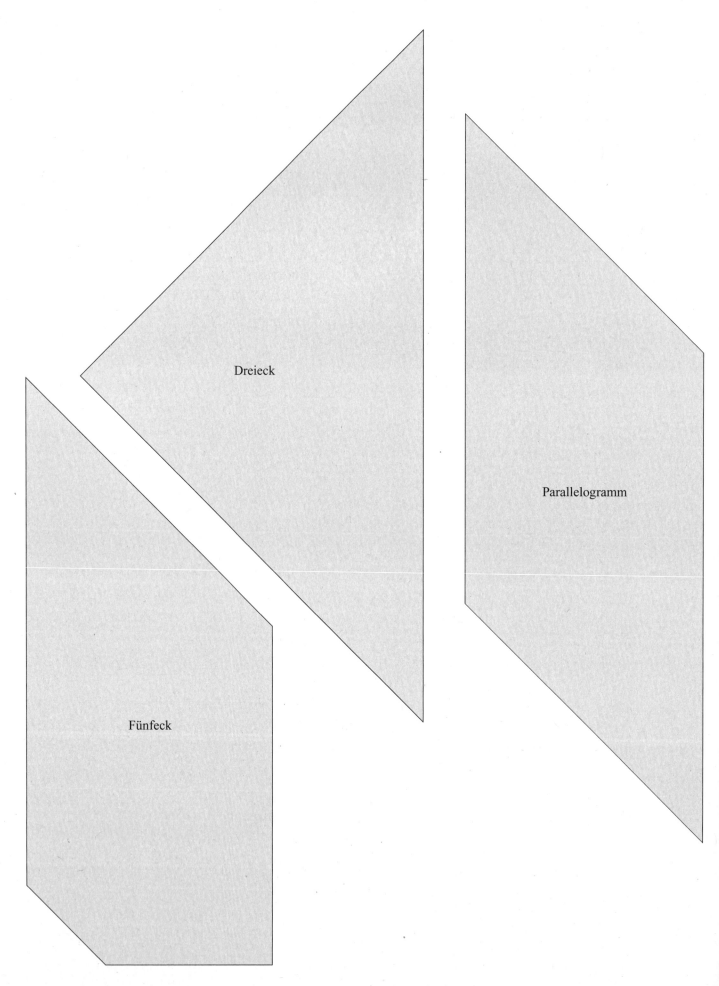

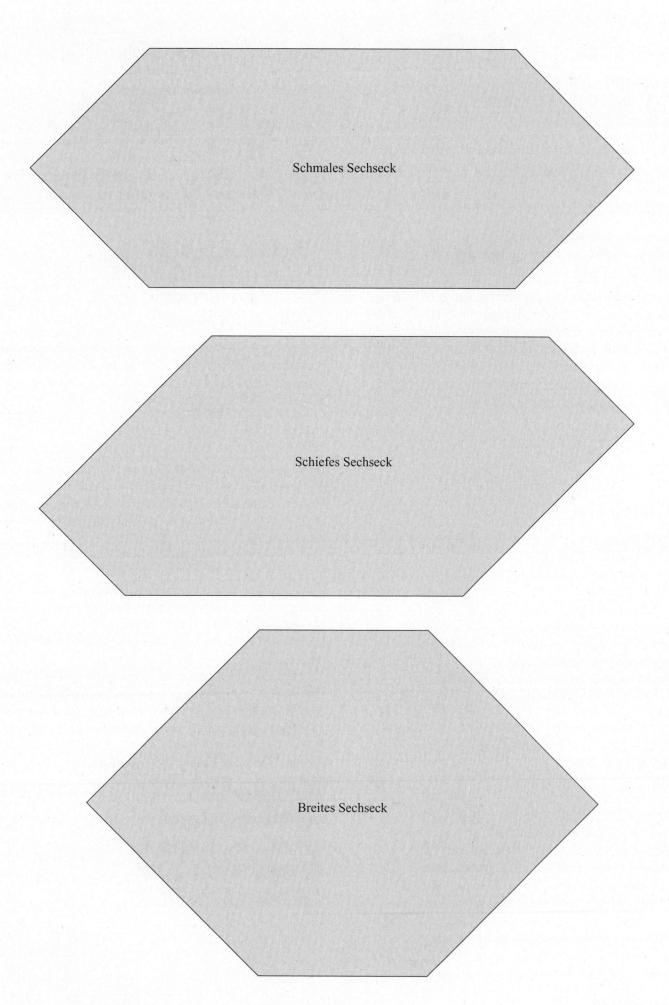

D 7 (zu S. 75)
Ausgleich der Felder
(Typ: Umordnungsspiel)

Spielmaterial

30 1-Cent-Münzen, 15 5-Cent-Münzen, kreisförmiger Spielplan mit drei gleich großen, verschieden gefärbten Feldern.

Spielregeln

Zu Beginn wird der Geldbetrag 48 Cent folgendermaßen auf die drei Felder verteilt:

Ziel ist es, in jedem Feld den gleichen Betrag (d. h. 16 Cent) zu haben, wobei man bei jedem Zug von einem Feld so viel Geld zu einem anderen schieben muss, wie dort schon liegt (d. h., in Letzterem wird der Betrag verdoppelt!). Falls erforderlich dürfen vor einem Zug eine oder mehrere 5-Cent-Münzen in 1-Cent-Münzen gewechselt werden. Zur Erhöhung der Übersichtlichkeit darf man auch 1-Cent-Münzen in 5-Cent-Münzen wechseln.

Bei obigem Beispiel verläuft die Lösung etwa so:

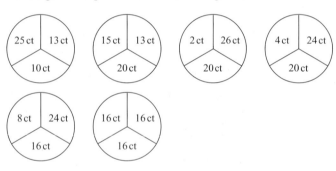

Wenn man den Ausgleich der Felder ausgehend von einer beliebigen Anfangsverteilung des Betrags 48 Cent erreichen will, muss man eine Zugregel zulassen, die im Notfall angewandt werden kann: Wenn sich bei gleichen Beträgen in zwei Feldern ein „toter" Punkt ergibt, darf 1 Cent von einem Feld in das andere geschoben werden.

□ Beispiel:
Die Ausgangsverteilung

lässt sich durch alleinige Anwendung der Verdopplungsregel nicht in die Zielverteilung „16 Cent in jedem Feld" überführen, sondern reproduziert sich selbst. Anwendung der „Notfallregel" führt auf 24 Cent, 13 Cent, 11 Cent, von wo aus der Ausgleich der Felder mithilfe der Verdopplungsregel möglich ist.

Wenn das Spiel gut beherrscht wird, kann man es mit dem Ausgangsbetrag 96 Cent statt 48 Cent spielen. Ziel ist es dann, auf jedem Feld 32 Cent zu erreichen.

Die Zulassung beider Regeln hat den Vorteil, dass sich Kinder selbst beliebige Anfangsverteilungen vorgeben können. Das Spiel wird dadurch abwechslungsreicher.

□ Anmerkung:
Verglichen mit dem Denkspiel D 7 des 1. Schuljahrs stellt die Verwendung von Geldbeträgen statt Plättchen neue Anforderungen, die den Kindern zu Anfang schwer fallen. Die Schulung im Umgang mit Geld ist aber sehr sinnvoll.

D 8 (zu S. 86 und 127)
Paare verschieben
(Typ: Münzenspiel)

Spielplan und Spielmaterial

Benötigt werden 6 Wendeplättchen oder je drei Münzen zweier verschiedener Sorten (z. B. drei 1-Cent-Münzen und drei 5-Cent-Münzen) sowie eine Reihe von 10 Quadraten als Spielplan.

Spielregeln

Die Plättchen (bzw. Münzen) liegen zu Beginn so in der Mitte des Spielplans, dass drei Plättchen einer Farbe (bzw. Münzen einer Sorte) links, drei Plättchen der anderen Farbe (bzw. Münzen der anderen Sorte) rechts liegen. Außen sind jeweils zwei Felder frei.

Ein Spielzug besteht darin, ein Paar von Plättchen in Nachbarfeldern auf zwei freie Nachbarfelder zu verschieben, ohne dass die Reihenfolge dieser Plättchen verändert wird. Das linke Plättchen eines Paares muss also auch in der neuen Position links von dem anderen liegen.

Ziel ist es, eine Endposition zu erreichen, bei der die sechs Plättchen wieder lückenlos nebeneinander liegen, jedoch mit abwechselnden Farben (bzw. bei den Münzen mit abwechselnden Sorten), sodass außen wieder jeweils zwei Felder frei sind.

Die optimale Lösung kommt mit vier Zügen aus:

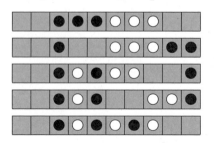

Natürlich kann das Spiel auch in der umgekehrten Richtung gespielt werden: von der abwechselnden Lage der Farben (Sorten) zur getrennten.

D 9 (zu S. 94)
Zwei auf einem Gleis
(Typ: Rangierspiel)

Spielplan, Spielmaterial und Spielregel

Der Spielplan zeigt eine einspurige Bahnstrecke mit einem Ausweichgleis, auf dem eine Lokomotive und vier Wagen Platz haben. Auch auf dem Gleisstück parallel zum Nebengleis haben nur eine Lok und vier Wagen Platz.

Von links und von rechts kommt je ein Zug mit einer Lokomotive und acht Wagen.

Wie müssen die Lokomotivführer rangieren um ihren Weg fortsetzen zu können?

Dabei sind folgende Rangiermanöver möglich:
1. Die Loks können vor- und rückwärts fahren.
2. Die Wagen dürfen gezogen oder geschoben werden.
3. Wagen können beliebig an- und abgekoppelt werden.

☐ Lösung:
1. Die „rechte" Lok fährt mit vier ihrer Wagen auf das Nebengleis.

2. Der „linke" Zug passiert das Nebengleis.

3. Damit wird der Weg frei für die „rechte" Lok mit ihren vier Wagen. Sie verlässt das Nebengleis in der gewünschten Richtung und bleibt ein Stück weiter stehen.

4. Die „linke" Lok koppelt nun die vier zurückgebliebenen Wagen des anderen Zuges an, zieht sie auf das Nebengleis und koppelt wieder ab.

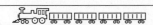

5. Die „linke" Lok setzt nun mit ihren acht Wagen rückwärts auf die Hauptstrecke und hat dann in der gewünschten Richtung freie Fahrt.

6. Nun setzt die „rechte" Lok mit ihren vier Wagen zurück auf das Nebengleis, koppelt ihre vier zurückgelassenen Wagen an und fährt ebenfalls in der gewünschten Richtung fort.

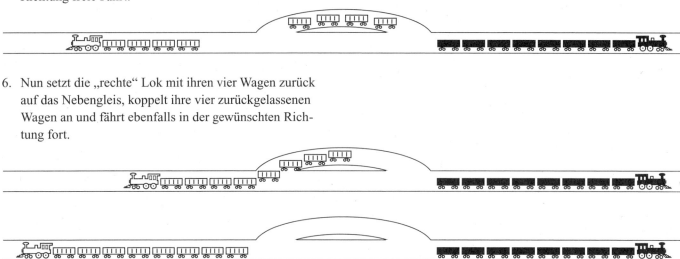

D10 (zu S. 101)

Wolf, Ziege und Kohl
(Typ: Überfahrt)

Spielplan

Der Spielplan zeigt einen Fluss (blau) eingerahmt von zwei Ufern (grün).

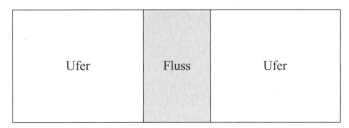

Spielmaterial

Auf Karten aufgemalt sind ein Bauer, ein Wolf (oder bissiger Hund), eine Ziege und ein Korb mit Kohl.

Spielregeln

Der Bauer steht mit dem Wolf, der Ziege und dem Korb voll Kohl auf einem Ufer des Flusses und möchte alles übersetzen. Zur Verfügung steht aber nur ein kleines Boot, in welchem außer dem Bauern entweder nur der Wolf oder die Ziege oder der Korb Platz hat. Nun sollen die Tiere und der Kohl unversehrt am anderen Ufer ankommen und auch dort unbeschadet bleiben. Wenn aber der Bauer Wolf und Ziege unbeaufsichtigt lässt, frisst der Wolf die Ziege. Wenn Ziege und Kohl unbeaufsichtigt bleiben, frisst die Ziege den Kohl. Wie muss der Bauer es bei seinen Überfahrten einrichten, dass alles heil bleibt?

Es gibt genau zwei optimale Lösungen:
1. Der Bauer setzt zuerst die Ziege über und fährt wieder zurück.
2. Er setzt den Wolf (bzw. Kohl) über und nimmt die Ziege mit zurück.
3. Dann bringt er den Kohl (bzw. den Wolf) zum anderen Ufer, wo sich schon der Wolf (bzw. Kohl) befindet.
4. Schließlich holt er die Ziege nach.

☐ Anmerkung:
Dieses Spiel stammt aus einer Sammlung von Aufgaben, die der irische Mönch Alkuin, der „Kultusminister" Karls des Großen, im 8. Jh. für den Unterricht in Klosterschulen verfasst hat.

Didaktische und praktische Hinweise zu den Schülerbuchseiten

4 Rechnen in England
Gemischte Wiederholung des Rechnens im Zwanzigerraum

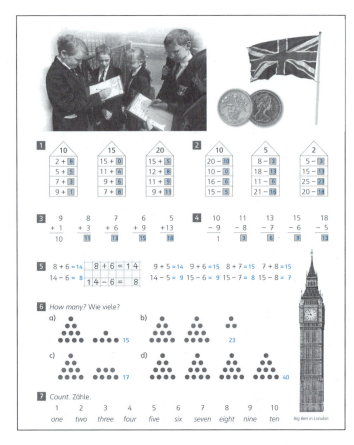

Im Mittelpunkt des ersten Themenblocks steht die Wiederholung des Einspluseins und seiner Umkehrung. Die Kinder sollen beim Rechnen operative Beziehungen zwischen den Aufgaben nutzen. Einspluseins und Einsminuseins werden auch als Blitzrechenübungen wiederholt und weiter geübt.

WAS WIRD BENÖTIGT?
Arbeitsmaterial: evtl. Wendeplättchen, Zwanzigerreihe, Leerformat 1 „Zahlenhäuser" (Kopiervorlage)
Demonstrationsmaterial: evtl. Wendeplättchen und Zwanzigerreihe

WORUM GEHT ES?
Auf dieser und der folgenden Seite werden die Rechenoperationen, Rechengesetze und Aufgaben im Zahlenraum bis 20 wiederholt und vertieft. Der Bezug zu anderen europäischen Ländern macht deutlich, dass die Mathematik eine international gültige Sprache mit kleinen Abweichungen in Schreibweisen ist, dass aber Zahlnamen und Zahldarstellungen nationale Besonderheiten sind.

Das Erlernen der Zahlnamen anderer Länder ist aber kein Lernstoff.

WIE KANN MAN VORGEHEN?
Vor der Arbeit mit dem Buch:
Die Kinder werden angeregt, von Urlaubserlebnissen in anderen Ländern zu erzählen. Häufig bleiben von Ferienreisen Münzen anderer Länder übrig, die mitgebracht und als erstes gesichtet und sortiert werden können: Welche Münzen kenne ich, welche Münzwerte kann ich bereits richtig ablesen? Auch Postkarten anderer Länder mit ihren fremden Wertmarken können einen interessanten Einstieg bieten. Dann wird der Blick auf England gelenkt. Die Lehrerin zeigt geeignetes Material über England (Bilder, Postkarten, Briefmarken, Münzen, Karten, …) und regt die Kinder an mitzuteilen, was sie über England wissen.

Zur Arbeit mit dem Buch:
Das Leerformat 1 erleichtert den Kindern die Arbeit.

Die Aufmerksamkeit der Kinder richtet sich zuerst sicherlich auf die Bilder. Die britische Flagge, die Münzen und Londons Wahrzeichen „Big Ben" werden angesprochen. Die Kinder erfahren, dass die Kinder in England Schuluniformen tragen.

Als Besonderheit bei den Aufgaben muss die vertikale Notation der beiden Summanden bei der Addition in Aufgabe 3 herausgestellt werden, die bei uns erst bei der schriftlichen Addition gebräuchlich ist, im 1. Band des ZAHLENBUCHs jedoch schon einmal bei der Addition der Zauberquadrate auftauchte.

Bei der Bearbeitung der Aufgaben auf dieser Seite sollte beobachtet werden, ob die Schüler noch Lösungshilfen benutzen und ggf. welche (Plättchen? Zwanzigerfeld?).

Aufgabe 1 und 2:
Die Zahlenhäuser sind wie gewohnt dargestellt.

Aufgabe 3:
Einfache Additionsaufgaben sind in neuer Schreibweise zu rechnen. Gesprochen werden die Aufgaben wie üblich, z. B. „9 plus 1 ist gleich 10".

Aufgabe 4:
Einfache Minusaufgaben in analoger Schreibweise. Die Aufgaben sind Umkehraufgaben der Aufgaben unter 3.
9 + 1 = 10 und 10 – 9 = 1, 8 + 3 = 11 und 11 – 8 = 3 usw.

Aufgabe 5:
Paare von Aufgaben und Umkehraufgaben werden im direkten Zusammenhang gerechnet. Die ersten Rechnungen sollten noch einmal an der Tafel besprochen und mit Plättchen am Zwanzigerfeld gelegt werden, weil durch das Hinzulegen und Wegnehmen von Plättchen besonders deutlich wird, dass Addition und Subtraktion Umkehroperationen sind.

☐ Beispiel:

7 + 6 = 13   13 – 6 = 7

Rechnen in England
Gemischte Wiederholung des Rechnens im Zwanzigerraum

4

Aufgabe 6:
Übungen zum strukturierten Zählen. Zwei Aufgaben überschreiten den Zwanzigerraum. Die Darstellung des Zehners als Dreieck („mathe 2000"-Logo) ist in den angelsächsischen Ländern weit verbreitet (z. B. bei der Aufstellung der 10 Kegel (Pins) beim Bowling oder von 10 Kugeln beim Billard).

Aufgabe 7:
An den Zahlwörtern kann verdeutlicht werden, dass die deutsche und die englische Sprache gemeinsame Wurzeln haben.

ARBEITSHEFT Seite 3, Aufgabe 1 und 2

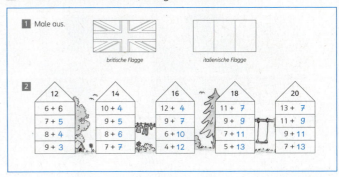

? WIE KÖNNTE ES WEITERGEHEN?
— Wiederholung der Blitzrechenübungen von Band 1: „Zahlenreihe", „Zählen in Schritten", „Ergänzen bis 10 und 20", „Zerlegen von Zahlen"

Der Gegensatz zwischen Freiheit und Disziplin ist nicht so scharf, wie eine logische Analyse der Begriffe nahe legen könnte, denn der kindliche Geist ist ein sich entwickelnder Organismus. Dies bedeutet einerseits, dass man ihm von außen keine Ideen aufzwingen kann, die ihm fremd sind, aber andererseits auch, dass systematisches Wissen der Nährboden für die kindliche Denkentwicklung ist. Daher muss es das Ziel einer ideal eingerichteten Erziehung sein, Freiheit mit Disziplin und Disziplin mit Freiheit zu verbinden.

N. Whitehead, The Aims of Education

5 Rechnen in Italien

Wiederholung des Einspluseins und Einsminuseins anhand von Zahlenmauern und operativen Päckchen

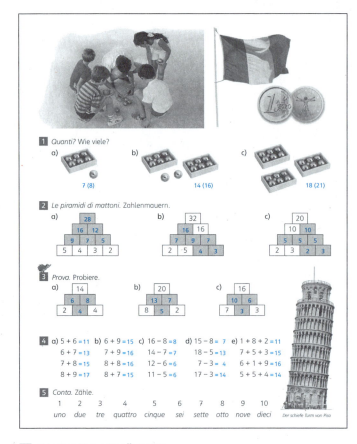

Durch systematische Veränderung des mittleren unteren Steins kann man zur richtigen Lösung gelangen:

1. Versuch: 0

Deckstein zu klein!

2. Versuch: 2
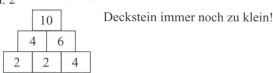
Deckstein immer noch zu klein!

3. Versuch: 3

Deckstein fast richtig!

4. Versuch: 4
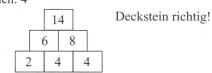
Deckstein richtig!

Die Lösung erhält man auch, wenn man den Deckstein 14 versuchsweise zerlegt und die fehlenden Zahlen durch Ergänzen ermittelt. Wenn es an einer Stelle nicht stimmt, kehrt man zurück und zerlegt neu:

nicht fortsetzbar

nicht fortsetzbar

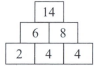
Lösung

❓ WAS WIRD BENÖTIGT?

Arbeitsmaterial: evtl. Plättchen und Zwanzigerfeld, ggf. Wendekarten (Zahlseite) zum Legen und Überlegen bei den Zahlenmauern von Aufgabe 3, Leerformat 2 „Zahlenmauern" (Kopiervorlage)

Demonstrationsmaterial: evtl. Wendeplättchen und Zwanzigerfeld, ggf. magnetische Wendekarten (Zahlseite) zum Legen und Überlegen bei den Zahlenmauern von Aufgabe 3

❓ WORUM GEHT ES?

An dem bekannten Aufgabenformat Zahlenmauern werden die Aufgaben des kleinen 1 + 1 und seiner Umkehrung (Einsminuseins) wiederholt. Bei der Berechnung der Zahlenmauern und schönen Päckchen werden Beziehungen zwischen Addition und Subtraktion deutlich.

Die Seite macht bewusst, dass Übungsformate über Landesgrenzen hinweg gebräuchlich sind.

In Aufgabe 3 wird eine Aufgabenstellung aus Band 1 („Legen und überlegen") aufgegriffen: Durch „systematisches Probieren" mit Wendekarten sind dreistöckige Zahlenmauern zu lösen, bei denen der Deckstein und die beiden äußeren Steine in der unteren Reihe vorgegeben sind. „Prova" ist das italienische Wort für „Probiere".

☐ Beispiel:

☐ Hinweis:

Wenn man beachtet, dass der Wert des mittleren Steines in der untersten Reihe in den Deckstein zweifach eingeht, die Werte der beiden äußeren Steine aber nur einfach, kann man die mittlere untere Zahl schnell berechnen. Bei dieser Aufgabe kommt es aber nicht auf schnelle Lösungen, sondern auf die Entwicklung eines Gefühls für Zahlbeziehungen an. Letzteres wird durch systematisches Probieren viel besser geschult als durch eine direkte Berechnung.

Rechnen in Italien 5

Wiederholung des Einspluseins und Einsminuseins anhand von Zahlenmauern und operativen Päckchen

Der Euro ist auch in Italien Zahlungsmittel. Die Vorderseiten der Münzen stimmen überein, die Rückseiten zeigen nationale Symbole. Auf der Rückseite der Euromünzen ist eine berühmte Zeichnung von Leonardo da Vinci zu den Proportionen des menschlichen Körpers abgebildet. Diese kann auch für die Schülerbuchseite „Maße am Körper" benutzt werden, da sie zeigt, dass die Spannweite der Arme in etwa gleich der Körpergröße ist.

? WIE KANN MAN VORGEHEN?

Vor der Arbeit mit dem Buch:
An einem Beispiel an der Tafel wird der Aufbau einer Zahlenmauer wiederholt: auf je zwei benachbarte Steine einer Schicht wird ein Stein aufgesetzt, in den immer die Summe der beiden unteren Steine eingetragen werden muss. Sind einer der unteren und der obere Stein gegeben, so muss wie bei den Aufgaben 2b, c der zweite untere Stein durch Ergänzen oder Subtrahieren bestimmt werden.

Lösung durch Summenbildung:

     $2 + 4 = \boxed{6}$

Lösung durch Ergänzen:

     $1 + \boxed{3} = 4$

Zur Arbeit mit dem Buch:
Einige Kinder werden sicher über Urlaubserfahrungen aus Italien verfügen. Daraus kann sich ein Gespräch über die Flagge, den schiefen Turm von Pisa, ein Wahrzeichen Italiens, und das Bocciaspiel entwickeln.

Aufgabe 1:
Zählaufgabe: Die Anzahl der Bocciakugeln in einer Box kann am einfachsten in Analogie zur Struktur der Würfelsechs bestimmt werden. Es bleibt den Kindern überlassen, ob sie die kleinen Holzkugeln am Schluss mitzählen oder nicht.

Aufgabe 2:
Die Zahlenmauern (italienisch: „piramidi di mattoni") werden durch Addition und Ergänzen gelöst.

Aufgabe 3:
Lösen von Zahlenmauern durch systematisches Probieren (probiere, it.: „prova").

Aufgabe 4:
Hier handelt es sich z.T. um schöne oder leicht gestörte schöne Päckchen, die ggf. nach Beseitigung der Störung fortgesetzt werden können. Die Kinder dürfen weiter rechnen, soweit sie möchten:

a) $5 + 6 = 11$ Jeder Summand wird um 1 größer,
$6 + 7 = 13$ die Summe deshalb um 2.
$7 + 8 = 15$
$8 + 9 = 17$

b) Einzelne operative Zusammenhänge, aber kein durchgehendes Muster.

c) $16 - 8 = 8$
$14 - 7 = 7$
$12 - 6 = 6$
$11 - 5 = 6$ Störung!
Bis auf die vierte Aufgabe sind alle Aufgaben Umkehraufgaben von Verdopplungsaufgaben. Die Störung kann mit $10 - 5 = 5$ repariert werden.

d) Kein Muster

e) Je zwei der drei Summanden können zu 10 zusammengefasst werden. Dann werden die Rechnungen einfach.
$1 + 8 + 2 = 1 + 10 = 11$

$7 + 5 + 3 = 10 + 5 = 15$

$6 + 1 + 9 = 6 + 10 = 16$

$5 + 5 + 4 = 10 + 4 = 14$

Aufgabe 5:
Wenn italienischsprachige Kinder in der Klasse sind, werden sie sich freuen vorführen zu können, wie man auf Italienisch zählt. Den Kindern wird auffallen, dass einzelne italienische Zahlwörter den deutschen Zahlwörtern ähnlich sind (uno – eins, tre – drei).

📕 ARBEITSHEFT Seite 3, Aufgabe 3–6

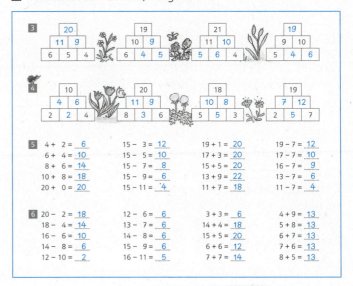

5 Rechnen in Italien
Wiederholung des Einspluseins und Einsminuseins anhand von Zahlenmauern und operativen Päckchen

? WIE KÖNNTE ES WEITERGEHEN?
- Wiederholung der Blitzrechenübungen: „Verdoppeln/Halbieren", „1 + 1"
- Weitere Zahlenmauern vorgeben (Leerformat 2 „Zahlenmauern").
  Tipp zur Konstruktion: Zuerst eine Mauer von der Basis aus berechnen und dann einzelne Steine löschen.
- Weitere operative Aufgabenserien vorgeben (z.T. mit Störung), z. B.:

8 + 2	3 + 7	13 – 6	9 – 2
8 + 3	4 + 6	14 – 7	8 – 3
8 + 4	5 + 5	15 – 8	7 – 4
8 + 5	6 + 4	14 – 8	6 – 5
8 + 8	8 + 8	13 – 7	5 – 1

- Kinder anderer Nationalität zum Zählen in ihrer Sprache auffordern
- Gegeben sind die Grundsteine:

  | 2 | 4 | 6 |

  Wer kann damit eine Mauer mit dem größten/kleinsten Deckstein bauen?

  ☐ Lösungen:

  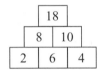

  größter Deckstein 18

  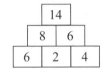

  kleinster Deckstein 14

30 Wiederholung

Einspluseins-Tafel 6

Systematische Wiederholung des Einspluseins, Start der intensiven Automatisierung des Einspluseins

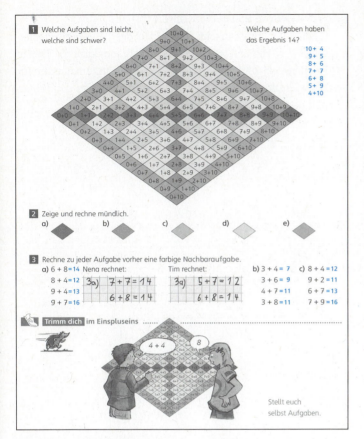

❓ WAS WIRD BENÖTIGT?
Arbeitsmaterial: für schwächere Schüler evtl. das Zwanzigerfeld mit Plättchen
Demonstrationsmaterial: Falls vorhanden die Einspluseins-Tafel als Plakat, magnetische Wendeplättchen zum Markieren von Aufgaben an der Tafel

❓ WORUM GEHT ES?
Unter den vertiefenden Übung wurde im ZAHLENBUCH 1 die Einspluseinstafel eingeführt.

Bei der Wiederholung sollen noch einmal die Kernaufgaben herausgearbeitet werden:
Verdopplungsaufgaben (rot),
Zehnerergänzungsaufgaben (dunkelblau),
Fünfer- und Fünfzehnerzerlegung (hellblau),
Aufgaben mit der Fünf (gelb) und
Aufgaben mit Null und Zehn (grün)

Dann soll daran erinnert werden, dass sich hieraus alle Aufgaben des kleinen Einmaleins operativ erschließen lassen.

☐ Beispiele:
Aus 10 + 7 = 17 (leichte Aufgabe) ergibt sich
9 + 7 = 16 (1 weniger).
Aus 8 + 8 = 16 (leichte Verdopplungsaufgabe) folgt
8 + 9 = 17 (1 mehr).
Im weiteren dient die Einspluseinstafel als „Aufgabendisplay" für die Automatisierung des Einspluseins.

❓ WIE KANN MAN VORGEHEN?
Vor der Arbeit mit dem Buch:
Die Einspluseinstafel wird als Plakat an die Tafel (Magnettafel) gehängt. Die Kinder erzählen, was sie über die Tafel noch wissen. Die Lehrerin erklärt dann, dass das Einspluseins eine der wichtigsten Rechenfertigkeiten ist und gründlich geübt werden muss.

Zur Arbeit mit dem Buch:
Aufgabe 1:
Falls noch nicht angesprochen, werden die leichten Aufgaben beschrieben. Dies sind größtenteils die farbigen Aufgaben, aber auch Aufgaben „1 + Zahl" oder „Zahl + 1" sowie Aufgaben mit kleinen Zahlen „2 + 4" oder „4 + 2".

Die Aufgaben in einer Spalte haben immer das gleiche Ergebnis.

☐ Beispiel:
Die Aufgaben mit Ergebnis 14 stehen links neben der rechten, hellblauen Spalte.

10 + 4 = 14 (am Zwanzigerfeld gut zu sehen)
9 + 5 = 14 (die erste Zahl erniedrigt sich jeweils um 1,
8 + 6 = 14 dafür erhöht sich die zweite Zahl
7 + 7 = 14 um 1; gegensinniges Verändern
6 + 8 = 14 bei Konstanz der Summe)
5 + 9 = 14
4 + 10 = 14

Falls die Kinder dies nicht sofort erkennen, werden zunächst Aufgaben mit Ergebnis 14 auf der Tafel gesucht (z. B. 10 + 4 oder 4 + 10 oder 7 + 7) und mit einem Wendeplättchen markiert. Die markierten Aufgaben „wachsen" zu einer Spalte zusammen.

Aufgabe 2:
Die farbigen Aufgaben werden mündlich gerechnet.

Aufgabe 3:
Zu jeder „weißen" Aufgabe wird zunächst eine farbige Nachbaraufgabe gerechnet.

☐ Beispiele:
Aus 10 + 4 = 14 erschließt sich 9 + 4 = 13 (1 weniger),
aus 7 + 7 = 14 erschließt sich 6 + 7 = 13 (1 weniger), …

👟 TRIMM DICH
Bis zur Einführung der halbschriftlichen Addition S. 40 muss das Einspluseins gründlich automatisiert werden. Hierzu benutzen die Kinder, wie aus dem Bild ersichtlich, die 1 + 1-Tafel als Aufgabendisplay. Ein Kind zeigt eine Aufgabe, das zweite Kind rechnet sie. Auf den Seiten 10 und 14 wird unten auf der Seite durch einige Aufgaben an den Trimmkurs „Einspluseins" erinnert.

Wiederholung 31

6 Einspluseins-Tafel
Systematische Wiederholung des Einspluseins, Start der intensiven Automatisierung des Einspluseins

ARBEITSHEFT Seite 4

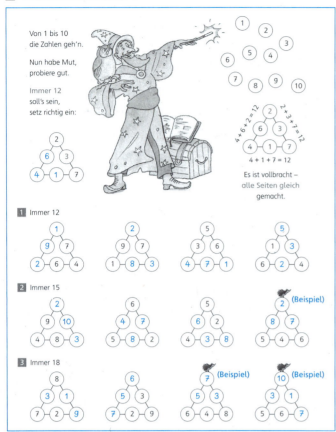

WIE KÖNNTE ES WEITERGEHEN?
– Übung des Einspluseins mit Hilfe des „Zauberdreiecks" von W. Metzner (Spielbrett mit Aufgabenkarten). Dieses Rechenspiel bietet zahlreiche Aufgaben unterschiedlichen Schwierigkeitsgrades, die von den Schülern in der Freiarbeit bearbeitet werden können.

Die Aufgaben zum Zauberdreieck eignen sich gut dazu, das Einspluseins in spielerischer Form zu wiederholen.

32 Wiederholung

Einsminuseins-Tafel 7

Systematische Wiederholung des Einsminuseins, Start der Automatisierung des Einsminuseins

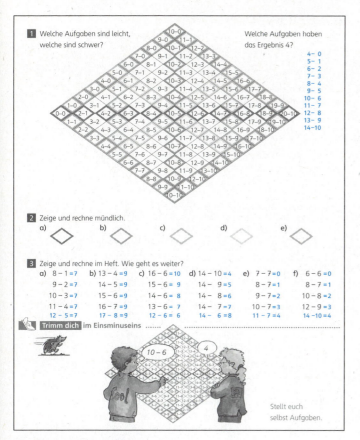

Gelbe Aufgaben (Umkehraufgaben von Aufgaben mit 5):
In der Schräge von links oben nach rechts unten (5 – 0 = 5, 6 – 1 = 5, 7 – 2 = 5, …, 15 – 10 = 5) stehen Aufgaben mit dem Ergebnis 5.
In der Schräge von links unten nach rechts oben (5 – 5 = 0, 6 – 5 = 1, 7 – 5 = 2, …, 15 – 5 = 10) wachsen die Ergebnisse von 0 bis 10 an.
Dies ist ein Spezialfall eines allgemeineren Musters:
Alle Aufgaben der schrägen Zeilen von links oben nach rechts unten haben jeweils das gleiche Ergebnis. Zum Beispiel haben 4 – 0, 5 – 1, 6 – 2, 7 – 3, …, 14 – 10 das Ergebnis 4 (Gesetz von der Konstanz der Differenz).

Die Einsminuseinstafel dient im Wesentlichen als übersichtlich angeordnetes Aufgabendisplay für Minusaufgaben im Zwanzigerraum. Allerdings werden dabei nicht alle Minusaufgaben des Zwanzigerraums erfasst.

☐ Beispiel:
Da 11 + 2 = 13 nicht in der Einspluseinstafel vorkommt (der erste Summand 11 ist zu groß), kommt 13 – 2 = 11 nicht in der Einsminuseinstafel vor.

? WIE KANN MAN VORGEHEN?

Zur Arbeit mit dem Buch:
Die Kinder äußern sich zunächst spontan zur Einsminuseins-Tafel.

Aufgabe 1:
Falls im Klassengespräch noch nicht angesprochen, werden die leichten Aufgaben beschrieben.
  Neben den farbigen Aufgaben sind dies u. U. auch Aufgaben mit kleinen Zahlen (z. B. 6 – 3), Aufgaben mit den Ergebnissen 1 oder 2 (z. B. 4 – 3, 3 – 2, 9 – 8, 9 – 7, …) oder Aufgaben mit den Subtrahenden 1 und 2 (z. B. 9 – 1, 9 – 2, …).

Aufgabe 2:
Die farbigen Aufgaben werden mündlich gerechnet.

Aufgabe 3:
Hier handelt es sich um schöne Päckchen.
a) Fortsetzung:
   12 – 5, 13 – 6, 14 – 7, 15 – 8, …
   Diagonale von links oben nach rechts unten: Beide Zahlen werden jeweils um 1 größer, das Ergebnis 7 bleibt gleich.
b) Fortsetzung:
   17 – 8, 18 – 9, 19 – 10
   Ebenfalls in der Diagonalen mit gleichem Ergebnis 9.
c) Fortsetzung:
   12 – 6, 11 – 6, 10 – 6, 9 – 6, …
   Diagonale von rechts oben nach links unten: Die erste Zahl wird immer um 1 kleiner, es wird aber immer 6 abgezogen. Das Ergebnis wird also auch immer 1 kleiner.

? WAS WIRD BENÖTIGT?
Arbeits- und Demonstrationsmaterial: Evtl. Zwanzigerfeld mit Plättchen

? WORUM GEHT ES?
Zu jeder Plusaufgabe des Einspluseins (z. B. 5 + 9 = 14) gibt es eine Umkehraufgabe (14 – 9 = 5), bei welcher der erste Summand aus dem Ergebnis und dem zweiten Summanden durch „Abziehen" ermittelt wird. Ersetzt man jede Aufgabe der Einspluseins-Tafel durch diese Umkehraufgabe, erhält man die Einsminuseinstafel, die im ersten Schuljahr im Arbeitsheft als Aufgabendisplay benutzt, aber noch nicht systematisch besprochen wurde.
  Auch bei der Einsminuseinstafel sind die farbigen Aufgaben leicht:

Grüne Randaufgaben:
 5 – 0 = 5 (Minus 0 ist einfach,
       verändert das Ergebnis nicht)
 6 – 6 = 0 (Zahl minus gleiche Zahl ergibt 0)
 13 – 3 = 10 (Hier bleibt immer ein Zehner übrig)
 14 – 10 = 4 (Hier bleiben immer nur die Einer übrig)

Rote Aufgaben:
Diese Aufgaben sind Umkehrungen der Verdopplungsaufgaben, d. h. durch Halbieren zu lösen (4 – 2 = 2, 10 – 5 = 5, 14 – 7 = 7, …).

Dunkelblaue Aufgaben:
Zehnerzerlegungen (10 – 1 = 9, 10 – 2 = 8, …)

Hellblaue Spalten:
Zerlegungen von 5 und 15.

Wiederholung 33

7 Einsminuseins-Tafel
Systematische Wiederholung des Einsminuseins, Start der Automatisierung des Einsminuseins

d) Fortsetzung:
14 – 6, 14 – 5, 14 – 4
Spalte von unten nach oben: Die erste Zahl bleibt gleich (14), es wird immer 1 weniger abgezogen. Dadurch wird das Ergebnis immer um 1 größer.

e) Fortsetzung:
11 – 7, 12 – 7, 13 – 7, 14 – 7, 15 – 7, …
Ergebnis immer um 1 größer.

f) Fortsetzung mit 14 – 10
Die erste Zahl wird um 2 größer, die zweite Zahl um 1. Dadurch erhöht sich das Ergebnis um 1. Dieses Muster gilt allgemein: In allen waagerechten Zeilen nehmen die Ergebnisse von links nach rechts um 1 zu.

TRIMM DICH

Bis zur Einführung der halbschriftlichen Subtraktion muss das Einsminuseins automatisiert werden. Hierzu benutzen die Kinder die Einsminuseinstafel als Aufgabendisplay. Auf nachfolgenden Seiten wird an den Trimmkurs „Einsminuseins" erinnert.

ARBEITSHEFT Seite 5

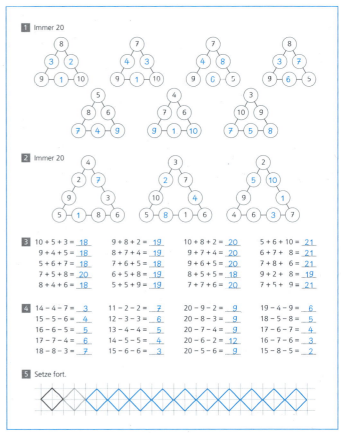

Da beim Zauberdreieck ebenfalls ergänzt bzw. subtrahiert werden muss, eignet es sich auch zur Wiederholung der Subtraktion.

Legen und überlegen 8

Operative Übung der Addition und Subtraktion mit Hilfe von Rechendreiecken und Textaufgaben, Denkspiel „Schiebespiele"

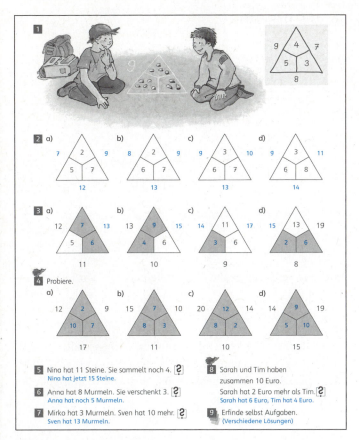

□ Beispiel: 1. Versuch:

    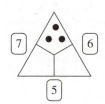

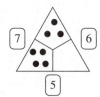

$3 + 4 = 7$
$4 + 1 = 5$
Aber $1 + 3 \neq 6$
Keine Lösung!

2. Versuch:

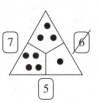

$4 + 3 = 7$
$3 + 2 = 5$
$2 + 4 = 6$
Richtig!

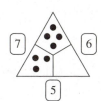

Das systematische Probieren ist für den gesamten Rechenunterricht sehr wichtig. Auch bei Textaufgaben kommt man oft mit der Strategie „Legen und überlegen" weiter: Die Sachverhalte werden mit Plättchen nachgelegt und „ausgelotet". Erst danach wird gerechnet.

Vergleichsaufgaben (z. B. Aufgabe 8) sind für die Kinder schwerer als die anderen Textaufgaben, weil sie höhere Anforderungen an das mathematische Verständnis stellen. Werden die Kinder jedoch angeregt Plättchen zwischen Mengen zu verschieben und zu vergleichen, können auch diese Aufgaben gut bewältigt werden.

? WAS WIRD BENÖTIGT?

Arbeitsmaterial: Leerformat 4 und Arbeitsblatt 1 „Rechendreiecke" (Kopiervorlagen), Wendeplättchen
Demonstrationsmaterial: Rechendreiecke aus Klebestreifen, Wendeplättchen, Wendekarten (eventuell magnetisch)

? WORUM GEHT ES?

Das Übungsformat „Rechendreiecke" ist im Band 1 eingeführt worden und wird nun wiederholt. Es eignet sich zur Lösung von Plus-, Minus- und Ergänzungsaufgaben auf verschiedenen Schwierigkeits- und Abstraktionsstufen.

Die einfache Regel zur Berechnung von Rechendreiecken lautet: Auf jedes der drei inneren Felder werden Plättchen gelegt, die Plättchenanzahlen benachbarter Felder addiert und die Ergebnisse am Rand notiert.

Das Denken sollte durch Handeln unterstützt werden. Deshalb sollten im Zuge der rechnerischen Behandlung der Dreiecke unbedingt auch Plättchen gelegt werden. Wenn nur die Randzahlen vorgegeben sind (höchste Schwierigkeitsstufe), findet man die Lösung durch systematisches Verändern versuchsweise gelegter Plättchen (vgl. ZAHLENBUCH 1, „Legen und überlegen").

? WIE KANN MAN VORGEHEN?

Vor der Arbeit mit dem Buch:
Der Einstieg kann über ein großes Rechendreieck erfolgen, das aus Klebestreifen an der Tafel oder auf dem Fußboden geformt wird. An diesem Dreieck werden zuerst einfache Aufgaben gelegt. Wie im Buch können statt der Plättchen auch andere kleinere Gegenstände benutzt werden. Die Kinder beschreiben

Wiederholung 35

8 Legen und überlegen
Operative Übung der Addition und Subtraktion mit Hilfe von Rechendreiecken und Textaufgaben, Denkspiel „Schiebespiele"

die Regel des Rechendreiecks und berechnen die Lösungen. Die verschiedenen Aufgabentypen werden besprochen:
1. Zwei innere Zahlen werden addiert.
2. Wenn eine Randzahl und die Zahl in einem zugehörigen Feld gegeben sind, wird ergänzt.
3. Wenn nur Randzahlen gegeben sind, wird probiert.

Die Kinder können zuerst selbst Aufgaben legen, bevor sie die Aufgaben im Buch bearbeiten.

Zur Arbeit mit dem Buch:
☐ Hinweis:
Alle Rechendreiecke der Aufgaben 1–4 sind auf der Kopiervorlage „Arbeitsblatt 1" zusammengestellt, damit die Kinder im Falle der schriftlichen Bearbeitung Rechendreiecke nicht ins Heft zeichnen müssen.

Aufgabe 1:
Hier ist eine Aufgabe mit Steinen gelegt. Die Aufgabe wird mit Plättchen nachgelegt und mit der Schülerlösung verglichen.

Aufgabe 2:
Die drei Zahlen im Dreieck sind vorgegeben, die drei Ergebniszahlen müssen eingetragen werden (Addition).

Aufgabe 3a, b, d:
Ein Feld und zwei Ergebniszahlen sind vorgegeben. Hier muss ergänzt bzw. subtrahiert werden um zu den fehlenden Anzahlen in den Feldern zu kommen.

Aufgabe 3c:
Zwei Feld- und eine Ergebniszahl sind vorgegeben. Hier erfolgt die Lösung durch einmalige Ergänzung und zweimalige Addition.

Aufgabe 4:
Die Lösung erfolgt durch Probieren mit Plättchen:
a)
b)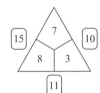
c)
d)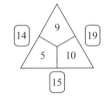

☐ Weitere Beispiele:
 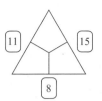 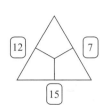

Lösungen:
 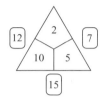

☐ Hinweis:
Wie man solche Aufgaben konstruieren kann, wird weiter unten gezeigt.

Aufgabe 5 bis 7:
Die Aufgaben werden vorgelesen, besprochen und mit Plättchen nachgelegt. Sammelt Nina 4 Steine, so werden 4 Plättchen dazugelegt. Verschenkt Anna dagegen 3 Murmeln, so werden 3 Plättchen weggelegt.

Aufgabe 8:
Dies ist eine Aufgabe, die mit „Legen und Überlegen" gelöst werden kann.
Durch Verschieben von Plättchen ergibt sich die Lösung:

Sarah   Tim

◯◯◯◯◯   ◯◯◯◯◯

Sarah und Tim haben *gleich viel.*

◯◯◯◯◯◯   ◯◯◯◯

Sarah hat 2 *mehr.*

Der Unterschied zwischen „Sarah hat 2" und „Sarah hat 2 mehr" muss deutlich herausgearbeitet werden.

Aufgabe 9:
Die Kinder erfinden im gleichen Sachzusammenhang selbst Aufgaben, die durch Probieren mit Plättchen gelöst werden.
Zum Beispiel: Sarah und Tim haben zusammen 10 Muscheln, Tim hat 4 weniger als Sarah. Oder: Sarah und Tim haben gleich viele Muscheln.

❗ DENKSCHULE
Neue Spielpläne für das Denkspiel 1 „Schiebespiele" vorstellen (vgl. S. 15).

Legen und überlegen 8

Operative Übung der Addition und Subtraktion mit Hilfe von Rechendreiecken und Textaufgaben, Denkspiel „Schiebespiele"

ARBEITSHEFT Seite 6

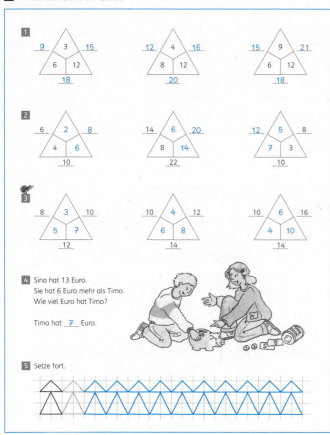

☐ Beispiel 2:
Löschen von zwei
inneren Zahlen und
einer Randzahl

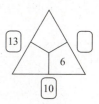

☐ Beispiel 3:
Löschen von zwei
Randzahlen und
einer inneren Zahl

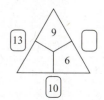

☐ Beispiel 4:
Löschen der drei
inneren Zahlen

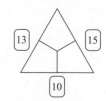

Wenn man so vorgeht, ist die Lösbarkeit mit natürlichen Zahlen immer gesichert. Wenn die Randzahlen dagegen beliebig gewählt werden, können als Lösungszahlen Brüche (mit dem Nenner 2) oder negative Zahlen auftreten. Die Randzahlen 1, 1, 1 führen zu den Brüchen $\frac{1}{2}$, $\frac{1}{2}$, $\frac{1}{2}$ die Randzahlen 7, 3, 16 auf -3, 10, 6. Allgemein gilt: Ganzzahlige Lösungen treten genau dann auf, wenn keine oder genau zwei Randzahlen ungerade sind. Negative Lösungen kommen genau dann vor, wenn zwei der Randzahlen zusammen kleiner als die dritte Randzahl sind.

Leistungsstarke Kinder dürften aber gerade an Aufgaben besonderes Interesse haben, die den gewohnten Zahlbereich überschreiten. Ihnen sollte man unbedingt auch das Rechendreieck mit den Randzahlen (1, 1, 1) anbieten. Wenn man zum Vergleich auf die Rechendreiecke mit den Randzahlen (4, 4, 4), (2, 2, 2) verweist, deren Lösungen einfach zu finden sind (innen dreimal 2 bzw. dreimal 1), könnten die Kinder mit der Idee des Halbierens auf die Brüche $\frac{1}{2}$, $\frac{1}{2}$, $\frac{1}{2}$ kommen.

? WIE KÖNNTE ES WEITERGEHEN?

– Weitere Aufgaben mit Rechendreiecken
Für die Konstruktion von Aufgaben für Rechendreiecke (Kopiervorlage Leerformat 4) empfiehlt sich folgendes Verfahren:

1. Eintragen von Zahlen in die inneren Felder des Rechendreiecks

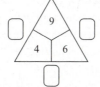

2. Berechnen der Randzahlen

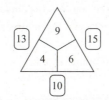

3. Löschen von drei Zahlen (außen oder innen)

☐ Beispiel 1:
Löschen von zwei
inneren Zahlen und
einer Randzahl

Wiederholung 37

9 Würfeln
Übungen zur Addition, Zufallsexperiment mit Würfeln

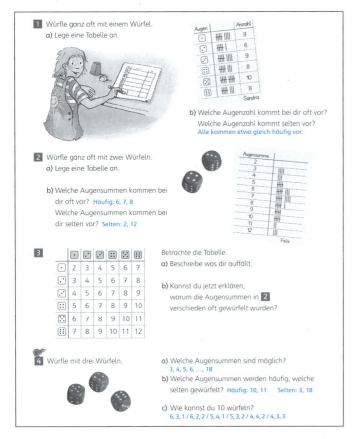

unterschiedlichen Wahrscheinlichkeiten auf. Die Augensumme 7 kommt in der Strichliste oft vor, die Augensummen 2 und 12, aber auch 3 und 11 dagegen selten. Alle Kinder werden viele Striche in der Mitte haben (bei den Würfelsummen 6, 7, 8) und wenige Striche oben und unten (bei den Würfelsummen 2, 3, 11, 12). Anhand der Additionstabelle in Aufgabe 3 lässt sich dies kombinatorisch begründen: Die Augenzahlen jedes einzelnen der beiden Würfel sind gleich verteilt, ebenso die Paare der Würfelergebnisse. Aber die Augensummen rühren von unterschiedlich vielen Paaren der Würfelergebnisse her: Es gibt z. B. 6 Paare von Würfelergebnissen zu der Augensumme 7, nämlich die Paare (6/1), (5/2), (4/3), (3/4), (2/5), (1/6), aber nur 1 Paar, (6/6), für die Augensumme 12 und auch nur 1 Paar (1/1) für die Augensumme 2. Die Verteilung der Wahrscheinlichkeiten sieht folgendermaßen aus:

Augensumme	2	3	4	5	6	7
Wahrscheinlichkeit	1:36	1:18	1:12	1:9	5:36	1:6
	2,8%	5,6%	8,3%	11%	13,8%	16,6%

Augensumme	8	9	10	11	12
Wahrscheinlichkeit	5:36	1:9	1:12	1:18	1:36
	13,8%	11%	8,3%	5,6%	2,8%

❓ WAS WIRD BENÖTIGT?
Arbeitsmaterial: pro Kind zwei (möglichst verschiedenfarbige) Würfel, Arbeitsblatt 2 „Würfeltabellen" (Kopiervorlage)
Demonstrationsmaterial: große Würfel, vorbereitete Tabellen gemäß Aufgaben 1 und 2 an der Tafel

❓ WORUM GEHT ES?
Im Anschluss an das Zufallsexperiment „Plättchen werfen" aus dem Band 1 werden hier zwei weitere Zufallsexperimente durchgeführt, die sich in einem grundlegenden Punkt unterscheiden:
– In Aufgabe 1 (Werfen mit einem „fairen" Würfel) liegt eine Gleichverteilung der Wahrscheinlichkeiten vor: Alle Würfelzahlen („Augenzahl") haben die gleiche Chance geworfen zu werden. Es ist daher zu erwarten, dass nach genügend vielen Würfen in allen Zeilen der Tabelle etwa gleich viele Striche auftreten. Der Zufall sorgt aber dafür, dass manchmal die eine, manchmal die andere Augenzahl häufiger vorkommt. Auf lange Sicht gleichen sich die Unterschiede insofern aus, als dass es keine systematische Bevorzugung der einen oder anderen Zahl gibt. Auch bei der Abfolge der Augenzahlen herrscht der Zufall: Jede Augenzahl hat bei jedem Wurf die gleiche Chance. Es ist nicht etwa so, dass die Chance für eine weitere „6" unmittelbar nach einer „6" geringer sei. Entgegen einer auch unter Erwachsenen häufig verbreiteten Fehlvorstellung hat der Würfel kein Gedächtnis.
– In Aufgabe 2 (Werfen mit zwei Würfeln und Berechnen der Augensumme) dagegen treten die Augensummen mit

❓ WIE KANN MAN VORGEHEN?
Zur Arbeit mit dem Buch:
Aufgabe 1:
Das Experiment wird erklärt. Zunächst können die Kinder Vermutungen anstellen, ob für die einzelnen Würfelzahlen verschiedene Chancen bestehen. Aufgrund subjektiver Erfahrungen kommt es oft zu Fehleinschätzungen. Insbesondere die Häufigkeit der 6 wird unterschätzt, weil die Kinder bei ihren Spielen oft lange auf die 6 warten mussten. Dann wird gewürfelt und die Ergebnisse werden in die Tabelle an der Tafel eingetragen. Anschließend legen die Kinder selbst eine Tabelle an oder benutzen das Arbeitsblatt mit vorgefertigten Tabellen und führen das Würfelexperiment „oft" durch.

Die Auswertung insgesamt dürfte ergeben, dass alle Augenzahlen in etwa gleich oft gewürfelt werden. Die Kinder sollten im Vergleich ihrer Listen erkennen, dass keine Augenzahl bevorzugt ist. Nur der Zufall sorgt für Schwankungen manchmal zugunsten der einen, manchmal zugunsten anderer Zahlen. Unterstreichen kann man diese Erfahrung, indem man darauf hinweist, dass sich die Seitenflächen eines symmetrisch geformten Würfels geometrisch nicht unterscheiden.

Trickbetrüger spielen aber oft mit gefälschten Würfeln, bei denen nicht alle 6 Zahlen die gleiche Chance haben gewürfelt zu werden.

38 Wiederholung

Würfeln 9
Übungen zur Addition, Zufallsexperiment mit Würfeln

Aufgabe 2:
Zuerst sollte die Addition von „Würfelaugen" (Augensumme) wiederholt werden. Dann wird das Experiment erklärt und einige Male gemeinsam durchgeführt. Die Ergebnisse werden in eine vorgefertigte Tabelle eingetragen. Dann sollten die Kinder Vermutungen darüber anstellen, welche Augensumme am häufigsten vorkommt.

Die Kinder führen dann das Experiment in Partnerarbeit durch, wobei sie entweder eine selbst angefertigte Tabelle oder das Arbeitsblatt benutzen. Sie sollten sich beim Würfeln abwechseln und beim Addieren gegenseitig überprüfen. Um ein möglichst aussagekräftiges Ergebnis zu bekommen, sollte jede Gruppe mindestens 30 Würfe durchführen und notieren.

In den meisten Fällen werden die Daten sehr deutlich zeigen, dass im Gegensatz zum einfachen Würfel keine Gleichverteilung mehr vorliegt: Die Zahlen 6, 7 und 8 erscheinen deutlich häufiger als die Zahlen 2, 3, 11 und 12.

Im Gespräch werden die Kinder vielleicht schon selbst begründen können, weshalb die 2 oder die 12 sehr selten vorkommen: Beide Würfel müssten 1 bzw. 6 zeigen. Dagegen kann z. B. die 7 mehrfach erreicht werden: als 4 + 3, 5 + 2, 2 + 5, ..., also öfter als einmal. Wenn die beiden Würfel verschiedene Farbe haben, wird besonders deutlich, dass 5 + 2 ein anderer Wurf ist als 2 + 5.

Hilfreich ist es hier, den Begriff „Chance" einzuführen: die Augensummen 7 oder 8 haben eine größere Chance, gewürfelt zu werden als die Augensummen 2 oder 12.

Aufgabe 3:
Zur Übersicht über die möglichen Kombinationen der beiden Würfel dient die Additionstabelle der Augensummen. Die Fragestellung aus Aufgabe 2 wird anhand der schon ausgefüllten Tabelle nochmals aufgegriffen. Es wird hier deutlich, dass 7 die am häufigsten vorkommende Summe ist, gefolgt von 6 und 8, dann 5 und 9, 4 und 10, 3 und 11. Die 2 und die 12 erscheinen nur ein einziges Mal als Ergebnis.

Aufgabe 4:
a) Bei einem Wurf mit drei Würfeln sind 16 verschiedene Augensummen von 3 bis 18 möglich:
$3 = 1 + 1 + 1$,
$4 = 2 + 1 + 1 = 1 + 2 + 1 = 1 + 1 + 2$,
...
$18 = 6 + 6 + 6$

b) Für die Augensummen 3 und 18 gibt es jeweils nur eine einzige Würfelkombination, für die Augensummen 4 und 17 je 3, für die Augensummen 5 und 16 je 6.

☐ Beispiel:
$5 = 2 + 2 + 1$ $5 = 3 + 1 + 1$
$5 = 1 + 2 + 2$ $5 = 1 + 3 + 1$
$5 = 2 + 1 + 2$ $5 = 1 + 1 + 3$

$16 = 6 + 5 + 5$ $16 = 6 + 6 + 4$
$16 = 5 + 6 + 5$ $16 = 6 + 4 + 6$
$16 = 5 + 5 + 6$ $16 = 4 + 6 + 6$

Die meisten Kombinationen gibt es für die beiden mittleren Augensummen 10 und 11, nämlich jeweils 27 Möglichkeiten (siehe c).

c) Es genügt, wenn die Kinder einige Möglichkeiten finden. Leistungsstarke Kinder werden aber versuchen, alle Möglichkeiten zu finden. Ein systematischer Lösungsweg besteht in einer Fallunterscheidung.
– Es kommt eine „6" vor:
$10 = 6 + 2 + 2 = 2 + 6 + 2 = 2 + 2 + 6$
$10 = 6 + 3 + 1 = 6 + 1 + 3 = 1 + 6 + 3$
$\quad = 1 + 3 + 6 = 3 + 6 + 1 = 3 + 1 + 6$
(3 + 6 = 9 Möglichkeiten)
– Es kommt eine „5" vor:
$10 = 5 + 4 + 1 = 5 + 1 + 4 = ...$
$10 = 5 + 3 + 2 = 5 + 2 + 3 = ...$
(6 + 6 = 12 Möglichkeiten)
– Es kommen nur Zahlen kleiner oder gleich 4 vor.
In diesem Fall hat man entweder zweimal 4 (und 2) oder einmal 4 (und zusätzlich zweimal 3):
$10 = 4 + 4 + 2 = 4 + 2 + 4 = 2 + 4 + 4$
$10 = 4 + 3 + 3 = 3 + 4 + 3 = 3 + 3 + 4$
(6 Möglichkeiten)
Bei drei verschiedenfarbigen Würfeln gibt es also 27 Möglichkeiten die Summe 10 zu würfeln.

☐ Anmerkung:
Die Wahrscheinlichkeit bei 3 Würfeln die Augensumme 3 bzw. 18 zu würfeln ist knapp 1 %, die Wahrscheinlichkeit die Augensumme 10 bzw. 11 zu würfeln dagegen je 12,5 %.

❓ WIE KÖNNTE ES WEITERGEHEN?
– Würfelraten
– Die Lehrerin würfelt mit drei Würfeln und verrät den Schülern nur die Würfelsumme. Durch Nachfragen (z. B. „Ist eine 5 dabei?") erraten die Schüler die drei Würfel. Ziel ist mit möglichst wenigen Fragen auszukommen. (Handbuch produktiver Rechenübungen, Bd. 1, 1993, S. 51)
– Anhand des Materials „Das Zauberdreieck" von W. Metzner (Spielbrett mit Aufgabenkarten) können die Kinder selbstständig das Berechnen von 3 und mehr Summanden weiterüben. Unterschiedliche Schwierigkeitsniveaus erlauben eine Differenzierung.

10 Mini-Einmaleins
Vorbereitung der Multiplikation und des Einmaleins

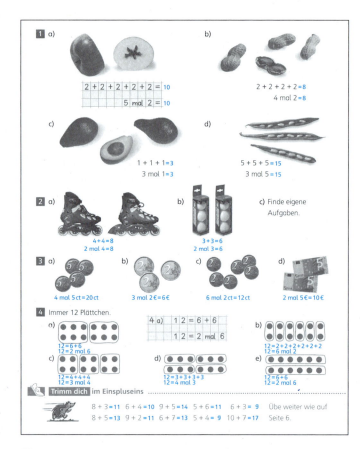

❓ WAS WIRD BENÖTIGT?
Arbeits- und Demonstrationsmaterial: Multiplikativ strukturierte Verpackungen wie Jogurtpaletten, Getränkekisten, Pralinenschachteln u. Ä., Wendeplättchen, evtl. Apfel

❓ WORUM GEHT ES?
Die Blitzrechenfertigkeiten „Zählen in Schritten", „Halbieren", „Verdoppeln" und „Mini-Einmaleins" von Band 1 werden wiederholt und vertieft, die Sprechweisen „Dreier, Vierer, …" beim Bündeln aufgefrischt. Die Sprechweise „mal", die den Kindern aus der Umgangssprache bekannt ist, wird eingeführt. Der Malpunkt wird aber erst bei der Einführung der Multiplikation verwendet.

Alle Aufgaben werden mit konkreten Dingen gelegt, durch Einkreisen von Punktefeldern oder anhand von Bildern gelöst.

❓ WIE KANN MAN VORGEHEN?
Zur Arbeit mit dem Buch:
Zu Aufgabe 1a) passt das Gedicht:

Das Apfelhaus
In einem kleinen Apfel,
da sieht es niedlich aus,
es sind darin fünf Stübchen,
grad wie in einem Haus.

In jedem Stübchen wohnen
zwei Kernlein braun und fein.
Sie liegen drin und träumen
vom warmen Sonnenschein.

Die Lehrerin verweist auf das Bild mit dem durchgeschnittenen Apfel und liest das Gedicht vor, schneidet einen Apfel quer durch und demonstriert die 5 „Stübchen" mit je zwei „Kernlein" am konkreten Objekt (Achtung, bei manchen Neuzüchtungen klappt dies leider nicht mehr!).

Die Kinder sehen sich den Querschnitt genau an, zählen die „Stübchen" nach und holen aus jedem zwei „Kernlein" heraus. Die Gesamtzahl „5 mal 2" Kerne wird berechnet.

Anschließend wird überlegt, ob es noch mehr Früchte gibt, die Kerne wie in einem Haus umschließen.

Aufgabe 1b), c) und d):
Die Kinder betrachten die Abbildungen. Sie benennen und rechnen die Malaufgaben.
b) 4 mal 2 Erdnüsse
c) 3 mal 1 Kern einer Avocado
d) 3 mal 5 Erbsen

Aufgabe 2:
Die beiden Beispiele „2 mal 4 Rollen" bei den Skates und „2 mal 3 Tischtennisbälle" sollen die Kinder anregen, weitere Beispiele mit Malaufgaben in der Umwelt zu suchen.

Aufgabe 3:
Hinter den Geldbeträgen verbergen sich Malaufgaben.
a) 4 mal 5 Cent, also 20 Cent.
b) 3 mal 2 Euro, also 6 Euro.
c) 6 mal 2 Cent, also 12 Cent.
d) 2 mal 5 Euro, also 10 Euro.

Aufgabe 4:
Hier sind immer 12 Plättchen in gleich große Teilmengen zerlegt:
a) 2 mal 6 Plättchen
b) 6 mal 2 Plättchen
c) 3 mal 4 Plättchen
d) 4 mal 3 Plättchen
e) 2 mal 6 Plättchen in anderer Aufteilung als unter a).

🏃 TRIMM DICH
Den Abschluss bildet eine Erinnerung an den Trimmkurs „Einspluseins".

❓ WIE KÖNNTE ES WEITERGEHEN?
– Die Kinder versuchen anschließend andere Anzahlen mit Plättchen analog zu Aufgabe 4 zu zerlegen. Beispiel: 10, 15 und 16.

Schätzen und zählen 11
Bestimmung von Anzahlen im Hunderterraum

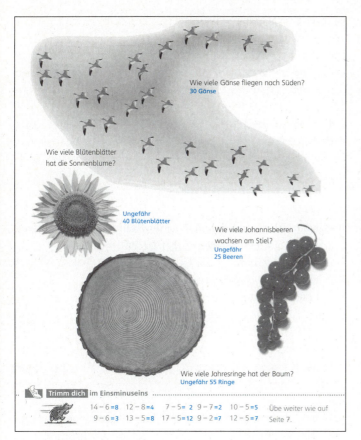

An dieser Stelle beginnt der sehr umfangreiche Themenblock „Orientierung im Hunderterraum". Im Mittelpunkt steht die scharfe Unterscheidung zwischen Zehnern und Einern, mit der die Grundidee des dekadischen Ziffernsystems erstmals deutlich hervortritt. Die verschiedenen Durchgänge durch den Hunderter sollten zügig abgewickelt werden, weil ein Auf-der-Stelle-treten dem Lernprozess eher schadet als nützt – gerade bei den Seiten 12–17 und 20–21, die nicht gerade vor mathematischem Leben sprühen.

Wie der Zwanziger im Band 1 wird der Hunderter nicht als abgeschottet, sonder als nach oben offen behandelt. An einigen Stellen wird der Hunderter bewusst überschritten.

WAS WIRD BENÖTIGT?
Demonstrationsmaterial: evtl. Fotos von Tieren, Baumscheiben u. Ä. Falls vorhanden eine Lupe oder besser eine beleuchtete Briefmarkenlupe, mit deren Hilfe sich die Jahresringe gut abzählen lassen.

WORUM GEHT ES?
Die Kinder sollen durch Beispiele angeregt werden, in ihrer Umwelt nach Anzahlen im Bereich bis 100 zu suchen und sie zu schätzen bzw. genau zu bestimmen.

☐ Sachinformationen:
Gänse: Wegen des kalten Winters in ihrer Heimat, den arktischen Regionen Eurasiens, verlassen die abgebildeten Schneegänse im Herbst das Land und fliegen nach Süden. Sie überwintern in Südengland, in den Niederlanden und in Nordwestdeutschland.

Die Gänse (im Bild sind es 30) fliegen keilförmig, weil so der Luftwiderstand so gering wie möglich gehalten wird (optimale Form). Die Gänse wechseln sich in der Führung ständig ab, weil vorn der Luftwiderstand am größten ist.

Baumscheibe: Die Jahresringe der Baumscheibe geben das Alter des Baumes an, denn der Baum bildet jedes Jahr außen einen neuen Ring. Jeder Ring besteht aus 2 Teilringen. Der breitere, hellere Teilring wird Frühholz genannt und bildet sich im Frühjahr; der schmalere, dunkle Teilring ist das Spätholz und bildet sich im Sommer. Er ist hart und schützt den Baum. Seine scharfe Kante bildet die Grenze zum nächsten Jahresring. Zur Bestimmung des Alters müssen also nur die dunklen Ringe gezählt bzw. geschätzt werden. In der Abbildung lassen sich die äußeren Ringe nur mit der Lupe genau erkennen. Daher kann man das Alter des Baumes nur ungefähr angeben: Es sind etwa 55 Jahresringe.

Die im Bild gezeigte Sonnenblume hat etwa 40 Blütenblätter, die Johannisbeertraube besteht aus etwa 25 Beeren.

Die Auswahl von Bildern mit schlecht zu bestimmenden Anzahlen erfolgte bewusst, weil die Kinder daran eine sehr wichtige Erfahrung machen können: In der Realität können Anzahlen nicht immer genau bestimmt werden. Oft muss man mit ungefähren Werten zufrieden sein, was in der Regel aber auch völlig ausreicht.

WIE KANN MAN VORGEHEN?
Zur Arbeit mit dem Buch:
In Gruppen- oder Partnerarbeit bearbeiten die Kinder die Seite selbstständig.

In einer gemeinsamen Reflexion wird festgestellt, welche Anzahlen schwer (leicht) zu schätzen und zu zählen waren. Bei welcher Aufgabe gab es zwischen Schätzung und Zählung die größte Differenz? Woher kommt das?

Abschließend gibt die Lehrerin zu den einzelnen Situationen Sachinformationen und bespricht mit den Kindern die auftauchenden Fragen.

WIE KÖNNTE ES WEITERGEHEN?
– Die Kinder suchen selbst Zähl- und Schätzaufgaben in ihrer Umgebung oder entnehmen sie Bilder- bzw. Sachbüchern.

12 Erzählen und zählen
Strukturiertes Zählen, insbesondere unter Nutzung der „Kraft der Fünf" und der „Kraft der Zehn"

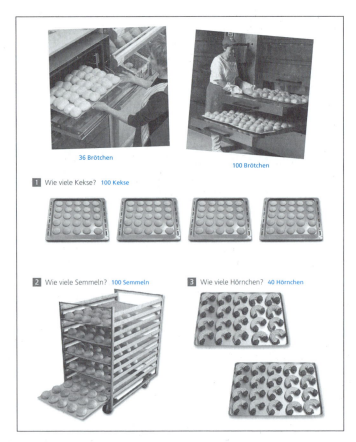

❓ WAS WIRD BENÖTIGT?
Demonstrationsmaterial: evtl. Verpackungen, z. B. Teelichte, Eierkartons, Pralinenschachteln

❓ WORUM GEHT ES?
Strukturiert zählen heißt die Anzahl der Elemente einer Menge nicht durch elementweises Auszählen, sondern durch geschicktes Zusammenfassen zu kleinen Teilgruppen und entsprechend gruppenweises Voranschreiten auf der Zahlreihe zu ermitteln. Strukturiertes Zählen erleichtert und beschleunigt das Zählen und führt zu sichereren Ergebnissen.

Wichtige Strategien des strukturierten Zählens sind z. B.:
- Zählen in Zweierschritten (2, 4, 6, 8, 10, …)
- Zählen in Fünferschritten (5, 10, 15, 20, …)
- Systematisches Zählen unter Anpassung an die Struktur der zu zählenden Menge (z. B. Viererschritte, Achterschritte, Anwendung von Einmaleinsaufgaben).

In der Schule und in der täglichen Umgebung der Kinder gibt es viel zu zählen, wobei sich die natürliche Gruppierung der zu zählenden Objekte nutzen lässt:
- Anzahl der Kinder in der Klasse (einzeln, nach Tischgruppen)
- Fenster am Schulhaus, an der Turnhalle …
- Inhalt einer Pralinenschachtel
- Getränkekisten (Einmaleinsaufgaben)
- Kuchenstücke auf einem Blech

❓ WIE KANN MAN VORGEHEN?
Zur Arbeit mit dem Buch:
Das Thema „Beim Bäcker" bietet viele Erzähl- und Zählanlässe. Die Bilder zeigen, wie Semmeln gebacken werden: Auf dem linken Bild befinden sich auf einem Blech jeweils 6 Reihen mit 6 Semmeln, insgesamt also 36 Semmeln, die sich verschieden abzählen (strukturieren) lassen. Auf dem rechten Bild sind auf einem Blech 10 mal 5, also 50 Semmeln zu erkennen. Da zwei Bleche belegt sind, müssen es insgesamt 100 Semmeln sein.

Aufgabe 1:
Auf jedem Blech gibt es Kekse in 5er-Reihen, auf einem Blech 5 + 5 + 5 + 5 + 5 = 25 Kekse (oder 10 + 10 + 5 = 25).
Für die Bestimmung der Gesamtanzahl der Kekse auf vier Blechen gibt es verschiedene Möglichkeiten:
- In 25er-Schritten weiterzählen
- Auf 2 Blechen in 10er-Schritten zählen
- Auf 4 Blechen in 20er-Schritten zählen
- Von links nach rechts in 5er-Schritten zählen.

Insgesamt sind es 100 Kekse.

Aufgabe 2:
Auf dem Wagen sind 5 Bleche mit je 20 Semmeln, also insgesamt 100 Semmeln.

Aufgabe 3:
Auch hier liegen auf jedem Blech 20 Hörnchen (4 Fünfer), also insgesamt 40 Hörnchen.

❓ WIE KÖNNTE ES WEITERGEHEN?
- In der Pause versuchen die Kinder, Objekte auf dem Schulhof zu zählen. Dabei wird besonders deutlich, wie schwierig das unstrukturierte Zählen ist.
- Große Anzahlen von Steinchen, Muscheln, Kastanien, Nägeln usw. werden strukturiert gezählt, d. h. nicht durch einzelnes Antippen und Sprechen der Zahlwortreihe „eins, zwei, drei, vier, …", sondern durch Bildung von Fünfern und Zusammenfassung von je zwei Fünfern zu einem Zehner.

Orientierung im Hunderterraum

Bündeln 13

Zehnerbündel herstellen, Anzahlen im Stellenwertschema Z/E notieren

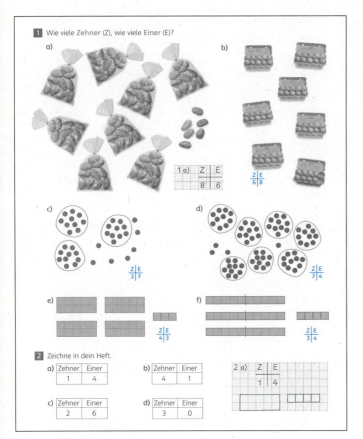

❓ WAS WIRD BENÖTIGT?
Arbeitsmaterial: verschiedene Objekte in großer Anzahl (Perlen, Cents, Streichhölzer, Knöpfe, Wäscheklammern, Schrauben, Muttern u. a.), Gummibänder

❓ WORUM GEHT ES?
Die systematische Erarbeitung der Zehnerbündelung und der Stellenwertschreibweise mit Zehnern und Einern ist der erste bedeutende Schritt zur Erfassung des dekadischen Stellenwertsystems und daher von außerordentlicher Bedeutung für den gesamten weiteren Rechenlehrgang. Beim Geld (Euro, Cent) und bei Verpackungen (z. B. bei Eiern) ist diese Bündelung in unserer Umwelt realisiert.

Zuerst werden die Bündelungen mit konkreten Materialien durchgeführt. Es folgen abstrahierte Darstellungen auf der ikonischen Ebene, die dann zur symbolischen Stellenwertschreibweise führen.

Den Kindern sind die zweistelligen Zahlnamen bis 20 bekannt. Die Zahlen 11 und 12 haben eigene Namen, ab 13 erfolgt die „Einer-Zehner-Sprechweise" bis einschließlich 19. Die reinen Zehner haben dann wieder eigene Zahlnamen. Sprachlich wird die Zehnerbündelung im Deutschen durch die Silbe „-zig" beschrieben: drei-ßig (statt drei-zig), vier-zig, fünf-zig, usw. Die Bezeichnung der Zehner ist insgesamt nicht systematisch: Es heißt nicht „eins-zig", sondern „zehn", und nicht „zwei-zig", sondern „zwanzig".

Beim Schreiben und Vorlesen von Zahlen über 20 vertauschen manche Kinder zu Anfang Zehner und Einer. Diese Schwierigkeit ist verständlich, da die Reihenfolge „zuerst Einer, dann Zehner" eine Besonderheit der deutschen Sprache ist und der üblichen Leserichtung widerspricht. Diese Schwierigkeit muss in den kommenden Tagen und Wochen (ggf. auch Monaten) immer wieder thematisiert werden, bis sie von allen Kindern, insbesondere Kindern, die Deutsch nicht als Muttersprache gelernt haben, gemeistert wird.

Die beste Strategie zur Bündelung von „Zehnern" ist die Bildung zweier Fünfer. Mit dieser Strategie, die vom ersten Schuljahr an systematisch behandelt wurde, lassen sich große Anzahlen (Nägel, Streichhölzer, …) bequem, zügig und fehlerfrei zählen.

Wie unbeschwert sich Kinder schon im ersten Jahr in größeren Zahlräumen versuchen, zeigt die folgende Episode aus der Praxis.

Gesa (6 J.) erklärt keck, dass sie schon viel weiter als 20 rechnen könne. Der Lehrer fragt sie: „Wie viel ist zwanzig plus zwanzig?". „Vierzig", ist die spontane Antwort. „Und dreißig plus dreißig?" Antwort: „Sechzig." „Kannst du auch schon sechzig plus sechzig rechnen?" Zögernd antwortet Gesa: „Zwölfzig, aber die Zahl gibt es – glaube ich – nicht."

❓ WIE KANN MAN VORGEHEN?
Vor der Arbeit mit dem Buch:
Die Lehrerin lässt im Sitzkreis mitgebrachte Dinge zählen (z. B. kleines Paket mit Schrauben).
Die Kinder werden verschiedene Zählstrategien anwenden:
– Einzeln zählen.
– 2er-, 5er- oder 10er-Häufchen bilden (zwei Fünfer sind Zehn).
Günstig ist es, wenn die Zehnerbündel fest zusammengefügt werden:
– Streichhölzer mit Gummiband zu Zehnerbündeln schnüren
– Steckwürfel zu Zehnerstangen zusammenfügen
Nach jeder Bündelung wird das Ergebnis (Wie viele Zehner? Wie viele Einer?) in eine Stellenwerttafel eingetragen.

☐ Beispiel:

Zehner	Einer
5	3

Den Kindern muss klar werden, dass die Ziffer 5 in der Zehnerstelle 5 Zehner, also 50 bedeutet.

Anschließend werden in Partner- oder Gruppenarbeit konkrete Materialien strukturiert gezählt. Die Ergebnissicherung erfolgt in Stellenwerttafeln auf einem Blatt oder gemeinsam an der Tafel.

☐ Beispiele:

Schrauben

Zehner	Einer
5	3

Nägel

Zehner	Einer
5	3

Plättchen

Zehner	Einer
5	3

Orientierung im Hunderterraum 43

13 Bündeln
Zehnerbündel herstellen, Anzahlen im Stellenwertschema Z/E notieren

Zur Arbeit mit dem Buch:

Aufgabe 1:
Das Bild zu a) greift den Kontext „Beim Bäcker" auf. Semmeln werden in Zehnertüten verpackt. Das Ergebnis wird in eine Stellentafel eingetragen, wobei genau auf Einer und Zehner zu achten ist. Analog werden die weiteren Aufgaben bearbeitet.

Aufgabe 2:
Umgekehrt sollen zu einer in der Stellenwerttafel vorgegebenen Zahl gemäß Aufgabe 1 e) oder f) Zehnerbündel und Einer gezeichnet werden.

❓ WIE KÖNNTE ES WEITERGEHEN?

– Erste Zahlendiktate: Einige Zahlen werden zuerst auf die verdeckte Tafel geschrieben, dann vorgesprochen. Die Kinder schreiben sie auf und können sich an der aufgedeckten Tafel kontrollieren.

– Zahlen hören, z. B. auf einem Glockenspiel: Ein tiefer Ton gibt die Zehner, ein hoher Ton die Einer an.

– Zahlen auf den Rücken des Partners tippen:
2 Hände gleichzeitig   für 1 Zehner,
1 Hand   für 1 Fünfer,
1 Zeigefinger für 1 Einer.

📖 ARBEITSHEFT Seite 7

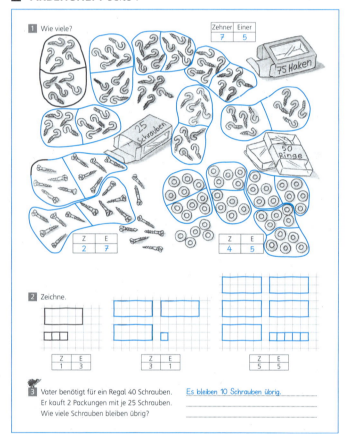

44 Orientierung im Hunderterraum

Mit Zehnern rechnen 14
Zehner als neue Recheneinheit verstehen

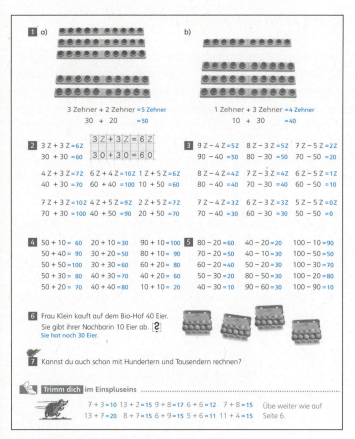

Zur Arbeit mit dem Buch:

Aufgabe 1:
Die Aufgaben werden gemeinsam besprochen und gerechnet.

Aufgabe 2–5:
Die Aufgaben werden als Additions- und Subtraktionsaufgaben mit Zehnern interpretiert. Beachtet werden muss, dass 10 Zehner „Hundert" (geschrieben „100") ergeben.

Aufgabe 6:
Diese Sachaufgabe wird gemeinsam gelesen, interpretiert und gerechnet.

Aufgabe 7:
Schon im Vorschulalter rechnen Kinder nicht nur mit Einern und Zehnern, sondern auch mit Hundertern, Tausendern oder Millionen.

☐ Beispiel:
9 Tausender – 7 Tausender = 2 Tausender.

Diese Aufgabe soll die Kinder darauf aufmerksam machen, dass sich das Rechnen mit kleinen Zahlen auf das Rechnen mit großen Zahlen übertragen lässt.

❓ WAS WIRD BENÖTIGT?
Arbeitsmaterial: Rechengeld, Zehnerstreifen (Kopiervorlage)
Demonstrationsmaterial: Rechengeld, evtl. Eierkartons

❓ WORUM GEHT ES?
Das Prinzip der Bündelung, das Zusammenfassen von 10 Einern zu 1 Zehner, ist bereits auf den vorherigen Seiten und im Band 1 behandelt worden. Mit Zehnern kann dann als neuer „Einheit" gerechnet werden:

  4 Zehner + 2 Zehner = 6 Zehner, also 40 + 20 = 60.
  4 Zehner – 2 Zehner = 2 Zehner, also 40 – 20 = 20.

Bei der Übertragung des Rechnens mit Einern auf das Rechnen mit Zehnern kann es anfänglich zu Übergeneralisierungen kommen: „sech-zig plus sech-zig gleich zwölf-zig." In der Tat ergeben 6 Zehner plus 6 Zehner auch 12 Zehner. Es muss aber noch beachtet werden, dass 10 Zehner einen Hunderter ergeben.

❓ WIE KANN MAN VORGEHEN?
Vor der Arbeit mit dem Buch:
Die Zehner werden anhand von Zehnerstreifen, Zehnerstäben, Geldscheinen, Eierkartons als neue Einheit bewusst gemacht, mit denen man rechnen kann wie mit Einern.

  Beispiele analog zu Aufgabe 1 werden gemeinsam gelegt, gerechnet und notiert.

📘 ARBEITSHEFT Seite 8

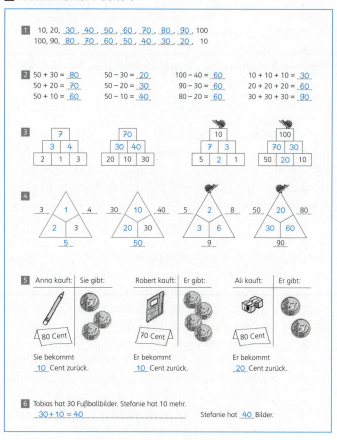

Orientierung im Hunderterraum

15 Hunderterfeld
Zerlegung von 100 in Zehner

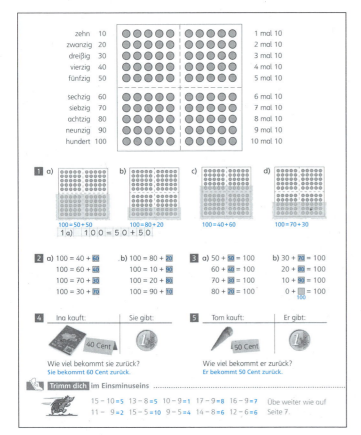

? WAS WIRD BENÖTIGT?
Arbeitsmaterial: Hunderterfeld (Buchseite oder ausklappbarer Umschlag), Zehnerstreifen (Kopiervorlage), evtl. Hunderterrahmen, Strohhalm
Demonstrationsmaterial: Hunderterfeldfolie für den OHP, Strohhalm, evtl. Hunderterrahmen

☐ Anmerkung:
Der Strohhalm kann auch durch eine auf eine Folie farbig gezeichnete Gerade (Foliengerade) oder durch eine farbige Folie ersetzt werden. Auch preiswertes Transparentpapier in Zeichenblöcken für die Kinder leistet zum Zerlegen des Hunderterfeldes gute Dienste.

? WORUM GEHT ES?
Das dekadische Stellenwertsystem ist die wichtigste Struktur zur Erfassung und rechnerischen Verarbeitung von Zahlen. Die Kinder haben seine Anfänge im ersten Schuljahr in Form des (in 4 Fünfer unterteilten) Zwanzigerfeldes kennen gelernt. Nun wird das Zwanzigerfeld erweitert zum Hunderterfeld mit 10 mal 10 Punkten: Jede Reihe und Spalte des Hunderterfeldes ist (wie das Zwanzigerfeld) durch eine Zäsur in zweimal 5 Punkte zerlegt. Durch diese Unterteilung wird gewährleistet, dass die „Kraft der Fünf" auch im größeren Zahlraum genutzt werden kann.

Am Hunderterfeld werden in einem ersten Schritt nur reine Zehnerzahlen abgelesen und der Hunderter wird nur in Summen von Zehnerzahlen zerlegt, z. B.
100 = 50 + 50, 100 = 80 + 20,
100 = 40 + 60, 100 = 70 + 30.

? WIE KANN MAN VORGEHEN?
Vor der Arbeit mit dem Buch:
Auf den Overheadprojektor wird eine Folie mit dem Hunderterfeld gelegt. Frage: „Wie viele Punkte sind das?" Die Kinder werden unterschiedliche Sicht- und Zählweisen nutzen, die besprochen werden. Zum Beispiel 10 + 10 + 10 + 10 + 10 + … waagerecht oder senkrecht, 20 + 20 + 20 + 20 + 20 waagrecht oder senkrecht, 5 + 5 + 5 + 5 + … waagrecht oder senkrecht, 25 + 25 + 25 + 25.

Dabei muss allen Kindern die Grundstruktur des Hunderters bewusst werden: In einer Reihe liegen immer 10 Punkte und es sind 10 Reihen.

Legeübungen am OHP:
Lege 40 (60, 70, …) Punkte. Die Kinder decken zunächst mit einem Blatt Papier oder dem Zahlwinkel am Hunderterfeld so viele Punkte ab, dass 40 (60, 70, …) Punkte sichtbar bleiben.

☐ Beispiel:
40

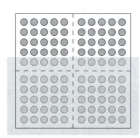

Wenn zum Abdecken eine transparente farbige Folie verwendet wird, ist auch die Zerlegung 100 = 40 + 60 sichtbar.

Zerlegungsübungen am OHP:
Das Hunderterfeld wird durch einen Strohhalm oder eine farbige Folie in zwei Zehnerzahlen zerlegt.

☐ Beispiel:

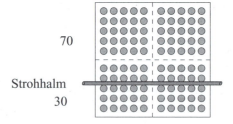

Zur Arbeit mit dem Buch:
Das Hunderterfeld wird im Buch wieder erkannt und sein Aufbau aus Zehnern in additiver (linke Spalte) sowie multiplikativer Sprache (rechte Spalte) besprochen. Anschließend können die Kinder selbst Zahlen legen.

Hunderterfeld 15
Zerlegung von 100 in Zehner

Aufgabe 1:
Das Hunderterfeld ist in 2 Summanden zerlegt. Die Kinder vollziehen diese Zerlegung an ihrem eigenen Feld nach und notieren die Zerlegungsgleichung.

Aufgabe 2 und 3:
Die Kinder können die Aufgaben mit oder ohne Bezug auf das Hunderterfeld und mit Hilfe der Zehnerstreifen lösen.

Aufgabe 4 und 5:
Kaufen und Verkaufen ist ein Tauschhandel. Ina gibt dem Verkäufer 1 Euro = 100 Cent und bekommt dafür 1 Heft (40 Cent) + Wechselgeld (60 Cent), also wiederum 100 Cent zurück. Tom erhält 1 Eis (50 Cent) + Wechselgeld (50 Cent), also ebenfalls 1 Euro.

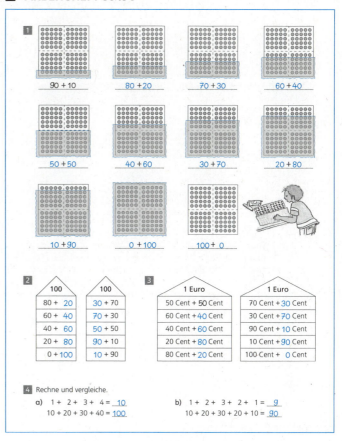

ARBEITSHEFT Seite 9

Im zweiten Jahrgang ging das Rechnen in der gleichen mechanischen Weise weiter, so dass ich nur eine einzige Erinnerung an den ganzen Rechenunterricht in diesem Jahrgang habe. Das kam dadurch, dass wir eine Zeit lang einen Aushilfslehrer hatten. Der sagte zu einer Reihe von Bauernbuben, jeder von ihnen sollte bis zum Montag ein Bündelchen mit zehn Holzstäbchen mitbringen. Diese Holzstäbchen, sagte er, könnten sie leicht dadurch bekommen, dass sie aus einem Buschen (das ist bei uns ein geschnürtes Bündel aus Ast- und Zweigstücken von Föhren) einige Zweiglein herauszögen, mit einem Messer ungefähr auf gleiche Länge brächten und mit einer Schnur zusammenbänden. Das klappte ausgezeichnet.

Am Montag lagen zehn Bündelchen auf dem Pult und wir harrten der Dinge, die da kommen sollten. Aber es war keine Rechenstunde. Am Ende des Unterrichts sahen wir noch, wie der Lehrer die Bündelchen an der Oberkante der Wandtafel aufhängte. Und dort blieben sie hängen. Urplötzlich kam ein anderer Lehrer und der Aushilfslehrer musste wandern. Und der andere Lehrer nahm keine Notiz von den schönen Zehnerbündelchen und sie vertrockneten.

*Friedrich Gärtner,
Didaktische Erinnerungen hinsichtlich des Rechenunterrichts,
1910–1970*

16 Zahlen zeigen und aufschreiben
Darstellungen von Zahlen mit Zehnerstrichen und Einerpunkten

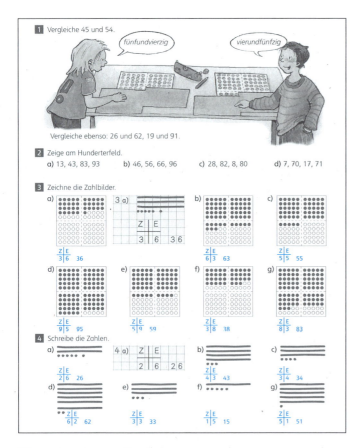

Anmerkung:
Die Darstellung der Zahlen am Hunderterfeld durchzieht das ganze ZAHLENBUCH und ist daher für die Kinder ständig präsent: Die Seitenzahlen werden nicht nur symbolisch in Ziffernschreibweise, sondern auch an einem kleinen Hunderterfeld dargestellt. Auf dieser Seite 16: 1 Zehner, 6 Einer; auf der nächsten Seite 17: 1 Zehner, 7 Einer. Gegen Ende des Buches wird sogar der Hunderter überschritten.

❓ WIE KANN MAN VORGEHEN?

Vor der Arbeit mit dem Buch:
Die im Buch vorgeschlagene Einstiegssituation wird zu Beginn an der Tafel oder am OHP besprochen. Die Lehrerin nennt die Zahlen 45 und 54, zwei Kinder zeigen die verschiedenen vorgestellten Zahlen. Die Kinder begründen ihre Antwort, indem sie deutlich Zehner und Einer erklären und die Zahlen auf dem Hunderterfeld, eventuell auch an weiteren Materialien wie Zehnerstreifen und Einerplättchen, zeigen. 4 Zehner unterscheiden sich deutlich von vier Einern.

Analog werden weitere Beispiele gemeinsam erarbeitet. Dabei müssen die Zahlen auch laut gesprochen werden. Im Deutschen wird entgegen der Leserichtung erst die Einerziffer, dann die Zehnerziffer genannt, geschrieben wird aber immer zuerst die Zehner- und dann die Einerziffer. Bei Zahlen wie 28 und 82 mit relativ großer Differenz zwischen Zehner- und Einerziffer wird der Größenunterschied besonders deutlich.

Es ist für die Kinder wichtig zu verstehen, dass die Zahlnamen nicht willkürlich gewählt sind, sondern beschreiben, wie die Zahl aus Zehnern und Einern aufgebaut ist. Im Anschluss an die Beispiele wird gezeigt, wie sich eine Zahl mit Hilfe von Zehnerstrichen und Einerpunkten darstellen lässt: Für volle Zehner wird ein Strich gezeichnet, für Einer jeweils ein Punkt gemalt.

❓ WAS WIRD BENÖTIGT?

Arbeitsmaterial: Hunderterfeld (ausklappbarer Umschlag), Zahlwinkel (Beilage), Zehnerstreifen (Kopiervorlage) und Plättchen
Demonstrationsmaterial: Hunderterfeldfolie für OHP, Zahlwinkel

❓ WORUM GEHT ES?

Die Kinder lernen, Zahlen am Hunderterfeld mit Hilfe des Zahlwinkels zu legen und einprägsam zeichnerisch darzustellen: Striche dienen als kurze Notation von Zehnerreihen und Punkte als Schema für Einer(plättchen).

☐ Beispiel: 24
Darstellung durch   Strich/Punkt-
Zahlwinkel: Darstellung:

☐ Beispiel: 42
Darstellung durch   Strich/Punkt-
Zahlwinkel: Darstellung:

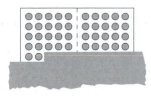

Zur Arbeit mit dem Buch:
Aufgabe 1:
Die Kinder finden im Einstiegsbild die bereits besprochene Aufgabe wieder und vergleichen analog die weiteren vorgegebenen Zahlen.

Aufgabe 2:
Bei den Aufgaben a) und b) werden nur die Zehnerziffern variiert, bei c) und d) wieder Zahlen mit vertauschten Ziffern angesprochen. Diese Aufgabe eignet sich gut für Partnerarbeit. Auch das Lesen der Zahlen kann hier besonders geübt werden.

Aufgabe 3:
Die Zehner werden am Hunderterfeld durch eine Punktzeile, in der Zeichnung der Zahl als Strich dargestellt, wie in der vorgemachten Lösung von a) deutlich wird. Zehner und Einer werden in einer kleinen Stellentafel notiert und die Zahl wird in normaler Schreibweise daneben gesetzt.

Nach diesem Vorbild werden b) – g) gelöst.

48   Orientierung im Hunderterraum

Zahlen zeigen und aufschreiben
Darstellungen von Zahlen mit Zehnerstrichen und Einerpunkten
16

Aufgabe 4:
Hier sind Zahlen in der zeichnerischen Kurzform vorgegeben und müssen analog zu Aufgabe 3 in der Stellentafel und in Normalform notiert werden.

ARBEITSHEFT Seite 10, Aufgabe 1

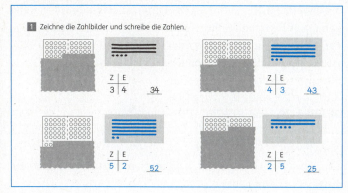

❓ WIE KÖNNTE ES WEITERGEHEN?

– An der Tafel oder am OHP können weitere Beispiele erarbeitet werden, wobei sich eine operative Variation der Zahlen empfiehlt:
Zahlwinkel ein Feld nach rechts: 1 Einer mehr
Zahlwinkel eine Zeile nach unten: 1 Zehner mehr
Zahlwinkel diagonal ein Feld weiter: 1 Zehner und 1 Einer mehr

– Mit den Kindern kann erarbeitet werden, dass für die Zahlwörter von 1–100 nur folgende 21 Grundwörter nötig sind: eins, zwei, drei, vier, fünf, sechs, sieben, acht, neun, zehn, elf, zwölf, zwanzig, dreißig, vierzig, fünfzig, sechzig, siebzig, achtzig, neunzig, hundert; dazu kommt das Wörtchen „und" als Bindeglied. Alle anderen Zahlwörter lassen sich daraus zusammensetzen. Beispiele:
drei-zehn (13), ein-und-dreißig (31), fünf-und-sechzig (65).

Orientierung im Hunderterraum

17 Zahlen aufschreiben und zerlegen
Zahlen aus Zehnern und Einern zusammensetzen und in Zehner und Einer zerlegen

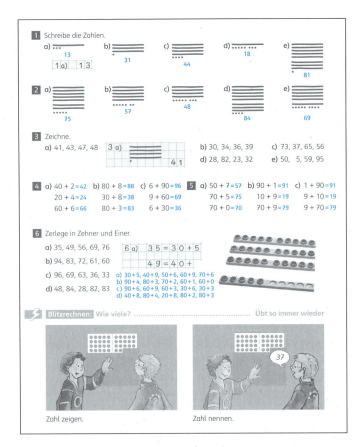

? WAS WIRD BENÖTIGT?
Arbeits- und Demonstrationsmaterial: Hunderterfeld und Zahlwinkel

? WORUM GEHT ES?
Die symbolische Zahldarstellung wird weiter in den Vordergrund gerückt. Die Zusammensetzung der Zahlen aus Zehnern und Einern sowie Zerlegung der Zahlen in Zehner und Einer erfolgt ganz auf der symbolischen Ebene.

? WIE KANN MAN VORGEHEN?
Vor der Arbeit mit dem Buch:
Am Hunderterfeld werden im Klassengespräch nochmals einige Zahlen gezeigt, mit Strichen und Punkten dargestellt und benannt.

Die Zahlen 26 und 62 eignen sich gut zur Einführung. Einige Kinder vertauschen hier beim Aufschreiben noch die Reihenfolge der Ziffern, obwohl sie die richtige Zahl „denken". Daher muss nochmals auf die richtige Reihenfolge beim Schreiben und Sprechen verwiesen werden.

Zur Arbeit mit dem Buch:
Aufgabe 1 und 2:
In Fortsetzung von S. 16, Aufgabe 4 werden zu den Zahlenbildern die Zahlen notiert.

Aufgabe 3:
Umgekehrte Aufgabenstellung: Zu den vorgegebenen Zahlen werden die passenden Darstellungen ins Heft gezeichnet.

Aufgabe 4 und 5:
Zehner und Einer werden zu einer zweistelligen Zahl zusammengesetzt. Bei dieser Zifferndarstellung kommt die Zehnerziffer immer zuerst. Bei der Plusschreibweise dagegen darf wegen des Vertauschungsgesetzes die Reihenfolge der Zehner und Einer vertauscht werden. Da in der Aufgabenstellung unterschiedliche Reihenfolgen vorkommen, müssen die Kinder genau auf Einer und Zehner achten. Sie dürfen die Reihenfolge der Summanden nicht blind übernehmen. Besonders instruktiv ist der Vergleich entsprechender Aufgaben von 5 b) und c):
90 + 1 = 91 und 1 + 90 = 91,
10 + 9 = 19 und 9 + 10 = 19,
70 + 9 = 79 und 9 + 70 = 79.

Aufgabe 6:
Die Zerlegung von Zahlen in Zehner und Einer wird in Form einer Gleichung notiert.

⚡ BLITZRECHNEN
Grundlegung der Blitzrechenübung „Wie viele?"
Die Übung wird am Hunderterfeld auf dem ausklappbaren hinteren Umschlag durchgeführt. Benötigt wird außerdem der Zahlwinkel. Das erste Kind zeigt mit dem Zahlwinkel am Hunderterfeld eine Anzahl, das zweite Kind nennt die jeweilige Anzahl. Die Kinder sollten angeleitet werden die Zahlen zunächst operativ zu verändern, z. B. 16, 26, 46, …, 76 (nur Zehner dazu) oder 23, 24, 28, … (nur Einer dazu), bevor willkürlich Zahlen gelegt werden.

Diese Übung muss – wie alle weiteren Blitzrechenübungen – von den Kindern in den folgenden Wochen und Monaten in der Schule und zu Hause ständig wiederholt werden, bis sie flüssig und sicher beherrscht wird.

💾 ARBEITSHEFT Seite 10, Aufgabe 2–5

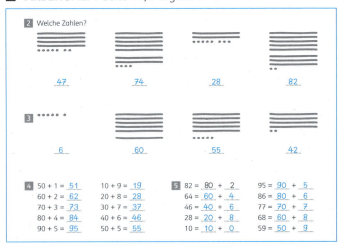

? WIE KÖNNTE ES WEITERGEHEN?
- Zahlendiktate: Die Lehrerin nennt Zahlen, die Kinder schreiben sie auf. Wenn ein Kind auf einer verdeckten Tafel mitschreibt, ist leicht eine Kontrolle möglich.
- Weitere Übungen wie in Aufgabe 1 und 2

Hundertertafel 18

Systematischer Überblick über alle Zahlen bis 100, Verdeutlichung der Einer- und Zehnerstruktur

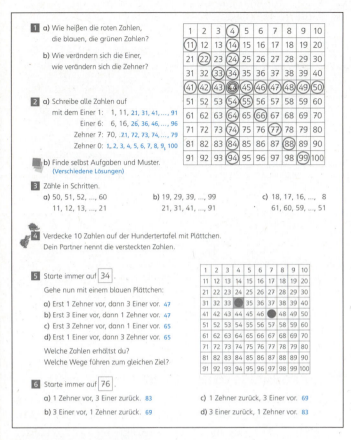

Zur Arbeit mit dem Buch:

Aufgabe 1:
Diese Aufgabe wird gemeinsam mündlich erarbeitet:
- „Rote Zahlen": In der Reihe „einundvierzig, zweiundvierzig, dreiundvierzig, …" bleibt der Zehner „vierzig" fest, die Einer „eins, zwei, drei, …" füllen den fünften Zehner fortlaufend auf, bis er am Ende der Zeile voll ist (fünfzig).
- „Grüne" Zahlen: Bei diesen Zahlen sind jeweils die Zehner- und Einerziffer gleich.
- „Blaue" Zahlen: Die Einer bleiben gleich, die Zehner ändern sich: vier, vierzehn, vierundzwanzig, vierunddreißig, …

Bei den Zahlenfolgen werden die Unregelmäßigkeiten der deutschen Zahlnamen besonders deutlich.

Aufgabe 2:
Die gesuchten Zahlen werden auf der Hundertertafel lokalisiert und anschließend notiert. Durch die Unterscheidung des Suchauftrages nach Einern und Zehnern soll der Aufbau der Zahlen bis 100 besonders herausgestellt werden. Bei der Aufgabenstellung „Zehner 0" werden einige Kinder die einstelligen Zahlen von 1 bis 9 außer Acht lassen. Einige Kinder wissen aber, dass in der heutigen vom Computer bestimmten Welt für 8 oft 08 geschrieben wird. Die 100 ist die einzige Zahl, bei der die 0 an der Zehnerstelle sichtbar ist.

In Partnerarbeit können sich die Kinder ähnliche Aufgaben stellen und bearbeiten.

Aufgabe 3:
Zählen in Einer- und Zehnerschritten. Das Zählen und Antippen der Zahlen am Hunderterfeld kann durch Legen von (am besten transparenten) Plättchen unterstützt werden. Dabei wird deutlich: Beim Zählen in Einerschritten bewegt man sich horizontal, am Ende einer Zeile erfolgt ein Sprung an den Beginn der nächsten Zeile. Beim Zählen in Zehnerschritten bewegt man sich vertikal. Ein Schritt nach rechts oder links bedeutet einen Einerschritt vor oder zurück, ein Schritt nach unten oder oben einen Zehnerschritt vor oder zurück

Aufgabe 4:
Ein Kind deckt an der Hundertertafel Zahlen mit Plättchen ab. Der Partner muss die unter den Plättchen versteckten Zahlen nennen. Die Kontrolle erfolgt durch Wegnehmen des Plättchens. Die Kinder können sich an den nicht abgedeckten Zahlen orientieren oder die Struktur der Tafel nutzen.

Diese Übung kann auch als Spiel durchgeführt werden. Auf der Hundertertafel werden 10 (oder 15, 20) Zahlen mit Plättchen abgedeckt. Dann zeigen die Kinder abwechselnd auf ein Plättchen und nennen die versteckte Zahl. Wer die Zahl richtig benennt, darf das Plättchen behalten. Gewonnen hat, wer am Schluss die meisten Plättchen hat.

? WAS WIRD BENÖTIGT?

Arbeitsmaterial: Hundertertafel (Rückseite der Umschlagsklappe, evtl. Leerformat 6 „Hundertertafeln"), Wendeplättchen
Demonstrationsmaterial: Hundertertafel bzw. Folie einer unausgefüllten Hundertertafel, magnetische Wendeplättchen (falls vorhanden: für den OHP transparente Plättchen)

? WORUM GEHT ES?

In der Hundertertafel sind die Zahlen von 1 bis 100 systematisch aufgelistet. In der ersten Zeile stehen in Leserichtung die Zahlen von 1 bis 10, in der zweiten Zeile die Zahlen von 11 bis 20, usw. Dadurch ergeben sich in den Spalten Zahlen mit gleichen Einern.

Die Kinder sollen die Hundertertafel und ihre Systematik nicht durch bloßes Betrachten, sondern in Form von Aktivitäten kennen lernen, die Bewegungen auf der Tafel erfordern. Die Kinder sollen vor allem erkennen, dass die Reihenfolge der Operationen mit Zehnern und Einern vertauschbar ist.

? WIE KANN MAN VORGEHEN?

Vor der Arbeit mit dem Buch:
Die Kinder betrachten gemeinsam eine Hundertertafel (Plakat, OHP, hinterer Umschlag des Schülerbuchs) und äußern sich spontan über den Aufbau. Sie versuchen unter Bezug auf das Hunderterfeld das System zu erklären, nach dem die Zahlen eingetragen sind.

Orientierung im Hunderterraum 51

18 Hundertertafel
Systematischer Überblick über alle Zahlen bis 100, Verdeutlichung der Einer- und Zehnerstruktur

Aufgabe 5 und 6:
Hier werden Zehner- und Einerschritte kombiniert. Die Startzahl wird auf einem Hunderterfeld immer mit einem roten Plättchen, Zielzahlen mit einem blauen Plättchen abgedeckt. Auf einem OHP lassen sich, falls vorhanden, hierfür transparente farbige Plättchen benutzen.

Bewegungen nach oben bzw. unten sowie nach links oder rechts auf der Hundertertafel sind vertauschbar. Daher liefert die Operation „Erst 1 Zehner vor, dann 3 Einer vor" in 5a) das gleiche Ergebnis wie die Operation „Erst 3 Einer vor, dann 1 Zehner vor" in 5b). Im ersten Fall gelangt man von der Startzahl 34 aus über das Zwischenergebnis 44 zur Zielzahl 47, im zweiten Fall über das Zwischenergebnis 37 ebenfalls zu 47.

Ebenso führen die Operationen in 5c) und in 5d), in 6a) und 6d) sowie in 6b) und 6c) jeweils zum gleichen Ergebnis.

Bei den Aufgaben können die Ergebnisse folgendermaßen notiert werden:

5a)	Start 34 → Ziel 47	6a)	Start 76 → Ziel 83
b)	Start 34 → Ziel 47	b)	Start 76 → Ziel 69
c)	Start 34 → Ziel 65	c)	Start 76 → Ziel 69
d)	Start 34 → Ziel 65	d)	Start 76 → Ziel 83

Die Kinder können sich mit anderen Startzahlen und den gleichen Operationen selbst weitere Aufgaben stellen.

ARBEITSHEFT Seite 11, Aufgabe 1 und 2

1 Kreise ein.
Rot: 71, 72, 73, ..., 80
Blau: 7, 17, 27, ..., 97
Grün: 1, 12, 23, ..., 100
Gelb: 10, 19, 28, ..., 91
Schwarz: Zahlen mit Einer 1
Braun: Zahlen mit Zehner 1

2 Trage die Zahlen in die grauen Felder ein.

? WIE KÖNNTE ES WEITERGEHEN?

— Wenn sich die Kinder sicher auf der Hundertertafel bewegen, ist für sie folgende Spielvariante zu Aufgabe 5 sehr reizvoll: Die gesamte Klasse verfolgt an einer Hundertertafel, wie ein freiwilliger „Kandidat" die Wege auch mit mehr als zwei Schritten mit geschlossenen Augen in der Vorstellung geht und schließlich die Zielzahl benennt.
Schwierigeres Beispiel: Startzahl 56. Operationenfolge: 4 Zehner vor, 3 Einer zurück, 2 Zehner zurück, 4 Einer vor. Die Zielzahl ist 77.

Orientierung im Hunderterraum

Wege auf der Hundertertafel 19

Weitere Aktivitäten an der Hundertertafel

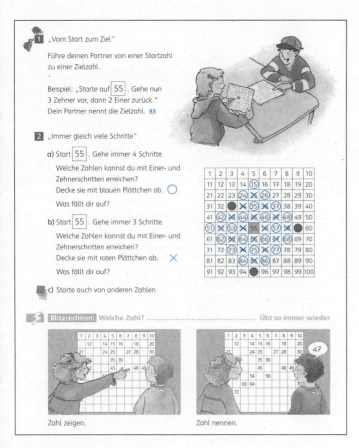

□ Beispiele:

$$55 \xrightarrow{+10} 65 \xrightarrow{+10} 75 \xrightarrow{+10} 85 \xrightarrow{+1} 86$$

$$55 \xrightarrow{-10} 45 \xrightarrow{-10} 35 \xrightarrow{-1} 34 \xrightarrow{-1} 33$$

Die Aufgabe ist mathematisch verwandt mit der Fragestellung im Kontext „Eckenhausen" des Band 1 (Das Taxi fährt immer 4 Wegstücke. Wo kann es ankommen?). Das im o. g. Quadrat eingeschlossene kleinere Quadrat mit den Eckpunkten 35, 57, 75, 53 ist daher schwieriger zu finden, da diese Zahlen von der Startzahl aus nur durch einen Umweg zu erreichen sind (was in Eckenhausen „verboten" war!).

□ Beispiele:

$$55 \xrightarrow{+1} 56 \xrightarrow{+1} 57 \xrightarrow{+10} 67 \xrightarrow{-1} 66$$

$$55 \xrightarrow{-10} 45 \xrightarrow{+1} 46 \xrightarrow{+1} 47 \xrightarrow{+10} 57$$

$$55 \xrightarrow{+1} 56 \xrightarrow{+10} 66 \xrightarrow{-1} 65 \xrightarrow{-10} 55$$

Bei 2b) ergibt sich eine analoge Lösung.

2c) regt zu eigenen Aufgabenstellungen an. Dabei ist zu beachten, dass wegen der Begrenzung der Tafel nicht immer vollständige Quadrate entstehen.

? WAS WIRD BENÖTIGT?
Arbeits- und Demonstrationsmaterial: wie bei S. 18

? WORUM GEHT ES?
Durch das Laufen von Wegen und das Legen von Mustern und eventuell durch Strategiespiele sollen die Kinder den Aufbau des Hunderters weiter verinnerlichen.

? WIE KANN MAN VORGEHEN?
Zur Arbeit mit dem Buch:
Aufgabe 1:
Ein Kind legt eine Startzahl (im Beispiel 55) fest. Der Partner stellt seine Spielfigur auf dieses Feld und bewegt sie auf der Hundertertafel nach den Vorschriften des ersten Kindes. Im Beispiel (3 Zehner vor, dann 2 Einer zurück). Der Partner nennt laut die Zielzahl, die das erste Kind bestätigt. Nun darf das zweite Kind eine Aufgabe mit neuer Startzahl nennen.

Aufgabe 2:
Nachdem die Aufgabenstellung geklärt ist (Diagonalschritte sind nicht erlaubt), gehen die Kinder auf ihrer Hundertertafel von der Startzahl 55 aus immer 4 Schritte. Die Kinder werden erstaunt sein, welch schönes Muster die 16 + 8 = 24 möglichen Zielzahlen bilden, nämlich ein auf der Spitze stehendes Quadrat mit den Eckpunkten 15, 59, 95, 51 und ein kleineres Quadrat mit den Eckpunkten 35, 57, 75, 53.

⚡ BLITZRECHNEN
Grundlegung Blitzrechenübung „Welche Zahl?"
Das erste Kind zeigt auf der nicht vollständig ausgefüllten Hundertertafel (hintere Umschlagseite) ein Zahlfeld, das zweite Kind nennt die Zahl, die dort stehen müsste bzw. steht. Dabei empfiehlt es sich auch hier, die Kinder anzuleiten die Zahlen zunächst operativ zu verändern, z. B. 16, 26, 46, …, 76 (nur immer Zehner dazu) oder 18, 19, 20, 21, 22 (nur Einer dazu).

□ Anmerkung:
Die auf der nur teilweise ausgefüllten Hundertertafel zu sehenden Zahlen sind genau die Einmaleinszahlen.

Orientierung im Hunderterraum

19 Wege auf der Hundertertafel
Weitere Aktivitäten an der Hundertertafel

ARBEITSHEFT Seite 11, Aufgabe 3–6

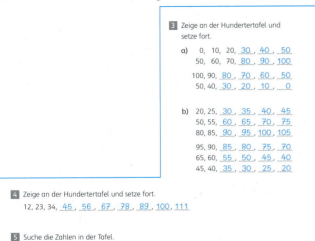

3 Zeige an der Hundertertafel und setze fort.

a) 0, 10, 20, _30_, _40_, _50_
    50, 60, 70, _80_, _90_, _100_
    100, 90, _80_, _70_, _60_, _50_
    50, 40, _30_, _20_, _10_, _0_

b) 20, 25, _30_, _35_, _40_, _45_
    50, 55, _60_, _65_, _70_, _75_
    80, 85, _90_, _95_, _100_, _105_
    95, 90, _85_, _80_, _75_, _70_
    65, 60, _55_, _50_, _45_, _40_
    45, 40, _35_, _30_, _25_, _20_

4 Zeige an der Hundertertafel und setze fort.
12, 23, 34, _45_, _56_, _67_, _78_, _89_, _100_, _111_

5 Suche die Zahlen in der Tafel.
3. Zeile, 5. Spalte: _25_ 2. Zeile, 9. Spalte: _19_ 5. Zeile, 10. Spalte: _50_
5. Zeile, 3. Spalte: _43_ 9. Zeile, 2. Spalte: _82_ 10. Zeile, 5. Spalte: _95_

? WIE KÖNNTE ES WEITERGEHEN?

– Eine Startzahl wird mit einem roten Plättchen markiert, eine Zielzahl mit einem blauen. Die Kinder beschreiben Wege vom Start zum Ziel.

– Würfelspiel: „3 gewinnt" (Partnerspiel an der Hundertertafel)
Das Spiel ist hilfreich um Zahlendreher abzubauen. Mit zwei zwanzigflächigen „Ikosaeder-Würfeln" (Ziffern 0, 1, 2, …, 9 jeweils doppelt) wird abwechselnd gewürfelt. Beispiel: Gewürfelt: 7 und 3. Daraus kann man die Zahl 73 oder 37 bilden. Der Spieler darf entweder das Feld 73 oder 37 mit einem Plättchen seiner Farbe besetzen. Wer zuerst 3 Plättchen waagerecht, senkrecht oder diagonal in seiner Farbe auf der Hundertertafel gelegt hat, gewinnt. Es gibt zwei Möglichkeiten, wie bei schon belegten Feldern zu verfahren ist:
Spielregel 1: Kein Feld darf doppelt belegt werden. Wer nicht legen kann, setzt aus.
Spielregel 2: Liegt auf dem Feld das Plättchen des Gegners, darf es umgedreht und damit das Feld erobert werden.

– Fortsetzung des Strategiespiels „Rot gegen Blau" vom Band 1. Anstelle der Zahlenreihe von 1 bis 10 (oder einer anderen Zielzahl) wird als Spielfeld das Hunderterfeld verwendet. Anstatt ein einziges Plättchen zu bewegen, zieht jeder Spieler (jede Gruppe) mit seinem (bzw. ihrem) Plättchen. Mathematisch bedeutet dies aber keinen Unterschied.
Spielregeln: Die eine Gruppe bewegt ein blaues Plättchen, das zu Beginn auf 1 steht, ein oder zwei Felder nach rechts (+1, +2) oder nach unten (+10, +20), die andere Gruppe ein rotes Plättchen (zu Beginn auf 100) ein oder zwei Felder nach links (−1, −2) oder nach oben (−10, −20). Es wird abwechselnd gezogen. Das blaue Plättchen darf das rote niemals überschreiten, das rote das blaue niemals unterschreiten. Diejenige Gruppe, die diese Bedingung nicht mehr erfüllen kann, hat verloren.

Der erste Spieler (Blau) hat eine Gewinnstrategie, wie man folgendermaßen begründen kann: Vor dem ersten Spielzug befinden sich zwischen Blau und Rot 98 leere Zahlenfelder. Blau geht beim ersten Spielzug 20 Felder weiter. Damit verringert sich der Abstand auf 78 Felder, also ein Vielfaches von 3 (Dreierzahl). Verringert nun Rot beim zweiten Zug den Abstand um 1, so verringert Blau den Abstand um 2 oder um 20. In der Summe verringert sich der Abstand um die Dreierzahlen 3 bzw. 21. Verringert Rot beim zweiten Zug den Abstand um 2, so reagiert Blau mit 1 bzw. 10. In der Summe verringert sich der Abstand auch hier um die Dreierzahlen 3 bzw. 12. Verringert Rot im vierten Zug den Abstand um 10, so verringert Blau ihn um 2 oder um 20, d. h. auch hier in der Summe der beiden Züge um eine Dreierzahl. Verringert Rot im vierten Zug den Abstand um 20, so verringert Blau ihn um 1 oder um 10. Auf diese Weise kann Blau erreichen, dass der Abstand nach jedem seiner Züge eine Dreierzahl ist. Rot dagegen hinterlässt immer einen Abstand, der keine Dreierzahl ist. Der Abstand wird von Zug zu Zug kleiner und ist am Schluss 0, also eine Dreierzahl. Bei der gewählten Strategie kann nur Blau den Abstand 0 hinterlassen und damit gewinnen.

Da die Strategie nur schwer zu durchschauen ist, bleibt das Spiel auch bei wiederholtem Spielen für die Kinder interessant.

Möglicher Spielverlauf:

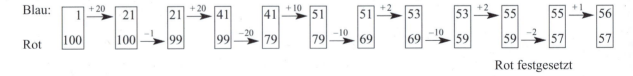

Rot festgesetzt

Orientierung im Hunderterraum

Hunderterreihe 20

Zahlen an der Hunderterreihe zeigen und einordnen (Nachbarzahlen, Nachbarzehner)

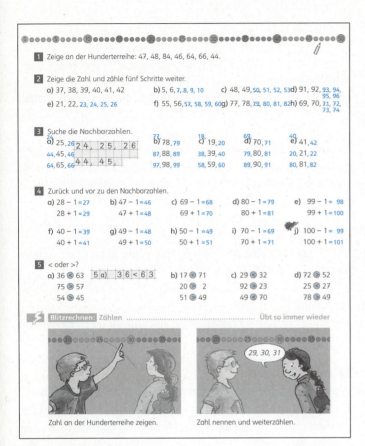

Zur Arbeit mit dem Buch:
Alle Aufgaben werden unter Bezug auf die abgebildete Hunderterreihe gelöst.

Aufgabe 1 (mündlich):
Die Kinder zeigen die angegebenen Zahlen an der Hunderterreihe (Schulbuchseite) oder auf der hinteren Umschlagsseite.

Aufgabe 2 (mündlich):
Im Gegensatz zur Hundertertafel gestattet die Hunderterreihe ein problemloses Weiterzählen auch über die Zehnerzahlen hinaus.

Aufgabe 3 und 4:
Bestimmen und Notieren von Nachbarzahlen.

Aufgabe 5:
Größenvergleich von Zahlen an der Hunderterreihe. Dabei muss besonders auf Zahlen mit vertauschten Ziffern geachtet werden.

⚡ BLITZRECHNEN
Grundlegung der Blitzrechenübung „Zählen"
Ein Kind zeigt einen Kreis an der Hunderterreihe (ausklappbarer Umschlag), das andere nennt die Zahl, die dort stehen müsste bzw. steht und zählt einige Zahlen weiter. Wieder ist es sinnvoll, die Kinder anzuleiten die Zahlen zunächst operativ zu verändern, z.B. 16, 26, 46, ..., 76 (nur immer Zehner dazu) oder 18, 19, 20, 21, 22 (nur Einer dazu).

Wie alle Blitzrechenübungen muss auch diese Übung von den Kindern in den folgenden Wochen und Monaten in der Schule und zu Hause so lange wiederholt werden, bis sie flüssig und sicher beherrscht wird.

📘 ARBEITSHEFT Seite 12, Aufgabe 1, 2 und 6

❓ WAS WIRD BENÖTIGT?
Arbeitsmaterial: Hunderterreihe (auf der Seite bzw. dem ausklappbaren Umschlag abgedruckt)
Demonstrationsmaterial: Hunderterreihe an Tafel oder auf Folie

❓ WORUM GEHT ES?
Das Hunderterfeld betont den kardinalen Zahlaspekt, die Hundertertafel ist eine Mischung aus kardinalem und ordinalem Aspekt. Die Hunderterreihe ist das geeignete Arbeitsmittel, um den ordinalen Aspekt herauszuarbeiten.

Auch auf der Hunderterreihe sind die Zahlen nach der „Kraft der Zehn" und der „Kraft der Fünf" gegliedert: Nach einem Zehner wechselt die Farbe, es sind nur die Fünfer- und Zehnerzahlen angegeben, die Fünferzahlen in mittelgroßen Kreisen, die Zehnerzahlen in großen Kreisen.

Auf der Hundertertafel muss man beim Zählen nach je zehn Zahlen an den Anfang einer neuen Zeile springen, weil die Zehner *untereinander* angeordnet sind. An der Hunderterreihe sind die Zehner *fortlaufend* in einer Reihe angeordnet. Daher kann man ungestört zählen und auch Nachbarzahlen sehr gut ablesen.

❓ WIE KANN MAN VORGEHEN?
Vor der Arbeit mit dem Buch:
Zuerst wird gemeinsam die Struktur der Hunderterreihe oben auf der Seite und auf dem ausklappbaren Umschlag besprochen.

Die Kinder erklären an der Folie auf dem OHP, welche Zahl vor 100, nach 30, vor 64, usw. kommt.

Orientierung im Hunderterraum

21 Hunderterreihe

Fortsetzung der Übungen von S. 20, Nachbarzehner, Ergänzen zum nächsten Zehner

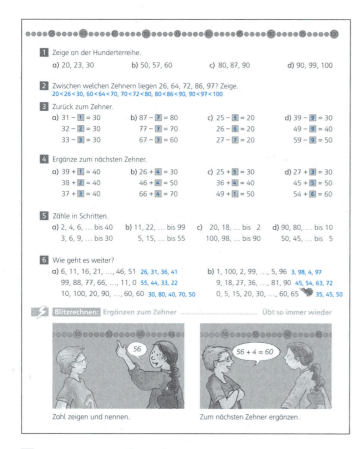

Aufgabe 2:
Hier müssen die Nachbarzehner gefunden werden.

Aufgabe 3:
Die Differenz zum kleineren Nachbarzehner ist zu berechnen.

Aufgabe 4:
Hier muss zum nächsten Zehner ergänzt werden. Bei b) muss die Analogie bei gleichen Einerzahlen, z. B. 26 + 4 = 30, 46 + 4 = 50, 66 + 4 = 70, besonders herausgestellt werden: Alle Zehner, auch bei ganz großen Zahlen, haben die gleiche Struktur.

Aufgabe 5:
Die Hunderterreihe ist in besonderer Weise geeignet in Schritten vor- und rückwärts zu zählen.

Aufgabe 6:
Das Fortsetzen der Folgen sollte auch an der Hunderterreihe demonstriert werden.

⚡ BLITZRECHNEN

Grundlegung der Blitzrechenübungen „Ergänzen zum Zehner"
Das erste Kind zeigt und nennt eine Zahl an der Hunderterreihe (ausklappbarer Umschlag). Das zweite Kind ergänzt diese Zahl zum nächsten Zehner.

Auch diese Übung muss – wie alle Blitzrechenübungen – von den Kindern in folgenden Wochen und Monaten so lange in der Schule und zu Hause wiederholt werden, bis sie flüssig und sicher beherrscht wird.

☐ Hinweis:
Diese Übung ist durch die Blitzrechenübung „Ergänzen zum Zehner" und „Ergänzen bis 20" aus Band 1 bestens vorbereitet.

📖 ARBEITSHEFT Seite 12, Aufgabe 3–5 und 7

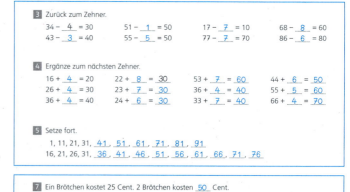

❓ WAS WIRD BENÖTIGT?

Arbeits- und Demonstrationsmaterial: Hunderterreihe

❓ WORUM GEHT ES?

An der Hunderterreihe können nicht nur die Nachbarzahlen, sondern auch Nachbarzehner durch Zurück- bzw. Vorgehen leicht abgelesen und bestimmt werden. Die Kinder sollen über die qualitative Einordnung hinaus den genauen Abstand zur kleineren bzw. größeren Zehnerzahl bestimmen. Dieses genaue Einordnen erleichtert später das Rechnen und Runden. Durch Minus- bzw. Plusaufgaben kann man den Unterschied zu den kleineren bzw. größeren Nachbarzehnern ausdrücken:

Die Analogie bei den einzelnen Zehner-Ergänzungen, muss besonders angesprochen werden z. B. 7 + 3 = 10, 17 + 3 = 20, 27 + 3 = 30, usw. Sie ist typisch für die Erleichterung, die das Rechnen im dekadischen System mit sich bringt. Den Kindern sollte bewusst werden, dass sie nicht viel Neues lernen müssen, sondern ihre Kenntnisse vom Zwanzigerraum einsetzen können.

❓ WIE KANN MAN VORGEHEN?

Zur Arbeit mit dem Buch:
Aufgabe 1:
Die Zahlen 23, 57, 87 und 99 sind zwischen Nachbarzehner eingeordnet.

❓ WIE KÖNNTE ES WEITERGEHEN?

– Im Anschluss an diese Seite kann die Lernzielkontrolle 1 eingesetzt werden, vgl. Materialien.

Orientierung im Hunderterraum

Rechenstrich 22

Ordnen von Zahlen am Rechenstrich, Zählen in 5er- und 10er-Schritten

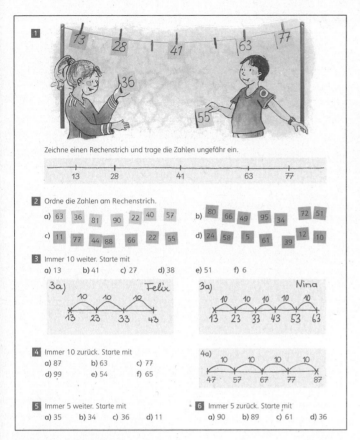

☐ Beispiel:

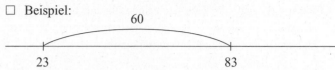

Auf Pfeilspitzen und Rechenzeichen wird absichtlich verzichtet, damit eine doppelte Interpretation möglich ist: als Plusaufgabe 23 + 60 = 83 oder als Minusaufgabe 83 − 60 = 23. Im ersten Fall startet man bei 23 und geht 60 nach rechts, es wird 60 addiert. Im zweiten Fall startet man bei 83, geht 60 nach links, d. h. es wird 60 subtrahiert.

Auf dieser Seite wird der Rechenstrich zunächst nur zum Ordnen von Zahlen und für einfache Sprünge verwendet.

☐ Beispiel:
Immer 10 weiter. Starte mit 17.

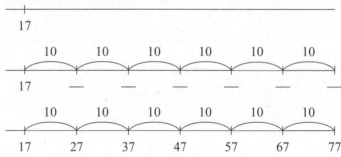

⍰ WAS WIRD BENÖTIGT?

Demonstrationsmaterial: Wäscheleine mit Wäscheklammern, Karten in DIN-A5-Format

⍰ WORUM GEHT ES?

Der Rechenstrich ist ein ordnungstreues, aber nicht maßstabstreues Abbild des Zahlenstrahls, das von jedem Kind von Aufgabe zu Aufgabe selbst angefertigt werden kann. Die Lage der Zahlen auf dem Rechenstrich muss nur ungefähr stimmen. Auf genaue Abstände wird mit Absicht verzichtet, da sie für die Zwecke, für die der Rechenstrich eingesetzt wird, nur eine unnötige Belastung wären. Auf dem Rechenstrich werden der Übersichtlichkeit halber nur die Zahlen eingetragen, die zu einer Überlegung oder Rechnung benötigt werden. Weil der Rechenstrich von jedem Kind individuell gestaltet und bearbeitet werden kann, ist er äußerst nützlich. Nicht von ungefähr wird er von Kindern oft als „Denkstrich" bezeichnet.

Am besten eignet sich der Rechenstrich für das Ordnen von Zahlen und das Vor- und Zurückrechnen auf der Zahlenreihe. Für Rechenwege, bei denen Stellenwerte getrennt zu bearbeiten sind, was bei großen Zahlen die Regel ist, ist er allerdings ungeeignet. Man muss auch darauf achten, dass beim Rechenstrich nicht durch die Hintertür das zählende Rechnen zurückkehrt. Daher darf dieses schöne Arbeitsmittel nicht verabsolutiert werden.

Sprünge auf dem Rechenstrich kann man durch Bögen darstellen.

⍰ WIE KANN MAN VORGEHEN?

Zur Arbeit mit dem Buch:

Aufgabe 1:
Umgeknickte Zahlkarten werden der Größe nach geordnet auf eine Wäscheleine gehängt und mit Wäscheklammern fixiert. Es wird deutlich, dass die Zwischenräume nur ungefähr stimmen müssen. Um Platz für neue Zahlen zu schaffen, lassen sich die Karten leicht verschieben.

Wenn alle Karten eingeordnet sind, kann der Rechenstrich ins Heft übertragen werden.

Aufgabe 2:
Bei dieser Aufgabe können die Kinder versuchen, vorgegebene Zahlen direkt am Rechenstrich zu ordnen. Dabei können sie unterschiedlich vorgehen.

– Sie fangen links bei der kleinsten Zahl an und fügen dann die jeweils nächstgrößere Zahl hinzu.

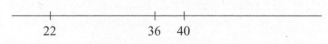

– Sie beginnen rechts bei der größten Zahl und fügen dann die jeweils nächstkleinere Zahl hinzu.

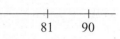

Orientierung im Hunderterraum 57

22 Rechenstrich
Ordnen von Zahlen am Rechenstrich, Zählen in 5er- und 10er-Schritten

– Sie tragen Zahl für Zahl nach ungefähr auf dem Rechenstrich ein, wobei sie in ihrer Vorstellung gewisse Marken, insbesondere 0, 50 und 100, unterlegen.

Fehler, die auftreten, können leicht korrigiert werden.

Aufgabe 3:
Die Kinder starten links mit der vorgegebenen Zahl und gehen mit Bögen in Zehnerschritten weiter, so weit sie möchten.

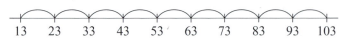

Dabei werden einige Kinder auch den Hunderterraum überschreiten.

Aufgabe 4:
Analog werden die Bögen nach links fortgesetzt.

Aufgabe 5 und 6:
Analoge Aufgaben zu 3 und 4 mit Fünferschritten.

ARBEITSHEFT Seite 13, Aufgabe 1–3

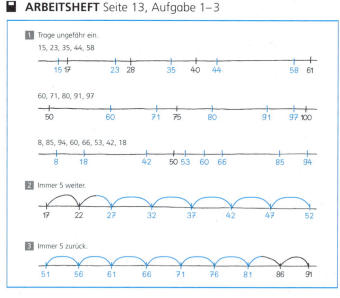

[Das Prinzip des schnellen Tempos in der Durcharbeitung des Lehrstoffs] bedeutet die ununterbrochene Bereicherung der Schüler mit immer neuen Kenntnissen, die Absage an das Auf-der-Stelle-treten, an die einförmige Wiederholung des durchgenommenen Lehrstoffes. Man soll dieses Prinzip nicht mit der Eile im Unterricht verwechseln. Unser Herangehen schließt die Jagd nach „Rekorden" im Sinne der Menge der von den Schülern auszuführenden Aufgaben aus. Es ist gar nicht notwendig, dass die Kinder im Verlauf der Unterrichtsstunde möglichst viele Beispielaufgaben lösen, möglichst viele Übungen durchführen usw. Das Vorgehen in schnellem Tempo bedeutet überhaupt nicht, dass man sich während der Unterrichtsstunde beeilen muss. Es ist erforderlich, dass sowohl der Lehrer als auch die Schüler ruhig arbeiten. …

Dieser Arbeitsstil, so zeigt es die Erfahrung der Versuchsklassen, trägt seine Früchte. … Zwischen den Schülern bestehen natürlich Unterschiede, sowohl in der Entwicklung als auch in der Aneignung der Kenntnisse. [Dieses Problem bekommt man in den Griff durch eine] differenzierte Unterrichtsmethodik, die es erlaubt, mit allen Schülern der Klasse in schnellem Tempo vorzugehen … Die differenzierte Unterrichtsmethodik besitzt eine Reihe von Merkmalen, deren wichtigstes wohl darin besteht, dass die gleichen Fragen des Lehrplans von verschiedenen Schülern unterschiedlich tief durchgearbeitet werden. Dadurch kann die gesamte Klasse, also auch die schwächsten Schüler, in schnellem Tempo vorgehen.

Leonid V. Zankov, Didaktik und Leben

Rechenstrich 23
Einfache Operationen am Rechenstrich

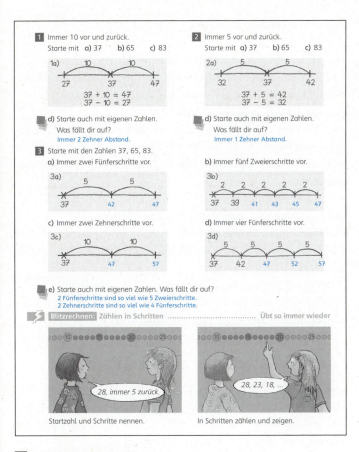

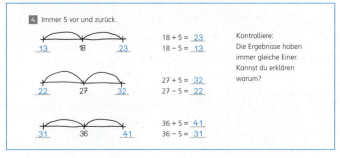

Diese Übung muss – wie alle Blitzrechenübungen – von den Kindern in den folgenden Wochen und Monaten in der Schule und zu Hause so lange wiederholt werden, bis sie flüssig und sicher beherrscht wird.

ARBEITSHEFT Seite 13, Aufgabe 4

? WORUM GEHT ES?
Der Rechenstrich wird dazu benutzt, um einfache Operationen an der Hunderterreihe durchzuführen und die auftretenden Muster zu erklären.

? WIE KANN MAN VORGEHEN?
Zur Arbeit mit dem Buch:
Aufgabe 1:
Die Differenz der Zielzahlen beträgt immer 20, wie am Rechenstrich ersichtlich wird.

Aufgabe 2:
Die Differenz der beiden Zielzahlen beträgt immer 10.

Aufgabe 3:
a) und b): Zwei Fünferschritte und fünf Zweierschritte führen zur gleichen Zielzahl.
c) und d): Zwei Zehnerschritte und vier Fünferschritte führen ebenfalls zur gleichen Zielzahl.

⚡ BLITZRECHNEN
Grundlegung der Blitzrechenübung „Zählen in Schritten"
Unterstützt durch Hunderterreihe oder Hundertertafel zählen die Kinder von einer vorgegebenen Startzahl aus in 1er-, 2er-, 5er- und 10er-Schritten vorwärts oder rückwärts. Dabei gibt das erste Kind eine Zahl und die Schrittfolge vor, das zweite Kind zählt dann in diesen Schritten und zeigt dabei jeweils auf die genannten Zahlen.

Orientierung im Hunderterraum

24 Zahlen in der Umwelt

Zahlen als Anzahlen, Ordnungszahlen, Maßzahlen, Codes, Denkspiel „Dreiecksmemory"

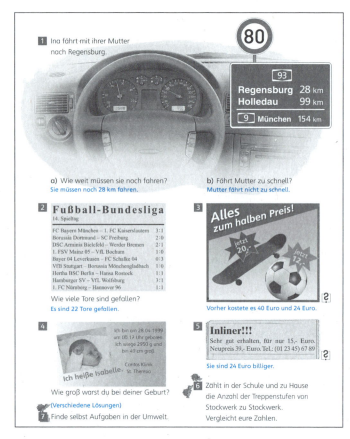

? WAS WIRD BENÖTIGT?
Arbeits- und Demonstrationsmaterial: Kassenbons, Prospekte, Kataloge, Zeitungsausschnitte

? WORUM GEHT ES?
Die Seite gibt den Kindern Gelegenheit, Zahlen und Größen aus dem (nach oben offenen) Hunderterraum in der Umwelt zu entdecken, Erfahrungen darüber auszutauschen und kleine Sachaufgaben zu lösen.

Es werden bewusst recht unterschiedliche Themen (Armaturenbrett eines Autos, Preise, Zahlen aus dem Sport oder Zahlen bei der Geburt eines Kindes) angesprochen, damit die große Anwendungsbreite der Zahlen deutlich wird.

? WIE KANN MAN VORGEHEN?
Vor der Arbeit mit dem Buch:
Wie bei der entsprechenden Seite im Band 1 („Zahlen in der Umwelt", S. 30) bietet sich auch hier eine vorbereitende Hausaufgabe an. Die Kinder sollen „zahlenhaltige" Dinge, Prospekte, Zeitungen o. ä. sammeln und mitbringen, die als Grundlage für Gespräche über Zahlen in der Umwelt dienen.

Die im Buch dargestellten Sachsituationen bieten vielfältige Erzähl- und Rechenanlässe. Während im Band 1 der Schwerpunkt auf den Zahlen und ihren Bedeutungen lag, kommt nun das Rechnen mit Zahlen hinzu.

Die Seite dient in erster Linie als Anregung an die Kinder, Zahlen in ihrer Umwelt bewusster wahrzunehmen.

Zur Arbeit mit dem Buch:
Aufgabe 1:
Das Bild zeigt den Blick eines Autofahrers auf Armaturenbrett und Straße. Zahlen finden sich auf dem Tachometer, dem Kilometerzähler, der Uhr sowie auf den Verkehrsschildern.
Zwei Fragestellungen sind genannt:
Die Antwort auf die Frage a) kann vom Autobahnschild abgelesen werden: 28 km bis Regensburg. In jeder Klasse dürfte es Kinder geben, die schon wissen, was das Zeichen „km" bedeutet.

Die Antwort auf b) ergibt sich aus dem Vergleich der Tachometeranzeige und dem Verkehrschild: Mutter fährt 70 km/h und damit nicht zu schnell.
Die Kinder werden darüber hinaus selbst weitere Fragen finden, z. B.:
– Wie weit ist es nach München? (154 km, Entfernung)
– Welche Autobahn wird befahren? (Zahlen 9 und 93 als Nummern oder Codes für die Autobahn)
– Wie spät ist es? (15.38 Uhr)
– Was wird in einem Auto sonst noch angezeigt?

Aufgabe 2:
Die Tabelle zeigt die Ergebnisse des 14. Spieltages der Fußballbundesliga-Saison 04/05 mit 9 Spielen. Durch Addition der Zahlen ergibt sich: Es sind 22 Tore gefallen.
Folgende weitere Fragen sind möglich:
– Bei welchen Spielen war die Tordifferenz am größten, bei welchen am kleinsten?
– Wie viele Tore wurden von den Heimmannschaften erzielt, wie viele von den Gastmannschaften?
– Wie könnte z. B. das Spiel 1. FC Nürnberg – Hannover 96 bei Halbzeit gestanden haben?
– Wie viele Mannschaften spielten in der Saison in der Bundesliga?
– Welche Mannschaften spielen jetzt in der Bundesliga?

Die an Fußball interessierten oder sogar in den Jugendmannschaften spielenden Kinder werden zu diesem Thema sicherlich einiges beitragen können.

Aufgabe 3:
Die Halbierungsaufgaben bewegen sich im Hunderterraum.

Aufgabe 4:
Die Zahleninformationen einer Geburtsanzeige sind vielfältig, was Erwachsenen oft nicht mehr bewusst ist. Die Aufgabe dient als Aufforderung an die Kinder, sich über ihre Geburtsdaten zu informieren.
– Jahr, Monat, Wochentag, Uhrzeit der eigenen Geburt
– Größe, Gewicht

Die Daten der Kinder kann man vergleichen mit den heutigen Daten.

Zahlen in der Umwelt
Zahlen als Anzahlen, Ordnungszahlen, Maßzahlen, Codes, Denkspiel „Dreiecksmemory"

Interessante Frage: Wurden aus den größeren Babys auch die größeren Kinder?

Aufgabe 5:
Die Berechnung des Preisnachlasses erfordert eine einfache Subtraktion, die notfalls mit Hilfe von Rechengeld bewerkstelligt werden kann. Die weiteren Zahlen geben eine (fiktive) Vorwahl und Teilnehmernummer an.

Aufgabe 6:
Eine Treppenstufe hat eine Höhe von 18–20 Zentimeter. Die Anzahl der Treppenstufen eignet sich daher gut zum Abschätzen der Höhe eines Gebäude. 5 Treppenstufen ergeben etwa 1 m Höhe, 50 Treppenstufen also etwa 10 m, 100 Treppenstufen etwa 20 m Höhe.

In Wohnhäusern ist die Anzahl der Treppenstufen von Stockwerk zu Stockwerk relativ konstant: etwa 13 Stufen.

! DENKSCHULE
Denkspiel 2 „Dreiecksmemory": Spielplan bis 36 vorstellen und Ausblick bis 55 geben (vgl. S. 15 f.).

? WIE KÖNNTE ES WEITERGEHEN?
Die Kinder können in den folgenden Wochen und Monaten weiteres interessantes Zahlenmaterial sammeln und in den Unterricht mitbringen.

25 Kugeln in der Umwelt
Kugeln formen und in der Umwelt erkennen

❓ WAS WIRD BENÖTIGT?
Arbeitsmaterial: Lehm, Ton, evtl. Salzteig als Knetmaterial, Seifenlösung für Seifenblasen
Demonstrationsmaterial: kugelförmige Gegenstände (Bälle, Perlen, Murmeln, Beeren, Apfelsinen, Kugelkaktus, Seifenblasen, Globus, Christbaumkugeln, Kugellager), Würfel als Kontrast

❓ WORUM GEHT ES?
Die Kinder sollen als erste räumliche Grundform die Kugel „begreifen", indem sie selbst Kugeln aus knetbarer Masse herstellen und Form und Funktion von Kugeln in Beziehung setzen.

Die Kugel ist ein geometrischer Körper, bei dem alle Oberflächenpunkte denselben Abstand vom Mittelpunkt haben. Sie ist daher hochsymmetrisch („schön rund"), hat keine Ecken, Kanten, Einbuchtungen, Erhebungen und kann wunderbar „rollen".

Angenäherte Kugelformen kommen in der Natur vielfach vor und werden auch in der Technik genutzt. Vorteile der Kugelform: optimales Rollen, geringe Reibung und geringer Verschleiß (wichtig beim Kugellager), stabile Form, belastbar bei Druck (Gewölbe, Form eines Reaktorgebäudes). Nachteile: Kugeln rollen leicht weg und sind schlecht zu stapeln. Im Gegensatz dazu rollen Würfel schlecht, aber man kann gut mit ihnen bauen.

❓ WIE KANN MAN VORGEHEN?
Vor der Arbeit mit dem Buch:
Im Sitzkreis legt die Lehrerin einen Ball und einen Würfel in die Mitte und fordert die Kinder zum Vergleich auf. Die Kinder beschreiben die beiden Formen und nennen die Unterschiede, die Vorteile und die Nachteile der Formen.

Möglicher Impuls: Kann man einen Ball zum Bauen benutzen? Kann man einen Würfel zum Ballspielen benutzen?

Zur Arbeit mit dem Buch:
Die Kinder betrachten die Schulbuchseite und entdecken überall Kugeln.

Die Kinder schauen sich die Kugeln an und benennen sie. Im Klassengespräch wird der Vorteil der Kugelform herausgearbeitet.

Wollknäuel: gut formbar
Kugellager: geringer Verschleiß, Beweglichkeit
Bälle: rollen gut
Eiskugeln: gleiten besser aus der Zange
Beeren: stabil, unempfindlich gegen Druck

Das Kind und der Glasbläser erzeugen durch Aufblasen einer Flüssigkeit eine Kugelform. Die Kinder stellen angeregt durch das Bild links oben Kugeln auf andere Weise her. Als Material eignen sich: Lehm, Ton (weißer Ton schmutzt am wenigsten), Salzteig, Knete, Pappmaché. Beim Formen begreifen die Kinder, was das Besondere der Kugelform ausmacht. Sie müssen genau hinschauen und die Größen miteinander vergleichen.

Mit 20 ungefähr gleich großen Kugeln lässt sich eine Dreieckspyramide bauen, die auch arithmetisch interessant ist. Auf einer Sandunterlage (Demonstrationssandkasten/Sachunterricht) rollen die Kugeln nicht so schnell weg. Wenn die Pyramide fertig ist, sollen die Kinder nachzählen, aus wie vielen Kugeln sie besteht. Z. B.: „Ich sehe 3 + 3 + 3 + 3 + 3 Kugeln. Dazu eine oben und eine Kugel innen drin."

Einen besonderen Reiz stellt der Bau eines Schneemanns dar. Hierzu müssen eine kleinere, mittlere und größere Kugel geformt und aufeinander gesetzt werden. Beim Formen der Kugel muss eine kleine Kugel im Schnee gewälzt werden, sodass eine möglichst gleichmäßige Rundung entsteht.

❓ WIE KÖNNTE ES WEITERGEHEN?
– Die Kinder sollen Dinge in ihrer Umgebung ausfindig machen, die kugelförmig sind.
– Die Kinder stellen Seifenlauge her und lassen Seifenblasen fliegen.
Grundrezept für Seifenblasen:
1 Tasse Spülmittel, 12 Tassen Wasser, ¼ Tasse flüssiges Glyzerin

☐ Hinweis:
In Kreativ- und Jongleurgeschäften sind Materialien für die Herstellung riesiger Seifenblasen erhältlich.

Längen messen 26
Längen schätzen und messen, Längeneinheit 1 Meter kennen lernen

❓ WAS WIRD BENÖTIGT?
Arbeits- und Demonstrationsmaterial: selbst hergestellte Stäbe oder Stöcke, Meterschnüre mit Knoten im Abstand von einem Meter, Maßbänder, Tafellineal von jeweils 1 Meter Länge

☐ Hinweise:
Die in der Schule vorhandenen Meterlineale können ausgeliehen und Maßbänder aus der Turnhalle verwendet werden. Meterstäbe und Meterschnüre können mit Elternhilfe folgendermaßen hergestellt bzw. beschafft werden:
– Hasel- oder Weidenruten schneiden
– Holzleisten vom Bauholzmarkt auf 1 m Länge schneiden
– Bei einer Schnur jeden Meter durch einen einfachen Knoten kennzeichnen

❓ WORUM GEHT ES?
Diese Seite setzt die Seite 40 „Schritte zählen" von Band 1 fort.

Die Kinder sollen ihr Verständnis der Längenmessung vertiefen: Eine Länge wird mit einer Einheit ausgemessen. Als Einheit wird 1 m verwendet. Der Messvorgang (mehrfaches Abtragen einer Einheit) wird durch das Aneinanderlegen von Meterstäben verdeutlicht. Sehr hilfreich dabei ist, dass die Armspanne von Erst- und Zweitklässlern etwa einen Meter beträgt.

Ursprünglich wurde mit unnormierten Körpermaßen (Fuß, Schritt, Fingerspanne, Elle usw.) gemessen, was ungenau ist. Diese Maße wurden dann regional normiert (z. B. „preußische Elle"). Erst im 19. Jahrhundert wurde eine internationale Metervereinbarung getroffen (Urmeter in Paris). Heute wird der Meter durch die Wellenlänge einer bestimmten Spektrallinie ausgedrückt.

In der Didaktik ist es geradezu ein Dogma, diesen historischen Prozess im Unterricht nachzuvollziehen, d. h. zuerst mit nicht normierten Längeneinheiten zu messen und daraus die Notwendigkeit einer Normierung abzuleiten. Das ZAHLENBUCH schlägt einen anderen Weg ein: Es wird von der heutigen Messpraxis ausgegangen, die von normierten Maßen bestimmt ist. Körpermaße (Fuß, Schritt, Fingerspanne, Armspanne) werden aber zum Meter in Bezug gesetzt und ebenfalls zur Längenmessung verwendet. Eine bewusste Reflexion der historischen Entwicklung ist im 5. oder 6. Schuljahr im Zusammenhang aller Größen nichtsdestoweniger sehr sinnvoll.

❓ WIE KANN MAN VORGEHEN?
Die Seite 26 dient als Anregung für eigene Messübungen. Die Kinder beschreiben, womit die Kinder auf dem Bild messen, was sie messen und wie oft sie dabei ein ganz bestimmtes Maß aneinander legen.

Dann zeigt die Lehrerin die vorbereiteten Metermaße. Die Kinder vergleichen sie und erkennen, dass sie alle gleich lang sind: 1 Meter. Sie überzeugen sich, dass ihre Armspanne etwa 1 m beträgt.

Anschließend messen sie durch Aneinanderlegen von Metermaßen Längen aus:
1. Türen (Breite, Höhe), Tafel (Breite, Höhe), Tische, Stühle, Schränke, Regale, Fenster, Schulhof, Schulflure, Schulgebäude, Spielfelder auf dem Schulhof oder in der Turnhalle.

Die Kinder formulieren ihre Messergebnisse ungefähr so: Die Tür ist (ziemlich) genau 1 m breit und 2 mal 1 m (2 m) hoch, der Tisch ist etwas mehr als 1 m lang, die Tafel ist genau 1 m hoch und 2 m (ausgeklappt 4 m) breit, der Tisch ist ungefähr einen halben Meter breit.

Die Erfassung von großen Längen durch Maßzahlen wird besonders deutlich, wenn diese mit mehreren Metermaßen ausgelegt werden. Beispiel: Unser Flur ist 18 Meter lang und etwas mehr als 3 Meter breit.

Statt mehrere Meterstäbe hintereinander zu legen, kann natürlich auch nur mit einem Stab gemessen werden, indem man mit Kreide Marken anbringt.

2. Vergleich von 1 Meter mit der Schrittlänge: Auf dem Schulhof wird mit dem Maßband eine Strecke von 10 m abgetragen. Wie viele Schritte braucht ein Kind für diese Strecke? Durchschnitt: ungefähr 20 Schritte.

Umgekehrt: Alle Kinder legen 20 normale Schritte zurück. Die Fußspitze des letzten Schrittes wird jeweils mit Kreide markiert. Die Kreidepunkte werden verstreut liegen. Der Mittelwert wird bei 10 m liegen.

Die Lehrerin braucht weniger als 20 Schritte. Wenn sie große Schritte macht, kommt sie etwa mit 10 Schritten aus. Folgerung: Ein großer Erwachsenenschritt entspricht etwa 1 m, ein normaler Kinderschritt 0,5 m.

3. Die Kinder sollen auch herausfinden und erfahren, dass man mit biegsamen Messgeräten (Maßband, Meterschnüren, Armspannen,) auch die Länge gekrümmter Linien messen kann, z. B. den Umfang eines Baumes o. Ä.

Orientierung im Hunderterraum 63

27 Meter und Zentimeter
Herstellung eines Zentimetermaßes aus Papierstreifen

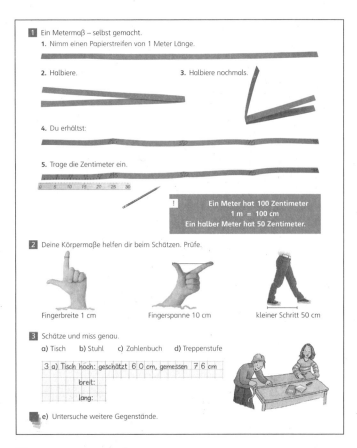

Beim zweiten und dritten Schritt muss die Mitte jeweils sehr sorgfältig gefaltet werden, damit die Marken 50 cm, 25 cm und 75 cm genau lokalisiert sind. Das Lineal muss erst bei 0, dann bei 25 cm, 50 cm und 75 cm angelegt und die Striche müssen Zentimeter für Zentimeter genau übertragen werden.

Nach dieser etwas mühevollen Arbeit ist den Kindern deutlich: 1 Meter hat 100 Zentimeter, denn es wurden 100 Zentimeterabschnitte abgetragen. Die Hälfte von 1 m beträgt 50 cm, der vierte Teil von 1 m beträgt 25 cm. M. a. W: Ein Meter besteht aus vier Abschnitten von je 25 cm.

Kinder, denen die Herstellung und Unterteilung des Metermaßes zu schwer fällt, können mit Hilfe von Arbeitsblatt 3 ein Metermaß aus vier vorgefertigten 25-cm-Abschnitten zusammenkleben.

Aufgabe 2 und 3:
Mit dem Metermaß können die angegebenen Gegenstände gemessen werden. Die Körpermaße „Fingerbreite" (1 cm), „Fingerspanne" (10 cm) und „Schrittlänge" (halber Meter) dienen den Kindern als Standardmaße zur groben Messung von Längen in ihrem Erfahrungsbereich. Die Kinder müssen sich diese Maße daher fest einprägen. Auf die Fragen: Wie lang ist 1 cm? 10 cm? 1 m? muss jedes Kind eine sinnvolle Antwort geben können.

☐ Hinweis:
Das Maßband sollte für die Seiten 84 („Pflanzen messen") und 118 („Maße am Körper") aufbewahrt werden.

❓ WAS WIRD BENÖTIGT?
Arbeitsmaterial: pro Kind ein 1 m langer, 2 cm breiter Tonpapierstreifen, Kleber, Lineal, evtl. Arbeitsblatt 3 „Metermaß" mit vier 25-cm-Streifen (Kopiervorlage)
Demonstrationsmaterial: Metermaßband, Gliedermaßstab („Zollstock")

☐ Hinweis:
Papiermaßbänder von 100 cm Länge sind oft kostenlos als Werbematerial in Möbelhäusern und Baumärkten erhältlich.

❓ WORUM GEHT ES?
Auf Seite 26 haben die Kinder den Meterstab kennen gelernt und mit der Einheit Meter gemessen. In Fortsetzung dieser Aktivitäten sollen die Kinder nun mit einem in Zentimeter unterteilten Metermaß auf Zentimeter genau messen.

Kinder verstehen die Unterteilung am besten, wenn sie ein Metermaß selbst herstellen.

Da 1 Meter 100 Zentimeter hat, 50 cm die Hälfte von 1 m und 25 cm der vierte Teil von 1 m ist, wird dabei gleichzeitig der Hunderterraum unter einem neuen Aspekt durchdrungen.

❓ WIE KANN MAN VORGEHEN?
Zur Arbeit mit dem Buch:
Aufgabe 1:
Die erforderlichen Schritte zur Herstellung eines Metermaßes sind als Handlungsfolge dargestellt. Die Kinder betrachten die Abbildungen und beschreiben zunächst, wie sie vorgehen müssen.

Meter und Zentimeter 27
Herstellung eines Zentimetermaßes aus Papierstreifen

ARBEITSHEFT Seite 14

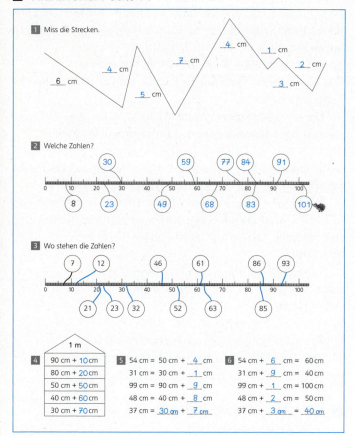

WIE KÖNNTE ES WEITERGEHEN?
- Weitere Gegenstände im Klassenzimmer ausmessen.
- Zu Hause Bett, Schreibtisch usw. messen.
- Andere Längen am Körper messen, die historische Bedeutung haben, z. B. Elle, Fuß.
- Mit der Methode „Fuß vor Fuß" Längen bestimmen. Dazu muss jedes Kind zuerst die eigene Fußlänge (mit Schuh) messen.

28 Zeichnen und messen
Strecken zeichnen, messen und vergleichen, Figuren auf Karopapier nachzeichnen

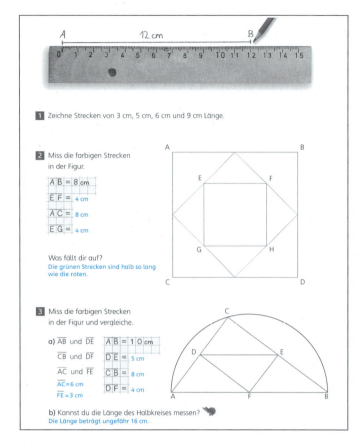

Würde man bei der ersten Figur das Verfahren (Halbieren der Seiten) fortsetzen, so entstünden weitere, immer kleinere Quadrate, deren Seiten zu den Seiten des Ausgangsquadrats parallel sind:
$\overline{AB} = 8$ cm, $\overline{EF} = 4$ cm, $\overline{IJ} = 2$ cm, $\overline{MN} = 1$ cm.
Die Ecken dieser Quadrate liegen alle auf der Diagonalen des Ausgangsquadrates.

Die schräg liegenden Quadrate (Karos) haben dagegen keine ganzzahligen Seitenlängen, da $\sqrt{2}$ eine irrationale Zahl ist.

In der zweiten Figur verstecken sich die Umkehrung des Satzes von Pythagoras und der Satz von Thales.
Wegen $6^2 + 8^2 = 36 + 64 = 100 = 10^2$ und $3^2 + 4^2 = 9 + 16 = 25 = 5^2$ sind die Dreiecke ABC und alle vier Teildreiecke rechtwinklig. Alle Seitenlängen sind bei dieser speziellen Wahl ganzzahlig.

$\overline{AC} = 6$ cm $\overline{EF} = 3$ cm
$\overline{CB} = 8$ cm $\overline{DF} = 4$ cm
$\overline{AB} = 10$ cm $\overline{DE} = 5$ cm

C liegt auf dem Halbkreis um F durch A und B.

Der Deutlichkeit halber werden Strecken im Buch außer durch Buchstaben auch durch Farben gekennzeichnet.

? WIE KANN MAN VORGEHEN?
Zur Arbeit mit dem Buch:
Aufgabe 1:
Beim Zeichnen der Strecken von 3 cm, 5 cm, 6 cm und 9 cm Länge ins Heft üben die Kinder den sorgfältigen Umgang mit dem Lineal. Sie müssen besonders darauf achten die Strecken immer von 0 aus zu zeichnen und zu messen. Man sollte die Kinder anregen, weitere Strecken mit selbst gewählten Längen zu zeichnen.

? WAS WIRD BENÖTIGT?
Arbeitsmaterial: Heft mit Karopapier, Lineal, Bleistift und Radiergummi

? WORUM GEHT ES?
Auf dieser Seite wird beim Zeichnen und Messen von Strecken der Umgang mit Lineal und Bleistift geübt.

Punkte werden in der Geometrie mit großen Buchstaben (A, B, C, D, E, F), die Streckenlänge zwischen den Punkten A und B wird oft mit $\overline{AB}$ bezeichnet.

Die erste geometrische Figur (Aufgabe 2) entsteht durch fortgesetztes Verbinden der Seitenmittelpunkte von Quadraten. Das Ausgangsquadrat hat die Seitenlänge 8 cm, das dritte Quadrat die Seitenlänge 4 cm.

Die zweite Figur (Aufgabe 3) entsteht durch Verbinden der Seitenmitten eines Dreieckes mit den Seitenlängen 10 cm, 8 cm und 6 cm.

Aufgabe 2 und 3:
Die in den Figuren benannten Strecken werden gemessen.

Die Länge des Halbkreises in Aufgabe 3b) lässt sich natürlich nicht mit dem Lineal messen. Das zuvor angefertigte flexible Metermaß lässt sich aber an den Halbkreis anpassen. Alternativ kann auch ein Faden angelegt und in gespanntem Zustand mit einem Lineal gemessen werden. Der Halbkreis muss länger als $\overline{AC} + \overline{CB} = 14$ cm sein. Sorgfältiges Nachmessen mit dem flexiblen Maßband oder einem Faden liefert einen Wert zwischen 15 und 16 cm.

(Nach der Formel $2\pi r$ für den Umfang des Kreises mit Radius r ist die Länge des Halbkreises 5 cm $\cdot \pi \approx 15{,}7$ cm)

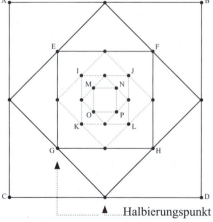
Halbierungspunkt

66   Orientierung im Hunderterraum

Zeichnen und messen 28

Strecken zeichnen, messen und vergleichen, Figuren auf Karopapier nachzeichnen

ARBEITSHEFT Seite 15, Aufgabe 2

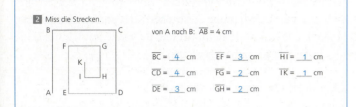

WIE KÖNNTE ES WEITERGEHEN?

– Die Kinder versuchen auch die Seitenlänge des schräg gestellten Quadrates von Aufgabe 2 zu messen: Seitenlänge zwischen 5 cm und 6 cm oder evtl. 5 cm und etwa 6 Millimeter (Zone der nächsten Entwicklung)
– Die Kinder versuchen die Folge der geschachtelten Quadrate von Aufgabe 2 weiter zu zeichnen und schön zu färben:

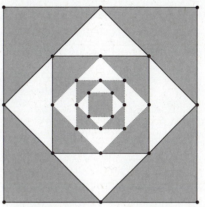

– Die Kinder versuchen auch die Flächen der Quadrate zu vergleichen. Das erste verdrehte Quadrat ist halb so groß wie das große Quadrat, weil sich die Eckdreiecke zur Mitte falten lassen und das verdrehte Quadrat genau überdecken. Das dritte Quadrat ist aus dem gleichen Grund halb so groß wie das erste verdrehte Quadrat, seine Fläche beträgt also ein Viertel der Fläche des großen Quadrats.
In der Figur von Aufgabe 3 passt das kleine Dreieck viermal in das große Dreieck.

Orientierung im Hunderterraum

29 Legen und zeichnen
Mit Quadraten und Rechtecken Parkettmuster herstellen (kleben) und auf Karopapier zeichnen

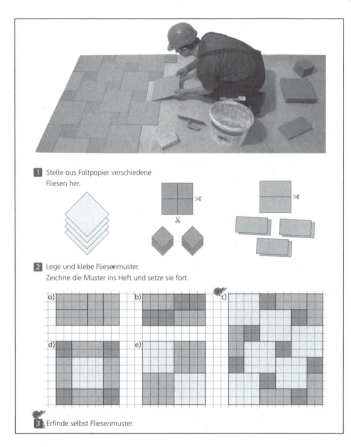

? WAS WIRD BENÖTIGT?
Arbeitsmaterial: quadratisches Faltpapier in verschiedenen Farben (etwa 10 cm × 10 cm), Schere, Klebstoff, Zeichenblock (DIN A3), Bleistifte, Buntstifte zum Zeichnen im Heft

? WORUM GEHT ES?
Auf dieser Seite sollen aus quadratischem Faltpapier durch Falten und Schneiden Rechtecke und kleinere Quadrate hergestellt und daraus auf verschiedenste Art und Weise Parkette zusammengestellt werden. Die Abbildungen auf dieser Seite sollen die Fantasie und Kreativität der Kinder zur Herstellung eigener Muster anregen.

In einem zweiten Schritt werden die Muster auf Karopapier im Heft gezeichnet, fortgesetzt und gefärbt.

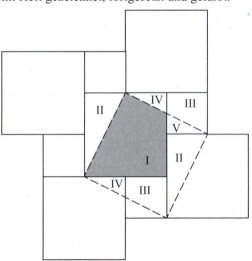

Im Fliesenmuster versteckt sich ein stichhaltiger Zerlegungsbeweis des Satzes von Pythagoras: Mit den Figuren I–V lässt sich einerseits das große gestrichelte Hypothenusenquadrat, andererseits lassen sich mit I, II und IV sowie mit III und V die kleineren Kathetenquadrate legen.

? WIE KANN MAN VORGEHEN?
Aufgabe 1:
Die Herstellung von Rechtecken und Quadraten aus quadratischem Faltpapier ist den Kindern von Band 1 („Falten, schneiden, legen", S. 94/95) bekannt.

Aufgabe 2:
Auf einem Zeichenblock werden nun aus den „Fliesen" Parkette geklebt. Hier sollte man den Kindern viel Freiraum zum Experimentieren lassen. Ein Kennzeichen der Fliesenmuster ist es, dass sie sich periodisch wiederholen.

Neben dem im Buch dargestellten Muster können auch „versetzte" Muster gelegt werden:

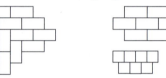

In einem zweiten Schritt werden die geklebten Muster mit Hilfe eines Lineals auf Karopapier gezeichnet und fortgesetzt.

Dabei müssen Maße vereinbart werden: 2 × 2-Karoquadrate zählen als kleine, 4 × 4-Karoquadrate als große quadratische Fliesen und 2 × 4-Karoquadrate zählen als rechteckige Fliesen.

Die Kinder sollten mit einem weichen Bleistift zeichnen, damit leicht korrigiert werden kann.

Aufgabe 3:
Die Aufgabe gibt der Fantasie der Kinder Raum.

📖 ARBEITSHEFT Seite 15, Aufgabe 1 und 3

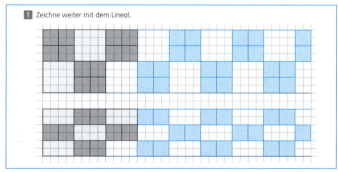

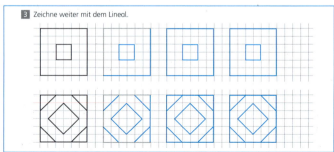

68 Orientierung im Hunderterraum

Formen legen 30/31
Formen mit vorgegebenen Figuren auslegen, Denkspiel „Tangram"

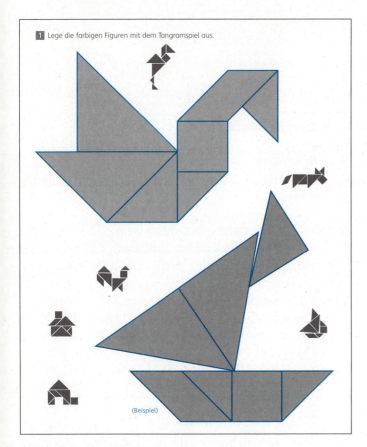

1 Lege die farbigen Figuren mit dem Tangramspiel aus.

(Beispiel)

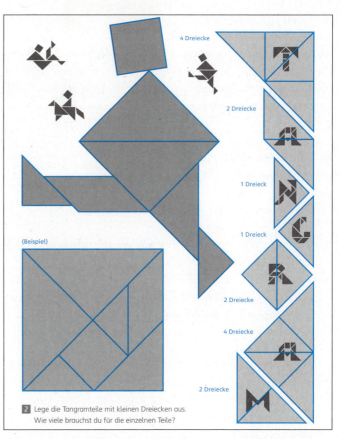

2 Lege die Tangramteile mit kleinen Dreiecken aus.
Wie viele brauchst du für die einzelnen Teile?

? WAS WIRD BENÖTIGT?
Arbeitsmaterial: Tangram-Spiel 9 cm × 9 cm (Arbeitsblatt 4 „Tangram" als Kopiervorlage), evtl. vorhandene Tangram-Spiele aus Holz 9 cm × 9 cm
Demonstrationsmaterial: Tangram-Spiel für den OHP

☐ Tipp:
Auf dem OHP können auch Umrisse vorgegeben werden. Legt man beim Auslegen die Teile des Spiels ein wenig auf Lücke, können Lösungen der Klasse demonstriert werden. Aber Vorsicht: OHP-Projektionen an der Wand können zu leichten optischen Verzerrungen der geometrischen Formen führen.

? WORUM GEHT ES?
Das altchinesische Legespiel Tangram („Sieben-schlau-Brett") entsteht durch Zerlegung eines Quadrates: Durch Halbieren von Seiten und Diagonalen entstehen 7 Teilfiguren: zwei kleine Dreiecke, ein Quadrat, ein Parallelogramm, ein mittleres Dreieck und zwei große Dreiecke. (Vgl. auch mit dem Mini-Tangram von Band 1)

Jede Teilfigur lässt sich mit Kopien der kleinen Dreiecke auslegen. Das mittlere Dreieck, das Parallelogramm und das kleine Quadrat sind mit zwei kleinen Dreiecken auszulegen, somit flächengleich und doppelt so groß wie das kleine Dreieck. Das große Dreieck ist wieder doppelt so groß wie die mittleren Figuren. Es lässt sich mit vier kleinen Dreiecken auslegen. Insgesamt passt das kleine Dreieck 16-mal in das Ausgangsquadrat.

Das Parallelogramm ist als einzige Teilfigur des Tangrams nicht spiegelsymmetrisch und erfordert daher beim Auslegen besondere Mühe, wie aus der Äußerung von Felix, 8 J., hervorgeht: *„Den mag ich gar nicht. Der nervt mich ganz schön."*

Beim Auslegen von Figuren mit dem Tangram-Spiel gelten folgende Regeln:
– Die ausgelegte Figur muss, wenn nicht anders vereinbart, alle 7 Teile enthalten.
– Die Teile dürfen sich nicht überlappen, sondern nur berühren.
– Die Figur muss exakt wiedergegeben werden.

Es gibt zwei verschiedene Aufgabentypen:
– Vorgegebene Figuren (oft auch als Silhouette vorgegeben) werden mit dem Tangram ausgelegt.
– Mit den 7 Teilen des „Sieben-schlau-Brettes" werden eigene Figuren kreativ geschaffen.

Das Tangram ermöglicht eine erstaunliche Formenvielfalt. Zum Beispiel lassen sich alle Buchstaben des Alphabets und unsere Ziffern mit dem Tangram gestalten (vgl. die Tangrambuchstaben am rechten Rand von Seite 31).

Da alle Figuren durch das Legen derselben Teile entstehen, haben sie den gleichen Flächeninhalt.

Beim Umlegen bzw. Auslegen müssen zum Finden einer Lösung immer wieder neu Längen, Flächen und Formen zueinander in Beziehung gesetzt, aneinander gelegt (addiert) und verglichen werden. Dies sind sehr wichtige Grunderfahrungen

30/31 Formen legen
Formen mit vorgegebenen Figuren auslegen, Denkspiel „Tangram"

zur Geometrie, die in dieser Qualität kaum ein anderes Legespiel vermitteln kann.

Während kompakte („konvexe") Figuren (großes Quadrat, großes Dreieck, Rechteck, Trapez, Häuser, ...) Mühe erfordern, sind untergliederte („nicht konvexe") Figuren (z. B. Schwan, Segelboot, Tänzer) erheblich einfacher zu legen, weil man an den vielen Ecken besser ablesen kann, welche Formen man wohin legen muss.

? WIE KANN MAN VORGEHEN?
Zur Arbeit mit dem Buch
Aufgabe 1:
1. Die Kinder kennen von den Faltübungen im Band 1 die Formen Dreieck und Quadrat.
   Die Form „Parallelogramm" muss dagegen eingeführt werden. Kinder bezeichnen sie oft als „Schiefeck".
2. Gemeinsam werden die Teilfiguren eines Tangram-Spiels gezählt und beschrieben. Wesentliche Erarbeitungspunkte: 7 Teile, davon 2 große Dreiecke, 1 mittleres Dreieck, 2 kleine Dreiecke, 1 Quadrat und 1 Parallelogramm.
3. Die Kinder versuchen gemeinsam (auf dem OHP oder auf Zeichenpapier groß an der Tafel) die Silhouette eines Segelbootes auszulegen. (Die Tafel hat den Vorteil, dass anschließend eine zweite, leicht veränderte Silhouette zum Vergleich gleichzeitig präsentiert werden kann.) Die Kinder versuchen gemeinsam (auf dem OHP) die Silhouette eines Segelbootes (in Originalgröße) auszulegen. Ist dies nach einigen Fehlversuchen endlich geschafft, legt die Lehrerin die Teile auf Lücke und lässt die Figur von den Kindern nachlegen. Dabei müssen die einzelnen Teile (großes Dreieck, mittleres Dreieck, kleines Dreieck, ...) erkannt werden.
4. Durch Umlegen einzelner Teile an den Segeln oder am Rumpf können aus dem Segelboot weitere Segelboote hergestellt werden.

5. Die Silhouette des Schwans und des springenden Mannes wird von den Kindern ausgelegt und abgeändert. Anregungen siehe unten rechts.

   □ Anmerkung:
   Beim springenden Mann muss man auf die Idee kommen, das Parallelogramm ggf. umzudrehen.

6. Die Kinder legen Silhouetten geometrischer Figuren (z. B. Quadrat auf Seite 31) aus.

Aufgabe 2:
Diese Aufgabe wird handelnd gelöst.

□ Tipp:
Die Kinder können ihre 7 Tangramteile auf die abgebildeten Formen am rechten Rand von S. 31 legen und so überprüfen, ob ihr Tangram vollständig ist.

! DENKSCHULE
Im Denkspiel 6 sind 13 konvexe Figuren mit dem Tangram auszulegen (vgl. S. 17ff.).

? WIE KÖNNTE ES WEITERGEHEN?
– Weitere Aufgabenstellungen: Ziffern mit Tangramfiguren nachlegen, unterschiedlich große Quadrate, Dreiecke und Rechtecke legen.
– Erstellen einer Tangramkartei: Auf einem DIN-A4-Blatt wird eine Tangramfigur ausgelegt. Nur der Umriss wird nachgezeichnet. Das Blatt wird in eine Klarsichthülle gesteckt und kann immer wieder für Legeübungen genutzt werden.

Ergänzen bis 100

Einfache Ergänzungen, Subtraktionsaufgaben und multiplikative Zerlegungen am Hunderterfeld

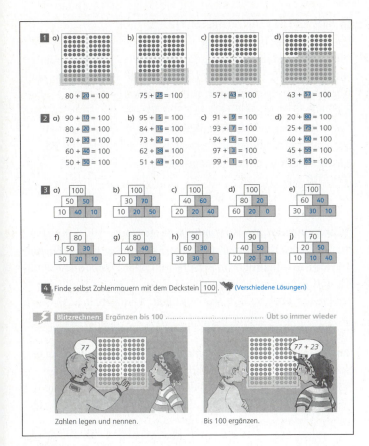

Zur Arbeit mit dem Buch
Aufgabe 1:
Die Aufgaben werden am Hunderterfeld gelöst.

Aufgabe 2:
Entsprechend Aufgabe 1 lassen sich die Päckchen mit Hilfe des Hunderterfeldes lösen. Die Kinder decken die gegebenen Summanden ab und ermitteln den „Rest".

Aufgabe 3 und 4:
Die Zahlenmauern lassen sich analog zum Band 1 durch Ergänzen lösen, wenn man mit Zehnern „wie mit Einern" rechnet.

Die Aufgabe, selbst Zahlenmauern mit dem Deckstein 100 zu konstruieren, wird von jedem Kind nach seinen jeweiligen Möglichkeiten gelöst. Es gibt einfache Mauern mit Zehnerzahlen und solche mit schwierigen Summanden.

BLITZRECHNEN
Grundlegung der Blitzrechenübung „Ergänzen bis 100"
Das erste Kind zeigt mit einem (transparenten) Zahlwinkel auf dem Hunderterfeld (ausklappbare hintere Umschlagseite) eine Zahl bis 100. Das zweite Kind ergänzt diese Zahl bis 100. Wenn ein transparenter Zahlwinkel verwendet wird, kann die zu ergänzende Zahl leicht abgelesen werden. Erfahrungsgemäß kann auf dieses Hilfsmittel nach einiger Zeit verzichtet werden.

Diese Übung muss von den Kindern in den folgenden Wochen und Monaten in der Schule und zu Hause so lange wiederholt werden, bis sie flüssig und sicher beherrscht wird.

ARBEITSHEFT Seite 16, Aufgabe 1–3
Hier werden Ergänzungsaufgaben auf Größen (1 m = 100 cm und 1 Euro = 100 Cent) übertragen.

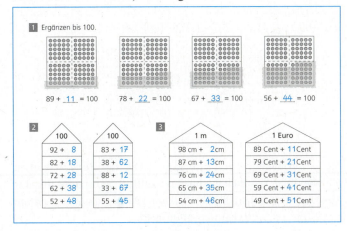

? WAS WIRD BENÖTIGT?
Arbeitsmaterial: Hunderterfeld (ausklappbarer Umschlag), Zahlwinkel
Demonstrationsmaterial: OHP, Hunderterfeld und Zahlwinkel (am besten) aus farbiger Folie

? WORUM GEHT ES?
Auf den vorherigen Seiten wurde das Hunderterfeld benutzt, um mit Hilfe des Zahlwinkels Zahlen darzustellen bzw. dargestellte Zahlen abzulesen und um die Strich/Punkt-Darstellung von Zahlen zu verdeutlichen. Zur weiteren Strukturierung des Hunderters wird jetzt die Ergänzung bis 100 erarbeitet. Diese Übung stützt sich auf das Ergänzen bis 10 und 20 von Band 1.

? WIE KANN MAN VORGEHEN?
Vor der Arbeit mit dem Buch:
Die Lehrerin legt eine Folie mit Hunderterfeldern (wie Aufgabe 1) auf den OHP. Die Zahl wird abgelesen, „der Rest" bis 100 ermittelt, als Ergänzungsaufgabe 80 + __ = 100 notiert und gerechnet 80 + 20 = 100.

Mit einem farbigen Folienwinkel lässt sich jede Zahl darstellen und der abgedeckte „Rest" wird farbig markiert, sodass die Aufgabe leicht zu lösen ist. Als Hilfe sollte, besonders beim Ablesen des zweiten Summanden, die Feldstruktur genutzt werden.

Orientierung im Hunderterraum

33 100 teilen
Die Zahl 100 in 2, 4, 5, 10 Teile zerlegen

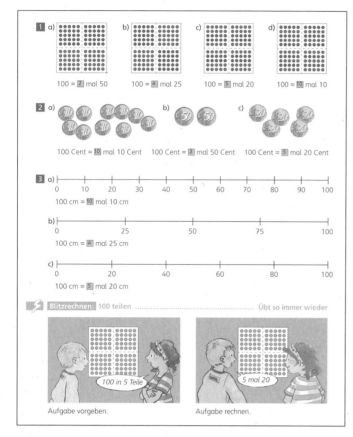

❓ WAS WIRD BENÖTIGT?
Arbeitsmaterial: Hunderterfeld, Zehnerstreifen, Rechengeld, Maßband von 100 cm, evtl. Leerformat 5 „Hunderterfelder" (Kopiervorlage)
Demonstrationsmaterial: OHP, Hunderterfeld

❓ WORUM GEHT ES?
Der Gebrauch des Wörtchen „mal" ist vom Mini-Einmaleins (S. 10) her bekannt und kann bei der multiplikativen Zerlegung von 100 in 2, 4, 5 und 10 gleiche Teile benutzt werden:

100 = 50 + 50 = 2 mal 50,
100 = 25 + 25 + 25 + 25 = 4 mal 25,
100 = 20 + 20 + 20 + 20 + 20 = 5 mal 20,
100 = 10 + 10 + 10 + 10 + 10 + 10 + 10 + 10 + 10 + 10
    = 10 mal 10.

Diese Zerlegungen von 100 sind genau die Zerlegungen in gleiche Teile, bei denen kein Rest auftritt. Sie spielen für das Verständnis des dekadischen Systems eine besonders wichtige Rolle und zählen daher zum Blitzrechnen.

Die Zerlegungen lassen sich auch unmittelbar auf Größen mit Hunderterstruktur, z. B. 1 Meter (= 100 cm) und 1 Euro (= 100 Cent) übertragen.

Zum Kontrast sollten auch Zerlegungen mit Rest angesprochen werden.

❓ WIE KANN MAN VORGEHEN?
Vor der Arbeit mit dem Buch:
Die Lehrerin stellt die Aufgabe, die 100 Punkte des Hunderterfelds in 2, 3, 4, 5, 6, 7, 8, 9, 10 gleiche Teile zu zerlegen (evtl. arbeitsteilige Gruppenarbeit mit Leerformat 5).
Einige Aufgaben sind mühelos zu rechnen:
Die Mittellinie teilt das Hunderterfeld in 2 Teile: 2 mal 50
Das eingezeichnete Kreuz zerlegt 100 in 4 Teile: 4 mal 25
Aus der Definition des Hunderters folgt sofort:
100 = 10 mal 10.
Etwas mehr überlegen muss man bei 100 = 5 mal 20.

Aufwändiger ist die Verteilung von 100 (oder 100 Euro) an 3 Kinder: Jedes Kind erhält zunächst 3 Zehnerstreifen, 1 Zehnerstreifen bleibt übrig. Von diesem werden 3 Dreier abgeschnitten und jedes Kind erhält noch 3 Einer. 1 Punkt bleibt übrig, der nicht weiter verteilt werden kann. Also erhält jedes Kind 33, und es bleibt ein Rest von 1 Punkt:
100 = 3 mal 33 + 1
Bei 6 Kindern erhält jedes zunächst 1 Zehnerstreifen, es bleibt ein Rest von 40. Dann erhält jedes Kind 1 Fünferstreifen, es bleibt ein Rest von 10. Schließlich erhält jedes Kind noch 1 Plättchen. Am Schluss bleibt ein Rest von 4 Punkten, der nicht weiter verteilt werden kann:
100 = 6 mal 16 + 4.
Analog erhält man:
100 = 7 mal 14 + 2
100 = 8 mal 12 + 4
100 = 9 mal 11 + 1 (besonders schön!)

Am Hunderterfeld lassen sich die Zerlegungen durch Färben oder Umfahren der Punkte veranschaulichen.
   Natürlich kann man die Zerlegungen auch mit 100 Plättchen oder 100 Cent handelnd durchführen lassen.

Zur Arbeit mit dem Buch:
Aufgabe 1–3:
Das Hunderterfeld, der Geldbetrag 1 Euro = 100 Cent und 1 Meter = 100 cm werden jeweils in gleiche Teile zerlegt. Der Gebrauch des Wörtchens „mal" ist vom Mini-Einmaleins her bekannt.
100 = 2 mal 50 (d. h. 50 + 50)
100 = 5 mal 20 (d. h. 20 + 20 + 20 + 20 + 20)

Durch diese Aufgaben wird die Blitzrechenübung „100 teilen" begründet.

⚡ BLITZRECHNEN
Grundlegung der Blitzrechenübung „100 teilen"
Das erste Kind gibt am Hunderterfeld die Aufgabe (100 in 2, 4, 5 oder 10 gleiche Teile zu zerlegen) vor. Das zweite Kind nennt die Zerlegung.

Orientierung im Hunderterraum

100 teilen
Die Zahl 100 in 2, 4, 5, 10 Teile zerlegen 33

Diese Übung muss von den Kindern in den folgenden Wochen und Monaten so lange in der Schule und zu Hause wiederholt werden, bis sie flüssig und sicher beherrscht wird. Da sie nur aus vier Aufgaben besteht, sollte sie sofort auch auf die Größen des Bandes 2 übertragen werden, was bei den Aufgaben 2 und 3 vorbereitet wird:

1 Euro in 2, 4, 5, 10 Teile
1 Meter in 2, 4, 5, 10 Teile

ARBEITSHEFT Seite 16, Aufgabe 4 und 5

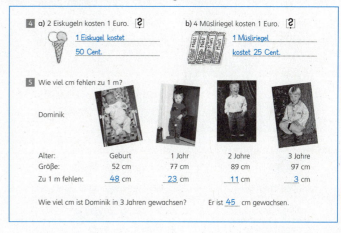

Orientierung im Hunderterraum 73

34 Alle Scheine und Münzen
Vorstellung der Euro-Scheine und -Münzen, Bestimmen und Wechseln von Geldbeträgen bis 100 Cent und 100 Euro

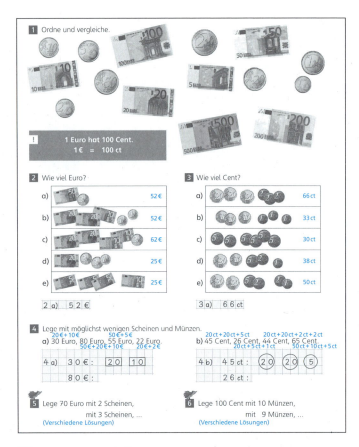

Damit die Kinder mit den Scheinen gründlich vertraut werden, sollte die Lehrerin einige Geldscheine mitbringen und daran auf Sicherheitsmerkmale wie Sicherheitsfaden, Wasserzeichen, besonderes Papier aufmerksam machen. Hingewiesen werden muss auch auf die Falschgeldkriminalität.

Die Struktur des Geldes passt hervorragend zum dekadischen System. Daher profitiert die Behandlung des Geldes nicht nur von den schon gewonnenen Kenntnissen über die Hunderterstruktur, sondern sie trägt umgekehrt zu einer vertieften Sicht des Hunderters bei.

☐ *Sachinformationen zum Euro:*
„Dein Name sei EURO und auf dich will ich die europäische Einigung bauen." So taufte der portugiesische Ministerpräsident Antònio Guterres bei der Konferenz der Staats- und Regierungschefs der EU am 15./16. Dezember 1995 in Madrid die neue europäische Währung. Ein Jahr später, am 13. Dezember 1996, wurden auf der Konferenz des Europäischen Rates in Dublin die neuen Geldscheine vorgestellt. Jede der sieben Euro-Banknoten steht für eine Epoche der europäischen Kulturgeschichte. Um nationale Eifersüchteleien zu vermeiden wurde auf die konkrete Darstellung prominenter Menschen oder Bauwerke dieser Epochen verzichtet. Stattdessen wurden Stilelemente dargestellt, die in ähnlicher Form in ganz Europa zu finden sind. Die auf allen Scheinen dargestellten Brücken stehen symbolisch für die Verbindungen zwischen den Völkern Europas. Auf allen Scheinen finden sich die 12 in einem Kreis angeordneten Sterne der EU und eine stilisierte Landkarte Europas. Bei den 8 Münzsorten sind nur die Vorderseiten alle gleich. Die Rückseiten wurden von den Ländern individuell gestaltet, so das Brandenburger Tor und das Eichenblatt in Deutschland, die „Marianne" für die französische Republik usw. Natürlich werden sich die Münzen im Lauf der Zeit vermischen und überall in Europa zu finden sein.

Beim Start des EURO am 1.1.2002 galt dieser in 11 Ländern (Belgien, Deutschland, Finnland, Frankreich, Irland, Italien, Luxemburg, Niederlande, Österreich, Portugal, Spanien). Seither können die Menschen in Europa von Rom über Wien, Berlin, Amsterdam, Brüssel, Paris, Madrid bis Lissabon reisen und überall mit dem gleichen Geld bezahlen.

Es ist zu erwarten, dass sich im Lauf der Zeit immer mehr Staaten in Europa diesem Währungsverbund anschließen werden.

Am 1.1.1999 wurde der Umrechnungskurs zwischen Euro und Deutscher Mark festgelegt. Ein Euro entspricht dabei 1,95583 DM (gerundet 2 DM). Eine D-Mark entspricht 0,511292 Euro (gerundet 0,50 Euro = 50 Cent). 1 Eurocent entspricht etwa 2 Pfennigen.

Möchte man einen DM-Betrag in einen gerundeten Euro-Betrag umrechnen, muss man die Maßzahl halbieren. Möchte man umgekehrt einen Euro-Betrag gerundet in DM umrechnen, so muss man die Maßzahl verdoppeln.

? WAS WIRD BENÖTIGT?
Arbeitsmaterial: Rechengeld für alle im Umlauf befindlichen Sorten
Demonstrationsmaterial: Rechengeld, soweit vorhanden echte Scheine und Münzen

? WORUM GEHT ES?
Die Kenntnisse der Kinder über Münzen und Scheine von Band 1 und aus ihren Alltagserfahrungen sollen aufgefrischt und erweitert werden. Es gibt 7 verschiedene Scheine und 8 verschiedene Münzen:

Große Scheine	Mittlere Scheine	Kleiner Schein
100 Euro	10 Euro	
200 Euro	20 Euro	
500 Euro	50 Euro	5 Euro
Große Münzen	**Mittlere Münzen**	**Kleine Münzen**
1 Euro	10 Cent	1 Cent
2 Euro	20 Cent	2 Cent
	50 Cent	5 Cent

Wichtig ist die deutliche Unterscheidung der Einheiten Euro und Cent: Eine Maßzahl mit der Benennung Cent verkörpert eine viel kleinere „Kaufkraft" als die gleiche Maßzahl mit der Benennung Euro. 1 Euro ist so viel wert wie 100 Cent (Band 1, „Münzen", Seite 112).

74 Orientierung im Hunderterraum

Alle Scheine und Münzen 34

Vorstellung der Euro-Scheine und -Münzen, Bestimmen und Wechseln von Geldbeträgen bis 100 Cent und 100 Euro

❓ WIE KANN MAN VORGEHEN?

Vor der Arbeit mit dem Buch:
An der Tafel hängen Repräsentanten aller Münzen und Scheine.

Im Sitzkreis werden einige Geldscheine, z. B. 10 Euro, 20 Euro, 100 Euro, 200 Euro, herumgereicht, hinsichtlich Größe, Farbe verglichen und gegen das Licht gehalten. Das Aussehen der Scheine und die Sicherheitsmerkmale werden besprochen.

Es wird herausgearbeitet, dass es in jedem Bereich 3 Münzen bzw. Scheine gibt, die der gleichen Systematik gehorchen (Tafelbild):

1 Cent	10 Cent	1 Euro	10 Euro	100 Euro
2 Cent	20 Cent	2 Euro	20 Euro	200 Euro
5 Cent	50 Cent	5 Euro	50 Euro	500 Euro

Von Spalte zu Spalte wird verzehnfacht. Von der ersten zur zweiten Zeile wird verdoppelt. Der letzte Betrag in den ersten vier Spalten ist die Hälfte des Betrages in der ersten Zeile der jeweils folgenden Spalte.

Zur Arbeit mit dem Buch:

Aufgabe 1:
Die Münzen und Scheine werden ihrem Wert nach geordnet:

Cent: 1 Cent,   2 Cent,   5 Cent
      10 Cent, 20 Cent, 50 Cent } 8 Münzen und
Euro: 1 Euro,   2 Euro,   5 Euro   7 Scheine
      10 Euro, 20 Euro, 50 Euro
     100 Euro, 200 Euro, 500 Euro

Erste Wechselübungen (2 mal 50 Cent = 1 Euro, 5 mal 2 Euro = 10 Euro) schließen sich an.

Aufgabe 2 und 3:
Nach dem Ausrechnen kann darüber gesprochen werden, was man sich für 50 Euro, was für 50 Cent kaufen kann.

Aufgabe 4:
Die Scheine und Münzen sollen zuerst gelegt, dann schematisch gezeichnet werden.

☐ *Beispiel:*

44 Cent = (20 ct) + (20 ct) + (2 ct) + (2 ct)

Aufgabe 5:
(Erkundungsaufgaben, Lösung durch systematisches Probieren)
70 Euro = 50 + 20   2 Scheine
        = 50 + 10 + 10   3 Scheine
        = 50 + 10 + 5 + 5   4 Scheine
        = 20 + 20 + 20 + 10   4 Scheine
        = 50 + 5 + 5 + 5 + 5   5 Scheine
        = 20 + 20 + 20 + 5 + 5 5 Scheine

usw.

Aufgabe 6:
$$100 = \underbrace{10 + 10 + 10 + \ldots + 10}_{10\text{-mal}} \quad 10\text{ Münzen}$$

$$100 = 20 + \underbrace{10 + 10 + 10 + \ldots + 10}_{8\text{-mal}} \quad 9\text{ Münzen}$$

$$100 = 20 + 20 + \underbrace{10 + 10 + \ldots + 10}_{6\text{-mal}} \quad 8\text{ Münzen}$$

usw.

☐ *Anmerkung:*
Diese Darstellungen sind nicht die einzig möglichen. Es gibt noch weitere, z. B. 100 = 20 + 20 + 10 + 10 + 10 + 10 + 5 + 5 + 5 + 5 (10 Münzen).

Zu jeder Zahl n zwischen 1 und 100 lässt sich eine Darstellung von 1 Euro = 100 ct in n Münzen finden, bis auf eine Ausnahme: Eine Darstellung von 100 Cent in 3 Münzen ist nicht möglich.

💾 ARBEITSHEFT Seite 17, Aufgabe 1–3

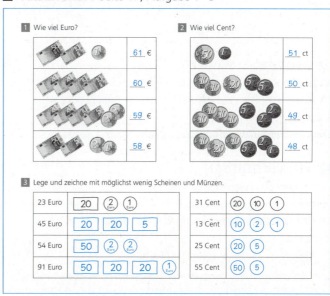

❓ WIE KÖNNTE ES WEITERGEHEN?

– Die Kinder können auch andere Centbeträge wählen und sie mit unterschiedlichen Anzahlen von Münzen legen. Solche Aufgaben schulen nicht nur den Umgang mit Geld, sondern auch das kombinatorische Denken.

Orientierung im Hunderterraum 75

35 Immer 100 Euro
Geld wechseln

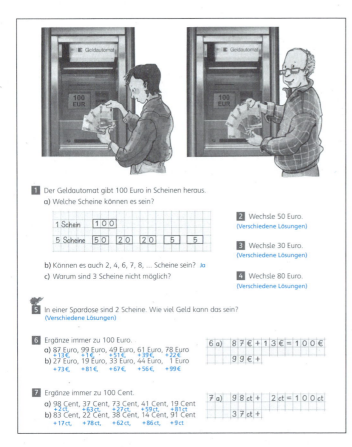

1 Der Geldautomat gibt 100 Euro in Scheinen heraus.
a) Welche Scheine können es sein?

1 Schein	100			
5 Scheine	50	20	20	5	5

b) Können es auch 2, 4, 6, 7, 8, ... Scheine sein? **Ja**
c) Warum sind 3 Scheine nicht möglich?

2 Wechsle 50 Euro. (Verschiedene Lösungen)

3 Wechsle 30 Euro. (Verschiedene Lösungen)

4 Wechsle 80 Euro. (Verschiedene Lösungen)

5 In einer Spardose sind 2 Scheine. Wie viel Geld kann das sein? (Verschiedene Lösungen)

6 Ergänze immer zu 100 Euro.
a) 87 Euro, 99 Euro, 49 Euro, 61 Euro, 78 Euro
   +13€, +1€, +51€, +39€, +22€
b) 27 Euro, 19 Euro, 33 Euro, 44 Euro, 1 Euro
   +73€, +81€, +67€, +56€, +99€

6 a) | 8 | 7 | € | + | 1 | 3 | € | = | 1 | 0 | 0 | € |
     | 9 | 9 | € | + |

7 Ergänze immer zu 100 Cent.
a) 98 Cent, 37 Cent, 73 Cent, 41 Cent, 19 Cent
   +2ct, +63ct, +27ct, +59ct, +81ct
b) 83 Cent, 22 Cent, 38 Cent, 14 Cent, 91 Cent
   +17ct, +78ct, +62ct, +86ct, +9ct

7 a) | 9 | 8 | ct | + | | 2 | ct | = | 1 | 0 | 0 | ct |
     | 3 | 7 | ct | + |

❓ WAS WIRD BENÖTIGT?

Arbeitsmaterial: Rechengeld (100 Euro, 50 Euro, 20 Euro, 10 Euro, 5 Euro). Auf die Münzen wird zunächst bewusst verzichtet.
Demonstrationsmaterial: Rechengeld

❓ WORUM GEHT ES?

Das Wechseln von Geldscheinen in kleine Scheine ist nicht nur eine für das tägliche Leben sehr wichtige Fertigkeit, sondern unterstützt die Strukturierung des Hunderters.

☐ Beispiel: Wechseln von 100 Euro

50 Euro	20 Euro	10 Euro	5 Euro	Scheine
2				2
1	2	1		4
1	2		2	5
1	1	3		5
1	1	2	2	6
1	1	1	4	7
1	1		6	8

usw.

Wenn für einen Betrag die Anzahl der Scheine vorgeben ist (ein typisch theoretisches Problem, das im täglichen Leben keinerlei Rolle spielt), kann man probierend eine Lösung finden.

☐ Beispiel:
Wechsle 100 Euro in 7 Scheine
$100 = 20 + 20 + 20 + 20 + 20$
$ = 20 + 20 + 20 + 20 + 10 + 10$
$ = 20 + 20 + 20 + 10 + 10 + 10 + 10$

Es ergeben sich viele reizvolle mathematische Fragestellungen, z. B.:

Geht es mit nur zwei Sorten? Wie viele Scheine benötigt man dann mindestens?

Bis auf die nicht mögliche Darstellung von 100 Euro durch 3 Scheine sind Darstellungen durch 2, 4, 5, ... bis maximal 20 5-Euro-Scheine möglich, da entsprechend gewechselt werden kann.

❓ WIE KANN MAN VORGEHEN?

Zur Arbeit mit dem Buch:
Zunächst wird über die Fotos gesprochen: Was ist ein Geldautomat? Wo befindet sich in der Umgebung der Schule ein Geldautomat? Wie wird er bedient? Wer kann ihn benutzen?

Die unterschiedlich ausgezahlten Beträge von je 100 Euro werden an der Tafel gelegt. Weitere Möglichkeiten werden gesucht und dargestellt.

Tafelbild: Immer 100 Euro   Scheine

20	20	20	20	10	10	6
50	20	20	5	5		5
50	20	20	10			4

Aufgabe 1:
Anschließend versuchen die Kinder mit ihrem Rechengeld weitere Zerlegungen zu finden und schreiben sie der Vorgabe entsprechend auf. Danach werden einige Ergebnisse an der Tafel gezeigt. Einige Kinder werden nicht wahllos, sondern mit einer bestimmten Systematik vorgegangen sein. Darüber können sie berichten.

Aufgabe 2:
Diese Aufgabe kann von den Kindern selbstständig bearbeitet werden. Der Betrag 50 Euro lässt sich mit 1, 3, 4, 5, 6, 7, 8, 9, 10 Scheinen legen. Eine Darstellung mit 2 Scheinen ist nicht möglich.

Aufgabe 3:
Der Betrag 30 Euro lässt sich mit 2, 3, 4, 5 und 6 Scheinen legen.

Orientierung im Hunderterraum

Immer 100 Euro
Geld wechseln
35

Aufgabe 4:
80 Euro sind mit 3, 4, 5, 6, 7, 8, …, 16 Scheinen zu legen.

Aufgabe 5:
Bei dieser Erkundungsaufgabe gibt es folgende Lösungen kleiner gleich 100 Euro:

Scheine		Geldbetrag
50	50	100 Euro
50	20	70 Euro
50	10	60 Euro
50	5	55 Euro
20	20	40 Euro
20	10	30 Euro
20	5	25 Euro
10	10	20 Euro
10	5	15 Euro
5	5	10 Euro

Außerdem ergeben sich die Lösungen 105, 110, 120, 150 und 200 Euro. Wer auch 200- und 500-Euro-Scheine benutzt, findet noch mehr Möglichkeiten.

Aufgabe 6 und 7:
Bei diesen Übungen wird das Ergänzen bis 100 auf die Größen (100 Euro und 100 Cent) übertragen.

ARBEITSHEFT Seite 17, Aufgabe 4 und 5

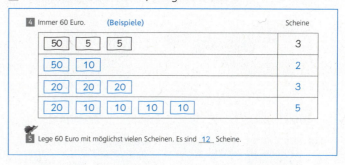

? WIE KÖNNTE ES WEITERGEHEN?
- Unterrichtsgang zu einer Bank mit einem Geldautomaten (auch als Einstieg möglich)
- Weiterführende Fragestellung in Aufgabe 5: In der Spardose sind 3 Scheine bis maximal 50 Euro.

Orientierung im Hunderterraum

36 Legen und überlegen
Sachaufgaben mit Geld legen und überlegen, Denkspiel „Spring im Dreieck"

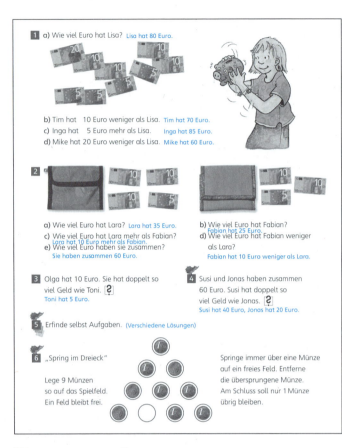

❓ WAS WIRD BENÖTIGT?
Arbeitsmaterial: Rechengeld, Münzen oder Wendeplättchen für Denkspiel
Demonstrationsmaterial: Rechengeld für die Magnettafel

❓ WORUM GEHT ES?
Die Sachaufgaben dieser Seite regen dazu an, die Wertigkeit der Geldscheine und Geldstücke noch gründlicher zu erfassen. Die Formulierungen „… hat mehr, … hat weniger, … haben zusammen, … hat doppelt so viel" werden in mathematische Operationen umgesetzt und geübt. Wichtig ist das operative Verändern von versuchsweise gelegten Beträgen, bis die Bedingungen der Aufgabe erfüllt sind.

❓ WIE KANN MAN VORGEHEN?
Vor der Arbeit mit dem Buch:
Die Lehrerin heftet einige Scheine Rechengeld an die Magnettafel. Die Kinder bestimmen den Betrag. Durch Hinzufügen und Wegnehmen von Scheinen wird der Betrag verändert und die Kinder müssen ihn immer neu bestimmen. Man kann auch Scheine gleichzeitig wegnehmen und hinzufügen, z. B. einen 10-Euro-Schein weg, zwei (oder drei) 5-Euro-Scheine hinzu.

Zur Arbeit mit dem Buch:
Aufgabe 1:
Der Text wird gemeinsam gelesen. Dann wird der Betrag nachgelegt und die Aufgaben werden zunächst mündlich gelöst.

Aufgabe 2:
Nach dem Vorbild von Aufgabe 1 wird diese Aufgabe durch Legen und Überlegen gelöst.

Aufgabe 3:
Lösung durch Überlegen oder systematisches Probieren („Legen und überlegen")

Aufgabe 4:
Auch diese Aufgabe kann durch Legen und Überlegen gelöst werden. (Lösung: Susi 40 Euro, Jonas 20 Euro). Dabei können verschiedene Lösungsstrategien beobachtet werden, z. B.:
– Die Kinder verteilen das Geld (z. B. 6 Zehnerscheine) so, dass Susi immer das Doppelte erhält, z. B. Susi 20 Euro und Jonas 10 Euro, dann noch einmal Susi 20 Euro und Jonas 10 Euro.
– Susi und Jonas bekommen gleich viel Geld, jeweils 30 Euro, und Jonas gibt Susi so lange Geld ab, bis sie doppelt so viel hat.
– Der Betrag wird in drei Teile zerlegt (20 Euro), davon bekommt Susi zwei Teile und Jonas einen Teil.

Im Anschluss können weitere Aufgaben gestellt werden, z. B.: „Susi und Jonas haben zusammen 60 Euro. Jonas hat 30 Euro mehr." Hier kommt es wieder auf die Gegenüberstellung an: „Jonas hat 30 Euro" ist etwas anderes als „Jonas hat 30 Euro mehr als Susi".

Aufgabe 5:
Nach dem Vorbild der vorhergehenden Aufgaben sollten die Kinder sich selbst Aufgaben ausdenken.

❗ *Aufgabe 6 als Fortsetzung der* **DENKSCHULE**
Denkspiel „Spring im Dreieck" vorstellen (S. 16).

❓ WIE KÖNNTE ES WEITERGEHEN?
– Weitere Aufgaben zum Legen und Überlegen:
Susi hat doppelt so viel Geld wie Jonas. Zusammen haben sie 30 Euro. (20 Euro/10 Euro)
Susi hat doppelt so viel Geld wie Jonas. Zusammen haben sie 90 Euro. (60 Euro/30 Euro)
Susi hat dreimal so viel Geld wie Jonas. Zusammen haben sie 80 Euro. (60 Euro/20 Euro)
– Zum Abschluss des Themenblocks „Orientierung im Hunderterraum" kann die Lernzielkontrolle 2 eingesetzt werden, vgl. Materialien.

Rechnen mit Einern – Rechnen mit Zehnern   37
Anwendung des Einspluseins auf das Rechnen mit Zehnerzahlen

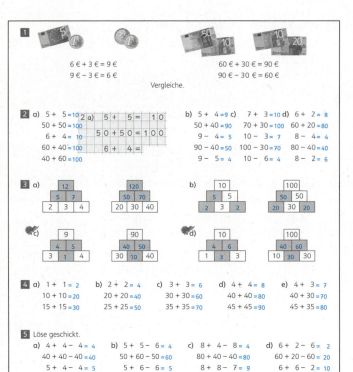

☐ Hinweis:
Später bei der Multiplikation wird das Einspluseins auch auf andere Einheiten („Zweier", „Dreier", usw.) angewandt.

❓ WIE KANN MAN VORGEHEN?
Vor der Arbeit mit dem Buch:
Die Rechnungen 6 + 3 bzw. 6 – 3 werden einerseits mit Plättchen interpretiert:
6 E + 3 E = 9 E, 6 E – 3 E = 3 E,
andererseits mit Zehnerstreifen:
6 Z + 3 Z = 9 Z, 6 Z – 3 Z = 3 Z.
Darunter wird geschrieben:
60 + 30 = 90 und 60 – 30 = 30

Die Kinder sehen erneut: Eigentlich wird das Gleiche gerechnet, nur geht es einmal um Einer, das andere Mal um Zehner. Es sollte herausgearbeitet werden, dass jede Rechnung mit kleinen Zahlen auf beliebige Einheiten bezogen werden kann: 6 Kinder + 3 Kinder, 6 Kisten + 3 Kisten, 6 cm + 3 cm, 6 Stunden + 3 Stunden, 6 Hundert + 3 Hundert, usw. usw.

Zur Arbeit mit dem Buch:
Aufgabe 1:
Die Kinder vergleichen die Einführungsaufgaben mit den Rechnungen an der Tafel und erkennen erneut die Gemeinsamkeiten.

Aufgabe 2:
Unter Ausnutzung der Einer/Zehner-Analogie lassen sich die Päckchen a)–d) lösen. Es muss nur beachtet werden, dass 10 Zehner die neue Stufenzahl 100 ergeben.

Aufgabe 3:
Zu jeder Zahlenmauer mit Einern gehört eine analoge Zahlenmauer mit Zehnern, z. B.:

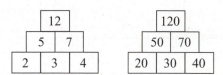

Aufgrund dieser Analogie lassen sich die Zahlenmauern a)–d) lösen. Auch der Lösungsansatz „Probieren" bei den Zahlenmauern, z. B. bei

lässt sich übertragen auf

Nachdem der Hunderterraum gründlich durchgearbeitet wurde, kann nun der Themenblock „Addition im Hunderter" in Angriff genommen werden. Hierbei geht es wieder um die Einsicht in die Möglichkeit verschiedener Rechenwege, die alle darauf beruhen, dass mit Zehnern und Einern unter Benutzung des Einspluseins koordiniert gerechnet wird.

❓ WAS WIRD BENÖTIGT?
Arbeitsmaterial: Rechengeld, Zehnerstreifen, evtl. Hunderterrahmen, evtl. Arbeitsblatt 5 „1+1-Marathon"
Demonstrationsmaterial: Rechengeld, evtl. Hunderterrahmen

❓ WORUM GEHT ES?
Im Band 1 wurden das Einspluseins und seine Umkehrung behandelt. Da es nicht darauf ankommt, mit welchen Einheiten gerechnet wird, können das Einspluseins und seine Umkehrung unmittelbar auf die größeren dekadischen Einheiten Zehner, Hunderter, Tausender, usw. und auch auf Größen übertragen werden.

Aus 4 + 5 = 9 z. B. folgt
40 + 50 = 90,
400 + 500 = 900,
4000 + 5000 = 9000,
4 h + 5 h = 9 h,
4 kg + 5 kg = 9 kg.

Dass mit Zehnern „wie mit Einern" gerechnet werden kann, wurde bereits auf der Schülerbuchseite 14 „Mit Zehnern rechnen" angesprochen. Jetzt soll diese fundamentale Erkenntnis als Einstieg in die Addition und Subtraktion zweistelliger Zahlen nochmals thematisiert werden.

37 Rechnen mit Einern – Rechnen mit Zehnern
Anwendung des Einspluseins auf das Rechnen mit Zehnerzahlen

☐ Lösungen:

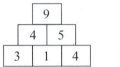

Aufgabe 4:
Hier muss noch beachtet werden, dass zwei Fünfer immer Zehn ergeben.
Aus 4 + 4 = 8 folgt 40 + 40 = 80.
Mit 5 + 5 = 10 folgt 45 + 45 = 80 + 10 = 90.

Aufgabe 5:
Diese Aufgaben lassen sich rechnen, „ohne zu rechnen", wie in Band 1 schon angesprochen wurde.

☐ Beispiel:
6 + 5 − 5 = 6   60 + 50 − 50 = 60

Aufgabe 6 und 7:
Diese Aufgaben werden mit Rechengeld gelöst und gelegt.

? WIE KÖNNTE ES WEITERGEHEN?
– Kinder suchen selbst analoge Aufgaben und rechnen sie aus, z. B.
  3 + 3 + 3 = 9   30 + 30 + 30 = 90
  1 + 2 + 3 = 6   10 + 20 + 30 = 60
  2 + 3 + 4 = 9   20 + 30 + 40 = 90
  usw.
– Die Kinder finden selbst Aufgaben, deren Lösung man bestimmen kann „ohne zu rechnen".
– Zur weiteren Vorbereitung der Addition im Hunderterraum kann das Arbeitsblatt 5 „1 + 1-Marathon" bearbeitet werden. Die Erklärung der Rechenpfeile ist einfach.

ARBEITSHEFT Seite 18

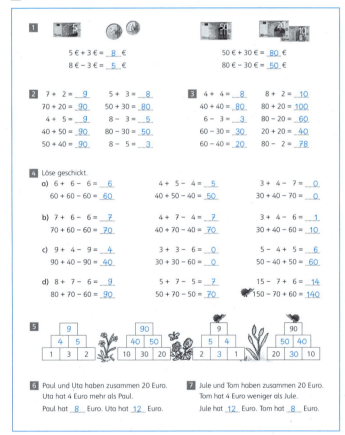

80 Addition im Hunderter

Verdoppeln 38
Verdoppeln als wichtiger Spezialfall der Addition zweistelliger Zahlen

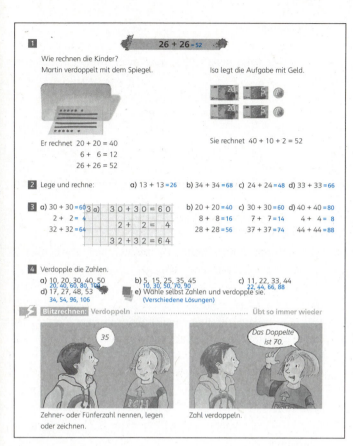

Aufgabe 2 und 3:
Analog werden weitere Aufgaben gelegt und gerechnet.

Aufgabe 4:
a) und b) Verdoppelt man Zehner- oder Fünferzahlen, so ergeben sich immer reine Zehnerzahlen.
c) Verdoppelt man die Zahlen 11, 22, 33, 44, so erhält man wieder Zahlen mit gleichen Ziffern.
d) und e) Wählt man zum Verdoppeln Zahlen größer als 50, so gelangt man über den Hunderter hinaus. 5 Zehner verdoppelt ergeben einen Hunderter. Wenn ein Kind diese Aufgaben noch nicht lösen kann, ist das überhaupt kein Problem. Die Aufgabe deutet auf die Zone der nächsten Entwicklung hin und ist daher zumindest als Anregung sinnvoll.

⚡ BLITZRECHNEN

Grundlegung der Blitzrechenübung „Verdoppeln im Hunderter"
Das 1. Kind nennt eine Zehner- oder Fünferzahl, das 2. Kind verdoppelt die Zahl. Dabei kann am Anfang die Zehner- oder Fünferzahl mit einer farbigen Zahlwinkelfolie am Hunderterfeld vom 1. Kind gezeigt werden, das 2. Kind zeigt mit einem Papp-Streifen das Doppelte.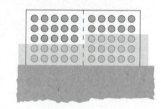
Auch ein Legen der Zahlen mit Geld ist möglich.

Diese Übung muss – wie alle weiteren Blitzrechenübungen – von den Kindern in den folgenden Wochen und Monaten in der Schule und zu Hause so lange wiederholt werden, bis sie flüssig und sicher beherrscht wird.

📕 ARBEITSHEFT Seite 19, Aufgabe 1–3

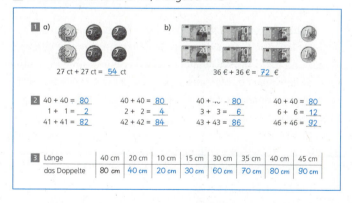

❓ WAS WIRD BENÖTIGT?
Arbeitsmaterial: Hunderterrahmen bzw. Zehnerstreifen und Plättchen, Spiegel zum Verdoppeln, evtl. Folienwinkel
Demonstrationsmaterial: Hunderterrahmen, Spiegel zum Verdoppeln

❓ WORUM GEHT ES?
Wie im Band 1 beim Einspluseins wird das Verdoppeln auch als Einstieg in die Addition zweistelliger Zahlen genutzt. Zahlen werden mit Zehnerstreifen und Plättchen oder mit Geld gelegt und dann nochmals gelegt. Die Strategie „Zehner verdoppeln, Einer verdoppeln" führt bei der Berechnung des Ergebnisses immer zum Ziel. Beachtet werden muss, dass durch Verdoppeln der Einer ein neuer Zehner entstehen kann. Dies ist immer dann der Fall, wenn die Einerzahl größer gleich 5 ist.

❓ WIE KANN MAN VORGEHEN?
Vor der Arbeit mit dem Buch:
Eine Zahl wird mit dem Hunderterrahmen, mit Zehnerstreifen und Plättchen oder mit Geld gelegt und handelnd verdoppelt. Die Kinder berechnen das Doppelte der Zahl.

Zur Arbeit mit dem Buch:
Aufgabe 1:
Die Rechenwege von Martin und Isa werden gemeinsam besprochen. Martin rechnet nach der Strategie „Zehner extra, Einer extra". Isa legt den doppelten Geldbetrag und fasst schrittweise zusammen. Dabei wird benutzt, dass zwei Fünfer einen Zehner ergeben („Kraft der Fünf").

39 Halbieren
Halbieren als Umkehroperation des Verdoppelns

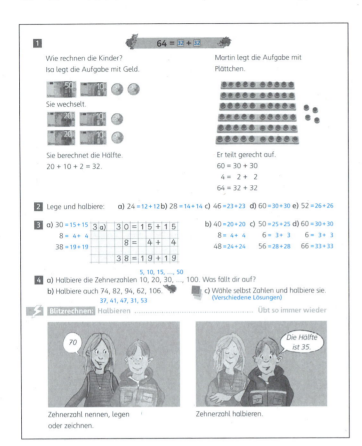

WAS WIRD BENÖTIGT?
Arbeitsmaterial: Rechengeld, Zehner- und Fünferstreifen oder Hunderterrahmen
Demonstrationsmaterial: Rechengeld, Hunderterrahmen

WORUM GEHT ES?
Das Halbieren als Umkehroperation des Verdoppelns wurde bereits im Band 1 behandelt. Hier wird es auf größere Zahlen ausgedehnt. Das Halbieren von Zehnerzahlen zählt zum Blitzrechnen.

Analog zur vorhergehenden Seite werden die zu halbierenden Zahlen mit Geld oder mit Zehnerstreifen und Plättchen gelegt und dann in zwei gleiche Teile zerlegt (halbiert). Unter Umständen muss ein Zehner in zwei Fünfer gewechselt werden. Dies ist dann der Fall, wenn die Anzahl der Zehner ungerade ist.

WIE KANN MAN VORGEHEN?
Zur Arbeit mit dem Buch:
Aufgabe 1:
Die Aufgabe des Halbierens und die symbolische Darstellung als Summe zweier gleicher Zahlen wird am Beispiel erklärt. Die Rechenwege der beiden Kinder werden besprochen.

Isa wechselt das Geld so lange, bis sie zwei gleiche Hälften hat. Martin halbiert erst die Zehner dann die Einer.

☐ Anmerkung:
Die Strategie von Martin ist auch bei einer ungeraden Anzahl von Zehnern erfolgreich, wobei man zwei Wege einschlagen kann:

50 = 25 + 25		40 = 20 + 20
8 = 4 + 4	oder	18 = 9 + 9
58 = 29 + 29		58 = 29 + 29

Aufgabe 2 und 3:
Nach dem Vorbild von Aufgabe 1 werden weitere Aufgaben gelegt und gerechnet.

Aufgabe 4:
a) Halbiert man Zehnerzahlen, so ergeben sich abwechselnd reine Zehner und Fünferzahlen.
10 = 5 + 5,   30 = 15 + 15,   …   90 = 45 + 45
20 = 10 + 10, 40 = 20 + 20,   … 100 = 50 + 50
usw. je nachdem, ob man einen Zehner in zwei Fünfer halbieren muss. Diese Aufgabe dient zur Vorbereitung der Blitzrechenübung.
b) Auch Zahlen größer gleich 100 können halbiert werden. Hierzu wird zunächst 100 = 50 + 50 halbiert, dann der restliche Teil.
c) Hier haben die Kinder die Möglichkeit, selbst Zahlen zu wählen und zu halbieren.

BLITZRECHNEN
Grundlegung der Blitzrechenübung „Halbieren im Hunderter"
Das 1. Kind nennt eine Zehnerzahl im Hunderterraum, das 2. Kind halbiert diese.

Wie beim Verdoppeln kann das erste Kind mit einem Pappstreifen die Zehnerzahl am Hunderterfeld zeigen. Das 2. Kind zeigt mit einer Transparentfolie die Hälfte. Auch ein Legen der Zahlen mit Geld oder Zehnerstreifen und Plättchen ist möglich.

Diese Übung muss von den Kindern in den folgenden Wochen und Monaten in der Schule und zu Hause so lange wiederholt werden, bis sie flüssig und sicher beherrscht wird.

ARBEITSHEFT Seite 19, Aufgabe 4–6

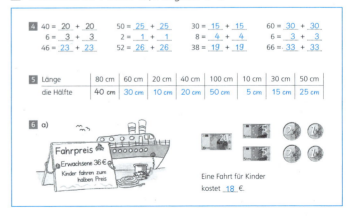

Addition im Hunderter

Rechenwege – Addition im Hunderterraum
Zweistellige Zahlen mit Hilfe konkreter Materialien addieren, Rechenkonferenz

40

WAS WIRD BENÖTIGT?

Arbeits- und Demonstrationsmaterial: Hunderterfeld, evtl. Zehner- und Fünferstreifen, Plättchen oder Hunderterrahmen, Rechengeld

WORUM GEHT ES?

Das Einspluseins gehört zum Kopfrechnen. Mit der Addition zweistelliger Zahlen im Band 2 wird der Bereich des so genannten halbschriftlichen Rechnens betreten. Bei diesem Rechentyp werden komplexere Aufgaben in leichtere Teilaufgaben zerlegt, die Teilaufgaben im Kopf berechnet und die Zwischenergebnisse schriftlich oder bei einfacheren Aufgaben im Kopf festgehalten.

Da das Aufschreiben in einer fortlaufenden Gleichungskette am Anfang noch zu schwierig ist, empfehlen wir die Notation des Rechenweges in Form einer Nebenrechnung. Die Nebenrechnung kann auch unter einem Strich separat erfolgen.

☐ Beispiel: **68 + 27** = 95
　　　　　　 60 + 20 = 80
　　　　　　 8 + 7 = 15

Statt der Nebenrechnung kann man unter dem Strich auch nur den Rechenweg notieren.

　　　　　68 + 27 = 80 + 15 = 95
　　　　　　 60 + 20
　　　　　　 8 + 7

Die Kinder können selbst entscheiden, wie sie rechnen und wie sie ihre Rechnung aufschreiben wollen. Das systematische schriftliche Notieren von Rechenwegen wird erst später auf der Schülerbuchseite 82 besprochen.

Nach der traditionellen Methode geht man auch bei der Addition im Hunderter gestuft vor: Zuerst Addition von Einern ohne Überschreitung des Zehners (43+2), dann Addition reiner Zehner (42+30), dann Addition einer gemischten Zahl ohne Zehnerüberschreitung (42+14), schließlich Addition beliebiger gemischter Zahlen mit Zehnerüberschreitung (38+25), wobei ein festes Verfahren benutzt wird (z. B. zuerst die Zehner dazu und dann die Einer oder umgekehrt).

Im ZAHLENBUCH wird auch bei der Addition im Hunderter ganzheitlich vorgegangen: An einer komplexen Aufgabe werden zuerst verschiedene Rechenwege besprochen, die alle in einer Zurückführung der Aufgabe auf einfachere Aufgaben bestehen. Die Kinder lernen dabei komplexere aus einfacheren Aufgaben zu erschließen. Beim anschließenden Üben werden zunächst einfache Aufgaben betrachtet, und dann werden aus diesen einfachen Aufgaben systematisch die schwereren Aufgaben erschlossen. Damit ist auch das Prinzip „Vom Leichten zum Schweren" gewährleistet, nur in anderer Form als bei der traditionellen Behandlung.

Die Vorstellung verschiedener Wege impliziert nicht, dass jedes Kind alle Wege können muss. Die Kinder dürfen selbst wählen, welchen Weg des denkenden Rechnens sie wählen wollen. Von jeder Form des zählenden Rechnens muss man sie natürlich abbringen.

Das ganzheitliche Vorgehen erfordert zu Beginn des Lernprozesses mehr Zeit als ein Vorgehen nach dem Prinzip von der Isolierung der Schwierigkeiten, führt aber langfristig zu einer Zeitersparnis. Bei diesem Vorgehen im Unterricht muss ja nicht Aufgabentyp für Aufgabentyp jeweils neu eingeführt, besprochen und eingeübt werden, was zeitintensiv ist. Ein weiterer Vorteil des ganzheitlichen Vorgehens besteht darin, dass Verständnisprobleme und Denkfehler der Kinder von Anfang an aufgedeckt werden und frühzeitig korrigiert werden können. Bei unterschiedlichen Ergebnissen sollten die verschiedenen Wege in Ruhe ausdiskutiert werden. Wie immer bei ganzheitlichem Vorgehen wird auch die Addition in mehreren Durchgängen behandelt. Lernprozesse können dabei „ausreifen".

Halbschriftliche Rechenverfahren stützen sich auf Anschauungsmittel, Zahlvorstellungen und Zahlbeziehungen. Als Zwischenschritt zur Beherrschung des halbschriftlichen Rechnens eignet sich die zeichnerische Darstellung durch Zehnerstriche und Einerpunkte.

Die Strategie „Schrittweise rechnen" kann auch am Rechenstrich dargestellt werden. Da unterschiedliche Schrittweiten und Schrittfolgen möglich sind, ergibt sich eine große Vielfalt verschiedener Wege, z. B.:

40 Rechenwege – Addition im Hunderterraum
Zweistellige Zahlen mit Hilfe konkreter Materialien addieren, Rechenkonferenz

38 + 25 = 63

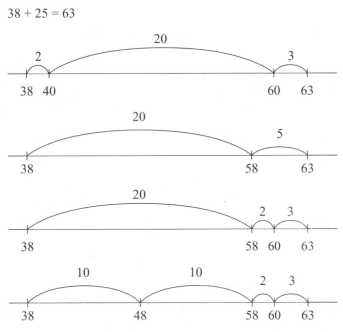

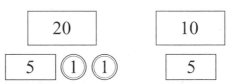

oder am Hunderterfeld durch Einfärben der Summanden

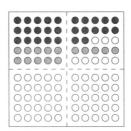

oder durch Darstellen und Zusammenschieben der Zahlen von konkretem Material (Zehnerstreifen und Plättchen oder dem Hunderterrahmen) gelöst werden.

Sind die verschiedenen Lösungen handelnd und mündlich besprochen, stellt die Lehrerin die Darstellung mit Hilfe von Strichen (Zehner) und Punkten (Einer) vor:

Der erste Rechenschritt kann durch Einkreisen angedeutet werden, z. B.:

oder

Wer möchte, kann in einem Zwischenschritt die Aufgaben mit Zehnerstreifen und Einerplättchen oder dem Hunderterrahmen legen.

Alle diese Möglichkeiten sind aber nur Varianten der Strategie „Schrittweise".

Die wichtige Strategie „Zehner extra, Einer extra", die im Hinblick auf die Algebra fundamental wichtig ist und außerdem zum schriftlichen Additionsalgorithmus führt, lässt sich am Rechenstrich hingegen *nicht* darstellen. Trotz aller Wertschätzung des Rechenstrichs halten wir es daher für falsch, die halbschriftliche Addition und Subtraktion einseitig auf dieses Darstellungsmittel, das auf den ordinalen Aspekt der Zahlen zu geschnitten ist, abzustützen.

❓ WIE KANN MAN VORGEHEN?

Vor der Arbeit mit dem Buch:
Am Beginn der Behandlung eines neuen Rahmenthemas sollte eine Standortbestimmung stehen. Dies kann hier in folgender Form geschehen: Man schreibt eine Additionsaufgabe im Hunderterbereich (am besten 38 + 27 = _, wie im Buch) an die Tafel. Die Kinder sollen versuchen, die Aufgaben zu lösen und weitere ähnliche Aufgaben aufzuschreiben, die sie schon rechnen können. Die Blätter werden gemeinsam in einer Rechenkonferenz besprochen. Es ist der Sinn einer solchen Standortbestimmung, die Kinder anzuregen aus sich herauszugehen. Daher sollte man die Beiträge der Kinder stehen lassen, wie sie sind, ohne an ihnen herumzukorrigieren.

Eine weitere Aufgabe (z. B. 27 + 15) wird im Klassengespräch gelöst und die Kinder erklären, wie die Aufgabe mit Hilfe der vorhandenen Materialien gelöst und die Lösung begründet werden kann. Anders als bei der Standortbestimmung kann die Lehrerin jetzt Impulse geben und die Beiträge der Kinder glätten bzw. verdeutlichen. Die Aufgabe kann z. B. durch Zusammenlegen von entsprechenden Geldbeträgen

Zur Arbeit mit dem Buch:
Aufgabe 1:
Die Kinder beschreiben zuerst die Rechenwege im Schulbuch und vergleichen sie mit ihren eigenen Ergebnissen und Rechenwegen.

Bei der Besprechung muss deutlich werden, dass alle Rechenwege darauf beruhen, die schwere Aufgabe 38 + 27 auf einfache Aufgaben zurückzuführen: Zehner extra/Einer extra (Jana, Max), nur Einer dazu/nur Zehner dazu (Anne, Kai), Rechnen bis zum nächsten Zehner (Ivo), geschickte Veränderung der Rechnung (Pia). Pia rechnet statt der schwierigen Aufgabe 38 + 27 die einfachere Aufgabe 40 + 27 = 67 und zieht zur Korrektur anschließend 2 ab.

Aufgabe 2:
Angeregt durch die Rechenwege unter 1 versuchen die Kinder nun ihre eigenen Wege zu gehen und aufzuschreiben.

Einfache Plusaufgaben 41
Rechnen von einfachen Plusaufgaben

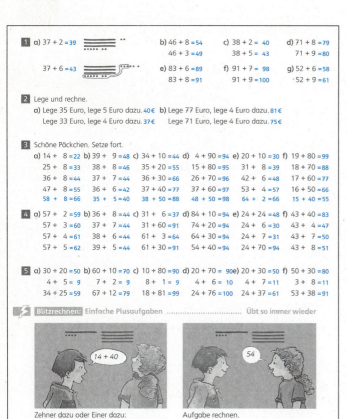

1 a) 37 + 2 = 39   b) 46 + 8 = 54   c) 38 + 2 = 40   d) 71 + 8 = 79
      46 + 3 = 49   38 + 5 = 43   71 + 9 = 80
   37 + 6 = 43   e) 83 + 6 = 89   f) 91 + 7 = 98   g) 52 + 6 = 58
      83 + 8 = 91   91 + 9 = 100   52 + 9 = 61

2 Lege und rechne.
a) Lege 35 Euro, lege 5 Euro dazu. 40 €   b) Lege 77 Euro, lege 4 Euro dazu. 81 €
   Lege 33 Euro, lege 4 Euro dazu. 37 €   Lege 71 Euro, lege 4 Euro dazu. 75 €

3 Schöne Päckchen. Setze fort.
a) 14 + 8 = 22   b) 39 + 9 = 48   c) 34 + 10 = 44   d) 4 + 90 = 94   e) 20 + 10 = 30   f) 19 + 80 = 99
   25 + 8 = 33   38 + 8 = 46   35 + 20 = 55   15 + 80 = 95   31 + 8 = 39   18 + 70 = 88
   36 + 8 = 44   37 + 7 = 44   36 + 30 = 66   26 + 70 = 96   42 + 6 = 48   17 + 60 = 77
   47 + 8 = 55   36 + 6 = 42   37 + 40 = 77   37 + 60 = 97   53 + 4 = 57   16 + 50 = 66
   58 + 8 = 66   35 + 5 = 40   38 + 50 = 88   48 + 50 = 98   64 + 2 = 66   15 + 40 = 55

4 a) 57 + 2 = 59   b) 36 + 8 = 44   c) 31 + 6 = 37   d) 84 + 10 = 94   e) 24 + 24 = 48   f) 43 + 40 = 83
   57 + 3 = 60   37 + 7 = 44   31 + 60 = 91   74 + 20 = 94   24 + 6 = 30   43 + 4 = 47
   57 + 4 = 61   38 + 6 = 44   61 + 3 = 64   64 + 30 = 94   24 + 7 = 31   43 + 7 = 50
   57 + 5 = 62   39 + 5 = 44   61 + 30 = 91   54 + 40 = 94   24 + 70 = 94   43 + 8 = 51

5 a) 30 + 20 = 50   b) 60 + 10 = 70   c) 10 + 80 = 90   d) 20 + 70 = 90   e) 20 + 30 = 50   f) 50 + 30 = 80
   4 + 5 = 9   7 + 2 = 9   8 + 1 = 9   4 + 6 = 10   4 + 7 = 11   3 + 8 = 11
   34 + 25 = 59   67 + 12 = 79   18 + 81 = 99   24 + 76 = 100   24 + 37 = 61   53 + 38 = 91

Blitzrechnen: Einfache Plusaufgaben .... Übt so immer wieder

Zehner dazu oder Einer dazu:
Aufgabe nennen, legen oder zeichnen.

Aufgabe rechnen.

? WAS WIRD BENÖTIGT?
Arbeits- und Demonstrationsmaterial: Evtl. Zehnerstreifen und Plättchen oder Hunderterrahmen, Rechengeld, Hunderterfeld, Hundertertafel

? WORUM GEHT ES?
Nach der Einführung der Addition sollen die Kinder sich nun eine Übersicht über einfache Plusaufgaben verschaffen. Im Wesentlichen sind dies:
(1) ZE + E (d. h. nur Einer dazu), z. B. 37 + 2 oder 37 + 5 (mit und ohne Zehnerüberschreitung)
(2) ZE + Z (d. h. nur Zehner dazu), z. B. 37 + 40 oder 37 + 60
(3) ZE + ZE ohne Zehnerüberschreitung, z. B. 34 + 25 oder 43 + 14

Wichtig ist, dass sich die Kinder klar machen, wann bei (1) die Summe der Einer einen neuen Zehner ergibt und wann nicht.
1. 37 + 2 = 39 (kein neuer Zehner)

2. 37 + 6 = 40 + 3 = 43 (ein neuer Zehner)

Auf der Schülerbuchseite 83 wird nochmals genau besprochen, wann ein neuer Zehner entsteht.

? WIE KANN MAN VORGEHEN?
Vor der Arbeit mit dem Buch:
Die Aufgaben von 1a) – 1d) werden an der Tafel mit Zehnerstrichen und Einerpunkten gezeichnet und gemeinsam gerechnet. Immer wird überlegt, ob ein neuer Zehner entsteht oder nicht. Die Aufgaben können auch mit Rechengeld oder Zehnerstreifen und Einerplättchen gelegt werden.

Zur Arbeit mit dem Buch:
Aufgabe 1 und 2:
Die Aufgaben werden im Heft gerechnet. Die Kinder können Hilfsmittel ihrer Wahl benutzen.

Aufgabe 3:
Bei diesem Übungsformat muss nochmals daran erinnert werden, dass einige wenige Aufgaben das Muster logisch nicht eindeutig festlegen. Prinzipiell gibt es wie beim Fortsetzen von Zahlenfolgen mehrere Lösungen, die aber unterschiedlich kompliziert sind. Logisch einwandfrei wird die Aufgabenstellung, wenn die Kinder eine Regel angeben, die auf die gegebenen Aufgaben passt, und damit die Aufgabenfolge fortsetzen. Dies gelingt bei allen vorgegebenen Päckchen auf nahe liegende Weise.

a) Muster: Die Zehner des 1. Summanden wachsen um 1, ebenso die Einer, dadurch werden die ersten Summanden immer um 11 größer. Da der 2. Summand gleich bleibt, ergeben sich als Ergebnisse immer Zahlen der Elferreihe. Das Päckchen kann mit 58 + 8 = 66, 69 + 8 = 77 … fortgesetzt werden.

b) Der 1. Summand wird um 1, der 2. Summand ebenfalls um 1, das Ergebnis jeweils um 2 kleiner. Dieses Päckchen kann mit 35 + 5 = 40, 34 + 4 = 38, 33 + 3 = 36, … fortgesetzt werden.

c) Der 1. Summand wird jeweils um 1 größer, der 2. Summand um 10, das Ergebnis wird also um 11 größer (wie bei a). Das Päckchen kann mit 38 + 50 = 88, 39 + 60 = 99, … auch über 100 hinaus fortgesetzt werden.

d) Der 1. Summand erhöht sich jeweils um 11. Da sich der 2. Summand jeweils um 1 Zehner erniedrigt, erhöht sich das Ergebnis jeweils nur um 1. Dieses Päckchen kann mit 48 + 50 = 98, 59 + 40 = 99, … auch über 100 hinaus fortgesetzt werden.

e) Der 1. Summand erhöht sich jeweils um einen Zehner und einen Einer, also um 11. Der 2. Summand erniedrigt sich um 2. Dadurch erhöht sich das Ergebnis jeweils um 9 und ergibt das Muster „Immer 1 Zehner mehr und 1 Einer weniger". Dieses Päckchen kann mit 64 + 2 = 66 und 75 + 0 = 75 fortgesetzt werden.

f) Der 1. Summand erniedrigt sich jeweils um 1, der 2. Summand um 10. Das Ergebnis wird jeweils um 11 kleiner und liefert wieder die Zahlen 99, 88, 77, … der Elferreihe. Dieses Päckchen kann mit 15 + 40 = 55, 14 + 30 = 44, 13 + 20 = 33, 12 + 10 = 22, 11 + 0 = 11 fortgesetzt werden.

Addition im Hunderter 85

41 Einfache Plusaufgaben
Rechnen von einfachen Plusaufgaben

Aufgabe 4:
Bei einigen Aufgaben sind Muster erkennbar. Beispiel:
a) Dies ist ein „gleitender" Zehnerübergang im Sinne der traditionellen Rechendidaktik.
b) Gesetz von der Konstanz der Summe: Der 1. Summand wird um 1 größer, zum Ausgleich der 2. Summand um 1 kleiner. Das Ergebnis bleibt gleich.
d) Hier wird der 1. Summand jeweils um 10 kleiner, zum Ausgleich der 2. Summand um 10 größer. Das Ergebnis bleibt gleich.

Aufgabe 5:
Aus einfachen Aufgaben (nur Zehner plus Zehner, nur Einer plus Einer) werden schwerere Aufgaben entwickelt.

⚡ BLITZRECHNEN

Grundlegung der Blitzrechenübung „Einfache Plusaufgaben"
Aufgaben wie 38 + 45, 57 + 15 werden halbschriftlich gerechnet und gehören nicht zum Blitzrechnen, wohl aber Additionsaufgaben, bei denen der zweite Summand eine Zehnerzahl oder eine Einerzahl ist, wie z.B. 38 + 10, 38 + 20, 36 + 3, 36 + 5, 36 + 9, …

Die Grundlegung erfolgt durch den Unterricht. Bei Bedarf können Kinder die Aufgaben anfangs mit Material (Geld, Zehnerstreifen, …) legen oder auch auf ein Blatt zeichnen.

Diese Übung muss von den Kindern in den folgenden Wochen und Monaten in der Schule und zu Hause so lange wiederholt werden, bis sie sicher beherrscht wird.

ARBEITSHEFT Seite 20

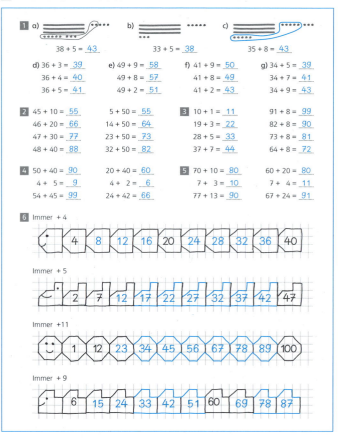

86 Addition im Hunderter

Von einfachen zu schweren Aufgaben

Nutzung der Ergebnisse einfacher Aufgaben für schwere Aufgaben, neues Übungsformat „Hüpf im Päckchen"

42

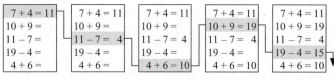

1
a) 30 + 40 = 70
6 + 6 = 12
36 + 46 = 82

b) 20 + 50 = 70
8 + 4 = 12
28 + 54 = 82

c) 70 + 10 = 80
7 + 1 = 8
77 + 11 = 88

d) 3 + 7 = 10
30 + 60 = 90
33 + 67 = 100

e) 4 + 9 = 13
20 + 30 = 50
24 + 39 = 63

f) 8 + 7 = 15
40 + 30 = 70
48 + 37 = 85

2 a) 45 + 30 = 75
75 + 8 = 83
45 + 38 = 83

b) 38 + 4 = 42
42 + 30 = 72
38 + 34 = 72

c) Rechne ebenso: 77 + 15, 27 + 44.
= 92   = 71

3 a) 34 + 5 = 39
34 + 15 = 49
34 + 35 = 69

b) 7 + 6 = 13
47 + 6 = 53
47 + 26 = 73

c) Rechne ebenso: 64 + 19, 28 + 45.
= 83   = 73

4 a) 56 + 7 + 30 = 93
56 + 4 + 33 = 93
56 + 37 = 93

b) 39 + 1 + 28 = 68
39 + 9 + 20 = 68
39 + 29 = 68

c) 46 + 4 + 22 = 72
46 + 6 + 20 = 72
46 + 26 = 72

5 a) 28 + 29 = 57
28 + 30 − 1 = 57
29 + 30 − 2 = 57

b) 34 + 17 = 51
34 + 20 − 3 = 51
40 + 11 = 51

c) 18 + 49 = 67
18 + 50 − 1 = 67
49 + 20 − 2 = 67

6 Beginne immer mit einer einfachen Aufgabe.
a) 27 + 10 = 37
27 + 9 = 36
27 + 29 = 56

b) 23 + 8 = 31
23 + 28 = 51
33 + 8 = 41

c) 36 + 10 = 46
36 + 15 = 51
36 + 40 = 76

d) 45 + 54 = 99
36 + 63 = 99
17 + 71 = 88

e) 6 + 5 = 11
26 + 5 = 31
26 + 45 = 71

7 Hüpf im Päckchen! Rechne immer mit dem Ergebnis weiter.
a) 17 + 20 = 37
42 + 9 = 51
72 + 5 = 77
37 + 5 = 42
51 + 21 = 72
Ziel 77

b) 36 + 5 = 41
61 + 9 = 70
41 + 20 = 61
78 + 10 = 88
70 + 8 = 78
Ziel 88

c) 19 + 9 = 28
43 + 6 = 49
36 + 7 = 43
49 + 50 = 99
28 + 8 = 36
Ziel 99

? WAS WIRD BENÖTIGT?

Arbeits- und Demonstrationsmaterial: Evtl. Zehnerstreifen und Plättchen oder Hunderterrahmen, Rechengeld, Hunderterfeld, Hundertertafel, evtl. Arbeitsblatt 6 „Von einfachen zu schweren Plusaufgaben"

? WORUM GEHT ES?

Eine schwere Aufgabe, z. B. 24 + 39 kann auf verschiedene Art und Weise aus einfachen Aufgaben erschlossen werden. Auf dieser Seite werden Aufgaben nach folgenden Strategien berechnet:

(1) Stellenwerte extra:
Aus den einfachen Aufgaben 20 + 30 = 50 und 4 + 9 = 13 erschließt sich das Ergebnis der schweren Aufgabe: 24 + 39 = 50 + 13 = 63 (vgl. Aufgabe 1).

(2) Erst Zehner, dann Einer oder umgekehrt:
Aus den einfachen Aufgaben 24 + 30 = 54 und 54 + 9 = 63 erschließt sich ebenfalls die schwere Aufgabe 24 + 39 = 63 (vgl. Aufgaben 2 und 4).

(3) Hilfsaufgabe:
Die schwere Aufgabe 24 + 39 lässt sich aus 24 + 40 − 1 = 64 − 1 = 63 ableiten (vgl. Aufgabe 5).

(4) Verwandte Aufgaben:
Die Aufgabe 24 + 39 lässt sich zu den einfachen Aufgaben 24 + 9 = 33 oder 20 + 39 = 59 in Beziehung setzen (vgl. Aufgaben 3 und 6).

Die Kinder können natürlich auch hier die Aufgaben in der Strich/Punkt-Darstellung zeichnen oder sie mit Material lösen. Für die Richtigkeit der Lösungen müssen sie zunehmend selbst Verantwortung übernehmen. Es muss ihnen auch überlassen bleiben, welche Rechenschritte sie im Kopf ausrechnen und welche sie im Heft aufschreiben. Die Schreibweisen sind lediglich Angebote. In der letzten Aufgabe 7 wird eine neue Übungsform angesprochen: „Hüpf im Päckchen".

☐ Beispiel:

7 + 4 = 11	7 + 4 = 11	7 + 4 = 11	7 + 4 = 11	7 + 4 = 11
10 + 9 =	10 + 9 =	10 + 9 =	10 + 9 = 19	10 + 9 = 19
11 − 7 =	11 − 7 = 4	11 − 7 = 4	11 − 7 = 4	11 − 7 = 4
19 − 4 =	19 − 4 =	19 − 4 =	19 − 4 =	19 − 4 = 15
4 + 6 =	4 + 6 =	4 + 6 = 10	4 + 6 = 10	4 + 6 = 10

Kontrollzahl: 15

Auf den ersten Blick sieht „Hüpf im Päckchen" wie ein „normales" Päckchen aus. Die Besonderheit besteht darin, dass die Aufgaben nicht Zeile für Zeile gerechnet werden, sondern nach einem bestimmten System:

Die erste Aufgabe des Päckchens wird gelöst. Mit dem Ergebnis beginnt eine andere Aufgabe im Päckchen, die gesucht werden muss. Diese Aufgabe wird dann gerechnet. Das Ergebnis ist erneut die erste Zahl einer weiteren Aufgabe im Päckchen, die gesucht werden muss usw. Das Ergebnis der zuletzt zu rechnenden Aufgabe ist als Zielzahl angegeben.

Wie ersichtlich versteckt sich hinter dieser Übungsform eine Rechenkette.

Wenn ein Ergebnis nicht als erste Zahl bei einer anderen Aufgabe vorkommt, wissen die Kinder, dass sie sich verrechnet haben. Außerdem ist das Ergebnis der zuletzt zu rechnenden Aufgabe als Kontrollzahl angegeben. Damit können die Kinder ihre Rechnungen gut kontrollieren.

Im Heft werden die Aufgaben in derselben Reihenfolge notiert, in der sie gerechnet werden.

? WIE KANN MAN VORGEHEN?

Vor der Arbeit mit dem Buch:
Von den Aufgaben 1–7 wird jeweils die erste Aufgabe (evtl. auch noch die zweite) gemeinsam gerechnet. Danach rechnen die Kinder alleine weiter.

Addition im Hunderter

42 Von einfachen zu schweren Aufgaben
Nutzung der Ergebnisse einfacher Aufgaben für schwere Aufgaben, neues Übungsformat „Hüpf im Päckchen"

ARBEITSHEFT Seite 21

WIE KÖNNTE ES WEITERGEHEN?
— Für weitere Aufgaben kann das Arbeitsblatt 6 „Von einfachen zu schweren Plusaufgaben" verwendet werden.

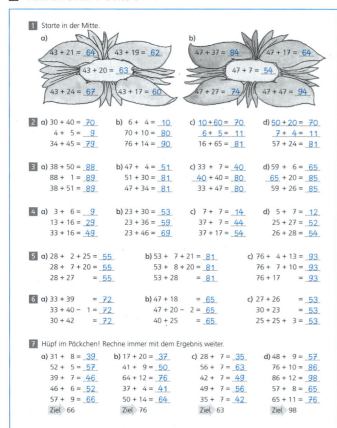

1 Starte in der Mitte.
a)
43 + 21 = 64   43 + 19 = 62
43 + 20 = 63
43 + 24 = 67   43 + 17 = 60

b)
47 + 37 = 84   47 + 17 = 64
47 + 7 = 54
47 + 27 = 74   47 + 47 = 94

2 a) 30 + 40 = 70   b) 6 + 4 = 10   c) 10 + 60 = 70   d) 50 + 20 = 70
    4 + 5 = 9   70 + 10 = 80   6 + 5 = 11   7 + 4 = 11
    34 + 45 = 79   76 + 14 = 90   16 + 65 = 81   57 + 24 = 81

3 a) 38 + 50 = 88   b) 47 + 4 = 51   c) 33 + 7 = 40   d) 59 + 6 = 65
    88 + 1 = 89   51 + 30 = 81   40 + 40 = 80   65 + 20 = 85
    38 + 51 = 89   47 + 34 = 81   33 + 47 = 80   59 + 26 = 85

4 a) 3 + 6 = 9   b) 23 + 30 = 53   c) 7 + 7 = 14   d) 5 + 7 = 12
    13 + 16 = 29   23 + 36 = 59   37 + 7 = 44   25 + 27 = 52
    33 + 16 = 49   23 + 46 = 69   37 + 17 = 54   26 + 28 = 54

5 a) 28 + 2 + 25 = 55   b) 53 + 7 + 21 = 81   c) 76 + 4 + 13 = 93
    28 + 7 + 20 = 55   53 + 8 + 20 = 81   76 + 7 + 10 = 93
    28 + 27   = 55   53 + 28   = 81   76 + 17   = 93

6 a) 33 + 39   = 72   b) 47 + 18   = 65   c) 27 + 26   = 53
    33 + 40 − 1 = 72   47 + 20 − 2 = 65   30 + 23   = 53
    30 + 42   = 72   40 + 25   = 65   25 + 25 + 3 = 53

7 Hüpf im Päckchen! Rechne immer mit dem Ergebnis weiter.
  a) 31 + 8 = 39   b) 17 + 20 = 37   c) 28 + 7 = 35   d) 48 + 9 = 57
     52 + 5 = 57   41 + 9 = 50   56 + 7 = 63   76 + 10 = 86
     39 + 7 = 46   64 + 12 = 76   42 + 7 = 49   86 + 12 = 98
     46 + 6 = 52   37 + 4 = 41   49 + 7 = 56   57 + 8 = 65
     57 + 9 = 66   50 + 14 = 64   35 + 7 = 42   65 + 11 = 76
     Ziel 66   Ziel 76   Ziel 63   Ziel 98

Addition im Hunderter

Tauschaufgaben 43
Übungen unter Betonung von Tauschaufgaben

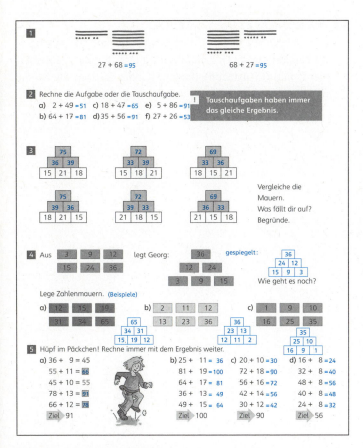

Aufgabe 2:
Diese Aufgaben sollte dazu anregen, ggf. die als leichter empfundene Tauschaufgabe zu rechnen.

Aufgabe 3:
Analog zu Band 1, S. 67, Aufgaben 1 und 2 werden sechs Zahlenmauern gerechnet, bei denen die gleichen Grundsteine unterschiedlich angeordnet sind. Die Zahlenmauern mit dem gleichen mittleren Stein stehen jeweils untereinander. Sie haben wegen des Vertauschungsgesetzes jeweils den gleichen Deckstein. Die Kinder sollten versuchen, dies mit Hilfe des Vertauschungsgesetzes zu begründen. Vielleicht können einige Kinder durch Vergleich der Mauern auch begründen, warum der Deckstein der mittleren Mauern 3 kleiner ist als der der ersten Mauern, und der Deckstein der beiden letzten Mauern noch einmal 3 kleiner.

Aufgabe 4:
Aus vorgegebenen Steinen sollen nun Zahlenmauern gelegt werden. Auch diese Aufgabe ist analog zu Band 1, S. 67, Aufgabe 3.

Hierbei arbeiten die Kinder mit Bleistift und Radiergummi oder stellen sich selbst „Steine" mit den entsprechenden Zahlen her.

Anleitung: Man schneidet für jeden „Stein" aus kariertem Papier 3 mal 6 Kästchen aus. Die Zahlen werden am besten vorher in die beiden mittleren Kästchen geschrieben.

Beim Bearbeiten der Aufgabe wird das Schätzen geübt. Natürlich bildet die höchste Zahl den Deckstein, die niedrigste Zahl ist einer der Basissteine, danach müssen Summen abgeschätzt und nachgerechnet werden.

Neben der Lösung von Georg ist noch folgende Zahlenmauer möglich,

die symmetrisch zu der Mauer im Schülerbuch ist. Den drei Aufgaben 12 + 24 = 36, 3 + 9 = 12 und 9 + 15 = 24 entsprechen die drei Tauschaufgaben 24 + 12 = 36, 15 + 9 = 24 und 9 + 3 = 12.

☐ Lösungen für a), b) und c):

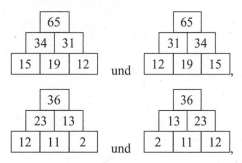

? WAS WIRD BENÖTIGT?
Arbeits- und Demonstrationsmaterial: Evtl. Zehnerstreifen und Plättchen, Rechengeld, Hunderterfeld

? WORUM GEHT ES?
Bei bestimmten Aufgaben, z. B. 1 + 99, wenden die Kinder das Vertauschungsgesetz intuitiv an. Durch Thematisieren dieses Rechengesetzes werden sie dazu angeregt, Rechenvorteile, die sich daraus ergeben, bewusster zu nutzen.

? WIE KANN MAN VORGEHEN?
Zur Arbeit mit dem Buch:
Aufgabe 1:
Die Aufgaben 27 + 68 = ___ und 68 + 27 = ___ werden an der Tafel notiert. Die Kinder rechnen die Aufgabenpaare und stellen fest, dass beide das gleiche Ergebnis haben. Im Klassengespräch wird die Beziehung der beiden Aufgaben beschrieben. Die Kinder überlegen, welche der beiden Aufgaben sie leichter rechnen können. In der Regel ist es die Aufgabe, bei welcher der größere Summand der erste Summand ist.

Wie bei der entsprechenden Seite von Band 1 sollten die Kinder gefragt werden, *warum* Tauschaufgaben das gleiche Ergebnis haben. Im Gespräche sollte deutlich werden, dass es nicht auf die Lage der Striche und Punkte, sondern nur auf ihre Anzahl ankommt: Es sind immer 8 Zehner und 15 Einer, unabhängig, wie man die Zahlen legt.

43 Tauschaufgaben
Übungen unter Betonung von Tauschaufgaben

```
      35                    35
   25    10              10    25
16   9    1    und    1    9   16
```

Aufgabe 5:
„Hüpf im Päckchen". Dieses neue Übungsformat muss evtl. nochmals kurz besprochen werden.

? WIE KÖNNTE ES WEITERGEHEN?
— Kinder rechnen selbst Zahlenmauern aus und schreiben anschließend die sechs Zahlen mittig auf „Steine" (Karopapier 3 mal 6 Kästchen). Andere Kinder müssen die Steine wieder passend zur Mauer zusammenbauen.

ARBEITSHEFT Seite 22

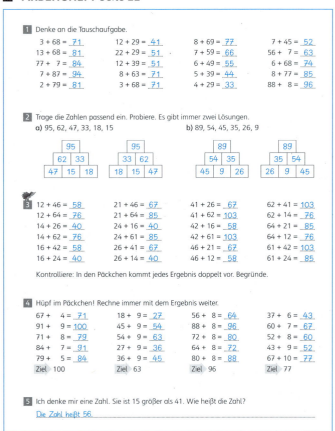

1 Denke an die Tauschaufgabe.
- 3 + 68 = 71
- 12 + 29 = 41
- 8 + 69 = 77
- 7 + 45 = 52
- 13 + 68 = 81
- 22 + 29 = 51
- 7 + 59 = 66
- 56 + 7 = 63
- 77 + 7 = 84
- 12 + 39 = 51
- 6 + 49 = 55
- 6 + 68 = 74
- 7 + 87 = 94
- 8 + 63 = 71
- 5 + 39 = 44
- 8 + 77 = 85
- 2 + 79 = 81
- 3 + 68 = 71
- 4 + 29 = 33
- 88 + 8 = 96

2 Trage die Zahlen passend ein. Probiere. Es gibt immer zwei Lösungen.
a) 95, 62, 47, 33, 18, 15
b) 89, 54, 45, 35, 26, 9

```
      95              95              89              89
   62    33        33    62        54    35        35    54
47   15   18    18   15   47    45   9    26    26   9    45
```

3
- 12 + 46 = 58
- 21 + 46 = 67
- 41 + 26 = 67
- 62 + 41 = 103
- 12 + 64 = 76
- 21 + 64 = 85
- 41 + 62 = 103
- 62 + 14 = 76
- 14 + 26 = 40
- 24 + 16 = 40
- 42 + 16 = 58
- 64 + 21 = 85
- 14 + 62 = 76
- 24 + 61 = 85
- 42 + 61 = 103
- 64 + 12 = 76
- 16 + 42 = 58
- 26 + 41 = 67
- 46 + 21 = 67
- 61 + 42 = 103
- 16 + 24 = 40
- 26 + 14 = 40
- 46 + 12 = 58
- 61 + 24 = 85

Kontrolliere: In den Päckchen kommt jedes Ergebnis doppelt vor. Begründe.

4 Hüpf im Päckchen! Rechne immer mit dem Ergebnis weiter.
- 67 + 4 = 71
- 18 + 9 = 27
- 56 + 8 = 64
- 37 + 6 = 43
- 91 + 9 = 100
- 45 + 9 = 54
- 88 + 8 = 96
- 60 + 7 = 67
- 71 + 8 = 79
- 54 + 9 = 63
- 72 + 8 = 80
- 52 + 8 = 60
- 84 + 7 = 91
- 27 + 9 = 36
- 64 + 8 = 72
- 43 + 9 = 52
- 79 + 5 = 84
- 36 + 9 = 45
- 80 + 8 = 88
- 67 + 10 = 77

Ziel 100   Ziel 63   Ziel 96   Ziel 77

5 Ich denke mir eine Zahl. Sie ist 15 größer als 41. Wie heißt die Zahl?
Die Zahl heißt 56.

Übungen 44
Übung der Addition, Erkennen von Mustern

1 Rechne geschickt. Überlege bei jeder Aufgabe.
a) 17 + 62 = 79   b) 18 + 29 = 47   c) 38 + 19 = 57   d) 67 + 19 = 86   e) 89 + 7 = 96
   24 + 38 = 62   17 + 62 = 79   18 + 39 = 57   36 + 11 = 47   79 + 8 = 87
   28 + 34 = 62   28 + 19 = 47   43 + 31 = 74   57 + 29 = 86   78 + 9 = 87
   12 + 67 = 79   67 + 12 = 79   41 + 33 = 74   31 + 16 = 47   87 + 9 = 96
f) Kontrolliere: Je zwei Ergebnisse in einem Päckchen sind gleich. Warum?

2 Finde weitere Aufgaben mit dem gleichen Ergebnis. (Beispiele)
a) 25 + 26 = 51   b) 17 + 71 = 88   c) 39 + 8 = 47   d) 17 + 80 = 97
   26 + 25 = 51   77 + 11 = 88   40 + 7 = 47   27 + 70 = 97
   21 + 30 = 51   71 + 17 = 88   41 + 6 = 47   37 + 60 = 97
   20 + 31 = 51   62 + 26 = 88   42 + 5 = 47   47 + 50 = 97
e) Warum sind die Ergebnisse in einem Päckchen immer gleich?

3 a) 12 + 34 = 46   b) 21 + 34 = 55   c) 31 + 24 = 55   d) 41 + 23 = 64   e) Kontrolliere:
      12 + 43 = 55   21 + 43 = 64   31 + 42 = 73   41 + 32 = 73   Ein Ergebnis
      13 + 24 = 37   23 + 41 = 64   32 + 14 = 46   42 + 13 = 55   kommt achtmal
      13 + 42 = 55   23 + 14 = 37   32 + 41 = 73   42 + 31 = 73   vor. Welches?
      14 + 23 = 37   24 + 13 = 37   34 + 12 = 46   43 + 12 = 55   55
      14 + 32 = 46   24 + 31 = 55   34 + 21 = 55   43 + 21 = 64

4 a) 88 / 33 55 / 11 22 33   b) 52 / 26 26 / 18 8 18
5 a) 100 / 60 40 / 40 20 20   b) 100 / 58 42 / 38 20 22

6 a) 40 / 20 20 / 10 10 10 / 5 5 5 5
     b) 48 / 24 24 / 12 12 12 / 6 6 6 6
     c) 56 / 28 28 / 14 14 14 / 7 7 7 7

7 < oder = oder >?
a) 25 + 25 = 50   b) 50 + 50 = 100   c) 35 + 35 = 70   d) 40 + 40 = 80
   25 + 26 > 50   49 + 48 < 100   34 + 33 < 70   42 + 39 > 80
   25 + 24 < 50   54 + 55 > 100   35 + 39 > 70   38 + 37 < 80

❓ WAS WIRD BENÖTIGT?
Arbeitsmaterial: evtl. Leerformat 2 „Zahlenmauern"

❓ WORUM GEHT ES?
Auf dieser Seite wird die Addition mit operativ strukturierten Päckchen und Zahlenmauern geübt.

❓ WIE KANN MAN VORGEHEN?
Zur Arbeit mit dem Buch:
Alle Aufgabenformate sind den Kindern bekannt, sodass die Seite sofort bearbeitet werden kann.

Aufgabe 1:
In jedem Päckchen sind je zwei Ergebnisse gleich.

☐ Beispiel: 17 + 62 = 79 und 12 + 67 = 79
Dies ist mit Hilfe der Strategie „Zehner plus Zehner, Einer plus Einer" und des Vertauschungsgesetzes aus der Tatsache abzuleiten, dass mit einer Ausnahme nur Zehner und Einer vertauscht werden.

Im Beispiel:
17 + 62 = __   12 + 67 = __
10 + 60 = 70   10 + 60 = 70
 7 + 2 = 9   2 + 7 = 9

Aufgabe 2:
Weitere Aufgaben sind leicht zu finden:
21 + 30 = 51   26 + 25 = 51
31 + 20 = 51   oder   27 + 24 = 51   oder   …
41 + 10 = 51   28 + 23 = 51

Man braucht nur das Gesetz von der Konstanz der Summe oder das Vertauschungsgesetz anzuwenden.

Aufgabe 3:
Es handelt sich um alle möglichen Summen der 2-stelligen Zahlen mit den Ziffern 1, 2, 3, 4. Die Summe 55 kommt achtmal vor, in jedem Päckchen zweimal.
12 + 43   21 + 34   31 + 24   42 + 13
13 + 42   24 + 31   34 + 21   43 + 12

Die Summe 46 und die Umkehrzahl 64 kommen je viermal vor.
12 + 34   32 + 14   21 + 43   41 + 23
14 + 32   34 + 12   23 + 41   43 + 21

Die Summe 37 und die Umkehrzahl 73 kommen ebenfalls je viermal vor.
13 + 24   23 + 14   31 + 42   41 + 32
14 + 23   24 + 13   32 + 41   42 + 31

Die Begründung ergibt sich wie in Aufgabe 1.
13 + 24,   14 + 23   oder   31 + 42,   41 + 32
10 + 20   10 + 20   30 + 40   40 + 30
 3 + 4   4 + 3   1 + 2   1 + 2

Aufgabe 4:
Einfache, von unten nach oben zu berechnende Zahlenmauern.

Aufgabe 5:
Der mittlere Stein in der unteren Reihe muss durch Probieren gefunden werden. Das Ergebnis von a) kann für b) verwendet werden.

5a)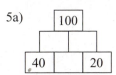

zu klein 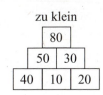   richtig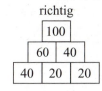

44 Übungen
Übung der Addition, Erkennen von Mustern

5b)
```
      100
   38     22
```

zu klein
```
       80
    48   32
  38  10  22
```

richtig
```
      100
    58  42
  38  20  22
```

Aufgabe 6:
Die Mauern können durch leichte Additions- und Ergänzungsaufgaben berechnet werden. In der unteren Reihe erhält man jeweils gleiche Steine (Vorbereitung für das 5er-, 6er- und 7er-Einmaleins).

Aufgabe 7:
Die Summen müssen nicht immer ausgerechnet werden.

☐ Beispiel 1:
35 + 39 > 70, da 35 die Hälfte von 70 und 39 > 35 ist.

☐ Beispiel 2:
49 + 48 < 100, da beide Zahlen kleiner als die Hälfte von 100, d. h. 50 sind.

☐ Beispiel 3:
54 + 55 > 100, da beide Zahlen größer als 50 sind.

☐ Beispiel 4:
38 + 37 < 80, denn 80 = 40 + 40 und 38 < 40 sowie 37 < 40.

ARBEITSHEFT Seite 23, Aufgabe 3–5

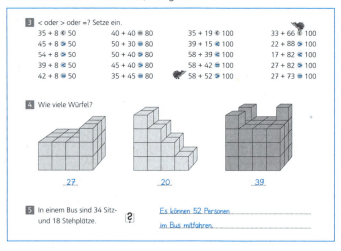

? WIE KÖNNTE ES WEITERGEHEN?
- Weiterführung von Aufgabe 3: Bilde alle Plusaufgaben mit den Ziffern 2, 3, 4 und 5, z. B. 23 + 45, 25 + 43, … (24 Aufgaben) und vergleiche die Ergebnisse.
- Gegeben sind die Grundsteine 4, 5, 6, 7 einer Zahlenmauer. Sie sollen so angeordnet werden, dass ein möglichst großer bzw. möglichst kleiner Deckstein entsteht. Welche Decksteine sind überhaupt möglich?

```
         48
       23  25
     10  13  12
    4  6   7   5
```

Geht es größer? Nein! (Warum nicht?)

```
         40
       20  20
     11   9  11
    7   4   5   6
```

Geht es kleiner? Nein! (Warum nicht?)

Schöne Päckchen 45
Übungen zur Addition, geschickte Addition mehrerer Summanden

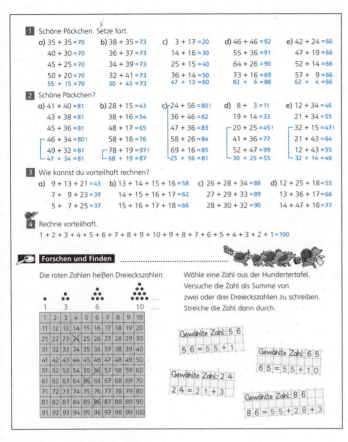

? WAS WIRD BENÖTIGT?

Arbeits- und Demonstrationsmaterial: Hundertertafel (ausklappbarer Umschlag), evtl. Leerformat 7 „Breite Hundertertafel"

? WORUM GEHT ES?

Bei der Addition mehrerer Summanden lassen sich Summanden oft so zusammenfassen, dass glatte Zahlen entstehen. Dabei wird das Vertauschungsgesetz benutzt.

☐ Beispiel: 5 + 7 + 25 = 5 + 25 + 7 = 30 + 7 = 37

14 + 47 + 16 = 14 + 16 + 47 = 30 + 47 = 77

Für die große Summe
1 + 2 + 3 + 4 + 5 + 6 + 7 + 8 + 9 + 10 + 9 + 8 + 7 + 6 + 5 + 4 + 3 + 2 + 1
gibt es viele Möglichkeiten der Zusammenfassung.

☐ Beispiel:
1. Immer zur Teilsumme 10 zusammenfassen:

1 + 2 + 3 + 4 + ⑤ + 6 + 7 + 8 + 9 + ⑩ + 9 + 8 + 7 + 6 + ⑤ + 4 + 3 + 2 + 1

4 mal 10 + 5 + 10 + 4 mal 10 + 5 = 10 mal 10 = 100

2. Immer mehrere Summanden zu einfachen Teilsummen zusammenpacken und dann addieren zum Beispiel:

1 + 2 + 3 + 4 + 5 + 6 + 7 + 8 + 9 + 10 + 9 + 8 + 7 + 6 + 5 + 4 + 3 + 2 + 1
   10   35   40   15

3. Immer zu 10 zusammenfassen

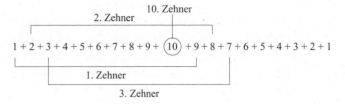

Insgesamt 10 Zehner.

? WIE KANN MAN VORGEHEN?

Zur Arbeit mit dem Buch:
Die Seite sollte von den Kindern möglichst selbstständig bearbeitet werden.

Aufgabe 1:
Bei diesem Übungsformat muss nochmals daran erinnert werden, dass einige wenige Aufgaben das Muster logisch nicht eindeutig festlegen. Prinzipiell gibt es wie beim Fortsetzen von Zahlenfolgen mehrere Lösungen, die aber unterschiedlich kompliziert sind. Logisch einwandfrei wird die Aufgabenstellung, wenn die Kinder eine Regel angeben, die auf die gegebenen Aufgaben passt und damit die Aufgabenfolge fortsetzen. Dies gelingt bei allen vorgegebenen Päckchen auf nahe liegende Weise.

a) Der erste Summand wird jeweils um 5 größer, der zweite Summand um 5 kleiner. Das Ergebnis ist konstant 70. Die Kinder setzen fort, so weit sie möchten:
55 + 15 = 70
60 + 10 = 70
65 + 5 = 70
70 + 0 = 70

b) Der erste Summand wird jeweils um 2 kleiner, der zweite Summand um 2 größer, das Ergebnis ist damit immer 73. Die Kinder setzen fort, so weit sie möchten.
30 + 43 = 73
28 + 45 = 73
26 + 47 = 73
24 + 49 = 73 …

c) Der erste Summand erhöht sich immer um 11. Der zweite Summand nimmt immer um 1 ab. Die Summe wird damit um 10 größer. Auch hier setzen die Kinder fort, so weit wie sie möchten: 47 + 13 = 60, 58 + 12 = 70, …

d) Der erste Summand erhöht sich immer um 9. Der zweite Summand nimmt jeweils um 10 ab. Das Ergebnis erniedrigt sich somit von Zeile zu Zeile um 1. Die Kinder können mit 82 + 6 = 88 fortsetzen.

e) Der erste Summand erhöht sich immer um 5, dafür erniedrigt sich der zweite Summand um 5. Das Ergebnis bleibt nach dem Gesetz von der Konstanz der Summe immer gleich 66. Fortsetzung: 62 + 4 = 66

45 Schöne Päckchen
Übungen zur Addition, geschickte Addition mehrerer Summanden

Aufgabe 2:
Hier handelt es sich um Päckchen, die durch Beseitigung einer Störung „schön" gemacht werden können. Damit ist gemeint, dass eine möglichst einfache Regel für das Päckchen gefunden wird, die bei einer Aufgabe ggf. verletzt wird. Die Störung ist sowohl an der Aufgabe als auch an den berechneten Ergebnissen zu erkennen. Deshalb sollten die Aufgaben zunächst ausgerechnet werden.

a) Bis auf eine Ausnahme erhöht sich der erste Summand um 2, der zweite Summand erniedrigt sich um 2. Das Ergebnis bleibt dann gleich (immer 81). Die vierte Aufgabe fällt heraus. Wenn man 46 + 34 = 80 durch 47 + 34 = 81 ersetzt, zieht sich die Regel durch.

b) Bis auf eine Ausnahme erhöht sich der erste Summand jeweils um 10, der zweite Summand um 1, das Ergebnis erhöht sich jeweils um 11 (der Zehner erhöht sich um 1, der Einer erhöht sich um 1). Die letzte Aufgabe 78 + 19 = 97 muss durch 68 + 19 = 87 ersetzt werden, damit sich diese Regel durchzieht.

c) Bis auf eine Ausnahme (erste Aufgabe) erhöht sich der erste Summand um 11. Der zweite Summand erniedrigt sich um 10. Das Ergebnis erhöht sich immer um 1. Damit die Regel durchgängig gilt, muss die erste Aufgabe 24 + 56 = 80 durch 25 + 56 = 81 ersetzt werden.

d) Bis auf die dritte Aufgabe, 20 + 25 = 45, ergeben sich überall Zahlen der Elferreihe (11, 33, 45, 77, 99). Da der erste Summand bis auf diese Ausnahme immer um 11 größer wird, kann man mit 30 + 25 = 55 die Störung beheben. Beim Übergang vom ersten zum zweiten Summanden ist dieses Aufgabenmuster gut zu sehen. Deshalb würde es kein so schönes Muster ergeben, wenn das Ergebnis durch Korrektur des zweiten Summanden erzielt würde. Logisch wäre es aber einwandfrei, wenn die Kinder nur auf das Ergebnis achten und die Störung im Ergebnis auf irgendeine Weise korrigieren.

e) Die ersten und die letzten Aufgaben sind verwandt. Die Zehner- und Einerziffer eines Summanden werden jeweils vertauscht, z. B. 12 + 34 = 46 und 21 + 34 = 55. Die mittlere Aufgabe gehört nicht dazu, sie hat ganz andere Ziffern. Sie kann z. B. durch 32 + 14 = 46 ersetzt werden.

Aufgabe 3:
Zahlen mit passenden Einerziffern für eine Zehnerzahl werden zusammengefasst, z. B.

a) 9 + 21 + 13 = 43   Dabei muss jeweils
   7 + 23 + 9 = 39   das Vertauschungsgesetz
   5 + 25 + 7 = 37   angewandt werden.

b) 14 + 16 + 13 + 15 = 30 + 28 = 58
   Da sich bei den folgenden Aufgaben die vier Zahlen immer um 1 erhöhen, erhöht sich die Summe immer um 4.

c) 26 + 34 + 28 = 60 + 28 = 88   Man könnte auch so
   27 + 33 + 29 = 60 + 29 = 89   schließen:
   28 + 32 + 30 = 60 + 30 = 90   Da sich 2 Summanden
                                     gegensinnig verändern
                                     und in der Summe 60
                                     bleiben, wirkt sich nur die
                                     Erhöhung des 3. Summand
                                     um 1 im Ergebnis aus.

d) 12 + 18 + 25 = 30 + 25 = 55
   13 + 17 + 36 = 30 + 36 = 66
   14 + 16 + 47 = 30 + 47 = 77

Aufgabe 4:
Verschiedene Lösungen wurden oben bereits angesprochen.

FORSCHEN UND FINDEN
Die Dreieckszahlen 1, 3, 6, 10, 15, 21, 28, 36, 45, 55, 66, 78 und 91 dienen für die Expedition ins Zahlenreich als Grundzahlen: Die Kinder sollen versuchen jede andere Zahl des Hunderterraums (oder darüber hinaus) als Summe von höchstens drei Dreieckszahlen zu schreiben. Die Dreieckszahlen dürfen dabei mehrfach verwendet werden.

☐ Beispiele:
20 = 10 + 10,
51 = 45 + 6, 74 = 36 + 28 + 10,
77 = 55 + 21 + 1, 77 = 66 + 10 + 1
Carl Friedrich Gauß (1777–1855), der im ZAHLENBUCH Band 4 vorgestellt wird, hat in seinen berühmten „Disquisitiones arithmeticae" (Arithmetische Untersuchungen) bewiesen, dass jede natürliche Zahl Summe von höchstens drei (nicht notwendigerweise verschiedenen) Dreieckszahlen ist. Der Beweis ist nicht elementar.

Wie das obige Beispiel mit 77 zeigt, ist die Darstellung natürlicher Zahlen durch Dreieckszahlen nicht eindeutig, was für die Kinder ein zusätzlicher Reiz ist.

WAS WIRD BENÖTIGT?
Arbeitsmaterial: Leerformat 7 „Breite Hundertertafel"

WIE KANN MAN VORGEHEN?
Zuerst wird die Folge der Dreieckszahlen bis 91 erarbeitet. Die ersten Zahlen 1, 3, 6, 10, 15, 21, 28, 36, 45 und 55 sind den Kindern vom Denkspiel D2 „Dreiecksmemory" her bekannt. Die Dreieckszahlen entstehen durch fortlaufende Addition der natürlichen Zahlen:
1,
1 + 2 = 3
1 + 2 + 3 = 6
1 + 2 + 3 + 4 = 10
…
1 + 2 + 3 + 4 + 5 + 6 + 7 + 8 + 9 + 10 + 11 + 12 + 13 = 91.

Schöne Päckchen

Übungen zur Addition, geschickte Addition mehrerer Summanden

Jedes Kind markiert die Dreieckszahlen auf seiner Hundertertafel rot. An den Beispielen im Buch und an weiteren Beispielen wird die Aufgabenstellung erklärt.

Jedes Kind macht sich dann auf die Suche und streicht Zahlen, für die es Darstellungen gefunden hat, in der Tafel durch. In eine breite Hundertertafel können die Darstellungen eingetragen werden.

? WIE KÖNNTE ES WEITERGEHEN?

– Statt der Dreieckszahlen können auch andere Grundzahlen verwendet werden, z. B.
  - Kombinierte Zahlen: 1, 2, 3, 4, 10, 20, 30, 40
  - Fibonacci-Zahlen: 1, 2, 3, 5, 8, 13, 21, 34, 55, 89

Hierbei darf jede Grundzahl nur einmal verwendet werden, in der Summe werden allerdings mehr als drei Grundzahlen zugelassen. Mit den kombinierten Zahlen lassen sich Darstellungen ziemlich einfach finden.

☐ Beispiele:

Darstellung durch Fibonacci-Zahlen

20 = 13 + 5 + 2
51 = 34 + 13 + 3 + 1
68 = 55 + 13 = 55 + 8 + 5
77 = 55 + 13 + 8 + 1

Darstellung durch 1, 2, 3, 4, 10, 20, 30, 40

20 = 1 + 2 + 3 + 4 + 10
51 = 20 + 30 + 1 = 40 + 10 + 1
68 = 40 + 20 + 4 + 3 + 1 = 10 + 20 + 30 + 4 + 3 + 1

☐ Hinweis:

Die Beziehungen zwischen den Dreieckszahlen und den Quadratzahlen werden im Schülerbuch auf S. 101 untersucht.

■ LITERATUR

Ulrich Kalthoff: Produktives Üben – Heißhunger auf lustvolle Denkarbeit.
In: Müller, G.N./Wittmann, E.Ch.: Mit Kindern rechnen. – Arbeitskreis Grundschule Frankfurt a. M., 1995, 179–190

ARBEITSHEFT Seite 23, Aufgabe 1 und 2

1 Schöne Päckchen. Setze fort.

4 + 26 = 30	27 + 25 = 52	25 + 25 = 50	27 + 18 = 45
15 + 25 = 40	25 + 27 = 52	30 + 20 = 50	36 + 18 = 54
26 + 24 = 50	23 + 29 = 52	35 + 15 = 50	45 + 18 = 63
37 + 23 = 60	21 + 31 = 52	40 + 10 = 50	54 + 18 = 72
48 + 22 = 70	19 + 33 = 52	45 + 5 = 50	63 + 18 = 81
59 + 21 = 80	17 + 35 = 52	50 + 0 = 50	72 + 18 = 90

2 Schöne Päckchen?

23 + 57 = 80	5 + 6 = 11	61 + 30 = 91	44 + 31 = 75
27 + 53 = 80	16 + 17 = 33	62 + 29 = 91	51 + 29 = 80
28 + 52 = 80	27 + 28 = 55	63 + 28 = 91	58 + 27 = 85
29 + 51 = 80	38 + 39 = 77	⌐64 + 28 = 92!	⌐65 + 26 = 91!
30 + 50 = 80	⌐49 + 40 = 89!	65 + 26 = 91	72 + 23 = 95
	⌐49 + 50 = 99	⌐64 + 27 = 91	⌐65 + 25 = 90

Addition im Hunderter

46 Würfel
Würfel in der Umwelt erkennen, Würfel herstellen, mit Würfeln bauen

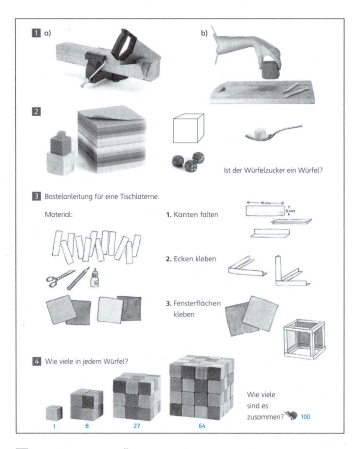

? WAS WIRD BENÖTIGT?
Arbeitsmittel: Knete (Ton), stabile Tonpapierstreifen der Form 4 cm × 10 cm, Transparentpapier, Schere, Klebstoff; evtl. Arbeitsblatt 16 „Würfelnetz"
Demonstrationsmaterial: würfelförmige Gegenstände (Spielwürfel, Zettelblock, Brühwürfel, Würfelzucker ...), Ball (Kugel) als Kontrast

? WORUM GEHT ES?
Der Würfel ist ein spezieller Quader mit 6 kongruenten Quadraten als Seitenflächen.

Die Kinder erfahren durch Bilder, durch Basteln und durch Bauen den Würfel als Körper
- mit 6 gleichen quadratischen (Seiten-)Flächen,
- mit 8 gleichartigen Ecken (an denen jeweils drei Kanten zusammentreffen),
- mit 12 gleich langen Kanten.

? WIE KANN MAN VORGEHEN?
Vor der Arbeit mit dem Buch:
Im Sitzkreis legt die Lehrerin einen Ball und einen Würfel in die Mitte. Die Kinder beschreiben die Unterschiede sowie die Vor- und Nachteile der Formen (Ball als Würfel geeignet? Würfel als Ball geeignet?). Anschließend wird aus Knetmaterial eine Kugel geformt. Danach soll ein Würfel geformt werden.

Die Kinder kommen auf die Kanten, Ecken und Flächen zu sprechen. Es bereitet einige Mühe, einen halbwegs exakten Würfel aus Ton zu formen. Die Lehrerin kann vormachen, wie man durch mehrmaliges geschicktes Fallenlassen einer Tonkugel auf ein Brettchen schließlich einen angenäherten Würfel formen und „nacharbeiten" kann.

Zur Arbeit mit dem Buch:
Aufgabe 1:
Zwei Herstellungsmöglichkeiten von Würfeln sind abgebildet.
a) Abschneiden vom Kantholz mit quadratischem Querschnitt
b) Formen eines Würfels aus Knetmaterial

Aufgabe 2:
Die Kinder beschreiben die abgebildeten Gegenstände.
Der so genannte „Würfelzucker" hat (in Deutschland!) keine Würfelform. Die Kinder können dies begründen, indem sie ihre Kenntnisse über Würfel anwenden: Beim Würfelzucker sind nicht alle Seiten Quadrate. Der Spielwürfel ist kein exakter Würfel, weil er abgerundete Ecken hat.

Aufgabe 3:
Die 4 cm × 10 cm großen Streifen aus stabilem Tonkarton sollten vorgeschnitten sein, weil sonst der Zeitaufwand im Unterricht für das Herstellen der Laterne zu groß ist. Es werden nur 4 Fensterflächen geklebt, damit man die Laterne über ein Teelicht stellen kann und oben ein Rauchabzug bleibt.

Aufgabe 4:
Beim Bauen mit Würfeln erfolgt eine Verzahnung des geometrischen Themas mit der Arithmetik.
Würfel mit doppelter Kantenlänge:
Man benötigt 8 Würfel (nicht etwa nur 4!), denn unten liegt eine Schicht mit 2 × 2 = 4 Würfeln und oben eine zweite gleiche Schicht.
Würfel mit dreifacher Kantenlänge:
Man benötigt 27 Würfel (3 Schichten mit je 3 × 3 = 9 Würfeln)
Würfel mit vierfacher Kantenlänge:
Man benötigt 64 Würfel (4 Schichten mit je 4 × 4 = 16 Würfeln)

Zusammen benötigt man für die vier abgebildeten Würfel 1 + 8 + 27 + 64 = 100 kleine Würfel. Das ist ein bemerkenswertes Ergebnis: Aus genau 100 Würfeln kann man ohne Rest einen 1 × 1 × 1-, einen 2 × 2 × 2-, einen 3 × 3 × 3- und einen 4 × 4 × 4-Würfel herstellen. (Der tiefere Grund liegt darin, dass 100 das Quadrat der 4. Dreieckszahl 1 + 2 + 3 + 4 = 10 ist.)

Vor dem Zählen müssen die Kinder unbedingt größere Würfel aus kleineren Würfeln gebaut haben. Wenn jedes Kind 2 Tischlaternen herstellt, hat die Klasse zwischen 40 und 60 Würfel zu Verfügung. Damit lassen sich 8 und 27 kleine Würfel zu größeren Würfeln zusammensetzen. Brauchbar sind auch Steckwürfel oder Würfel der Mehrsystemblöcke.

? WIE KÖNNTE ES WEITERGEHEN?
- Würfel aus einem Netz zusammenkleben (Arbeitsblatt 16)
- Mit 5 cm × 20 cm großen Kartonstreifen als Ausgangsmaterial größere Würfel bauen: Der kleine Würfel passt 8-mal (!) hinein (Man muss es gesehen haben!)

Quader 47
Quader in der Umwelt erkennen, mit Quadern bauen

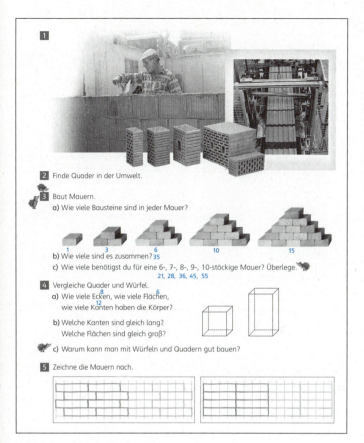

1
2 Finde Quader in der Umwelt.
3 Baut Mauern.
  a) Wie viele Bausteine sind in jeder Mauer?
     1, 3, 6, 10, 15
  b) Wie viele sind es zusammen? 35
  c) Wie viele benötigst du für eine 6-, 7-, 8-, 9-, 10-stöckige Mauer? Überlege.
     21, 28, 36, 45, 55
4 Vergleiche Quader und Würfel.
  a) Wie viele Ecken, wie viele Flächen, 8, 6
     wie viele Kanten haben die Körper? 12
  b) Welche Kanten sind gleich lang?
     Welche Flächen sind gleich groß?
  c) Warum kann man mit Würfeln und Quadern gut bauen?
5 Zeichne die Mauern nach.

❓ WAS WIRD BENÖTIGT?
Arbeits- und Demonstrationsmaterial: Streichholzschachteln, falls vorhanden quaderförmige Bausteine

❓ WORUM GEHT ES?
Quader sind Körper, die von 6 Rechtecken begrenzt werden, wobei gegenüberliegende Rechtecke stets deckungsgleich sind.

Die Form eines Ziegelsteines wird häufig als typische Quaderform angesehen. Schon ungewöhnlicher ist es, ein Telefonbuch, ein Holzbrett oder gar ein Blatt Papier als quaderförmig zu identifizieren, weil eine der drei Kantenlängen gegenüber den beiden anderen klein bzw. sogar sehr klein ist.

Folgende Gegenstände in der Umwelt haben eine ziemlich genaue Quaderform und sind leicht zu beschaffen: Streichholzschachtel, Zuckerstückchen, Verpackungen (Seife, Zahnpasta, Quaderpackungen bei Milch und Saft, Packungen von Papiertaschentüchern), Taschenbuch, Schrank, Klassenraum, Heft, Ziegelsteine, Fliesen.

Die Eigenschaften eines Quaders werden besonders klar, wenn man sich die Frage stellt, was die Quaderform für das Bauen einer Mauer bedeutet.

Ein altes Normmaß für Ziegelsteine leitet sich von der Längeneinheit 1 m ab:

24 cm   12 cm   6 cm

Begründung:
4 Steine mit Fugen sind ca. einen Meter lang (4 × 25 = 100),
8 Steine übereinander mit Fugen sind ca. einen Meter hoch (8 × 12,5 = 100).

❓ WIE KANN MAN VORGEHEN?
Zur Arbeit mit dem Buch:
Aufgabe 1:
Das Einstiegsbild von der Baustelle dient als Erzählanlass. Die Kinder berichten über ihre Erfahrungen. Sie erklären mit ihren Worten und aufgrund ihrer Bauerfahrungen, warum sich Quader zum Bauen besonders eignen. Evtl. kann eine nahe gelegene Baustelle besichtigt werden.

Das nächste Bild veranschaulicht, wie bei der Herstellung von Ziegelsteinen der gepresste Tonstrang über ein Fließband läuft. Automatisch schneidet ein Draht gleich große Quader ab. Die Löcher und Muster werden durch die Presse geformt. Anschließend werden die Steine getrocknet und bei Temperaturen um 1000 Grad Celsius gebrannt. Erst dann werden die anfänglich grünen Ziegel rotbraun. Die weißen Kalksandsteine werden nicht gebrannt, sondern gepresst.

Die früher übliche Herstellung von Ziegelsteinen kann nachvollzogen werden, indem man Ton in eine kleine Holzkiste (Zigarrenkiste) drückt und dann trocknen lässt.

Aufgabe 2:
Die Kinder suchen Quader in der Umwelt: Kisten, Schachteln, Pflastersteine, Koffer, Schränke, …

Aufgabe 3:
Die Kinder bauen die Gebilde mit Streichholzschachteln nach und zählen die Anzahl der „Bausteine". Je nach Anzahl der zur Verfügung stehenden Streichholzschachteln kann das Bauen in Einzel-, Partner- oder Gruppenarbeit erfolgen.
a) Man berechnet für eine n-stöckige Mauer die n-te Dreieckszahl: also 1, 1 + 2 = 3, 1 + 2 + 3 = 6, 1 + 2 + 3 + 4 = 10, 1 + 2 + 3 + 4 + 5 = 15
b) Zusammen sind dies: 1 + 3 + 6 + 10 + 15 = 35 Bausteine.
c) Jede Mauer entsteht aus der vorhergehenden durch Hinzufügen einer Grundschicht:
   6-stöckige Mauer: 1 + 2 + 3 + 4 + 5 + 6 = 21 (= 15 + 6)
   7-stöckige Mauer: 1 + 2 + ... + 6 + 7 = 28 (= 21 + 7)
   8-stöckige Mauer: 1 + 2 + ... + 7 + 8 = 36 (= 28 + 8)
   9-stöckige Mauer: 1 + 2 + ... + 8 + 9 = 45 (= 36 + 9)
   10-stöckige Mauer: 1 + 2 + ... + 9 + 10 = 55 (= 45 + 10).

Aufgabe 4:
Hier werden Quader und Würfel verglichen.
a) Beide Körper haben 8 Ecken, 6 Flächen und 12 Kanten.
b) Während beim Würfel alle Kanten gleich lang und alle Flächen gleich groß sind, ergibt sich beim Quader: Je 4 parallele Kanten sind gleich lang, je 2 parallele Flächen sind gleich groß (genauer: Es sind je 2 deckungsgleiche Rechtecke).

Addition im Hunderter

47 Quader
Quader in der Umwelt erkennen, mit Quadern bauen

c) Mit Würfeln und Quadern kann man wegen der rechten Winkel und der parallelen Flächen gut bauen. Die längeren Kanten des Quaders und die größeren Längsflächen im Vergleich zur Höhe und Breite ergeben einen noch besseren Verbund als beim Würfel.

Aufgabe 5:
Die Kinder finden heraus, dass in der Zeichnung nur die Vorderseite der Steine zu sehen ist. Im Vergleich der Zeichnungen wird noch einmal deutlich, dass „im Verband" gesetzte Steine stabilere Mauern ergeben. Das Karo-Gitter hilft beim Zeichnen der Mauern. (Verband heißt: In zwei aufeinander folgenden Schichten dürfen die Stoßfugen nicht zusammenfallen.)

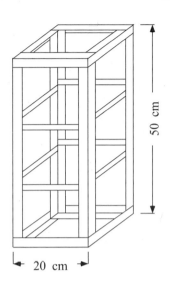

? **WIE KÖNNTE ES WEITERGEHEN?**
– Kantenmodell eines „Säulenquaders" bauen:
4 Streifen (50 cm × 5 cm) und 8 Streifen (20 cm × 5 cm) jeweils aus stabilem Karton in der Mitte knicken (Winkelprofil),

8 Querstreben (20 cm × 5 cm) aus stabilem Karton in der Mitte knicken, dann beide Hälften zur Mittellinie falten und

so zusammenkleben, dass ein Dreiecksprofil entsteht.

Rechenwege 48

Rechenwege bei der Subtraktion und die dabei benutzten einfachen Aufgaben besprechen

Der auf dieser Seite beginnende Themenblock „Subtraktion im Hunderter" ist analog zum Themenblock „Addition im Hunderter" aufgebaut. Er beginnt mit dem Bewusstmachen verschiedener Rechenwege. Daran schließen sich einfache Aufgaben und die Nutzung einfacher Aufgaben für schwere Aufgaben an. Der Schwerpunkt liegt wiederum auf verschiedenen Rechenwegen, die alle auf der Anwendung des Einsminuseins auf Zehner und Einer beruhen.

❓ WAS WIRD BENÖTIGT?

Arbeits- und Demonstrationsmaterial: Hunderterfeld, Hundertertafel, Rechengeld, evtl. Zehnerstreifen und Plättchen oder Hunderterrahmen

❓ WORUM GEHT ES?

Analog zur Einführung der Addition im Hunderterraum wird die halbschriftliche Subtraktion eingeführt. Am Beginn steht eine komplexere Aufgabe ohne Zehnerunterschreitung, an der zunächst Rechenwege besprochen werden. Dadurch sollen die Kinder zu einer eigenen Auseinandersetzung mit dem Thema angeregt werden. Wie bei der Addition wird zunächst auf das schriftliche Notieren der Rechenwege verzichtet.

Als Zwischenschritt zum Rechnen in der Vorstellung eignet sich wieder die Strich/Punkt-Darstellung.

☐ Beispiel: 68 – 27

Zunächst zeichnet man die 68.

Dann kreist man die wegzunehmenden 27 ein.

Übrig bleiben 40 + 1 = 41 (nicht eingekreist).

Die Aufgabe kann auch durch Ergänzen (27 + __ = 68) gelöst werden: 27 + 41 = 68. Also 68 – 27 = 41. Dieser Weg kann am Rechenstrich gut erläutert werden:

27 + __ = 68

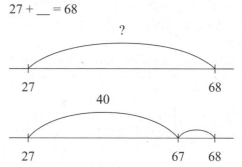

Das Ergänzen liegt näher, wenn die Zahlen nahe beisammen liegen wie z. B. bei der Aufgabe 68 – 57. Diese Strategie des Ergänzens wird auf der Schülerbuchseite 51 eigens angesprochen.

Die Strategie „Erst Zehner weg, dann Einer weg" oder umgekehrt kann am Rechenstrich gut dargestellt werden:

68 – 27 = 41

Im Anschluss an Aufgaben ohne Zehnerunterschreitung werden auch schon Aufgaben gestellt, die das Anknabbern eines Zehners erfordern.

☐ Beispiel: 54 – 17

Darstellen von 54

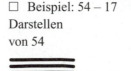

Einkreisen (Wegnehmen) von 17

Subtraktion im Hunderter 99

48 Rechenwege
Rechenwege bei der Subtraktion und die dabei benutzten einfachen Aufgaben besprechen

Die Punkte, die von einem Zehner noch weggenommen werden müssen, werden markiert und rot eingekreist.

Übrig bleiben: 40 – 3 = 37
(nicht eingekreist).

Dieser Weg verlangt ein gründliches Durchdringen des Handlungsvorgangs beim Wegnehmen:

Ich zeichne 54. Von 50 nehme ich 10 weg, dann habe ich 40. Jetzt muss ich noch 7 Einer wegnehmen. Zuerst nehme ich 4 Einer weg und ich muss dann noch 3 Einer wegnehmen. Dazu muss ich den nächsten Zehner „anknabbern". Ergebnis: 37.

Der Lösungsweg kann mit Zehnerstreifen und Plättchen oder mit Zehnerstäben und Plättchen des Hunderterrahmens aufgezeigt werden. Ein Zehnerstreifen oder Zehnerstab muss dazu in 10 Einer gewechselt („entbündelt") werden.

Dieser Weg ist für die Kinder am Anfang schwierig und führt auch manchmal zu Fehlern. Im traditionellen Unterricht wird er daher systematisch vermieden, indem die Strategie „Erst Zehner weg, dann Einer weg" (oder umgekehrt) als Normalverfahren vorgeschrieben und eingeübt wird. Wir halten unser Vorgehen, bei dem wir den Mathematikunterricht in langfristiger Perspektive im Auge haben, aus drei Gründen für besser:
1. Die grundsätzliche Freiheit in der Anwendung der Rechengesetze bleibt gewahrt.
2. Die Auseinandersetzung mit dieser schwierigen Strategie führt zu einem vertieften Verständnis der Subtraktion, von dem die Kinder im weiteren Mathematikunterricht der Grundschule und der weiterführenden Schulen wesentlich profitieren.
3. Die systematische Vermeidung der Strategie „Zehner minus Zehner, Einer minus Einer" im traditionellen Unterricht ist für die Kinder keine Hilfe. Im Gegenteil: Auch wenn diese Strategie nicht besprochen wird, rechnen nicht wenige Kinder, gerade die schwachen, spontan 54 – 17 = 43, indem sie den Unterschied der Zehnerziffern (5 – 1 = 4) und den Unterschied der Einerziffern (7 – 4 = 3) bilden. Bei einfachen Aufgaben ohne Unterschreitung führt diese Strategie ja zum richtigen Ergebnis!

Der beste Zugang zu der Besonderheit der Strategie „Zehner minus Zehner, Einer minus Einer" besteht in einem Vergleich von Aufgaben der Art:

57 – 14   und   54 – 17

Inhaltlich ist klar, dass die zweite Aufgabe ein kleineres Ergebnis haben muss als die erste. Wenn man das Wegnehmen sorgfältig durchführt, erkennt man: Bei 57 – 14 braucht beim Wegnehmen kein Zehner mehr „angeknabbert" zu werden, da 3 Einer stehen bleiben:
57 – 14 = 40 + 3 = 43.

Bei 54 – 17 muss beim Wegnehmen ein Zehner mit 3 Einern „angeknabbert" werden, da mehr Einer wegzunehmen sind, als vorhanden sind: 54 – 17 = 40 – 3 = 37.

Was die Unterrichtspraxis anbelangt, verliert die Problematik die Schärfe, wenn beachtet wird, dass die Strategie „Zehner minus Zehner, Einer minus Einer" für die Kinder nicht verpflichtend ist. Die Kinder können ihren Weg ja selbst wählen. Wenn sich Kinder bewusst für die Strategie „Zuerst Zehner weg, dann Einer weg" oder umgekehrt entscheiden, weil ihnen „Zehner minus Zehner, Einer minus Einer" zu riskant erscheint, ist dies völlig in Ordnung. Pädagogisch ist das aber ganz anders zu bewerten, als wenn Kindern die Strategie „Zuerst die Zehner weg, dann die Einer weg" durch eine gestufte Übungsfolge einprogrammiert wird und sie sich der Freiheit, verschiedene Wege gehen zu können, nicht bewusst werden.

Wegen dieser Besonderheiten wird die Strategie „Zehner minus Zehner, Einer minus Einer" später (Schülerbuchseite 88) genau besprochen, wenn die Kinder eine gewisse Erfahrung mit der Subtraktion haben.

❓ WIE KANN MAN VORGEHEN?

Vor der Arbeit mit dem Buch:
1. Analog zur Addition sollte zuerst eine Standortbestimmung vorgenommen werden: Die Lehrerin schreibt einige schon bekannte Subtraktionsaufgaben (Zwanzigerraum, reine Zehner) und einige neue Subtraktionsaufgaben aus dem Hunderterraum an die Tafel und ermuntert die Kinder, auf einem Blatt „solche" neuen Aufgaben aufzuschreiben und zu rechnen, die sie schon rechnen können. Die Blätter werden dann eingesammelt und analysiert.
2. Für das Gespräch im Klassenverband wird den Kindern z. B. die Aufgabe 47 – 15 gestellt. Man muss daran erinnern, dass die Zahlen einer Subtraktionsaufgabe scharf auseinander zu halten sind: Die erste Zahl ist gegeben, die zweite Zahl wird weggenommen. In der Sprache von Band 1 heißt dies: „Lege ..., nimm ... weg". Bei der Addition ist diese deutliche Unterscheidung wegen des Vertauschungsgesetzes nicht erforderlich.

Die Kinder lösen die Aufgabe unter Verwendung von Material. Anschließend werden die Lösungen verglichen.

Wie bei der Addition greift die Lehrerin nur ein, um die Ansätze der Kinder zu glätten und um bestimmte Punkte anzusprechen.

Rechenwege 48
Rechenwege bei der Subtraktion und die dabei benutzten einfachen Aufgaben besprechen

Folgende Darstellungen sind besonders wichtig:
(1) Legen und Wegnehmen von Geld, in diesem Beispiel nach Wechseln eines Zwanzigerscheins in zwei Zehner:

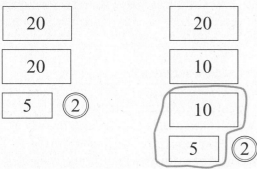

Übrig bleiben 32 Euro.

(2) Lösung am Hunderterfeld durch Darstellen von 47 und Wegnehmen (Einkreisen) von 15:

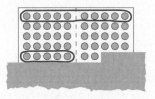

Übrig bleiben 32 (nicht eingekreist).

Die Aufgaben können auch gut mit Zehnerstreifen und Einerplättchen gelegt werden.

Die Lösungen der Kinder werden anschließend durch Striche (Zehner) und Punkte (Einer) schematisiert dargestellt.

Analog wird die Aufgabe 57 – 23 aus dem Buch bearbeitet.

Zur Arbeit mit dem Buch:
Aufgabe 1:
Die Kinder beschreiben die Vorgehensweisen der Kinder bei der Aufgabe 57 – 23 vergleichen sie mit ihren eigenen Rechenwegen und Ergebnissen. Sie überlegen, welche einfachen Aufgaben dabei benutzt werden. Gemeinsames Merkmal aller Rechenwege ist die getrennte Behandlung der Zehner und Einer und die Nutzung von Aufgaben des Einspluseins.

Aufgabe 2:
Die Kinder versuchen selbst, evtl. mit einem Material ihrer Wahl, weitere Minusaufgaben zu lösen sowie ihren Rechenweg zu beschreiben und darzustellen. Man muss sie ausdrücklich ermuntern, eigene Wege zu wählen.

Die Aufgaben a), b) und c) sind unproblematisch. Bei d) und e) dagegen muss ein Zehner angeknabbert werden, was für manche Kinder in dieser Einführungsphase noch schwierig ist. Bei diesen Aufgaben kommt es besonders darauf an, scharf zwischen der gegebenen und wegzunehmenden Zahl zu unterscheiden. Eventuell auftretende Fehler können im Vergleich mit schon berechneten Aufgaben identifiziert werden. Wenn z. B. fälschlicherweise 53 – 27 = 34 gerechnet wird, was zu Beginn nicht selten vorkommt, kann dieses Ergebnis nicht stimmen, denn vorher wurde schon 57 – 23 = 34 berechnet. Im Gespräch wird deutlich, dass bei der falschen Rechnung nicht genau beachtet wurde, welche Zahl gegeben und welche wegzunehmen ist. Auf Schülerbuchseite 88 wird auf die Strategie „Zehner minus Zehner, Einer minus Einer" genau eingegangen. Die von Band 1 her bekannte Strategie „Minusaufgaben durch Ergänzen lösen" wird im Schülerbuch bereits auf S. 51 besprochen.

49 Einfache Minusaufgaben
Rechnen von einfachen Minusaufgaben (nur Zehner bzw. Einer weg), „Anknabbern" von Zehnern

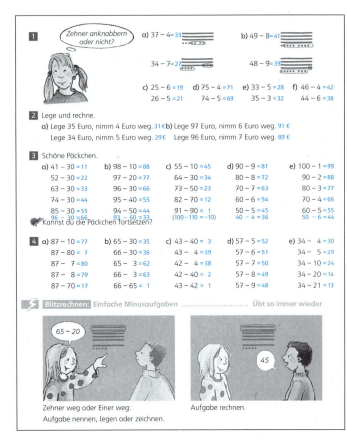

❓ WAS WIRD BENÖTIGT?
Arbeits- und Demonstrationsmaterial: Zehnerstreifen und Plättchen oder Hunderterrahmen, Rechengeld, Hunderterfeld, Hundertertafel

❓ WORUM GEHT ES?
Die Kinder sollen die einfachen Minusaufgaben üben, auf die schwere Aufgaben zurückgeführt werden können. Im wesentlichen sind dies folgende Aufgabentypen:
ZE – E (d.h. nur Einer weg), z.B. 37 – 2 aber auch 37 – 9 (Anknabbern eines Zehners)
ZE – Z (d.h. nur Zehner weg), z.B. 37 – 20 oder 37 – 10.
An den Beispielaufgaben 37 – 4 und 34 – 7 ist zu überlegen, wie man erkennen kann, ob ein Zehner angeknabbert werden muss und oder nicht.

Zunächst wird der Minuend gelegt oder gezeichnet.
(1) Von den 7 Einern können problemlos 4 Einer weggelegt oder eingekreist werden. Es bleiben 33.
(2)  Von 34 sollen 7 weggenommen werden. Problemlos lassen sich 4 wegnehmen (einkreisen). Für die restlichen 3 Einer muss ein Zehner angeknabbert werden. Die 3 Punkte, die noch weggenommen werden sollen, werden in der Darstellung auf einem Zehner rot markiert. Es bleiben dann noch 2 Zehner und 7 Einer, also 27.
Bei Geld muss entsprechend gewechselt werden.

Es ist auch möglich die 7 Einer direkt von einem Zehner wegzunehmen. Dann verbleiben noch 2 Zehner und 3 Einer, die mit den vorhandenen 4 Einern 7 Einer ergeben. Daraus ist ersichtlich, dass immer dann ein Zehner angeknabbert werden muss, wenn weniger Einer vorhanden sind, als man wegnehmen muss.

❓ WIE KANN MAN VORGEHEN?
Vor der Arbeit mit dem Buch:
An der Tafel werden gemeinsam die Aufgaben 1a) und b) sowie 2a) gezeichnet oder gelegt und gerechnet. Besondere Aufmerksamkeit verlangt die Frage, bei welchen Aufgaben ein Zehner angeknabbert werden muss.

Zur Arbeit mit dem Buch:
Aufgabe 1 und 2:
Die restlichen Aufgaben werden im Heft gerechnet.

Aufgabe 3:
Das Übungsformat „Schöne Päckchen" kann von den Kindern selbstständig bearbeitet werden.
Es ergeben sich folgende Muster:
a) Beim Minuenden erhöhen sich Zehner und Einer jeweils um 1, d.h. die Zahlen selbst um 11. Da immer 30 abgezogen wird und das erste Ergebnis 11 ist, erhält man die Zahlen 22, 33, … der Elferreihe. Das Päckchen kann mit 96 – 30 = 66 fortgesetzt werden.
b) Beim Minuenden erniedrigt sich der Einer um 1, der Subtrahend erhöht sich gleichzeitig um 10. Damit erniedrigen sich die Ergebnisse um 11. Da das Päckchen mit dem Ergebnis 88 beginnt, sind die Ergebnisse wieder Zahlen der Elferreihe: 88, 77, 66, 55, …
Das Päckchen kann mit 93 – 60 = 33, 92 – 70 = 22, 91 – 80 = 11 fortgesetzt werden.
c) Wieder erhöht sich beim Minuenden die Zehnerziffer um 1, die Einerziffer erniedrigt sich aber um 1. Insgesamt erhöht sich der Minuend um 10 – 1 = 9. Da sich der Subtrahend um 20 erhöht, wird das Ergebnis jeweils um 11 kleiner, d.h. Zehner- und Einerziffer erniedrigen sich um 1. Das Päckchen kann nicht ohne weiteres fortgesetzt werden, die nächste Aufgabe würde 100 – 110 = –10 lauten.
d) Von einer Anzahl Zehnern wird die gleiche Anzahl Einer abgezogen. Damit ergeben sich die Neunerzahlen 81, 72, 63, 54, … mit dem bekannten Zehner/Einer-Muster. Das Päckchen kann mit 40 – 4 = 36, 30 – 3 = 27, 20 – 2 = 18, 10 – 1 = 9 fortgesetzt werden.
e) Von den Zehnerzahlen (beginnend bei 100) werden 1, 2, 3, 4, … abgezogen. Es ergeben sich wieder die zifferngleichen Zahlen 99, 88, 77, 66, … Das Päckchen kann mit 50 – 6 = 44, 40 – 7 = 33, 30 – 8 = 22, 20 – 9 = 11, 10 – 10 = 0 fortgesetzt werden.

Einfache Minusaufgaben 49

Rechnen von einfachen Minusaufgaben (nur Zehner bzw. Einer weg), „Anknabbern" von Zehnern

Aufgabe 4:
Die Aufgaben eines Päckchen stehen jeweils in einem operativen Zusammenhang.

☐ Beispiel:
a) Von 87 werden jeweils 7 Einer, 7 Zehner und 8 Einer, 8 Zehner abgezogen. Man muss also sorgfältig zwischen Einern und Zehnern unterscheiden.
$87 - 7 = 80$ und $87 - 70 = 17$, $87 - 8 = 79$ und $87 - 80 = 7$.
$87 - 7$ und $87 - 8$ unterscheiden sich im Ergebnis um 1, $87 - 70$ und $87 - 80$ unterscheiden sich im Ergebnis um 10.

d) Hier wird die so genannte gleitende Zehnerunterschreitung dargestellt:
$57 - 5 = 52$, $57 - 6 = 51$, $57 - 7 = 50$, $57 - 8 = 49$ (1 weniger als 50), $57 - 9 = 48$ (nochmals 1 weniger)

⚡ BLITZRECHNEN

Grundlegung der Blitzrechenübung „Einfache Minusaufgaben"
Aufgaben wie $57 - 23$, $57 - 18$ werden halbschriftlich gerechnet und gehören nicht zum Blitzrechnen, wohl aber Subtraktionsaufgaben, bei denen der Subtrahend eine reine Zehner- oder Einerzahl ist, wie z. B. $57 - 20$, $57 - 5$, $57 - 8$, ...

Die Grundlegung erfolgt wie bei der Addition im Unterricht. Bei Bedarf können die Kinder die Aufgaben mit Material (Geld, Zehnerstreifen, ...) legen oder zeichnen.

Diese Übung muss – wie alle anderen Blitzrechenübungen – von den Kindern in den folgenden Wochen und Monaten in der Schule und zu Hause so lange wiederholt werden, bis sie sicher beherrscht wird.

💾 ARBEITSHEFT Seite 24

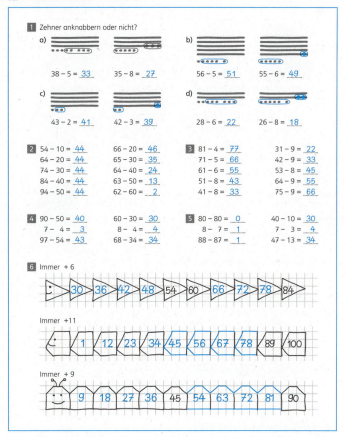

❓ WIE KÖNNTE ES WEITERGEHEN?

– Die Lehrerin gibt jeweils eine Minusaufgabe mit richtigem Ergebnis vor, z. B.

$$\boxed{68 - 20 = 48}.$$

Die Schüler nennen nun verwandte einfache Aufgaben und rechnen sie, z. B. $68 - 30 = 38$, $68 - 40 = 28$, $68 - 19 = 49$, $68 - 18 = 50$.

Wir wollen den Kindern [im halbschriftlichen Rechnen] kein Normalverfahren aufnötigen. Nicht darauf kommt es an, dass das Kind einen bestimmten Weg mit Sicherheit gehen lernt – das streben wir an bei der Gewöhnung der Pferde –, sondern dass es seinen Weg allein zu suchen und zu finden weiß. Bei der Menge des Stoffes und der „richtigen Wege", will sagen der allein gültigen Normalverfahren für die vielen Einzelgebiete, bei der zur Verfügung stehenden Zeit und bei den Kräften der Kinder kann jeder einzelne Weg gar nicht zu der Mechanisierung gelangen, die ihn vor dem Vergessen oder Verwechseln vollkommen schützte. Darum ist es besser, wir rüsten das Kind mit den mathematischen Kräften (Größen- und Operationsgefühlen usw.) aus, die es zu jenem Wegsuchen befähigen. Sehen wir also, dass ein Kind einen ungeschickten Weg einschlägt, so wollen wir beobachten, wie die kleine Seele sich müht, die Zahlvorstellungen und die Zielvorstellungen festzuhalten, um langsam an das Ziel zu gelangen. Stören wir sie nicht! Sie hat noch mit manchem Hemmnis zu kämpfen. Hier hineinfahren mit einem „So dumm!" oder „Falscher Weg!" würde das Kind nur irremachen und ihm auch dort die Sicherheit nehmen, wo es gar nicht irren kann.

Johannes Kühnel, Neubau des Rechenunterrichts

50 Von einfachen zu schweren Aufgaben
Subtraktionsaufgaben legen, zeichnen und rechnen

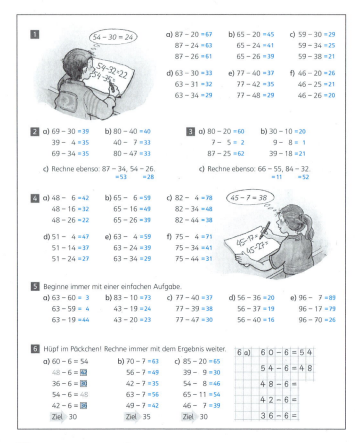

WAS WIRD BENÖTIGT?
Arbeits- und Demonstrationsmaterial: Hunderterfeld, Hundertertafel, Rechengeld, evtl. Zehnerstreifen und Plättchen oder Hunderterrahmen, evtl. Arbeitsblatt 7 „Von einfachen zu schweren Minusaufgaben"

WORUM GEHT ES?
Die verschiedenen Lösungsstrategien bei der Subtraktion („Erst Zehner weg, dann Einer weg" oder umgekehrt, bzw. „Zehner minus Zehner, Einer minus Einer") werden weiter vertieft und zuerst auf leichtere und von da aus auf komplexere Aufgaben angewandt. Das Rechnen bleibt weiterhin in der Anschauung verankert.

WIE KANN MAN VORGEHEN?
Zur Arbeit mit dem Buch:
Von den Aufgaben 1–5 sollten jeweils 1–2 Aufgaben zuerst gemeinsam an der Tafel gelöst und besprochen werden.

Aufgabe 1:
Das Kind im Bild denkt an die einfache Aufgabe 54 – 30 = 24 und leitet daraus die Ergebnisse der schweren Aufgaben ab:
54 – 32 = 22 (Es werden 2 mehr abgezogen)
54 – 35 = 19 (Es werden 5 mehr abgezogen)
Nach dieser Strategie lassen sich alle weiteren Aufgaben lösen. Die einfache Aufgabe ist jeweils rot hervorgehoben.

Aufgabe 2:
Hier wird die Strategie „Erst Zehner weg, dann Einer weg" vorgegeben: Um von 69 die Zahl 34 abzuziehen, werden zunächst 3 Zehner, dann 4 Einer abgezogen, also
69 – 30 = 39
39 – 4 = 35,
d. h. 69 – 34 = 35.

Aufgabe 3:
Hier wird die angesprochene Strategie „Zehner extra, Einer extra" angewandt. Es handelt sich hier nur um Aufgaben ohne Zehnerüberschreitung.

Aufgabe 4:
Das Kind denkt an die einfache Aufgabe 45 – 7 = 38. Es kann nun die schweren Aufgaben lösen:
45 – 17 = 28 (Es werden 10 mehr abgezogen)
45 – 27 = 18 (Es werden 20 mehr abgezogen)

Aufgabe 5:
Hier sollen die Kinder zunächst eine einfache Aufgabe selbst erkennen und dann die weiteren Aufgaben darauf zurückführen.

ARBEITSHEFT Seite 25

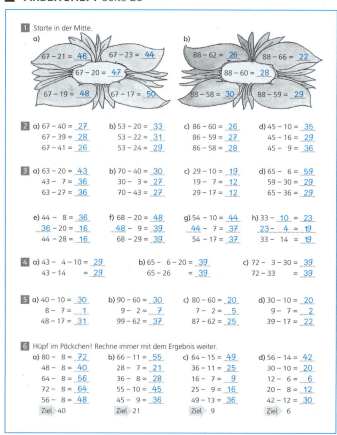

WIE KÖNNTE ES WEITERGEHEN?
– Für weitere Aufgaben kann das Arbeitsblatt 7 „Von einfachen zu schweren Minusaufgaben" verwendet werden.

Minusaufgaben durch Ergänzen lösen 51

Ergänzen als weitere Strategie zur Lösung von Minusaufgaben

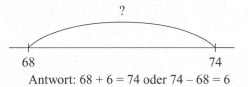

Antwort: 68 + 6 = 74 oder 74 − 68 = 6

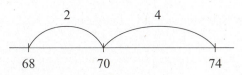

❓ WIE KANN MAN VORGEHEN?

Vor der Arbeit mit dem Buch:
Die Kinder rechnen die Aufgabe 74 − 68 und stellen ihre Rechenwege in einer Rechenkonferenz vor.

Zur Arbeit mit dem Buch:
Aufgabe 1:
Die eigenen Rechenwege werden mit denen der Kinder im Buch verglichen. Die Strategie des Ergänzens wird bei diesem Beispiel als besonders vorteilhaft herausgestellt.

Aufgabe 2:
Alle Aufgaben lassen sich leicht durch Ergänzen lösen. Es handelt sich um „Schöne Päckchen", was aber hier nicht angesprochen werden muss. Die Kinder erhalten aus den Mustern der Ergebnisse aber eine gewisse Rückmeldung, dass sie richtig gerechnet haben.
a) Der Unterschied zwischen aufeinander folgenden Zahlen der Siebenerreihe ist immer 7.
b) Der Unterschied verringert sich immer um 1.
c) Es wird der Unterschied zwischen benachbarten Quadratzahlen berechnet. Dabei ergeben sich die ungeraden Zahlen 19, 17, 15, …
d) Es wird der Unterschied zwischen benachbarten Dreieckszahlen berechnet. Dabei ergibt sich die Zahlenfolge 10, 9, 8, 7, … (denn die Dreieckszahlen entstehen durch Aufsummierung der Zahlen 1, 2, 3, 4, …).
e) Der Unterschied zwischen aufeinander folgenden Zahlen der Neunerreihe ist immer 9.

Aufgabe 3:
Die Zahlenmauern lassen sich durch Ergänzen lösen.

Aufgabe 4:
Hier sind Differenzen mit Zahlen zu vergleichen. Wenn Zerlegungen von 100 ausgenutzt werden, kann man die Größenbeziehung oft auch ohne Rechnung feststellen.
a) kann man mit 100 = 50 + 50 sofort lösen:
100 − 51 < 50,
100 − 49 > 50,
100 − 50 = 50.

❓ WAS WIRD BENÖTIGT?

Arbeits- und Demonstrationsmaterial: Hunderterfeld, Hundertertafel, Rechengeld, Hunderterreihe

❓ WORUM GEHT ES?

Wie im Band 1 auf der gleichnamigen Seite 81 wird die Strategie „Ergänzen" bewusst auf einer eigenen Seite angesprochen. Diese Strategie ist besonders effektiv, wenn der Subtrahend relativ nahe am Minuenden liegt.

☐ Einstiegsbeispiel: 74 − 68
Strategie „Einer weg, Zehner weg": 74 − 68 = __
　　　　　　　　　　　　　　　　　74 − 8 = 66
　　　　　　　　　　　　　　　　　66 − 60 = 6

Strategie „Zehner weg, Einer weg": 74 − 68 = __
　　　　　　　　　　　　　　　　　74 − 60 = 14
　　　　　　　　　　　　　　　　　14 − 8 = 6

Strategie „Ergänzen": 68 + 6 = 74
　　　　　　　　　　　also 74 − 68 = 6.

Die Strategie „Ergänzen" kann sehr gut am Rechenstrich dargestellt werden.

Subtraktion im Hunderter 105

51 Minusaufgaben durch Ergänzen lösen
Ergänzen als weitere Strategie zur Lösung von Minusaufgaben

Bei den Aufgaben b) und c) ist es nützlich, von der Zerlegung von 100 in vier 25-er auszugehen:
25 + 25 = 50, 25 + 25 + 25 = 75, 25 + 25 + 25 + 25 = 100.
Hieraus ergibt sich:
100 − 25 = 75, 100 − 27 < 75 und 100 − 23 > 75.

Aufgabe 5:
„Hüpf im Päckchen" mit Minus- und Plusaufgaben.

ARBEITSHEFT Seite 26, Aufgabe 1–5

1
41 − 6 = 35   35 − 7 = 28   56 − 8 = 48   64 − 9 = 55
41 − 36 = 5   35 − 27 = 8   56 − 48 = 8   64 − 59 = 5
41 − 26 = 15 35 − 17 = 18 56 − 28 = 28 64 − 49 = 15

2
50 − 8 = 42   83 − 5 = 78   64 − 6 = 58   72 − 7 = 65
50 − 48 = 2   83 − 75 = 8   64 − 56 = 8   72 − 67 = 5
50 − 28 = 22 83 − 55 = 28 64 − 46 = 18 72 − 47 = 25

3 Löse durch Ergänzen.
72 − 56 = 16   81 − 65 = 16   70 − 63 = 7   92 − 85 = 7
56 − 42 = 14   65 − 50 = 15   63 − 56 = 7   85 − 79 = 6
42 − 30 = 12   50 − 36 = 14   56 − 49 = 7   79 − 74 = 5
30 − 20 = 10   36 − 23 = 13   49 − 42 = 7   74 − 70 = 4
20 − 12 = 8   23 − 11 = 12   42 − 35 = 7   70 − 67 = 3

4 < oder > oder =?
85 − 20 > 50   38 − 14 < 25   88 − 13 = 75   94 − 49 < 50
65 − 20 < 50   95 − 15 > 25   83 − 13 < 75   99 − 44 > 50

5
70 − 20 = 50   18 − 13 = 5   68 − 14 = 54   56 − 12 = 44
72 − 22 = 50   38 − 13 = 25   58 − 15 = 43   67 − 23 = 44
82 − 32 = 50   58 − 13 = 45   48 − 16 = 32   78 − 34 = 44
84 − 34 = 50   78 − 13 = 65   38 − 17 = 21   89 − 45 = 44
85 − 35 = 50   98 − 13 = 85   28 − 18 = 10   100 − 56 = 44

Subtraktion im Hunderter

Schöne Päckchen 52
Produktive Übungen zur Subtraktion

1 Schöne Päckchen. Setze fort.
a) 50 − 20 =30 b) 17 − 14 = 3   c) 55 − 25 =30 d) 99 + 1 = 100   e) 35 + 55 = 90
   51 − 21 =30   37 − 14 =23   56 − 24 =32   88 + 12 = 100   46 + 44 = 90
   52 − 22 =30   57 − 14 =43   57 − 23 =34   77 + 23 = 100   57 + 33 = 90
   53 − 23 =30   77 − 14 =63   58 − 22 =36   66 + 34 = 100   68 + 22 = 90
   54 − 24 =30   97 − 14 =83   59 − 21 =38   55 + 45 = 100   79 + 11 = 90

2 Schöne Päckchen?
a) 70 − 30 =40 b) 46 − 31 =15 c) 46 − 35 =11   d) 30 + 30 = 60 !   e) 19 + 72 = 91
   73 − 33 =40   57 − 42 =15   ┌47 − 36 =11 !   32 + 27 = 59   28 + 54 = 82
   83 − 43 =40   68 − 53 =15   └48 − 33 =15   33 + 25 = 58   37 + 36 = 73
   ┌84 − 42 =42 ! ┌89 − 64 =25 !   49 − 32 =17   34 + 23 = 57   46 + 18 = 64
   │94 − 54 =40   │90 − 75 =15   50 − 31 =19   35 + 21 = 56   ┌55 + 10 = 65 !
   └84 − 44 =40   └79 − 64 =15   ┌47 − 34 =13   ┌35 + 21 = 56   └55 + 0 = 55
                                    └31 + 29 = 60

3 Wie kannst du geschickt rechnen?
a) 100 − 19 − 1 =80   b) 97 − 9 − 11 =77   c) 81 − 12 − 19 =50   d) 40 − 11 − 19 =10
   100 − 25 − 5 =70   96 − 18 − 12 =66   72 − 23 − 9 =40   50 − 12 − 18 =20
   100 − 31 − 9 =60   95 − 27 − 13 =55   63 − 27 − 6 =30   60 − 23 − 7 =30

4 Rechne geschickt.
100 − 19 − 17 − 15 − 13 − 11 − 9 − 7 − 5 − 3 − 1 =0

Forschen und Finden

Wähle in der Hundertertafel eine Zahl von 1 bis 99. Suche die Umkehrzahl mit den gleichen Ziffern. Ziehe die kleinere von der größeren Zahl ab.

Gewählte Zahl: 4 5
Umkehrzahl: 5 4
5 4 − 4 5 = 9

Gewählte Zahl: 3 7
Umkehrzahl: 7 3
7 3 − 3 7 = 3 6

Gewählte Zahl: 7 0
Umkehrzahl: 7
7 0 − 7 = 6 3

Gewählte Zahl: 2 3
Umkehrzahl: 3 2
3 2 − 2 3 = 9

a) Welche Ergebnisse sind möglich?
0, 9, 18, 27, 36, 45, 54, 63, 72, 81
b) Welche Zahlen führen zum Ergebnis 9?
Alle Zahlen, deren Einer und Zehner den Unterschied 1 haben:
10, 12, 21, 23, 32, …, 89, 98

? WAS WIRD BENÖTIGT?

Arbeits- und Demonstrationsmaterial: Hunderterfeld, Hundertertafel, Rechengeld, Hundertreihe, Leerformat 7 „Breite Hundertertafel"

? WORUM GEHT ES?

Durch produktive Übungen soll einerseits die Subtraktion geübt, andererseits der Sinn für schöne Muster entwickelt werden.

? WIE KANN MAN VORGEHEN?

Zur Arbeit mit dem Buch:

Aufgabe 1:
a) Von Zeile zu Zeile nehmen die Einer von Minuend und Subtrahend um 1 zu, das Ergebnis bleibt daher immer gleich. Die Kinder setzen das Päckchen so weit fort, wie sie möchten mit 54 − 24 = 30, 55 − 25 = 30, 56 − 26 = 30 …
b) Der Zehner des Minuenden erhöht sich jeweils um 2, der Subtrahend bleibt gleich, d. h. das Ergebnis wird um 20 größer. Das Päckchen kann fortgesetzt werden mit 97 − 14 = 83. Vielleicht gibt es auch Kinder, die es über 100 hinaus (117 − 14 = 103) fortsetzen können.
c) Von Zeile zu Zeile erhöht sich der Minuend um 1, der Subtrahend erniedrigt sich um 1, d. h., das Ergebnis wird um 2 größer. Fortsetzung: 59 − 21 = 38, 60 − 20 = 40, …
d) Der erste Summand nimmt jeweils um 11 ab. Nach dem Gesetz von der Konstanz der Summe nimmt der zweite Summand jeweils um 11 zu.

e) analog zu d) nimmt hier der zweite Summand immer um 11 ab.

Aufgabe 2:
Die Päckchen werden zunächst bearbeitet. Die Störungen kann man an den Aufgaben und den Ergebnissen erkennen.
a) Das Ergebnis ist bis auf eine Ausnahme immer 40.
Wenn man die Aufgabe 84 − 42 = 42 durch 84 − 44 = 40 ersetzt, ergibt sich ein durchgehendes Muster: Minuend und Subtrahend erhöhen sich um 3, um 10, um 1 und um 10, das Ergebnis ist immer 40 (Konstanz der Differenz).
b) Das Ergebnis ist nur in einem Fall nicht 15.
Wenn die Aufgabe 89 − 64 = 25 durch 79 − 64 = 15 ersetzt wird, ergibt sich ein durchgehendes Muster: Zehner und Einer von Minuend und Subtrahend erhöhen sich jeweils um 1; das Ergebnis ist immer 15 (Konstanz der Differenz).
c) Die Ergebnisse erhöhen sich fast immer jeweils um 2. Wenn die zweite Aufgabe 47 − 36 = 11 durch 47 − 34 = 13 ersetzt wird, nimmt der Minuend jeweils um 1 zu, der Subtrahend jeweils um 1 ab, das Ergebnis wird immer um 2 größer.
d) In diesem Päckchen passt die erste Aufgabe nicht. Wenn man sie zu 31 + □ = 60 verändert, ergeben sich bei beiden Summanden schöne Reihen.
e) Die fehlenden Summanden sind 72, 54, 36, 18, 10. Der letzte fällt aus dem Muster, ebenso wie das letzte Ergebnis. Wenn man die Aufgabe in 55 + □ = 55 abändert, entsteht ein schönes Päckchen.

Aufgabe 3:
Hier geht es um vorteilhaftes Rechnen bei zweimaligen Subtraktionen.

□ Beispiel: 96 − 18 − 12
Aufwendig ist es, hier nacheinander 96 − 18 = 78 und 78 − 12 = 66 auszurechnen. Vorteilhafter ist es die beiden Subtrahenden 18 + 12 = 30 zu einer Zehnerzahl zusammenzufassen und die leichte Aufgabe 96 − 30 = 66 zu rechnen.
Es handelt sich um schöne Päckchen, die sich auch fortsetzen lassen.

Aufgabe 4:
Die Subtraktionsaufgabe lässt sich am besten durch Zusammenfassen des Subtrahenden lösen:
100 − 19 − 17 − 15 − 13 − 11 − 9 − 7 − 5 − 3 − 1 = 100 − 5 mal 20 = 100 − 100 = 0

Subtraktion im Hunderter

52 Schöne Päckchen
Produktive Übungen zur Subtraktion

👁 FORSCHEN UND FINDEN

Diese Expedition ins Zahlenreich setzt einen Übungsvorschlag aus dem „Handbuch produktiver Rechenübungen", Bd. 1, 2. Schuljahr, Abschnitt 2.3.2 um.

Betrachtet werden Paare zweistelliger Zahlen mit gleichen Ziffern, z. B. 81, 18; 65, 56; 25, 52 usw. Jede Zahl heißt die „Umkehrzahl" der anderen.

Die Aufgabe besteht darin, bei jedem Pärchen die kleinere von der größeren Zahl zu subtrahieren und die entstehenden Muster zu erforschen.

Die Kinder können herausfinden, dass nur die Ergebnisse 9, 18, 27, 36, 45, 54, 63, 72 und 81 möglich sind, die später als Neunerreihe erkannt werden. Wenn man auch Umkehrzahlen mit gleichen Ziffern zulässt (z. B. 44), ist als Ergebnis noch 0 möglich.

Genauer: Das Ergebnis jeder Aufgabe ergibt sich als „Differenz der Ziffern mal 9". Dies lässt sich mit Hilfe der Strategie „Zehner minus Zehner, Einer minus Einer" begründen.

□ Beispiele:

$81 - 18 = 70 - 7 = 7 \cdot 9$ $65 - 56 = 10 - 1 = 1 \cdot 9$
$80 - 10$ $60 - 50$
$1 - 8$ $5 - 6$

$74 - 47 = 30 - 3 = 3 \cdot 9$ $52 - 25 = 30 - 3 = 3 \cdot 9$
$70 - 40$ $50 - 20$
$4 - 7$ $2 - 5$

Zum Ergebnis 9 führen also alle Zahlen, deren Ziffern die Differenz 1 haben.

❓ WIE KANN MAN VORGEHEN?

Die Aufgabenstellung wird an einigen Beispielen besprochen und den Kindern wird gezeigt, wie sie die Ergebnisse ihrer Aufgaben in Kurzform in die breite Hundertertafel eintragen können: Die Zahl 81 in der Tafel wird fortgesetzt zur Aufgabe 81 − 18 = 63. Die Ergebnisse können auch in eine zweite Zeile geschrieben werden:

81 − 18
= 63

Auf diese Weise wird nur die eine Hälfte der Tafel gefüllt, da ja alle Felder, bei denen die Zehnerziffer kleiner ist als die Einerziffer, frei bleiben (z. B. ist 18 − 81 keine zugelassene Aufgabe!).

Die vollständig ausgefüllte Tafel sieht folgendermaßen aus:

								10−01 =9
								20−02 =18
21−12 =9								30−03 =27
31−13 =18	32−23 =9							40−04 =36
41−14 =27	42−24 =18	43−34 =9						50−05 =45
51−15 =36	52−25 =27	53−35 =18	54−45 =9					60−06 =54
61−16 =45	62−26 =36	63−36 =27	64−46 =18	65−56 =9				70−07 =63
71−17 =54	72−27 =45	73−37 =36	74−47 =27	75−57 =18	76−67 =9			80−08 =72
81−18 =63	82−28 =54	83−38 =45	84−48 =36	85−58 =27	86−68 =18	87−78 =9		90−09 =81
91−19 =72	92−29 =63	93−39 =54	94−49 =45	95−59 =36	96−69 =27	97−79 =18	98−89 =9	

In jeder Spalte sieht man an den Ergebnissen einen mehr oder weniger längeren Abschnitt der Neunerreihe. Im Vergleich zweier übereinander stehender Aufgaben zeigt sich, dass der Minuend um 10 zunimmt und der Subtrahend um 1, die Differenz also um 10 − 1 = 9. Damit ist das Spaltenmuster erklärt.

Wenn man eine Aufgabe mit der rechts daneben stehenden Aufgabe vergleicht, sieht man, dass der Minuend um 1 und der Subtrahend um 10 größer ist. Daher nimmt das Ergebnis um 9 ab.

Wenn man schließlich von jeder Aufgabe zu der diagonal rechts unten versetzten Aufgabe übergeht (z. B. von 42 − 24 zu 53 − 35), sieht man, dass der Minuend und Subtrahend beide um je 11 größer werden. Nach dem Gesetz von der Konstanz der Differenz ändert sich daher das Ergebnis nicht.

📘 ARBEITSHEFT Seite 26, Aufgabe 6 und 7

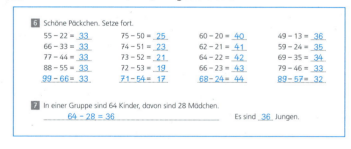

6 Schöne Päckchen. Setze fort.

55 − 22 = 33	75 − 50 = 25	60 − 20 = 40	49 − 13 = 36
66 − 33 = 33	74 − 51 = 23	62 − 21 = 41	59 − 24 = 35
77 − 44 = 33	73 − 52 = 21	64 − 22 = 42	69 − 35 = 34
88 − 55 = 33	72 − 53 = 19	66 − 23 = 43	79 − 46 = 33
99 − 66 = 33	71 − 54 = 17	68 − 24 = 44	89 − 57 = 32

7 In einer Gruppe sind 64 Kinder, davon sind 28 Mädchen.
64 − 28 = 36   Es sind 36 Jungen.

Rechenketten 53

Einführung eines neuen Übungsformats, Übung der Addition und Subtraktion

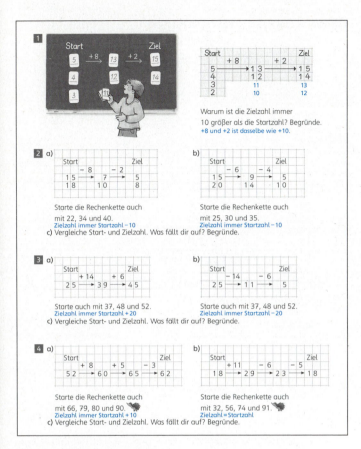

❓ WIE KANN MAN VORGEHEN?

Vor der Arbeit mit dem Buch:
Die Rechenkette von Aufgabe 1 wird an der Tafel notiert. Die Lehrerin erklärt die Regeln und die Notationsform. Dann wird von einigen Startzahlen aus gerechnet. Mit Wendekarten (bzw. selbst gefertigten Zahlkärtchen) oder mit Kreide werden die Zwischenschritte und das Endergebnis festgehalten.

Tafelbild:

Start   Ziel

$5 \xrightarrow{+8} 13 \xrightarrow{+2} 15$

$4 \qquad\quad\; 12 \qquad\quad\; 14$

Im Gespräch wird die Startzahl mit der Zielzahl verglichen und das beobachtete Zahlenmuster beschrieben: Die Zielzahl ist immer 10 größer als die Startzahl. Begründung: +8 und +2 sind zusammen +10.

Zur Arbeit mit dem Buch:
Aufgabe 2:
a) Muster: Zielzahl gleich Startzahl minus 10
b) Muster: Zielzahl gleich Startzahl minus 10

Aufgabe 3:
a) Muster: Zielzahl gleich Startzahl plus 20
b) Muster: Zielzahl gleich Startzahl minus 20

Aufgabe 4:
a) Muster: Zielzahl gleich Startzahl plus 10
b) Muster: Zielzahl gleich Startzahl

Die Muster können von den Kindern erklärt werden, indem sie die Rechenoperationen zusammenfassen.

☐ Beispiele:
2b) „Erst –6, dann –4 ergibt das Gleiche wie –10."
4a) „5 dazu und wieder 3 weg, ist das Gleiche wie 2 dazu. 8 dazu und 2 dazu ist dasselbe wie 10 auf einmal dazu."
Mit Plättchen lässt sich diese Argumentation sehr gut unterstützen.

❓ WAS WIRD BENÖTIGT?

Demonstrationsmaterial: evtl. magnetische Wendekarten

❓ WORUM GEHT ES?

Bei Rechenketten werden (in der Regel beliebig zu wählende) Startzahlen einer fest vorgegebenen Folge von Rechenoperationen unterzogen. Grundelemente einer Kette sind „Rechenpfeile" (Operatoren), die angeben, in welcher Weise eine „Eingabe" (input) zu einer „Ausgabe" (output) zu verarbeiten ist. Die Startzahl ist Eingabe für den ersten Rechenpfeil. Die Ausgabe des ersten Rechenpfeils ist Eingabe für den zweiten usw. Jedes Zwischenergebnis der Rechenkette wird notiert. Am Ende der Kette wird die Zielzahl mit der Startzahl verglichen. Da die Kette der Rechenoperationen für alle Eingaben die Gleiche ist, entsteht immer eine gesetzmäßige Beziehung zwischen Ein- und Ausgabe.

Um Schreibarbeit zu sparen werden nur bei der 1. Zeile einer Rechenkette die Rechenpfeile angegeben. Diese einmal notierten Rechenpfeile gelten dann für das gesamte Päckchen. Bei dieser Notation sind Vergleiche der Start- und der Zielzahl sowie der Zwischenergebnisse sehr gut möglich.

Mit Rechenketten können alle vier Grundrechenarten geübt werden. Bei der Multiplikation und Division müssen nur die Startzahlen entsprechend gewählt werden, damit die Zahlen nicht zu groß werden bzw. die Division durchführbar ist.

Bei der folgenden Einführung werden nur Rechenpfeile mit Additions- und Subtraktionsoperatoren verwendet. Später werden Multiplikations- und Divisionsoperatoren dazu genommen.

Integrierende Übungen

53 Rechenketten
Einführung eines neuen Übungsformats, Übung der Addition und Subtraktion

ARBEITSHEFT Seite 27

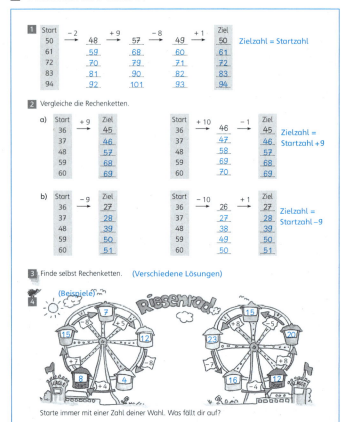

WIE KÖNNTE ES WEITERGEHEN?

– Die folgenden vier Rechenketten zeigen, wie +9 bzw. +8 vorteilhaft gerechnet werden kann.

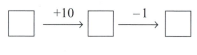

$$\square \xrightarrow{+10} \square \xrightarrow{-1} \square$$

$$\square \xrightarrow{-1} \square \xrightarrow{+10} \square$$

$$\square \xrightarrow{+10} \square \xrightarrow{-2} \square$$

$$\square \xrightarrow{-2} \square \xrightarrow{+10} \square$$

– Mit den Startzahlen von Aufgabe 4 werden folgende Rechenketten gerechnet:

$$25 \xrightarrow{+14} 39 \xrightarrow{-6} 33$$

oder

$$25 \xrightarrow{-14} 11 \xrightarrow{+6} 17$$

…

Der Unterschied zwischen Start- und Zielzahlen beträgt jeweils 8, denn 14 – 6 = 8.

Es ist keine Frage, dass die Lehrerausbildung das fundamentale Problem aller zukünftigen Bildungsreformen darstellt. Damit hängt die gesellschaftliche Aufwertung der Lehrämter für die Grundschule und die nichtgymnasiale Sekundarstufe zusammen. Leider misst die Öffentlichkeit der Leistung dieser Lehrergruppen nicht ihren wahren Wert bei, was eine der Hauptbedrohungen des Fortschritts und sogar des Überlebens unserer kränkelnden Gesellschaft ausmacht. … Es gibt nur eine Lösung dieses Problems: Eine umfassende Universitätsausbildung für Lehrer aller Stufen, wobei eingesehen werden muss, dass die Aufgabe des Lehrers, wenn er sie ernst nimmt, umso schwieriger ist, je jünger die Schüler sind. Eine solche Reform würde dem Beispiel der Ausbildung der Ärzte folgen, denn Kinderärzte werden bekanntlich nicht schlechter ausgebildet als andere Ärzte.

Jean Piaget, Verstehen heißt erfinden

Integrierende Übungen

Plus und Minus 54

Zusammenhänge zwischen Addition und Subtraktion (Umkehraufgaben) aufzeigen

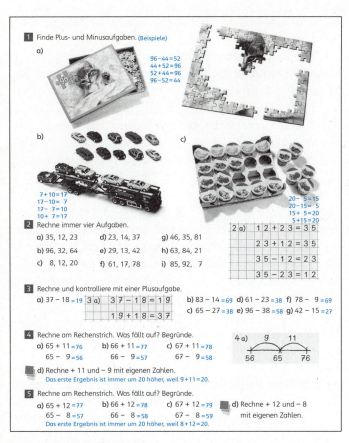

☐ Jogurtbecher
1. Deutung: Die Jogurtbecher werden in die Palette eingefügt: $15 + 5 = 20$.
2. Deutung: Die Jogurtbecher wurden herausgenommen: $20 - 5 = 15$.

? WIE KANN MAN VORGEHEN?

Zur Arbeit mit dem Buch:

Aufgabe 1:
Die Kinder beschreiben die Bilder, zählen und überlegen, welche Plus- bzw. Minusaufgaben man stellen kann.

Aufgabe 2:
Hier sollen die Kinder wie im Band 1 zu je drei passenden Zahlen je zwei Plusaufgaben und zwei Minusaufgaben finden.

Aufgabe 3:
Hier wird die Umkehraufgabe dazu benutzt, das Ergebnis der Minusaufgabe zu überprüfen (Probe).

Aufgabe 4 und 5:
Wenn zur gleichen Zahl einerseits 11 addiert und andererseits 9 subtrahiert wird, ist der Unterschied der Ergebnisse 20 (= 9 + 11). Dies kann, wie die Skizze zu 4a) zeigt, am Rechenstrich gut erklärt werden.

Analog ist der Unterschied bei +12 und −8 immer 20.

📖 ARBEITSHEFT Seite 28

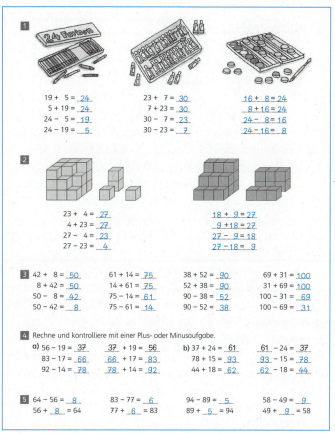

? WAS WIRD BENÖTIGT?
Demonstrationsmaterial: evtl. magnetische Wendeplättchen

? WORUM GEHT ES?
Diese Seite setzt die Seiten 58 „Plus oder Minus" und 60 „Umkehraufgaben" von Band 1 fort. Wie dort werden hier zum Aufzeigen operativer Beziehungen zwischen Addition und Subtraktion Bilder von Sachsituationen gewählt, die jeweils unterschiedlich gedeutet werden können.

☐ Puzzle
1. Deutung: Es gibt 96 Puzzleteile (siehe Aufschrift). 44 davon sind schon herausgenommen worden.
   Frage: Wie viele Teile sind noch im Karton?
   Rechnung: 96 − 44 = __
2. Deutung des Bildes (nicht so nahe liegend): Die Anzahl der Puzzleteile auf dem Tisch und im Karton ergeben zusammen 96.
   Frage: Wie viele Teile müssen noch ergänzt werden, bis das Puzzle fertig gestellt ist?
   Rechnung: 44 + __ = 96.

☐ Autotransporter
1. Deutung: Wird der Transporter abgeladen, so kommen 7 Autos zu den 10 schon abgeladenen Autos hinzu, also $10 + 7 = 17$.
2. Deutung: Wird der Autotransporter beladen, so werden von den ursprünglich 17 Autos 7 weggefahren, d. h., $17 - 7 = 10$ ist die Zahl der verbleibenden Autos.

Integrierende Übungen 111

55 Alle werden älter
Berechnen von Altersunterschieden

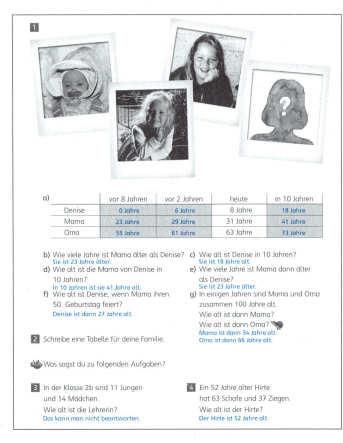

b) Wie viele Jahre ist Mama älter als Denise?
Sie ist 23 Jahre älter.
c) Wie alt ist Denise in 10 Jahren?
Sie ist 18 Jahre alt.
d) Wie alt ist die Mama von Denise in 10 Jahren?
In 10 Jahren ist sie 41 Jahre alt.
e) Wie viele Jahre ist Mama dann älter als Denise?
Sie ist 23 Jahre älter.
f) Wie alt ist Denise, wenn Mama ihren 50. Geburtstag feiert?
Denise ist dann 27 Jahre alt.
g) In einigen Jahren sind Mama und Oma zusammen 100 Jahre alt.
Wie alt ist dann Mama?
Mama ist dann 34 Jahre alt.
Wie alt ist dann Oma?
Oma ist dann 66 Jahre alt.

2 Schreibe eine Tabelle für deine Familie.

Was sagst du zu folgenden Aufgaben?

3 In der Klasse 2b sind 11 Jungen und 14 Mädchen.
Wie alt ist die Lehrerin?
Das kann man nicht beantworten.

4 Ein 52 Jahre alter Hirte hat 63 Schafe und 37 Ziegen.
Wie alt ist der Hirte?
Der Hirte ist 52 Jahre alt.

❓ WAS WIRD BENÖTIGT?

Arbeits- und Demonstrationsmaterial: falls vorhanden Fotos einer Person (Lehrerin?) in verschiedenem Alter

❓ WORUM GEHT ES?

Bei Altersunterschieden beschreibt das Gesetz von der Konstanz der Differenz eine existenzielle Erfahrung: Der Altersunterschied zweier Personen bleibt konstant.

Mit den Aufgaben 3 und 4 werden im ZAHLENBUCH zum ersten Mal so genannte „Kapitänsaufgaben" thematisiert. Dieser Typ von Aufgaben wurde nach einer mittlerweile klassischen Untersuchung französischer Didaktiker im Jahre 1980 benannt, bei denen 8- und 9-jährigen Schülern u. a. die folgende Aufgabe gestellt wurde: „Auf einem Schiff befinden sich 26 Schafe und 10 Ziegen. Wie alt ist der Kapitän?" Die Untersuchung bestätigte, dass Kinder dazu neigen, aus den gegebenen Zahlen die gesuchten Zahlen zu berechnen, ohne darauf zu achten, ob das sinnvoll ist oder nicht. Im Beispiel: „26 + 10 = 36. Also Alter des Kapitäns = 36 Jahre".

Als Hauptursache für das Verhalten der Kinder wird angesehen, dass in der Schule meist nur lösbare, in der Regel sogar eindeutig lösbare Aufgaben gestellt werden. Diesem „heimlichen Lehrplan" entnehmen die Kinder die Gewissheit, dass jede Aufgabe eine Lösung haben muss, die sich möglicherweise auch geheimnisvoll in den gegebenen Zahlen verbirgt.

Am Beispiel von „Kapitänsaufgaben" müssen die Kinder dazu hingeführt werden, Texte genau und kritisch zu lesen und sich in die Situation hineinzudenken – anstatt einfach nur blind darauf loszurechnen.

„Kapitänsaufgaben" wurden in den letzten Jahren in Grundschulzeitschriften ausführlich diskutiert, was möglicherweise den falschen Eindruck erweckt hat, es handele sich nur um ein Problem der Grundschule. Französische Didaktiker haben durch empirische Untersuchungen aber belegt, dass Schüler weiterführender Schulen und auch Mathematikstudenten „Kapitänsaufgaben auf höherem Niveau" ebenfalls rechnen, ohne zu überlegen. Beispiel: Studenten rechnen die Taylorentwicklung für ein Polynom endlichen Grades umständlich über Ableitungen aus ohne zu beachten, dass jedes Polynom seine eigene Taylorentwicklung ist. Interessanterweise wurden diese Befunde in der Mathematikausbildung an den Universitäten, aber auch im Mathematikunterricht der Sekundarstufe I und II bisher überhaupt nicht zur Kenntnis genommen. Die Grundschuldidaktik ist hier schon weiter.

❓ WIE KANN MAN VORGEHEN?

Zur Arbeit mit dem Buch:
Aufgabe 1:

Da es sich um eine relativ komplexe Tabelle handelt, sollte die Aufgabe 1a) zuerst gemeinsam an der Tafel bearbeitet werden.

Die Kinder beschreiben die drei Fotos. Wenn sie nicht selbst darauf kommen, gibt die Lehrerin den Impuls: Die ersten drei Bilder sind Fotos des gleichen Kindes (Denise), das heute 8 Jahre alt ist. Das vierte Bild enthält ein Fragezeichen, da noch niemand weiß, wie Denise in der Zukunft aussehen wird. Es wird herausgearbeitet, dass in der Tabelle 4 Zeitpunkte dargestellt sind.

Vergangenheit:
– Denise vor 8 Jahren
– Denise vor 2 Jahren
Gegenwart:
– Denise heute
Zukunft:
– Denise in 10 Jahren

Die Tabelle wird in Schritten an der Tafel aufgebaut, zuerst nur mit der Reihe „Denise". Das jeweilige Alter wird berechnet und eingetragen. Denise hat eine Mama und eine Oma, deren Alter zu den angegebenen Zeitpunkten ebenfalls berechnet und in die Tabelle eingetragen wird.

Um das Verständnis der Tabelle zu festigen, sollte die Lehrerin bei der fertigen Tabelle auf Felder der Tabelle zeigen und die Kinder erklären lassen, was die Zahlen jeweils bedeuten.

☐ Beispiele:
– 55: Oma war vor 8 Jahren 55 Jahre alt.
– 41: Mama wird in 10 Jahren 41 Jahre alt sein.

Anschließend füllt jedes Kind die Tabelle in seinem Heft noch einmal alleine aus.

Alle werden älter
Berechnen von Altersunterschieden 55

Bei den folgenden Aufgaben b)–e) kann auf die ausgefüllte Tabelle zurückgegriffen werden.

b) Der heutige Altersunterschied zwischen Denise und ihrer Mama ist zu bestimmen (23 Jahre). Die Lösung erfolgt durch Ergänzen oder Subtrahieren, wobei zu beachten ist, dass der Altersunterschied zwischen fest gewählten Personen gleich bleibt. D. h., auch vor 2 Jahren und vor 8 Jahren war der Unterschied 23 Jahre und er wird auch in 10 Jahren 23 Jahre betragen. Dies kann am Zahlenstrahl gut begründet werden, wenn man das Alter einer Person durch ein rotes, das Alter einer zweiten Person durch ein blaues Plättchen markiert. Pro Lebensjahr wandern beide Plättchen eine Zahl weiter, aber der Unterschied bleibt gleich (Gesetz von der Konstanz der Differenz).

c) Das zukünftige Alter von Denise kann an der ausgefüllten Tabelle abgelesen werden (18 Jahre).

d) Das Alter von Mama in 10 Jahren kann ebenfalls abgelesen werden (41 Jahre).

e) Der Altersunterschied wird bestimmt. Die Kinder erfahren dabei erneut, dass der Altersunterschied gleich bleibt (Vergleich mit Aufgabe 1a).

f) In 19 Jahren wird Mama 50, also
Mama: 31 + 19 = 50
Denise: 8 + 19 = 27

g) Diese Aufgabe kann man durch Probieren lösen. Den Kindern muss erklärt und vorgemacht werden, dass auch die Lehrerin und der Igel nicht sofort die Lösung wissen, sondern probieren und überlegen bzw. „schnüffeln" müssen.
Mögliche Strategie:
Heute: Mama ist 31, Oma ist 63, zusammen sind sie heute 94 Jahre alt.
In einem Jahr: Mama ist 32, Oma ist 64, zusammen sind sie 96 Jahre alt.
Wir nähern uns von Jahr zu Jahr schrittweise der Zahl 100. Jedes Jahr werden Mama und Oma zusammen um 2 Jahre älter.
Lösung: In drei Jahren sind Mama und Oma zusammen 100 Jahre alt. Mama ist dann 34 und Oma 66 Jahre alt.
Wie immer wieder betont wurde, ist das systematische Probieren eine äußerst hilfreiche Lösungsstrategie, die im Laufe der Schulzeit ständig gepflegt werden muss.

Aufgabe 2:
Die Kinder erstellen eine Tabelle für ihre Familie.

Aufgabe 3 und 4:
Diese Aufgabentexte erscheinen bekannt und leicht verständlich. Sie enthalten aber überflüssige Textteile oder nicht zu beantwortende Fragen. Die Kinder sollen dies herausfinden. In Aufgabe 3 („Kapitänsaufgabe") sollen sie begründen, dass das Alter der Lehrerin nichts mit der Anzahl der Jungen und der Mädchen zu tun hat. In Aufgabe 4 sollen sie herausfinden, dass die gesuchte Altersangabe schon im Text angegeben ist.

Die Lehrerin sollte den Kindern erklären, dass solche „Reinlege-Aufgaben" ab und zu absichtlich ins ZAHLENBUCH eingestreut sind, damit die Kinder lernen sich nicht „reinlegen" zu lassen.

❓ WIE KÖNNTE ES WEITERGEHEN?
– Die Kinder erfinden selbst „Kapitänsaufgaben".
– Jedes Kind rechnet die Summe der Lebensalter seiner Familie aus und überlegt, in welchem Jahr die Summe eine schöne Zahl (z. B. 100) sein wird.

■ LITERATUR
– Christoph Selter: „Jede Aufgabe hat eine Lösung!" – oder: Vom rationalen Kern irrationalen Vorgehens. Grundschule Heft 3/1994, S. 20–22
– Stern, E.: Warum werden Kapitänsaufgaben gelöst? In: Der Mathematikunterricht 1992, 7–29
– Stella Baruk: Wie alt ist der Kapitän? Über den Irrtum in der Mathematik. Basel: Birkhäuser, 1989

56 Legen und Überlegen
Operatives Lösen von Sachaufgaben

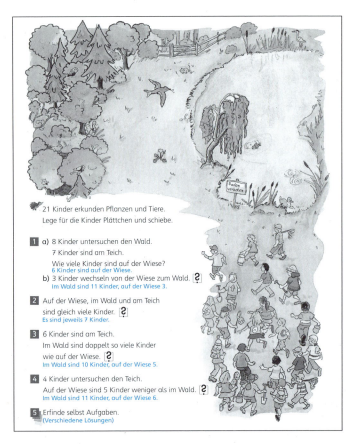

❓ WAS WIRD BENÖTIGT?
Arbeitsmaterial: Wendeplättchen
Demonstrationsmaterial: evtl. magnetische Wendeplättchen, evtl. Bögen farbiges Papier

❓ WORUM GEHT ES?
Eine exemplarische Sachsituation (21 Kinder erkunden Pflanzen und Tiere) wird nachgespielt und operativ bearbeitet. Die Lösungen der einzelnen Teilaufgaben werden schriftlich formuliert. Es handelt sich um die Fortsetzung der gleichnamigen Seite 68 von Band 1.

❓ WIE KANN MAN VORGEHEN?
Vor der Arbeit mit dem Buch:
Zunächst werden auf der Magnettafel Wald, Teich und Wiese gezeichnet oder drei Bogen Papier, die sich in Farbe und Form unterscheiden und diese Bereiche darstellen, im Sitzkreis auf den Boden gelegt. Für die 21 Kinder werden dann stellvertretend 21 Plättchen gelegt. Im Klassengespräch verteilen die Kinder die Plättchen in unterschiedlicher Weise auf die drei Felder, formulieren Aufgaben und lösen sie mündlich.

Zur Arbeit mit dem Buch:
Die Kinder können die Aufgaben auf dem Bild mit Plättchen nachspielen.

Aufgabe 1:
a) 8 Kinder sind am Wald, 7 Kinder am Teich. Wie viele Kinder sind auf der Wiese? Antwort: 6

b) Wenn 3 Kinder von der Wiese zum Wald wechseln, sind am Wald 3 Kinder mehr, also 8 + 3 = 11 Kinder. Auf der Wiese sind dann 6 – 3 = 3 Kinder.

Aufgabe 2:
Zur Gleichverteilung müssen überall 7 Kinder sein.

Aufgabe 3:
Hier gibt es verschiedene Lösungsmöglichkeiten, z.B.: Zunächst werden 6 Plättchen an den Teich geschoben. Von den verbleibenden 15 Plättchen werden schrittweise 2 Plättchen zum Wald und 1 Plättchen zur Wiese geschoben, bis alle 15 Plättchen verteilt sind.
Lösung: 10 Kinder am Wald, 5 Kinder auf der Wiese.

Aufgabe 4:
Für Wald und Wiese verbleiben 17 Kinder, dargestellt durch 17 Plättchen.
1. Lösungsmöglichkeit:
   Zunächst werden 5 Plättchen zum Wald geschoben, bei den restlichen 12 Plättchen erfolgt Gleichverteilung. Also: 4 Kinder am Teich, 5 + 6 = 11 Kinder am Wald, 6 Kinder auf der Wiese.
2. Lösungsmöglichkeit:
   Die verbleibenden 17 Plättchen werden auf Wald und Wiese zunächst „irgendwie verteilt", z.B. 9 Plättchen zum Wald, 8 Plättchen auf der Wiese. Beim Wald ist dann 1 Plättchen mehr. Nun werden nacheinander Plättchen von der Wiese zum Wald geschoben und es wird jedes Mal der Unterschied festgestellt. Es ergibt sich schließlich die Lösung:

Wald	Wiese	
9	8	1 weniger
10	7	3 weniger
11	6	5 weniger

Aufgabe 5:
Hier sollen die Kinder selbst Plättchen auf Wald, Wiese und an den Teich verteilen und Aufgaben stellen, z.B.:
– Am Teich ist ein Kind weniger als auf der Wiese, auf der Wiese 1 Kind weniger als beim Wald.
  Lösung: 8 beim Wald, 7 auf der Wiese, 6 am Teich
– Am Teich sind 5 Kinder, auf der Wiese sind 6 Kinder mehr als beim Wald.
  Lösung: 5 beim Wald, 11 auf der Wiese, 5 am Teich.

❓ WIE KÖNNTE ES WEITERGEHEN?
– Die folgende Aufgabe kann durch Legen von Plättchen gelöst werden: Drei Schwestern Ina, Lisa und Eva sind zusammen 18 Jahre alt. Ina ist 2 Jahre älter als Lisa und Lisa 2 Jahre älter als Eva.
  (Lösung: Eva 4 Jahre, Lisa 6 Jahre, Ina 8 Jahre.)

Überlegen und rechnen 57
Operatives Lösen von Sachaufgaben

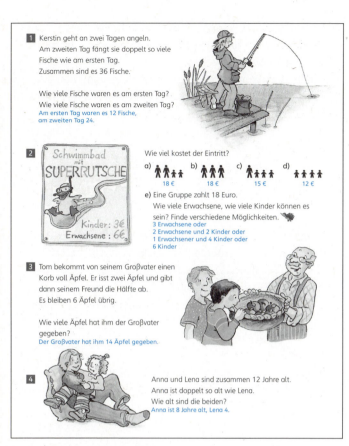

? WAS WIRD BENÖTIGT?
Arbeits- und Demonstrationsmaterial: Wendeplättchen

? WORUM GEHT ES?
Das auf der vorherigen Seite aufgefrischte Lösen von Aufgaben durch operatives Verändern von Zahlen wird an weiteren Aufgaben geübt.

? WIE KANN MAN VORGEHEN?
Zur Arbeit mit dem Buch:
Die Kinder sollten zuerst versuchen jeden Text selbst zu lesen und zu erklären. Anschließend wird er nochmals gemeinsam gelesen und besprochen, damit sichergestellt wird, dass jedes Kind die Aufgabe verstanden hat.

Danach sollte jedes Kind versuchen, die Aufgabe alleine zu lösen, auch wenn dies längere Zeit in Anspruch nimmt.

Der operative Ansatz mit der sukzessiven Verbesserung einer versuchsweisen Lösung ist für jedes Kind zugänglich. Leistungsstarke Kinder werden Lösungen auch auf direktem Wege finden, was aber nicht das Ziel bei dieser Seite ist.

Aufgabe 1:
Eine Tabelle schafft hier Übersicht:

1. Tag	2. Tag	zusammen	
10	20	30	
11	22	33	
12	24	36	richtig

Hätte Kerstin am 1. Tag 10 Fische gefangen, so wären es am 2. Tag 20 Fische (doppelt so viele) gewesen, insgesamt also 10 + 20 = 30. Dies sind noch zu wenig. Also probiert man mit 11 Fischen am ersten Tag, usw.

Direkte Lösung: Kerstin fängt insgesamt 3 mal so viele Fische wie am 1. Tag: 36 = 12 + 12 + 12.

Aufgabe 2:
Der Eintritt kostet
a) 6 Euro + 6 Euro + 3 Euro + 3 Euro = 18 Euro
b) 6 Euro + 6 Euro + 6 Euro = 18 Euro
c) 6 Euro + 3 Euro + 3 Euro + 3 Euro = 15 Euro
d) 3 Euro + 3 Euro + 3 Euro + 3 Euro = 12 Euro
e) Auch hier hilft eine Tabelle. 2 Kinder zahlen so viel wie 1 Erwachsener. Es können also sein:

Erwachsene	Kinder	Eintritt
3	–	3 mal 6 Euro
2	2	2 mal 6 Euro, 2 mal 3 Euro
1	4	1 mal 6 Euro, 4 mal 3 Euro
–	6	6 mal 3 Euro

Aufgabe 3:
Wieder hilft ein Probieransatz:

Hatte Tom am Anfang 20? Nein, denn 20 – 2 = 18, die Hälfte von 18 ist 9.

Hatte Tom am Anfang 19? Nein, denn 19 – 2 = 17, von 17 gibt es keine Hälfte.

usw.

Man kann auch „rückwärts" überlegen. Wenn 6 Äpfel übrig bleiben (dies ist die Hälfte), so hat er auch seinem Freund 6 Äpfel abgegeben. 2 Äpfel hat er gegessen, also waren es 6 Äpfel (Freund) + 6 Äpfel (übrig im Korb) + 2 Äpfel (gegessen) = 14 Äpfel.

Aufgabe 4:
Auch hier kommt man durch systematisches Probieren (Tabelle) zur Lösung.
Anna 8 Jahre, Lena 4 Jahre, zusammen: 12 Jahre.

57 Überlegen und rechnen
Operatives Lösen von Sachaufgaben

ARBEITSHEFT Seite 29

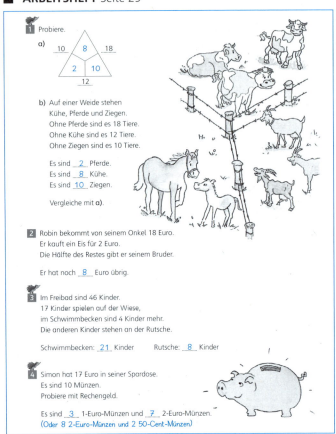

1 Probiere.
a) 10 8 18
      2 10
        12

b) Auf einer Weide stehen Kühe, Pferde und Ziegen.
Ohne Pferde sind es 18 Tiere.
Ohne Kühe sind es 12 Tiere.
Ohne Ziegen sind es 10 Tiere.

Es sind _2_ Pferde.
Es sind _8_ Kühe.
Es sind _10_ Ziegen.

Vergleiche mit a).

2 Robin bekommt von seinem Onkel 18 Euro.
Er kauft ein Eis für 2 Euro.
Die Hälfte des Restes gibt er seinem Bruder.

Er hat noch _8_ Euro übrig.

3 Im Freibad sind 46 Kinder.
17 Kinder spielen auf der Wiese,
im Schwimmbecken sind 4 Kinder mehr.
Die anderen Kinder stehen an der Rutsche.

Schwimmbecken: _21_ Kinder   Rutsche: _8_ Kinder

4 Simon hat 17 Euro in seiner Spardose.
Es sind 10 Münzen.
Probiere mit Rechengeld.

Es sind _3_ 1-Euro-Münzen und _7_ 2-Euro-Münzen.
(Oder 8 2-Euro-Münzen und 2 50-Cent-Münzen)

Aufgabe 1 enthält einen kleinen „mathematischen Leckerbissen": Sie kann mit Hilfe des Rechendreiecks elegant gelöst werden, da drei Zahlen gesucht werden, von denen die Summen je zweier gegeben sind. Die Verteilung der Tiere im Pferch spiegelt sich im Rechendreieck wider. Dies sollte im Klassengespräch herausgearbeitet werden.
Lösung:

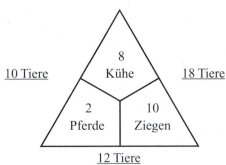

10 Tiere   8 Kühe   18 Tiere
2 Pferde   10 Ziegen
12 Tiere

116 Integrierende Übungen

Rechnen mit Geld 58/59

Lösen von Sachaufgaben mit Geld, Denkspiel „Mu torere"

❓ WAS WIRD BENÖTIGT?

Arbeits- und Demonstrationsmaterial: Rechengeld (Münzen und Scheine bis 100 Euro, keine Cent-Stücke), evtl. Verkaufsattrappen für Waren, Preisschilder, Kasse

❓ WORUM GEHT ES?

Im Rahmen der Orientierung im Hunderter wurde bereits eine Vorstellung über Geldwerte bis 100 Euro geschaffen. Nun wird der Umgang mit Geld beim Einkaufen geschult.

Jedes der abgebildeten Portmonees auf der Doppelseite enthält einige Geldscheine, deren Gesamtbetrag sich leicht ermitteln lässt. Die Preise der „gekauften" Gegenstände müssen dem Bild entnommen werden.

Wenn das gegebene Geld höher ist als der Kaufpreis, erhält man Rückgeld. Der Kaufpreis der erhaltenen Ware und das Rückgeld müssen zusammen den gleichen Betrag ergeben wie das gegebene Geld, denn jeder Kauf ist ein Tauschhandel, bei dem gleiche Werte den Besitzer wechseln. Wenn den Kindern dieses Prinzip klar ist, verstehen sie auch die übliche Methode des „Herausgebens": Vom Kaufpreis ausgehend wird ergänzt, bis der gegebene Geldbetrag erreicht ist.

Die rechnerischen Anforderungen sind bewusst einfach gehalten. Der Schwerpunkt liegt auf dem Erfassen der Sachsituation und dem Herausfinden der Lösungsmöglichkeiten. Die Kinder können auch selbst Aufgaben finden und lösen.

Auf Seite 59 wird ein Kassenbon besprochen. Der Aufbau des Kassenbons
 Summe:
 Gegeben:
 Zurück:
 bildet die Grundlage für weitere Aufgaben.

❓ WIE KANN MAN VORGEHEN?

Zur Arbeit mit dem Buch:
Im Rollenspiel werden folgende Fragen beantwortet: „Wie viel Geld hat Ludwig?", „Was kosten die Schuhe?", „Wie kann er bezahlen?", „Wie viel Geld bekommt er zurück?", „Wie viel Geld hat er noch?"

Um allen Kindern die Übersicht zu ermöglichen werden der Geldbetrag und das Preisschild an die Tafel geheftet.

Jeder Kauf ist ein wertgleicher Tauschhandel. Um dies zu verdeutlichen muss das Herausgeben des Rückgeldes wie in der Praxis üblich sprachlich begleitet werden: Vom Preis der Ware aus muss ergänzt werden bis zum gegebenen Betrag, denn dadurch wird deutlich, dass die Ware zusammen mit dem Rückgeld den gleichen Wert hat wie der gegebene Betrag.

☐ Beispiele:
Preis 36 Euro. Gegeben 50 Euro. Die Rückgabe von zwei 2-Euro-Münzen und einem 10-Euro-Schein wird sprachlich beschrieben.

Nach dieser sachlichen Klärung können die Kinder die Aufgaben selbstständig bearbeiten.

Integrierende Übungen 117

58/59 Rechnen mit Geld
Lösen von Sachaufgaben mit Geld, Denkspiel „Mu torere"

Seite 58
Aufgabe 1:
Olga hat 30 Euro. Sie bezahlt 15 Euro für den Rucksack. Sie hat noch 15 Euro.

Aufgabe 2:
Ludwig hat 50 Euro. Er bezahlt 42 Euro für die Schuhe. Er hat noch 8 Euro.

Aufgabe 3:
Frau Fink hat 100 Euro. Sie bezahlt 88 Euro für das Snowboard. Sie hat noch 12 Euro.

Aufgabe 4:
Herr Weidner kauft eine Jacke für 53 Euro. Er gibt 70 Euro und bekommt 17 Euro zurück.

Aufgabe 5:
Natalie hat 50 Euro. Schlitten und Ball kosten 12 Euro + 26 Euro = 38 Euro. Sie hat noch 12 Euro.

Aufgabe 6:
Die Kinder erfinden selbst ähnliche Aufgaben.

Seite 59
In Aufgabe 1 wird der abgebildete Kassenbon besprochen. Die Kinder können dann die Aufgabe 2 selbstständig bearbeiten.

⚡ BLITZRECHNEN
Grundlegung der Blitzrechenübung „Zerlegen"
Hier geht es darum, eine reine Zehnerzahl in zwei Summanden zu zerlegen, von denen einer vorgegeben ist. Das erste Kind zeigt deshalb mit Hilfe eines Papp-Streifens eine Zehnerzahl und legt mit Hilfe eines transparenten Zahlwinkels den ersten Summanden.

Das zweite Kind nennt dann die vollständige Zerlegung in Form eines Plusterms.

Diese Übung muss – wie alle weiteren Blitzrechenübungen – von den Kindern in den folgenden Wochen und Monaten in der Schule und zu Hause so lange wiederholt werden, bis sie flüssig und sicher beherrscht wird.

❗ DENKSCHULE
Denkspiel 4 „Mu-Torere" vorstellen (vgl. S. 16 f.)

💾 ARBEITSHEFT Seite 30

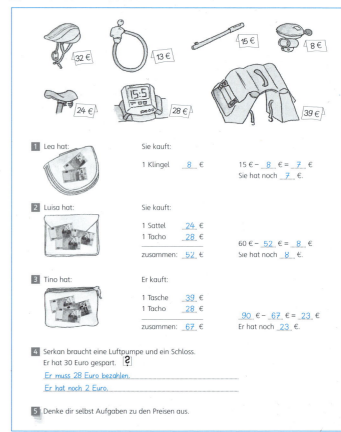

Formen zeichnen
Schulung des Freihandzeichnens 60

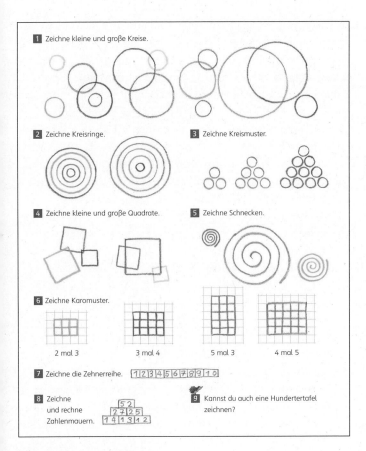

? WAS WIRD BENÖTIGT?
Arbeitsmaterial: Buntstifte, Zeichenpapier, Anleitung zu einem „Formenzeichenkurs" (Kopiervorlagen siehe „Materialien" ab S. 229)
Demonstrationsmaterial: Farbige Kreide

? WORUM GEHT ES?
Die Zeichenübungen dieser Seite fördern nicht nur die Feinmotorik, sondern auch das Zusammenspiel von Auge und Hand. Sie müssen wie Blitzrechenübungen wiederholt geübt werden:
– Zeichnen von Kreisen in verschiedener Größe und Lage
– Zeichnen von Quadraten in verschiedener Größe und Lage
– Zeichnen von Spiralen (Schnecken) von außen nach innen und umgekehrt
– Zerlegen eines Rechtecks in kleine Quadrate mit Hilfe eines Karomusters
– Zeichnen von Zahldarstellungen, wie z. B. Zehnerreihe und Hundertertafel, Zahlenmauern

Beim Formenzeichnen sollten wie bei der Denkschule Randzeiten des Unterrichts genutzt werden.

? WIE KANN MAN VORGEHEN?
Zur Arbeit mit dem Buch:
Übung für Übung wird auf einem eigenen Blatt durchgeführt. Zunächst verwenden die Kinder Notizblätter, später, wenn die Übungen gut beherrscht werden, schönes Papier und sammeln ihre Zeichnungen in einer Mappe oder sie zeichnen gleich in ein Zeichenheft.

Aufgabe 1:
Kleine und große Kreise werden in unterschiedlicher Lage gezeichnet.

Aufgabe 2:
Konzentrische Kreise („Baumringe") können von innen nach außen oder von außen nach innen gezeichnet werden.

Aufgabe 3:
Pyramide (Dreiecke) aus 3, 6 und 10 kleinen Kreisen. Man kann auch hier die Pyramiden von oben nach unten oder umgekehrt bauen. Die Kreise können sich auch berühren.

Aufgabe 4:
Quadrate in verschiedener Größe und Lage.

Aufgabe 5:
Zeichnen von Spiralen (Schnecken) in einem Zug von innen nach außen und außen nach innen – eine besonders gute Übung zur Schulung der Feinmotorik, die man gar nicht oft genug wiederholen kann.

Aufgabe 6:
Das Zeichnen von Karomustern auf kariertem Papier ist nicht nur eine gute Vorbereitung für das Zeichnen von Tabellen, sondern auch für Darstellungen von Aufgaben des kleinen Einmaleins.

Aufgabe 7–9:
Zeichnen von Zahldarstellungen und von Zahlenmauern. Das Zeichnen einer Hundertertafel ist für das Verständnis des Hunderters viel wertvoller als die bloße Betrachtung einer vorgegebenen Hundertertafel.

? WIE KÖNNTE ES WEITERGEHEN?
– Formenzeichenkurs (Kopiervorlagen): Die vier Seiten „Kreise", „Strecken", „Quadrate" und „Rechtecke" dienen als Anregung für die Schulung elementarer Zeichenfertigkeiten.
Jede Seite beinhaltet fünf Übungen, die durch Musterzeichnungen illustriert sind. Die Lehrerin kann die einzelnen Übungen an der Tafel oder auf unliniertem Papier vormachen oder die Seiten kopieren (z. B. eine Kopie je Gruppentisch), damit die Kinder ein Vorbild haben wie sie unlinierte DIN A4-Bögen gestalten können.
Als Zeichengerät sind (nicht zu harte) Blei- oder Buntstifte, dünne Filzstifte, Kulis oder Füller brauchbar. Die Kinder sollten durchaus mit verschiedenem Werkzeug experimentieren.
Der Formenzeichenkurs sollte kontinuierlich wiederholt werden, da nicht nur die Feinmotorik sondern auch das Zusammenspiel von Auge, Hand und innerer Vorstellung gefördert wird.

Integrierende Übungen

61 Ornamente zeichnen
Ornamente zeichnen, „geometrische Kunst"

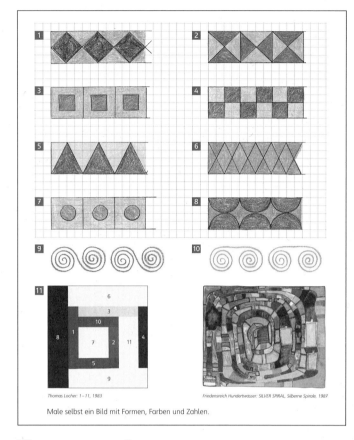

Male selbst ein Bild mit Formen, Farben und Zahlen.

❓ WAS WIRD BENÖTIGT?
Arbeitsmaterial: farbige Buntstifte, Lineal
Demonstrationsmaterial: evtl. Plakate mit geometrischen Bildern

❓ WORUM GEHT ES?
Auf der Seite werden Ornamente vorgegeben, die von den Kindern erfasst und nachgezeichnet werden sollen. Die Motive beruhen auf geometrischen Grundformen, sodass durch die Beschäftigung mit den Ornamenten geometrische Vorstellungen weiter entwickelt werden.

Den Abschluss bildet die Betrachtung zweier „geometrischer" Bilder zeitgenössischer Künstler.

❓ WIE KANN MAN VORGEHEN?
Zur Arbeit mit dem Buch:
Die Kinder versuchen die Ornamente freihand oder mit Hilfe eines Lineals nachzuzeichnen und einzufärben. Die Aufgaben 1–10 dienen hierbei zur Anregung für den Entwurf eigener Ornamente.

In Aufgabe 11 sind zwei Kunstobjekte abgebildet: „1–11" von Thomas Locher und „Silberne Spirale" von Friedensreich Hundertwasser. Die Bilder regen zur Betrachtung und zum Zeichnen eigener Bilder an.

Das Bild von Locher wirft die Frage auf, ob die Zahlen 1, 2, 3, ..., 11 in den rechteckigen Flächen nach einem bestimmten Prinzip zugeordnet wurden. Frage: Was könnte sich der Künstler gedacht haben? Den Autoren des ZAHLENBUCHs ist es nicht gelungen, ein durchgängiges Konstruktionsprinzip zu entdecken. Nichtsdestoweniger kann man interessante Beobachtungen machen: die „1" ist rot und sehr markant. Die weiteren Verdopplungen 2, 4, 8 stehen auf parallelen Rechtecken, ebenso die Zahlen 3, 6, 9 der Dreierreihe sowie die Zahlen 5 und 10 der Fünferreihe. Aus dem Schema fallen das quadratische Feld der 7 und das Rechteck der 11 heraus. Aus „benachbarten Zahlen" lassen sich auch oft Zahlgleichungen bilden, z. B. $8 - 1 = 7$, $2 + 5 = 7$, $10 - 7 = 3$, $6 - 1 = 5$.

Moderne Künstler vermeiden absichtlich klare Botschaften zugunsten der Anregung aktiver, subjektiver Auseinandersetzungen mit einem Bild.

Thomas Locher hat zu seinem Bild folgenden Kommentar abgegeben:

„Würde weder Nummer noch Buchstabe verwendet werden, es wäre ein konstruktivistisches Bild, eine rein geometrische Komposition, Ausdruck eines rationalen Gefüges. Aber es soll ja ein Bild entstehen, das genau diese Rationalität mit seinen eigenen Mitteln kritisiert. Erst durch die Markierung mit Zahl oder Buchstabe wird die Frage nach der Bedeutung gestellt. In den Nummernarbeiten geht es nicht um Ordnung oder Hierarchie, sondern um die Frage der Zuordnung: wie verhält sich das Zeichen zu dem, was es bezeichnet? Was wird wem (oder was) zugeordnet und warum? Meine Absicht war es, diese Beziehung zu formalisieren, eine ästhetische Lösung für einen Relationsbegriff zu finden."

Vielleicht haben die Kinder Lust, selbst Zahlen in Form von Rechtecken oder Kreisen in einem Bild anzuordnen, ein buntes Formenbild à la Hundertwasser zu malen oder die Formen des Zeichenkurses flächig zusammenzusetzen und unterschiedlich zu färben.

❓ WIE KÖNNTE ES WEITERGEHEN?
– Zum Abschluss des Themenblocks „Integrierende Übungen" kann die Lernzielkontrolle 3 eingesetzt werden, vgl. Materialien.

Malaufgaben in der Umwelt
Einführung in die Multiplikation durch multiplikative Sachsituationen

62

Malaufgaben lassen sich auf verschiedene Weisen veranschaulichen.

☐ Beispiel: 3 · 4

dreimal das Zahlbild 4
○○ ○○ ○○
○○ ○○ ○○

dreimal vier Plättchen linear angeordnet
○○○○ ○○○○ ○○○○

dreimal vier Plättchen zu Mengen zusammengefasst

als Punktmuster
○○○○
○○○○
○○○○

Die Punktmusterdarstellung weist viele Vorteile auf und wird daher bei der Einmaleins-Behandlung im ZAHLENBUCH zunächst bevorzugt. Später spielt aber auch die lineare Darstellung eine wichtige Rolle (Einmaleins-Plan).

❓ WIE KANN MAN VORGEHEN?
Vor der Arbeit mit dem Buch:

1. Standortbestimmung

Man kann dabei an das Mini-Einmaleins und die Orientierung im Hunderter anknüpfen, von den Kindern die Ergebnisse einiger Aufgaben abfragen und an die Tafel schreiben:

1 mal 1 = 1, 4 mal 5 = 20, 2 mal 6 = 12, 4 mal 3 = 12, 10 mal 10 = 100, 4 mal 25 = 100 usw.

Dann kann man eine schwierigere Aufgabe stellen, z. B. 8 mal 5 = __ . Einige Kinder werden diese Aufgabe schon lösen können.

Als Nächstes werden die Kinder aufgefordert Malaufgaben zu nennen, die sie schon rechnen können, und sie werden gefragt, wie sie die Ergebnisse gefunden haben.

Schließlich erhalten die Kinder leere Blätter mit der Bitte Malaufgaben aufzuschreiben, die sie schon rechnen können.

☐ Anmerkung:

Diese Standortbestimmung kann auch *nach* Behandlung der einführenden Seite vorgenommen werden.

2. Einführung in die Multiplikation

Viele Gegenstände des täglichen Lebens tragen multiplikative Strukturen, an die man anknüpfen kann: Packungen von Papiertaschentüchern, Palette mit Jogurt, Tafel Schokolade unterteilt in Stücke, Packungen mit Streichhölzern, Gitter zum Herstellen von Eiswürfeln, Schachbrett (8 × 8 Felder), usw.

Auch im Klassenraum oder in der Schule dürfte es nicht an multiplikativen Strukturen fehlen: Kinder an Vierertischen, gitterförmig unterteilte Fensterscheiben, Regalfächer, Farbkästen etc.

Der auf dieser Seite eröffnete Themenblock „Einführung von Multiplikation und Division" ist einer der wichtigsten der gesamten Grundschulmathematik. Er kreist um das kleine Einmaleins und seine Umkehrung. Das Einmaleins wird ganzheitlich und in mehreren Durchgängen erarbeitet. Dieser Themenblock, der sich auf das Mini-Einmaleins von Band 1 stützt, umfasst die ersten drei Durchgänge „Multiplikative Sachsituationen", „Einmaleins am Hunderterfeld", „Einmaleins-Plan". Dreh- und Angelpunkt ist die Zurückführung schwerer Malaufgaben auf die einfachen Kernaufgaben.

❓ WAS WIRD BENÖTIGT?
Arbeitsmaterial: Plättchen oder ähnliche Gegenstände, die als rechteckige Punktmuster gelegt werden können
Demonstrationsmaterial für multiplikative Strukturen: Geschirr, Besteck, Besteckeinsätze, Gewürzdosen, Verpackungsmaterial wie Plätzchenschachteln, Eierkartons, Knopfpappen, Eisschalen, Blech mit Plätzchen, Malkasten etc., Wendeplättchen für die Magnettafel

❓ WORUM GEHT ES?
Im Band 1 und zu Beginn des Bandes 2 wurde das Mini-Einmaleins eingeführt bzw. wiederholt. Nun sollen die Kinder anhand multiplikativer Situationen aus der Umwelt die Multiplikation als verkürzte Addition (wiederholte Addition gleicher Summanden) erfassen, Ergebnisse einfacher Malaufgaben ermitteln und bei der Notation statt „mal" das mathematische Zeichen „ · " benutzen.

☐ Beispiel: 4 + 4 + 4 = 3 · 4 (dreimal die 4).

Einführung von Multiplikation und Division   121

62 Malaufgaben in der Umwelt
Einführung in die Multiplikation durch multiplikative Sachsituationen

Aufgabe der Kinder ist es, die zugehörigen Malaufgaben zu finden und die Ergebnisse zu ermitteln. Die Aufgaben werden unter Verwendung von „mal" notiert. Abschließend wird der Malpunkt als Abkürzung für „mal" eingeführt. Für das Verständnis der Multiplikation ist es aber sinnvoll, die Sprechweise der verkürzten Addition weiterhin zu benutzen.

☐ Beispiel:
Für 6 + 6 + 6 + 6 kann man auch „4 Sechser" oder „viermal die 6" sagen.

Zur Arbeit mit dem Buch:
Das Bild bietet eine Vielfalt linearer oder rechteckiger multiplikativer Muster: Tassen, Teller im Schrank, Radieschen in Bündeln, Fliesen, Schrankfächer, Dosen, Herdplatten, Besteck usw.

Im Bild sind auch einige unvollständige bzw. teilweise verdeckte Malstrukturen enthalten, z.B. die Tassen im Schrank, die Herzchen auf der Gardine, die pfiffigerweise z.T. in den Gardinenfalten versteckt sind (Ergänzung zum Feld 4 · 6 liefert das richtige Ergebnis), das Besteck in der Schublade.

Die Einmaleinsaufgaben können aufgeschrieben und anschließend verglichen werden. Für die Sprechweise „mal" wird das mathematische Zeichen „ · " verwendet. Die Multiplikation wird als verkürzte Addition gleicher Summanden erfasst.

Aufgabe 1:
Diese Aufgaben werden anschaulich gelöst.
b) 2 mal 3 Tassen hängend, 3 mal 2 Tassen stehend im mittleren Schrank, 2 mal 5 gelbe Teller im rechten Schrank, 3 mal 5 Gewürzgläser auf dem Bord, 4 mal 4 Tassen im linken Schrank, …
c) Die Malaufgabe 2 · 7 findet sich bei den Radieschen, 4 · 6 bei den Herzchen auf dem Vorhang.

Aufgabe 2:
Diese Aufgabe kann als Hausaufgabe gegeben werden.

Aufgabe 3:
Hier werden die multiplikativen Strukturen durch eigenes Legen (linear, Rechteckform) vertieft. Dieser Übergang von der Realität zu einer schematisierten Darstellung, mit der stellvertretend operiert werden kann, ist von fundamentaler Bedeutung für Anwendungen der Mathematik.

Aufgabe 4:
Analog zu Aufgabe 3, statt Legen zeichnerische Darstellung.

ARBEITSHEFT Seite 31

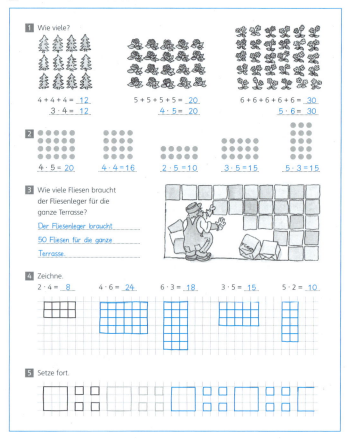

? Wie könnte es weitergehen?
– Bei einem Unterrichtsgang multiplikative Strukturen in der Umwelt suchen. (Fenster an Gebäuden, Muster von Fliesen oder Pflastersteinen, Anordnung von Briefkästen in einem Mehrfamilienhaus, Verpackungen im Supermarkt – eine wahre Fundgrube!)
– Sammeln von Bildern multiplikativer Strukturen. (Versandhauskataloge sind eine weitere Fundgrube.)
– Anlage eines Einmaleins-Buches mit Bildern, Fotos und Zeichnungen der Kinder.

Rechenwege 63

Darstellen und berechnen von Malaufgaben unter Nutzung der Unterteilung des Hunderterfeldes, Tauschaufgaben

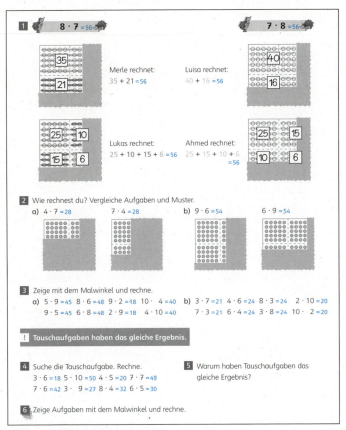

Bei der Arbeit am Hunderterfeld werden die Kernaufgaben „2 mal", „5 mal" und „10 mal" als leichte Aufgaben erkannt und es wird deutlich, dass Tauschaufgaben ergebnisgleich sind.

? WIE KANN MAN VORGEHEN?

Vor der Arbeit mit dem Buch:
Das den Schülern bekannte Hunderterfeld (mit Fünfereinteilung) wird auf den OHP gelegt, mit dem Malwinkel wird z. B. die Aufgabe 6 · 6 gezeigt. Frage: Welche Malaufgabe ist das?

Die Kinder nennen die Aufgabe und überlegen, wie sie das Ergebnis bestimmen können. Die Unterteilung des Hunderterfeldes ist dabei eine große Hilfe (Kraft der Fünf): Mögliche Wege:
25 + 5 + 5 + 1 = 36, (10 + 10 + 10) + (2 + 2 + 2) = 36, …

Neben 6 · 6 sollten auch die Sprechweisen „6 Sechser" und „6 mal die 6" benutzt werden.

In dieser Phase besteht nicht der geringste Anlass oder gar Druck, Ergebnisse auswendig lernen zu lassen. Der Akzent liegt auf der additiven Ermittlung der Ergebnisse, womit gleichzeitig eine hervorragende Wiederholung der Addition im Hunderterraum gewährleistet ist.

Das Kommutativgesetz der Multiplikation lässt sich folgendermaßen herausarbeiten:
Die Lehrerin sagt: Legt 4 mal 6.

Einige Kinder werden 4 Reihen mit je 6 Plättchen abdecken, andere 6 Reihen mit 4 Plättchen. Die Kinder erkennen meist schon ohne Hilfe, dass die beiden Rechtecksmuster nur gegeneinander verdreht sind und daher gleich viele Plättchen enthalten: Tauschaufgaben haben das gleiche Ergebnis (vgl. Aufgabe 3).

Es wird verabredet, ab jetzt die Felder in der Regel zeilenweise zu lesen, d. h. z. B. 4 · 6 als 4 Zeilen mit je 6 Punkten.

4 mal 6

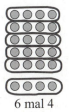
6 mal 4

Trotz dieser Verabredung wird die Aufgabe 6 · 4 immer wieder mal dem 4 · 6-Feld zugeordnet werden und umgekehrt. Dies ist kein Fehler, denn die obige Verabredung ist sachlich nicht zwingend.

Zur Arbeit mit dem Buch:
Aufgabe 1:
Die Kinder beschreiben, wie die Schüler im Buch die Aufgabe 8 · 7 und die Tauschaufgabe 7 · 8 gerechnet haben.

Statt einzufärben kann man die entsprechenden Summanden auch in die zugehörigen Felder eintragen.

? WAS WIRD BENÖTIGT?
Arbeits- und Demonstrationsmaterial: Hunderterfeld (ausklappbarer Umschlag) und Einmaleins-Winkel, Leerformat 5 „Hunderterfelder"

? WORUM GEHT ES?
Bei der Einführung sind Malaufgaben in unsystematischer Folge aufgetreten. Nun geht es um eine operative Durcharbeitung des Einmaleins am Hunderterfeld, bei der schon erste Beziehungen zwischen den Aufgaben entdeckt werden können. Mit Hilfe des Einmaleinswinkels lassen sich alle Aufgaben des Einmaleins am Hunderterfeld legen. Die Struktur des Hunderterfeldes unterstützt die additive Berechnung der Ergebnisse. Dabei sind verschiedene Rechenwege möglich.

☐ Beispiel: 7 · 7

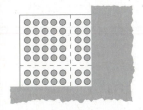 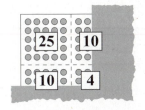

25 + 10 + 10 + 4 = 49

Auf dem Hunderterfeld (Kopiervorlage) können die Kinder die bei der Rechnung gewählte Unterteilung des Punktmusters farblich kennzeichnen.

Einführung von Multiplikation und Division 123

63 Rechenwege
Darstellen und berechnen von Malaufgaben unter Nutzung der Unterteilung des Hunderterfeldes, Tauschaufgaben

Aufgabe 2:
Die Kinder legen den Malwinkel entsprechend zur vorgegebenen Aufgabe. Sie schreiben die Malaufgabe ins Heft und berechnen das Ergebnis additiv. Beispiel: $4 \cdot 7 = 20 + 8 = 28$.

Aufgabe 3:
Jetzt sind die Aufgaben nur noch zahlenmäßig gestellt. Notation wie in Aufgabe 2.

Aufgabe 4:
Die Kinder legen und schreiben auch die zugehörige Tauschaufgabe auf und rechnen sie aus.

Aufgabe 5:
Die Anzahl der Punkte ist gleich. Dies erkennt man, wenn man das Malfeld der Tauschaufgabe um 90° dreht.

Abschließend sollte darauf hingewiesen werden, dass die 100 Aufgaben von $1 \cdot 1$ bis $10 \cdot 10$ nach der ersten Aufgabe als „kleines Einmaleins" bezeichnet werden und dass das kleine Einmaleins eine der allerwichtigsten Rechenfertigkeiten ist und gut gelernt werden muss.

❓ WIE KÖNNTE ES WEITERGEHEN?

Vor Erarbeitung der nächsten Seite sollten in Gruppenarbeit Karteikarten (DIN A6) mit allen Malaufgaben hergestellt werden. Das erfordert zwar einige Mühe, aber die Mühe lohnt sich. Bei Zeitmangel kann auf das „1 × 1-Kartenspiel" aus dem Programm „mathe 2000" zurückgegriffen werden.

Herstellungsanleitung: Auf die Vorderseite jeder Karte wird das betreffende Feld geklebt und die Aufgabe geschrieben. Auf die Rückseite wird das Ergebnis geschrieben, z.B.:

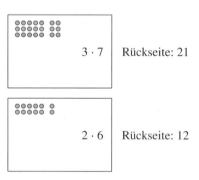

Kleinere Felder können leicht abgezeichnet, größere durch Ausschneiden aus dem Hunderterfeld (Leerformat 5) hergestellt und dann auf die Karte geklebt werden.

Es werden fünf Gruppen gebildet, die jeweils für 20 Aufgaben verantwortlich sind:
Gruppe 1: Aufgaben der 1er-Reihe und 6er-Reihe
Gruppe 2: Aufgaben der 2er-Reihe und 7er-Reihe
Gruppe 3: Aufgaben der 3er-Reihe und 8er-Reihe
Gruppe 4: Aufgaben der 4er-Reihe und 9er-Reihe
Gruppe 5: Aufgaben der 5er-Reihe und 10er-Reihe

Gruppe 2 erstellt also die Karteikarten:

Zur Erstellung der Karten werden alle Aufgaben zunächst mit dem Malwinkel am Hunderterfeld gelegt, kleinere Felder auf eine Karteikarte abgemalt, größere Felder aus einem Hunderterfeld (Leerformat 5) ausgeschnitten und mit Klebstift sauber auf eine Karteikarte geklebt. Dann werden alle zugehörigen Aufgaben auf die Karte geschrieben und wie im Buch ausgerechnet.

Sortiert man die Karten nach gleichen Ergebnissen, so erhält man 42 Ergebnisse (Einmaleinszahlen). Diese können am Hunderterfeld angekreuzt werden.

Manche Einmaleinszahlen treten nur einfach auf (z.B. $9 = 3 \cdot 3$), andere doppelt (z.B. $15 = 5 \cdot 3$ und $3 \cdot 5$), dreifach (z.B. $36 = 6 \cdot 6$, $4 \cdot 9$ und $9 \cdot 4$) oder gar vierfach (z.B. $24 = 4 \cdot 6$, $6 \cdot 4$, $3 \cdot 8$ und $8 \cdot 3$).

Die Kinder erkennen: Insgesamt sind es 100 Einmaleinsaufgaben. Legt man aber Tauschaufgaben, die ja ergebnisgleich sind, zusammen (z.B. $4 \cdot 6$ und $6 \cdot 4$), so bleiben nur 55 wesentlich verschiedene Aufgabenkarten übrig.

Rechenwege 63

Darstellen und berechnen von Malaufgaben unter Nutzung der Unterteilung des Hunderterfeldes, Tauschaufgaben

☐ Anmerkung:
Im „1 × 1-Kartenspiel" aus dem Programm „mathe 2000" werden Aufgabe und Tauschaufgabe jeweils auf einer Karte dargestellt.

Als Vorübung für die nächste Seite können die Malaufgaben von den Kindern nach „leichter" und „schwerer" sortiert werden.

ARBEITSHEFT Seite 32, Aufgabe 1–3

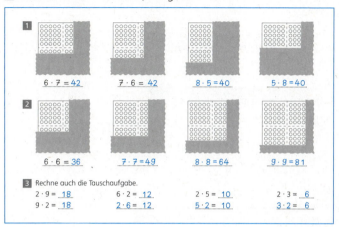

Einführung von Multiplikation und Division 125

64 Einfache Malaufgaben
Erarbeitung der Kernaufgaben am Hunderterfeld

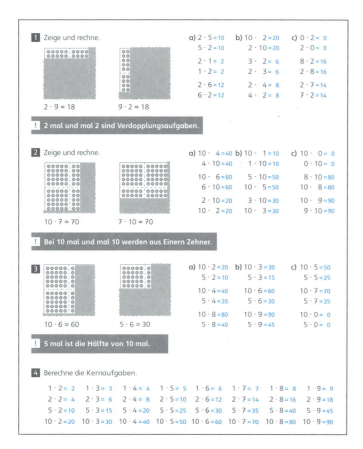

Die Beispielaufgabe zeigt, wie der Malwinkel für die Aufgabe und für die Tauschaufgabe platziert werden muss.

Die Kinder legen die Aufgaben auf ihrem Hunderterfeld mit dem Malwinkel und schreiben sie mit der Lösung ins Heft.

Aufgabe 2:
Exemplarisch zeigen die Abbildungen, wie der Malwinkel bei Malaufgaben mit 10 platziert werden muss. Die Ergebnisse lassen sich leicht ablesen.

Die Kinder legen die Aufgaben mit dem Malwinkel und schreiben sie ins Heft.

Aufgabe 3:
Die Abbildungen verdeutlichen, wie die Kinder aus einer Malaufgabe mit 10 eine Malaufgabe mit 5 herleiten können. Zur Fünferzäsur des Hunderterfeldes muss der Malwinkel entweder horizontal (bei „mal 5") oder vertikal (bei „5 mal") verschoben werden. Das Feld wird hierbei halbiert. Bei Abdeckung einer Hälfte mit einer durchsichtigen farbigen Folie am OHP bleiben beide Teilaufgaben sichtbar und „5 mal" bzw. „mal 5" wird als die Hälfte von „10 mal" bzw. „mal 10" besonders deutlich.

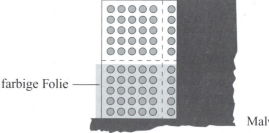

Die Lösung der Aufgaben wird dadurch erleichtert, dass das Halbieren ganzer Zehner zum Blitzrechnen gehört (s. Hinweise zur Schülerbuchseite 39).

Aufgabe 4:
Die Kinder berechnen die Kernaufgaben und erfahren, dass alle anderen Aufgaben des Einmaleins aus diesen einfachen Aufgaben hergeleitet werden können. Dadurch rückt das Erlernen des Einmaleins in greifbare Nähe.

? WAS WIRD BENÖTIGT?
Arbeits- und Demonstrationsmaterial: Hunderterfeld und Malwinkel (evtl. aus farbiger Folie für OHP)

? WORUM GEHT ES?
Die Malaufgaben „2 mal" und „mal 2", „10 mal" und „mal 10" sowie „5 mal" und „mal 5" werden als leicht zu lernende Kernaufgaben erarbeitet.

Diese Aufgaben werden später beim Einmaleins-Plan und bei der Einmaleins-Tafel als wichtige Ankerpunkte dienen.

Die Ergebnisse der Malaufgaben mit 2 sind den Kindern vom Verdoppeln am Zwanzigerfeld und als gerade Zahlen schon bekannt.

Die Ergebnisse der Malaufgaben mit 10 stellen das Zehnfache der jeweiligen Zahl dar: „Mal 10 macht aus 7 Einern 7 Zehner." Begründung: $10 \cdot 7 = 7 \cdot 10 = 7$ Zehner $= 70$.

Die Ergebnisse der Malaufgaben mit 5 erhält man durch Halbieren der Zehnerzahlen.

Die Malaufgaben „1 mal", „2 mal", „5 mal" und „10 mal" einer Reihe bilden die so genannten „kurzen Reihen", die am Mal-Plan später besonders thematisiert werden.

? WIE KANN MAN VORGEHEN?
Zur Arbeit mit dem Buch:
Aufgabe 1:
Die Kinder sollen Malaufgaben mit 2 suchen und lösen. Es handelt sich um nichts anderes als die vom Band 1 her bekannten Verdopplungsaufgaben, die jetzt aber multiplikativ gesprochen werden.

■ ARBEITSHEFT Seite 32, Aufgabe 4

Von einfachen zu schweren Aufgaben

65

Nutzung der Ergebnisse einfacher Aufgaben für die Berechnung schwierigerer Aufgaben

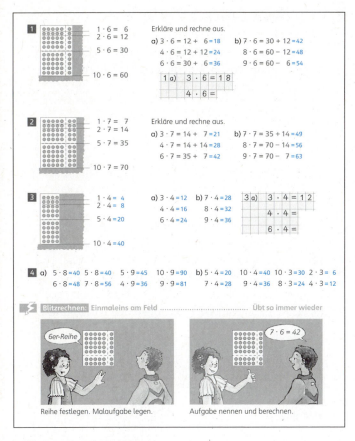

Um die Malaufgaben einer Malreihe zu berechnen, schreibt man also zunächst die Ergebnisse der Kernaufgaben auf und erschließt dann die restlichen Aufgaben. Am Feld kann die Berechnung, die auf dem Distributivgesetz beruht, begründet werden.

□ Beispiele:

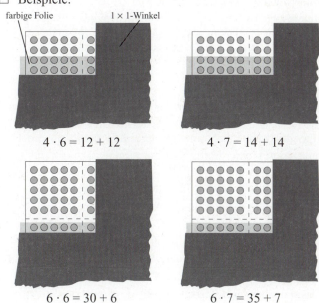

| $4 \cdot 6 = 12 + 12$ | $4 \cdot 7 = 14 + 14$ |
| $6 \cdot 6 = 30 + 6$ | $6 \cdot 7 = 35 + 7$ |

❓ WAS WIRD BENÖTIGT?

Arbeits- und Demonstrationsmaterial: Hunderterfeld und Malwinkel (evtl. farbige Folie), Arbeitsblatt 8 „Von einfachen zu schweren Malaufgaben"

❓ WORUM GEHT ES?

Wie bei Additions- und Subtraktionsaufgaben werden schwere Malaufgaben aus einfachen Malaufgaben operativ erschlossen. Einfache Malaufgaben (Kernaufgaben) sind bei jeder Reihe:

| 1 mal | 5 mal |
| 2 mal | 10 mal |

□ Beispiel:

Sechser-Reihe und Siebener-Reihe

$1 \cdot 6 = \mathbf{6}$ $1 \cdot 7 = \mathbf{7}$

$2 \cdot 6 = \mathbf{12}$ (das Doppelte von 6) $2 \cdot 7 = \mathbf{14}$ (das Doppelte von 7)

$10 \cdot 6 = \mathbf{60}$ $10 \cdot 7 = \mathbf{70}$

$5 \cdot 6 = \mathbf{30}$ (die Hälfte von 60) $5 \cdot 7 = \mathbf{35}$ (die Hälfte von 70)

Aus den Kernaufgaben lassen sich alle anderen Malaufgaben herleiten.

        $3 \cdot 6 = \mathbf{12} + \ 6$ $3 \cdot 7 = \mathbf{14} + \ 7$
        $4 \cdot 6 = \mathbf{12} + 12$ $4 \cdot 7 = \mathbf{14} + 14$
oder $4 \cdot 6 = \mathbf{30} - \ 6$ oder $4 \cdot 7 = \mathbf{35} - \ 7$
        $6 \cdot 6 = \mathbf{30} + \ 6$ $6 \cdot 7 = \mathbf{35} + \ 7$
        $7 \cdot 6 = \mathbf{30} + 12$ $7 \cdot 7 = \mathbf{35} + 14$
        $8 \cdot 6 = \mathbf{60} - 12$ $8 \cdot 7 = \mathbf{70} - 14$
        $9 \cdot 6 = \mathbf{60} - \ 6$ $9 \cdot 7 = \mathbf{70} - \ 7$

❓ WIE KANN MAN VORGEHEN?

Zur Arbeit mit dem Buch:
Aufgabe 1 und 2:

Die Aufgaben werden gemeinsam an der Tafel erarbeitet.
   An einem 6er-Feld (OHP) werden die Kernaufgaben
$1 \cdot 6, 2 \cdot 6, 5 \cdot 6$ und $10 \cdot 6$ berechnet.
   ‖   ‖   ‖   ‖
   6   12   30   60

Nun wird am Feld gemeinsam überlegt, warum

$3 \cdot 6 = 12 + \ 6$ $7 \cdot 6 = 30 + 12$
$4 \cdot 6 = 12 + 12$ $8 \cdot 6 = 60 - 12$
$6 \cdot 6 = 30 + \ 6$ $9 \cdot 6 = 60 - \ 6$

sein muss.

Zur Begründung muss man auf die Definition von „mal" als verkürzte Addition zurückkehren und die ursprüngliche Sprechweise „Sechser" benutzen.

□ Beispiel:

3 Sechser = 2 Sechser + 1 Sechser,
4 Sechser = 2 Sechser + 2 Sechser,
6 Sechser = 5 Sechser + 1 Sechser,
7 Sechser = 5 Sechser + 2 Sechser,
8 Sechser = 10 Sechser − 2 Sechser,
9 Sechser = 10 Sechser − 1 Sechser.

Dies ist nichts anderes als die Anwendung des Einspluseins auf die Einheit Sechser.

65 Von einfachen zu schweren Aufgaben
Nutzung der Ergebnisse einfacher Aufgaben für die Berechnung schwierigerer Aufgaben

Für 4 Sechser gibt es auch noch die Ableitung 4 Sechser = 5 Sechser – 1 Sechser.

Das Berechnungsschema überträgt sich auf **alle** Einmaleinsreihen, wobei die jeweilige Ausgangszahl als eigene Einheit benutzt wird.

Aufgabe 3 und 4:
Analog zu Aufgabe 1 und 2 versuchen die Kinder die Aufgaben bei anderen Reihen zu berechnen. Wieder hilft ein Denken in „Vierern", „Achtern", „Neunern" und „Dreiern".

⚡ BLITZRECHNEN
Grundlegung der Übung „Einmaleins am Feld"
Das erste Kind bestimmt eine Einmaleins-Reihe und legt mit Hilfe des Malwinkels am Hunderterfeld (aufklappbare Umschlagsseite) eine Aufgabe dieser Reihe. Das zweite Kind nennt die Einmaleinsaufgabe und das Ergebnis. Die Kinder sollten angeleitet werden zunächst weitere Aufgaben innerhalb einer Reihe zu rechnen und sich diese aus den Kernaufgaben „1 mal", „2 mal", „5 mal", und „10 mal" zu erschließen.

Diese Übung muss – wie alle Blitzrechenübungen – von den Kindern in den folgenden Wochen und Monaten in der Schule und zu Hause so lange wiederholt werden, bis sie flüssig und sicher beherrscht wird.

💾 ARBEITSHEFT Seite 32, Aufgabe 5–7

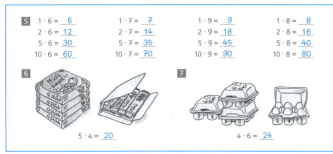

❓ WIE KÖNNTE ES WEITERGEHEN?
– Für weitere Übungen kann das Arbeitsblatt 8 „Von einfachen zu schweren Malaufgaben" verwendet werden.
– Die Kernaufgabe einer Reihe (z. B. 7er-Reihe) werden an die Tafel geschrieben:

$1 \cdot 7 = 7$
$2 \cdot 7 = 14$
$5 \cdot 7 = 35$
$10 \cdot 7 = 70$

Nun werden diese Zahlen addiert und subtrahiert. Die Kinder müssen sagen, welche Malaufgabe hinter dem Ergebnis steckt.

7 + 7	7 + 7 = 2 · 7 = 14
14 + 7	14 + 7 = 3 · 7 = 21
35 + 7	35 + 7 = 6 · 7 = 42

35 – 7, 70 – 7, 35 + 14, 70 – 14, 35 – 14 …

– Es werden Zahlenmauern der folgenden Form berechnet:

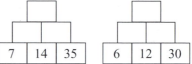

abstrakt:

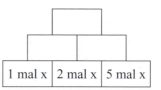

Die Kinder erkennen, dass in den Steinen der zweiten Schicht immer 3 mal x, 7 mal x steht und im Deckstein (als gute Kontrolle) 10 mal x.

– Es werden Zahlenmauern der Gestalt

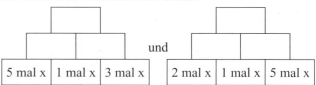

berechnet.
Der Deckstein ist bei den Mauern des ersten Typs immer 10 mal x, bei den Mauern des zweiten Typs 9 mal x. Die Begründung ergibt sich wieder, wenn man in der Einheit x denkt.

Tag und Stunden 66
Uhrzeiten mit vollen Stunden ablesen und einstellen können

Es muss deutlich werden, dass das Wort „Tag" in zwei Bedeutungen verwendet wird, die man in der Regel nur aus dem Zusammenhang erschließen kann: Zeitspanne von 0 Uhr zu 0 Uhr (24 Stunden) und „heller Tag" mit je nach Jahreszeit unterschiedlicher Dauer.

Neben dem Verständnis für Zeitpunkte sollen die Kinder anhand praktischer Zeitvergleiche ein Gefühl für Zeit gewinnen und Zeitspannen berechnen können.

Das ZAHLENBUCH greift im Folgenden in Sachzusammenhängen immer wieder das Thema Zeit auf und vertieft es rechnerisch (vgl. Schülerbuchseiten 67, 74, 75, 96, 97, 103, 121, 124).

Empfohlen wird die gleichzeitige Behandlung der Uhr im Sachunterricht (verschiedene Uhren vergleichen [Batterie-, Federuhr], Zeitabläufe, Pendelexperimente, verschiedene Zeitmesser selbst bauen usw.).

❓ WIE KANN MAN VORGEHEN?
Vor der Arbeit mit dem Buch:
Nach Möglichkeit sollte die Lehrerin zum Einstieg verschiedene Uhren mitbringen (Eieruhr, Sanduhr, Wecker, Armbanduhr, Wanduhr, jeweils analog – digital, verschiedene Zifferblätter). Viele Kinder haben auch schon eigene Uhren.

Im Gespräch werden Unterschiede und Gemeinsamkeiten der Uhren herausgestellt. Wichtigste Punkte für den Mathematikunterricht:

- Eine digitale Uhr zeigt die Uhrzeit schnell ablesbar mit Ziffern an.
- Eine analoge Uhr besteht aus einem unterschiedlich gestalteten Zifferblatt, dem kleinen Stundenzeiger, dem größeren Minutenzeiger und evtl. dem Sekundenzeiger, dessen Bewegung das Auge sofort registrieren kann.

An einer großen Demonstrationsuhr werden die eingestellten Uhrzeiten abgelesen und vorgegebene Uhrzeiten eingestellt.

Anschließend erhalten möglichst alle Kinder eine Lernuhr (die oft in Schulen vorhanden ist oder mit Hilfe der Kopiervorlage hergestellt werden kann).

Zur Arbeit mit dem Buch:
Aufgabe 1:
Für die Einstiegssituation wurden die Uhrzeiten 8 Uhr morgens (häufig Schulbeginn) bzw. 8 Uhr abends (20 Uhr, Tagesschau, Schlafenszeit) gewählt.

Die jeweilige Sachsituation hilft herauszufinden, dass die Digitaluhr morgens und abends unterschiedliche Zeiten (Zeit, Zeit plus 12 Stunden) angibt, während die Zeigerstellung bei der Analoguhr (Zeigeruhr) identisch ist. Man kann allerdings Digitaluhren auch auf den 12-Stunden-Rhythmus einstellen, der in den angelsächsischen Ländern noch weiter verbreitet ist als bei uns.

Damit sich das Einmaleins ein wenig setzen kann, wird eine Einheit über die Zeit eingeschoben. Die Blitzrechenübung „Einmaleins am Feld" wird aber begleitend durchgeführt.

❓ WAS WIRD BENÖTIGT?
Arbeits- und Demonstrationsmaterial: verschiedene Zeiger- und Digitaluhren, Operationsfeld 2 „Lernuhr", evtl. Leerformat 8 „Uhrzeiten", evtl. Schild mit Öffnungszeiten als Plakat

❓ WORUM GEHT ES?
Das Ablesen einer Uhr mit Zeigern (Analoguhr) ist für die Kinder eine sehr erstrebenswerte Fertigkeit, weil es zur Selbstständigkeit und Unabhängigkeit von den Erwachsenen beiträgt. Da es sich um eine komplexe Fertigkeit handelt, brauchen manche Kinder sehr lange, bis sie Uhrzeiten an der Zeigeruhr sicher ablesen und mit den Zeiten rechnen können.

Die bereits im Band 1 erworbenen Kenntnisse über volle Stunden sind eine gute Grundlage für die Erarbeitung der wichtigsten Fakten:
- Ein Tag hat 24 Stunden.
- Der kleine Zeiger zeigt die Stunden an.
- Die beiden Möglichkeiten zur Benennung der Nachmittagsstunden (1 Uhr nachmittags, 13 Uhr usw.) müssen wie im ersten Schuljahr parallel behandelt werden. Ab 12 Uhr heißen die Stunden 13, 14, …, 24 Uhr, d.h., der kleine Zeiger wandert jeden Tag 2-mal über das Zifferblatt.
- Der Minutenzeiger zeigt bei der vollen Stunde genau nach oben.

66 Tag und Stunden
Uhrzeiten mit vollen Stunden ablesen und einstellen können

Aufgabe 2:
Es sind verschiedene Zifferblätter von Uhren abgebildet. Die Kinder beschreiben sie, lesen dann in Einzelarbeit die Uhrzeiten ab und schreiben sie auf. Die Uhr in a) zeigt nicht nur die Zahlen von 1 bis 12, sondern am Rand auch von 13 bis 24 Uhr an.

Aufgabe 3:
Die Kinder lesen die Uhrzeiten ab und stellen ihre Lernuhr entsprechend ein.

Aufgabe 4:
Zu vollen Stunden müssen Zeitpunkte vorher und nachher angegeben werden.

Aufgabe 5:
Am Beispiel der Öffnungszeiten einer Bücherei werden Zeitspannen (volle Stunden) errechnet.
   In der Klasse sollten an einem größeren Demonstrationsschild die Informationen über die Öffnungszeiten herausgearbeitet werden. Die Öffnungszeiten werden am besten durch Ergänzen berechnet: 8 + __ = 12.

☐ Anmerkung:
Das richtige Lesen und Interpretieren der Öffnungszeiten muss von den Kindern erst erlernt werden.

ARBEITSHEFT Seite 33

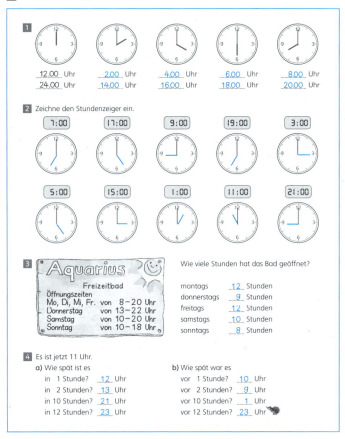

WIE KÖNNTE ES WEITERGEHEN?

— Partnerarbeit: Ein Kind stellt eine volle Stunde ein, das andere liest die Uhrzeit ab (mit Rollentausch).
— Weitere Ableseübungen an einem Arbeitsblatt, das mit Hilfe des Leerformats 8 leicht erstellt werden kann.
— Bei einem Unterrichtsgang
  • verschiedene Uhren suchen: Kirchturmuhren, Parkuhren, Bahnhofsuhren etc.
  • Schilder mit Öffnungszeiten suchen: an Geschäften, Ämtern, Arztpraxen etc.

Stunden und Minuten 67

Unterteilung einer Stunde in Viertelstunden, Zeitdauer bestimmen, Denkspiel „8er-Uhr"

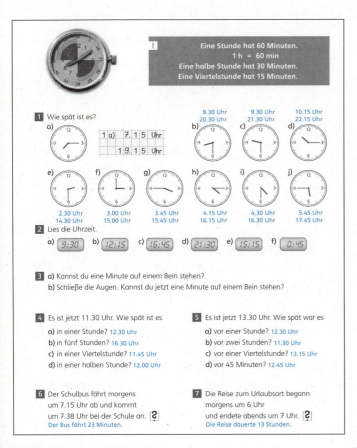

Wir beschränken uns hier zunächst noch auf die Aufteilung der vollen Stunde (60 Minuten) in vier Viertelstunden. Die regional üblichen Sprechweisen „viertel drei", „viertel vor drei" o. Ä. müssen im Unterricht aufgegriffen und erklärt werden.

Die „amtlichen" Sprechweisen lauten:
8.15 Uhr
acht Uhr fünfzehn oder
acht Uhr und fünfzehn Minuten

8.30 Uhr
acht Uhr dreißig oder
acht Uhr und dreißig Minuten

8.45 Uhr
acht Uhr fünfundvierzig oder
acht Uhr und fünfundvierzig Minuten

Die Aufteilung der Uhr in 5-Minuten-Abschnitte wird auf Schülerbuchseite 103 im Rahmen der Fünferreihe behandelt.

? WIE KANN MAN VORGEHEN?

Vor der Arbeit mit dem Buch:
Auf der Schulbuchseite ist eine Lernuhr für Kinder abgebildet, die im Handel erhältlich ist und oft von den Eltern als erste Uhr für Kinder gekauft wird. Die Uhr hat rote Zahlen zum Ablesen des roten Stundenzeigers und eine blauschwarze Minutenskala für den blauen Minutenzeiger. Ferner wird durch die Viertelung des 60 Minutenkreises, also einer vollen Stunde, das Ablesen der Viertelstunde (15 Minuten), der halben Stunde (30 Minuten) und der 45 Minuten (regional auch Dreiviertelstunde) erleichtert. Unsere Lernuhr in der Kopiervorlage ist analog aufgebaut und kann entsprechend gefärbt werden.

Es empfiehlt sich daher, die beiden periodischen Umläufe zuerst getrennt zu behandeln, am besten sogar an zwei getrennten Uhren, der „Stundenuhr" und der „Minutenuhr", und sie erst dann zu „synchronisieren":

1 Stunde = 60 Minuten; d. h., wenn der kleine Zeiger eine Stunde weiterkriecht, durchläuft der Minutenzeiger einen vollen Kreis. Vielleicht schaffen es zwei Kinder sogar, die beiden Uhren koordiniert zu bedienen. Hier bietet es sich an, vorübergehend beim Ablesen der Uhr in volle und angefangene Stunden zu unterscheiden. Die angefangene Stunde kann am Minutenzeiger genauer abgelesen werden (Beispiel: 8.45 Uhr sind 8 volle Stunden und 45 Minuten der angefangenen Stunde). Die normale Uhr wird anschließend als Überlagerung einer Stunden- und Minutenuhr eingeführt. Die großen Striche der Skala werden dabei doppelt gedeutet, einmal im Hinblick auf den Stunden-, das andere Mal im Hinblick auf den Minutenzeiger.

Die Koordination von Stunden- und Minutenzeiger ist das A und O für das Verständnis der Uhr und muss daher gründlich erarbeitet werden.

Wenn die Lehrerin nun an einer gezeichneten Uhr das Zifferblatt von 60 Minuten = 1 Stunde gleichmäßig in vier Stücke

? WAS WIRD BENÖTIGT?

Arbeits- und Demonstrationsmaterial: Operationsfeld 2 „Lernuhr", Leerformat 8 „Uhrzeiten"

? WORUM GEHT ES?

Die Zeit ist die einzige Größe, die im Laufe der Jahrhunderte nicht auf das Dezimalsystem umgestellt wurde: Ein Tag hat 24 Stunden und nicht etwa 10 oder 20 Stunden, eine Stunde hat 60 Minuten und nicht etwa 100 Minuten. Bei den frühen Hochkulturen wurde die Zahl 60 bei den Naturphilosophen bevorzugt, weil sie (anders als z. B. 100) durch die kleinen Zahlen 2, 3, 4, 5 und 6 ohne Rest teilbar ist. Auch die Tatsache, dass ein Jahr grob 360 Tage hat, spielte eine große Rolle. Bei der Uhrzeit und bei der Winkelmessung haben sich die alten Einteilungen bis heute erhalten.

Viele Kinder haben bei der ersten Begegnung mit nicht ganzen Stunden große Schwierigkeiten. Das größte Problem dürfte darin bestehen, dass auf einer Analoguhr zwei Zifferblätter überlagert sind: ein Zifferblatt für den kleinen Zeiger, den Stundenzeiger, der die Stunden von 0 bis 12 anzeigt, und ein zweites Zifferblatt für den großen Zeiger, den Minutenzeiger, der die Minuten von 0 bis 60 Minuten anzeigt. Die Zeiger sind so eingestellt, dass der Minutenzeiger einen vollen Umlauf absolviert, wenn der Stundenzeiger eine Stunde weiter rückt. Welcher Teil der jeweiligen Stunde abgelaufen ist, kann man am Minutenzeiger sehen.

Die beiden Zifferblätter geraten leicht durcheinander, etwa wenn man sagt, der Minutenzeiger zeige auf die 12, wenn er in Wirklichkeit auf 60 (oder 0) Minuten zeigt.

67 Stunden und Minuten
Unterteilung einer Stunde in Viertelstunden, Zeitdauer bestimmen, Denkspiel „8er-Uhr"

teilt, wird den Kindern der Begriff Viertelstunde und der Begriff halbe Stunde verständlich. Die 45 Minuten ergeben sich durch Anfügen einer Viertelstunde an die halbe Stunde.

Vor Einführung der amtlichen Sprechweise 8.30 Uhr bzw. 20.30 Uhr oder 8.45 Uhr bzw. 20.45 Uhr kann die Lehrerin eine Standortbestimmung durchführen. Die Kinder werden je nach Region die Uhrzeiten unterschiedlich benennen, zum Beispiel „halb 9", „30 Minuten nach 8", „eine halbe Stunde nach 8", „30 Minuten vor 9" oder auch „15 Minuten vor 9" oder „Viertel vor 8". Diese im täglichen Gebrauch geübten Sprechweisen sind für die Kinder einfacher als die normierten Uhrzeiten.

In einigen Regionen wird „7.15 bzw. 7.30 bzw. 7.45" als „viertel 8, halb 8, dreiviertel 8" bezeichnet. Dies bedeutet, dass 7 Stunden voll werden, jedoch die 8. angefangene Stunde nur zu einem Viertel, halb oder drei Viertel gezählt wird.

Zur Arbeit mit dem Buch:
Aufgabe 1:
Uhrzeiten zu verschiedenen Einstellungen ablesen und notieren, erst in gewohnter Sprechweise, dann normiert. Dabei ist zu beachten, dass jede Zeigerstellung zweifach interpretiert werden kann.

Aufgabe 2:
Digitale Uhrzeiten ablesen und an einer Lernuhr einstellen (anfänglich Stundenzeiger der Einfachheit wegen immer auf volle Stunde stellen, sonst wird diese Einstellung bei Lernuhren leicht zu schwierig).

Aufgabe 3:
Hier sollen die Kinder ihre Erfahrungen zur Zeitdauer vertiefen. Eine Uhr mit Sekundenzeiger oder eine Stoppuhr dient als Zeitmesser.

Wenn der Sekundenzeiger einmal das Zifferblatt umkreist hat, ist eine Minute vorbei.

Mit offenen Augen können sicherlich die meisten Kinder eine Minute auf einem Bein stehen. Bei geschlossenen Augen ist unser Gleichgewichtsempfinden gestört: ein aufregendes Erlebnis für die Kinder. Kaum ein Kind kann die Aufgabe bewältigen.

Aufgabe 4 und 5:
An Lernuhren können die Kinder der jeweiligen Zeitdauer entsprechend die Zeiger kreisen lassen und die neuen Uhrzeiten ablesen.

Aufgabe 6:
Die Aufgabe zum Schulbus lässt sich z. B. am Rechenstrich (als Zeitstrich) gut lösen.

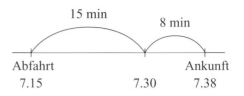

15 min + 8 min = 23 min

Kinder, die den Schulbus benutzen, sollten hier weitere Aufgaben erfinden und rechnen.

Aufgabe 7:
Die Anreise zum Urlaubsort dauert nicht etwa eine Stunde, sondern 13 Stunden.

❗ DENKSCHULE
Denkspiel 5 „8er Uhr" vorstellen (vgl. S. 17)

📖 ARBEITSHEFT Seite 34

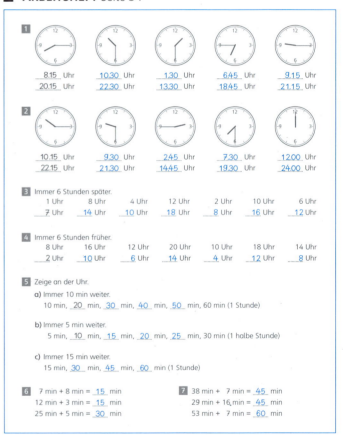

Stunden und Minuten 67

Unterteilung einer Stunde in Viertelstunden, Zeitdauer bestimmen, Denkspiel „8er-Uhr"

📓 ARBEITSHEFT Seite 35

1 Es ist jetzt 10.15 Uhr. Überlege an der Uhr.
a) Wie spät ist es
   in 1 Stunde?   __11.15__ Uhr
   in 2 Stunden? __12.15__ Uhr
   in 5 Stunden? __15.15__ Uhr
b) Wie spät ist es
   in 15 Minuten? __10.30__ Uhr
   in 30 Minuten? __10.45__ Uhr
   in 45 Minuten? __11.00__ Uhr

2 Es ist jetzt 10.15 Uhr. Überlege an der Uhr.
a) Wie spät war es
   vor 1 Stunde?   __9.15__ Uhr
   vor 2 Stunden? __8.15__ Uhr
   vor 3 Stunden? __7.15__ Uhr
b) Wie spät war es
   vor 15 Minuten? __10.00__ Uhr
   vor 30 Minuten? __9.45__ Uhr
   vor 45 Minuten? __9.30__ Uhr

3 Die Glocke schlägt jede Viertelstunde.
8.15 Uhr, __8.30__ Uhr, __8.45__ Uhr, __9.00__ Uhr
9.15 Uhr, __9.30__ Uhr, __9.45__ Uhr, __10.00__ Uhr
__10.15__ Uhr, __10.30__ Uhr, __10.45__ Uhr, __11.00__ Uhr

4 Der Schulbus fährt mittags um 13.15 Uhr an der Schule ab und kommt um 13.37 Uhr an.
Der Bus ist 22 Minuten lang gefahren.

5 Die Urlaubsreise begann morgens um 7 Uhr und endete abends um 6 Uhr.
Die Fahrt dauerte 11 Stunden.

6 Parkzeit höchstens 30 Minuten. Parkscheibe einstellen.
Bis wie viel Uhr darf Mutter parken?
Mutter darf bis 16.08 Uhr parken.

❓ WIE KÖNNTE ES WEITERGEHEN?

Bearbeitung der Übungen zur Zeit im Basiskurs Größen.
– Partnerarbeit: Ein Kind stellt eine Uhrzeit ein, das andere liest sie ab (mit Rollentausch).
– Wie oft atmet man in einer Minute?
– Ein Buch eine Minute lang mit ausgestrecktem Arm halten.
– Eine Minute ganz leise sein.
– Eine Minute Dauerlauf.
– Was heißt es, wenn die Leute sagen: „Jetzt schlägt's 13!"?
– Wie weit kann man in 1 Minute zählen?

Einführung von Multiplikation und Division

— Perlenketten basteln (mit Knoten)

Vorinformation zur Behandlung des Einmaleins-Plans
(Schülerbuchseiten 68 – 73)

1. Aufbau des Einmaleins-Plans

Auf dem Einmaleins-Plan, kurz Mal-Plan, sind alle Einmaleins-Reihen durch jeweils zwei Streifen linear dargestellt: Oben erstreckt sich eine Zahlenleiste mit eingetragenen 5er- und 10er-Zahlen, unten jeweils eine farbige, abwechselnd hell/dunkel gegliederte Punktreihe. An der Punktreihe sind die Ergebnisse der Kernaufgaben („kurze Reihen") angegeben, aus denen sich die Ergebnisse aller anderen Aufgaben operativ ermitteln lassen: Das Ablesen von Ergebnissen unter Bezug auf die Kernaufgaben und die obere Zahlenleiste hilft den Kindern die Kernaufgaben, die ja leicht zu merken sind, zu memorieren und Malaufgaben aus den Kernaufgaben auch gedanklich herzuleiten. Durch dieses Beziehungsnetz wird die Automatisierung des Einmaleins sehr erleichtert.

☐ Beispiel:

Kernaufgaben zur 2er-Reihe	abgeleitete Aufgaben
$1 \cdot 2 = 2$	$3 \cdot 2 = 2 \cdot 2 + 1 \cdot 2 = 6$
$2 \cdot 2 = 4$	$4 \cdot 2 = 5 \cdot 2 - 1 \cdot 2 = 8$
$5 \cdot 2 = 10$	$6 \cdot 2 = 5 \cdot 2 + 1 \cdot 2 = 12$
$10 \cdot 2 = 20$	$7 \cdot 2 = 5 \cdot 2 + 2 \cdot 2 = 14$
	$8 \cdot 2 = 10 \cdot 2 - 2 \cdot 2 = 16$
	$9 \cdot 2 = 10 \cdot 2 - 1 \cdot 2 = 18$

Wie den Kindern schon bekannt sind die erste und letzte Kernaufgabe ganz einfach. Die zweite Aufgabe ergibt sich aus der ersten durch Verdoppeln und die dritte durch Halbieren aus der letzten (Halbieren und Verdoppeln sind Fertigkeiten des Blitzrechenkurses!).

Auf dem Mal-Plan sind nicht nur die Ergebnisse von Malaufgaben leicht abzulesen. Der Mal-Plan kann auch genauso zum Ablesen von Ergebnissen von Divisionsaufgaben ohne und mit Rest herangezogen werden.

Als Sachinformation, zur Motivation und als Orientierungshilfe sind den einzelnen Reihen Tiere zugeordnet (vgl. hierzu Abschnitt 3 dieser Einführung).

Im Mal-Plan kommt die enge Verwandtschaft der Reihen untereinander durch die Anordnung und durch die Farbgebung zum Ausdruck. Auch auf den Buchseiten sind jeweils verwandte Reihen zusammengefasst.

Alle Seiten zu den Reihen sind als Doppelseiten mit analogen Aufgabenstellungen konzipiert. Auf der ersten Seite finden sich Ableseübungen, auf der zweiten Seite werden die Kernaufgaben herausgestellt, aus denen sich die anderen Aufgaben herleiten lassen. Die abschließenden Reihen beginnen mit der Aufgabe „0 mal". Die Systematik verlangt, dass „0 mal irgendeine Zahl" das Ergebnis 0 hat. Dies ist aber auch inhaltlich einzusehen: Die Tiere bleiben bei 0 stehen, wenn sie „0 mal" (gar nicht) springen.

2. Vorschlag zum Einstieg in den Einmaleins-Plan

Der folgende Einstieg in Form einer Geschichte stammt von Frau Beate Hofmann (Ostenberg-Grundschule Dortmund), der wir hiermit für die freundliche Erlaubnis zum Abdruck sehr herzlich danken.

Die Geschichte ist nicht nur sprachlich sehr schön und motivierend, sondern hilft ganz entscheidend den Unterschied zwischen „absoluter Sprungweite" und „relativer Sprungweite" (d. h. der Sprungweite gemessen an der Körperlänge) aufzuklären. Die Kinder lernen aus der Geschichte, was ein Punkt auf dem Mal-Plan bedeutet.

Die Geschichte wird in Abschnitten vorgelesen und die Kinder erhalten in den Lesepausen Gelegenheit ihre Ideen einzubringen.

Die Vierbeiner halten eine große Konferenz auf der Lichtung des Waldes ab. Tiere aus aller Welt sind gekommen – große, kleine, dicke, starke …

Heute steht auf der Tagesordnung: Wer kann am besten springen?

Der schlaue Fuchs meldet sich zuerst zu Wort: „Es ist doch ganz einfach, festzustellen, wer der beste Springer ist. Jedes Tier springt einmal, dann messen wir. Fertig! Wo ist das Problem?"

„Prima", brüllt der Löwe. „Lasst uns keine Zeit verlieren. Fangen wir an!" Ohne die Meinungen der anderen Tiere abzuwarten, zieht er eine Startlinie und ruft ihnen zu: „Alle Tiere aufstellen. Es geht los!"

Er springt – 400 cm!

„Na, wer springt weiter?", fragt der Löwe und schaut stolz auf die Länge seines Sprunges.

Die kleinen und auch die nicht besonders großen Tiere schauen ratlos auf den weiten Sprung des Löwen. Wie sollen sie das schaffen? 4 Meter – sie können kaum bis zum Ende des Sprunges sehen. Das schaffen sie nie!

Die Eule, die als beratender Gast auf einer großen Tanne neben der Sprunggrube sitzt, ruft laut und deutlich: „So geht es nicht! Das ist ungerecht!"

Nun fassen auch die kleinen Tiere Mut: „Genau", piepst die kleine Waldmaus. „Ich kann weit

Einführung von Multiplikation und Division

Vorinformation zur Behandlung des Einmaleins-Plans
(Schülerbuchseiten 68 – 73)

springen, aber mit dem Löwen kann ich mich nicht messen." Der Ochsenfrosch mault: „Hier stimmt etwas nicht. Ich bin ein toller Springer, aber wie soll ich das beweisen?"

Alle schauen zur Eule.

Ob sie eine Lösung weiß?

Wie soll man diese unterschiedlichen Tiere vergleichen?

„Lasst mich nachdenken", verkündet sie grübelnd.

(Lesepause:
Die Kinder äußern ihre Vermutungen und Ideen.)

Nach einer Weile bittet die Eule um Ruhe und beginnt zu sprechen: „Der Ochsenfrosch hat recht. Wir dürfen nicht einfach nur die Sprünge messen. Das ist ungerecht. Wie soll die kleine Waldmaus dann eine Chance haben, auch wenn sie eine tolle Springerin ist? Gegen den großen Löwen kann sie nicht gewinnen. Ob ein Tier ein guter Springer ist, hängt nicht nur von der Sprunglänge ab. Es hängt auch mit der Körperlänge der Tiere zusammen. Für ein kleines Tier ist es vielleicht eine tolle Leistung, 20 cm weit zu springen. Für ein großes Tier ist das gar nichts. Wir müssen zwei Sachen messen: Sprunglänge und Körperlänge.

Jedes Tier soll dann einen Punkt bekommen, wenn es etwa so weit springen kann, wie sein Körper lang ist. Wenn es etwa dreimal so weit springen kann, wie sein Körper lang ist, bekommt es drei Punkte."

(Lesepause und Frage an die Kinder:
Wie findet ihr diesen Vorschlag?)

„Bravo!" „Klasse!" „Das ist gerecht!", rufen viele große und besonders laut die kleinen Tiere. Manche großen Tiere sind lieber still. Nun sind sie nicht mehr so sicher wie vorhin, ob sie wirklich zu den besten Springern gehören. Doch sie sehen ein, dass die Eule einen gerechten Vorschlag gemacht hat.

„Alle Tiere, die mitmachen wollen, kommen nach vorn", schlägt die kluge Eule vor.

Als erstes Tier hüpft der Afrikanische Springhase vergnügt in den Kreis. Sein Verwandter, das kleine Eichhörnchen, klatscht dabei begeistert in seine Hände.

Als Zweiter schüttelt der Löwe seine prächtige Mähne und brüllt laut auf, sodass selbst die ruhige Eule dabei zusammenzuckt.

Der Rothirsch schreitet dann majestätisch heran und wiegt dabei sein mächtiges Geweih. Selbst der Löwe zollt ihm Respekt und weicht dem Geweih aus.

Der Fuchs schnuppert mit seiner langen Schnauze ungeduldig in der Luft herum. „Wann fangen wir endlich an?", fragt er.

Die kleine Waldmaus ist neben dem Löwen kaum zu erkennen. Sie knabbert zur Stärkung für den Wettkampf weiter an einer Eichel.

Der Rennkuckuck aus dem fernen Texas springt mit einem hohen Satz in die Runde und scharrt mit den Füßen nach Nahrung.

Der Tiger schleicht knurrend und voller Ungeduld mit dem Schwanz peitschend zwischen den übrigen Teilnehmern des Wettbewerbs herum. Dem Löwen zeigt er dabei fauchend seine langen Zähne.

Das Känguru hüpft mit einem hohen Satz mitten auf den Kampfplatz. Aus seinem Beutel schaut ganz vergnügt ein Jungtier.

Der Ochsenfrosch quakt unheimlich laut, fast wie ein Ochse, und lässt die Muskeln seiner prächtigen Oberschenkel in der Sonne spielen.

Sogar der Braunbär, der eigentlich gar nicht so gerne springt, trottet in den Kreis.

„Will noch jemand mitmachen?", fragt die Eule. Da sich keiner mehr meldet, fährt sie fort: „Zehn Tiere kämpfen um die Meisterschaft im Weitsprung. Wer fängt an?"

„Nun soll der Löwe wieder anfangen. Wir messen zuerst seine Sprunglänge und dann seine Körperlänge", freut sich der Afrikanische Springhase, der fest vom eigenen Sieg überzeugt ist.

Löwe: Sprung 4 m; Körperlänge (ohne Schwanz natürlich!): 2 m

Der Löwe bekommt 2 Punkte.

Einführung von Multiplikation und Division

Vorinformation zur Behandlung des Einmaleins-Plans
(Schülerbuchseiten 68 – 73)

„Das klingt nicht so gut", flüstert der Löwe kleinlaut seinen Nachbarn zu. „Aber man muss ja nicht immer gewinnen."

Nach und nach springen alle Tiere und werden gemessen. Die Eule schreibt alle Werte auf eine Tafel.

Zum Schluss macht der dicke Braunbär einen Satz.

(Die Tabelle an der Tafel wird aufgeklappt.)

Tiere	Sprung-länge	Körper-länge ohne Schwanz	Punkte
Löwe	4 m	2 m	2
Afrikanischer Springhase	8 m	80 cm	
Fuchs	2 m 80 cm	70 cm	
Waldmaus	70 cm	9 cm	
Rennkuckuck	3 m	50 cm	
Tiger	5 m	1 m 70 cm	
Känguru	7 m	1 m	
Ochsenfrosch	2 m	22 cm	
Rothirsch	11 m	2 m	
Braunbär	2 m	2 m	

Die Tiere beginnen sich heftig zu streiten, wer denn nun gewonnen hat, sodass die Eule wiederum helfen muss.

(Lesepause und Frage an die Kinder:
Könnt ihr die Punkte verteilen und eine Siegerliste aufstellen?)

Zum Abschluss verkündet die Eule die endgültige Siegerliste:

1. Afrikanischer Springhase .... 10 Punkte
2. Ochsenfrosch .... 9 Punkte
3. Waldmaus .... 8 Punkte
4. Känguru .... 7 Punkte
5. Rennkuckuck .... 6 Punkte
6. Rothirsch .... 5 Punkte
7. Fuchs .... 4 Punkte
8. Tiger .... 3 Punkte
9. Löwe .... 2 Punkte
10. Braunbär .... 1 Punkt

Die kleinen Tiere freuen sich riesig, während die großen ziemlich kleinlaut davon schleichen.

3. Sachinformationen zu den Tieren im Einmaleins-Plan

Afrikanischer Springhase
Er sieht aus wie ein kleines Känguru mit buschigem Schwanz, ist aber weder mit dem Hasen noch mit dem Känguru, sondern mit unserem Eichhörnchen verwandt. Springhasen sind gesellige Tiere. Sie bewohnen Sandhöhlen in den wüstenartigen Steppen von Afrika. Nachts kommen sie aus ihren Höhlen und knabbern an Pflanzen, Knollen und Wurzeln. Afrikanische Springhasen springen sechs bis zehn Meter weit, das ist das Zehnfache ihrer Körpergröße (10 Punkte).

Löwe
Löwen leben in Rudeln von etwa 30 Tieren in den Savannen Afrikas und werden von einem männlichen Leitlöwen angeführt, der eine prächtige Mähne trägt. Löwen jagen in Rudeln. Die jungen Tiere treiben Zebras, Antilopen und Gazellen den älteren Löwinnen zu, die die Beute dann erlegen. Der Löwe ist ohne Schwanz etwa 2 Meter lang und springt das Doppelte seiner Größe, nämlich 4 m (2 Punkte).

Rothirsch
Rothirsche sind reine Pflanzenfresser und leben vor allem in den Wäldern Europas, Asiens und Nordamerikas. Die ausgewachsenen Hirsche tragen mächtige Geweihe und kämpfen damit um die Gunst der Hirschkühe. Führer eines Rudels ist eine erfahrene Hirschkuh. Da der Rothirsch etwa 2 Meter lang ist und etwa 10 Meter springt, das ist das Fünffache seiner Körpergröße, erhält er bei unserer Wertung 5 Punkte.

Fuchs
Füchse sind Einzelgänger. Wie die Rothirsche leben sie in den Wäldern. Sie fressen kleine Tiere (Regenwürmer, Käfer, Mäuse), Obst und Pilze. In einem selbst gegrabenen Bau mit mehreren Gängen zieht ein Fuchspärchen 4 bis 10 Welpen

Vorinformation zur Behandlung des Einmaleins-Plans

(Schülerbuchseiten 68 – 73)

groß. Diese raufen und balgen sich in der Nähe der Höhle wie kleine Menschenkinder. Stört ein Mensch den Bau, dann zieht die Fuchsmutter meistens noch in der Nacht um. Sie schleppt die Jungen nacheinander im Maul in ein neues Versteck. Spätestens nach 9 Monaten müssen die Jungfüchse den elterlichen Bau verlassen. Die Körpergröße des Fuchses ohne seinen buschigen Schwanz ist etwa 70 cm und er springt etwa 2 m 80 cm. Dies ist das Vierfache seiner Körpergröße. Er erhält 4 Punkte.

Waldmaus
Die Waldmaus ist etwa 9 cm lang und wiegt nur 15 bis 20 Gramm. Sie ist also nur so schwer wie ein Brief. Sie frisst gern Bucheckern, Eicheln, Haselnüsse und Tannensamen. Im Winter dringt sie sogar manchmal in Häuser ein und frisst Mehl, Korn, Obst und Brot. Ein Waldmausweibchen wirft in einem Jahr 20 Junge und mehr. Die Waldmaus springt etwa 70 cm weit, das Achtfache ihrer Körpergröße, und erhält dafür 8 Punkte.

Rennkuckuck
Der Rennkuckuck ist ein 50 cm großer, sehr neugieriger Vogel, der in den Trockengebieten Mittelamerikas lebt. Er kann gut fliegen. Wie schon sein Name verrät, rennt er aber viel lieber auf dem Boden herum, um kleine Tiere als Nahrung zu suchen. Dabei erreicht er große Geschwindigkeiten. Im Gegensatz zu unserem Kuckuck drückt er sich nicht vor dem Brüten, sondern zieht seine Jungen selbst groß. Bei der Flucht kann er bis zu 3 Meter weit springen, das ist das Sechsfache seiner Körpergröße. Er erhält 6 Punkte.

Tiger
Tiger sind im Gegensatz zu Löwen Einzelgänger in einem großen Jagdgebiet, das sie wie Hunde und Katzen mit Harn markieren. Zur Jagd verstecken sie sich im Wald, in Gehölzen oder im hohen Gras. Tiger lieben Wasser und können sogar Meeresarme durchschwimmen. Jeden Tag benötigt der Tiger etwa 7 Kilogramm Fleisch. Er springt 5 Meter, das ist das Dreifache seiner Körpergröße. Er erhält 3 Punkte.

Känguru
Kängurus sind Beuteltiere mit besonders starken Hinterbeinen und einem Stützschwanz. Sie leben in Australien und bewegen sich nur auf den Hinterbeinen hüpfend fort. Sie fressen Pflanzen und kauen sie auf ihren Mahlzähnen. Im Streit um die Rangordnung können Kängurus richtige Ring- und Boxkämpfe veranstalten. Das kleine Känguru ist bei der Geburt nur 1 Gramm schwer. Lange war den Tierforschern unbekannt, wie dieser Winzling in den Beutel der Mutter gelangt um dort Milch zu trinken und geschützt aufzuwachsen. Dann entdeckten sie, dass das kleine, noch unfertige Baby selbst am Fell der Mutter hoch in den Beutel klettert. Das erwachsene Känguru ist etwa 1 Meter groß und springt 7 Meter weit, das Siebenfache seiner Körpergröße. Dies sind 7 Punkte in unserer Wertung.

Ochsenfrosch
Der große Ochsenfrosch lebt in Nordamerika. Er wird 22 cm groß und kann unheimlich laut (so laut wie ein Ochse) quaken. Jedes Ochsenfroschmännchen hat ein eigenes Revier, das es gegen Rivalen verteidigt. Der Ochsenfrosch kann etwa 2 Meter weit springen und erhält dafür in unserer Wertung 9 Punkte.

Braunbär
Braunbären leben in den Waldgebieten von Osteuropa und Asien. Sie sind sehr kräftige, plumpe Landraubtiere, die zu Allesfressern geworden sind. Trotz ihres massigen Körpers können sie ausdauernd auf ihren Sohlen laufen. Anders als Katzen können Bären ihre Krallen nicht einziehen. Kurz vor Wintereinbruch suchen die Tiere Höhlen auf, um dort eine öfter unterbrochene Winterruhe zu halten. Die nur rattengroßen Jungtiere kommen ebenfalls in einer Höhle zur Welt. Der Braunbär ist kein großer Springer. Er schafft nur etwa seine einfache Körperlänge und erhält dafür in unserer Wertung 1 Punkt.

68/69 Der Einmaleins-Plan
Einführung der 10er-, 5er-, 2er-Reihe und 1er-Reihe

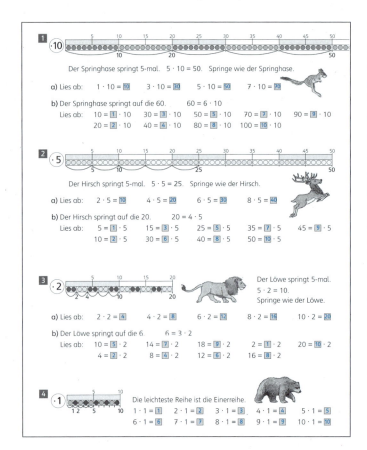

❓ WAS WIRD BENÖTIGT?
Arbeitsmaterial: kleiner Einmaleins-Plan für jeden Schüler (Operationsfeld 1 a/b als Kopiervorlage)
Demonstrationsmaterial: falls vorhanden Einmaleins-Plan als Poster oder Folienkopie

❓ WORUM GEHT ES?
Die Durcharbeitung des Einmaleins-Plans beginnt mit den leichten Einmaleins-Reihen „mal 10", „mal 5", „mal 2" und „mal 1" deren Tauschaufgaben die Kernaufgaben sind.

❓ WIE KANN MAN VORGEHEN?
Vor der Arbeit mit dem Buch:
Die Kinder nehmen ihren Einmaleins-Plan zur Hand. Im Klassengespräch wird unter Bezug auf die Tiere die Struktur, insbesondere die Punktverteilung erklärt (vgl. Vorinformation, Abschnitt 2).

Die Kinder „springen" dann mit dem Finger wie der Springhase über die 10er-Reihe, wie der Hirsch über die 5er-Reihe, wie der Löwe über die 2er-Reihe usw. Es wird jeweils die Anzahl der Sprünge und der „Landeplatz" genannt.

Dann wird die Fragestellung umgekehrt: Der Hirsch springt auf die 25: Wie oft muss er springen? Nach wie vielen Sprüngen kommen der Löwe, der Hirsch, … auf die 10?

Die entsprechenden Aufgaben werden an der Tafel notiert.

Zur Arbeit mit dem Buch:
Zur Seite 68:
Aufgabe 1 wird gemeinsam gerechnet. In a) wird multipliziert. Der Springhase (10-Punkte-Sprung) springt fünfmal, also $5 \cdot 10 = 50$.

In b) wird die Umkehrung der Multiplikation, die Division, vorbereitet. Der Springhase springt auf die 60. Wegen $60 = 6 \cdot 10$ muss er sechsmal springen. Natürlich wird an dieser Stelle noch nicht das Divisionszeichen verwendet.

Am Plan wird gemeinsam überlegt, wie aus den Ergebnissen der Kernaufgaben die anderen Ergebnisse herzuleiten sind. Der Hirsch springt fünfmal, also $5 \cdot 5 = 25$. Springt er sechsmal, so sind dies $25 + 5$ (ein Sprung mehr), springt er viermal, so sind dies $25 - 5$ (ein Sprung weniger). Zur Unterstützung werden daher immer die leicht zu merkende Kernaufgabe und die Nachbaraufgabe als Paar angeordnet.
Hilfreich ist folgende Sprechweise:
„$3 \cdot 2$ gleich $2 \cdot 2$ plus $1 \cdot 2$"
„$8 \cdot 2$ gleich $10 \cdot 2$ minus $2 \cdot 2$"

Aufgabe 2 und 3
Die Kinder rechnen die entsprechenden Aufgaben und die Päckchen mit den vollständigen Reihen auf Seite 69.

☐ Hinweis:
Die Umkehrung des Einmaleins wird am Einmaleins-Plan erst später behandelt. In der Sprache des Mal-Plans lassen sich aber die entsprechenden Divisionsaufgaben gut vorbereiten. Beispiel: $45 : 5$

138 Einführung von Multiplikation und Division

Der Einmaleins-Plan
Einführung der 10er-, 5er-, 2er-Reihe und 1er-Reihe

68/69

Der Hirsch mit seinen 5-Punkte-Sprüngen springt auf die 45. Wie oft ist er gesprungen? 45 = 9 · 5, also neunmal.

Aufgabe 4:
Hier wird die leichteste Reihe, die Einerreihe, berechnet.

Zur Seite 69:
Ausgehend von den rot vorgegebenen Kernaufgaben werden die Ergebnisse der anderen Aufgaben der Zehner-, Fünfer- und Zweierreihe von den Kindern in Einzelarbeit berechnet.

⚡ BLITZRECHNEN
Grundlegung der Blitzrechenübung „Einmaleins-Reihen am Plan"

Das erste Kind zeigt mit dem Finger oder einem Bleistift eine Einmaleinsaufgabe am Mal-Plan. Das zweite Kind nennt die Aufgabe und berechnet das Ergebnis. Dabei sollten die Kinder angeleitet werden, zunächst einmal die Malaufgabe an festen Reihen aus den Kernaufgaben zu erschließen, ehe sie Aufgaben „querbeet" aus allen Reihen stellen.

Diese Übung muss – wie alle Blitzrechenübungen – von den Kindern in den folgenden Wochen und Monaten in der Schule und zu Hause so lange wiederholt werden, bis sie flüssig und sicher beherrscht wird.

❓ WIE KÖNNTE ES WEITERGEHEN?
– Intensive Übung der Kernaufgaben, auch zu Hause
– Vergleich der 5er-Sprünge mit den 10er-Sprüngen: Zwei 5er-Sprünge sind ein 10er-Sprung, vier 5er-Sprünge sind zwei 10er-Sprünge …

■ LITERATUR
Handbuch produktiver Rechenübungen, Bd. 1, Abschnitt 3.2

■ ARBEITSHEFT Seite 36
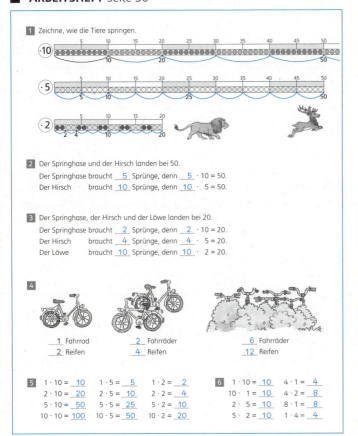

■ ARBEITSHEFT Seite 37
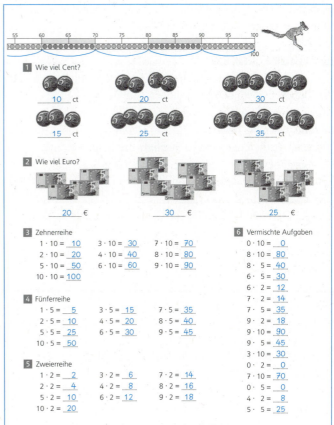

Einführung von Multiplikation und Division

70/71 Der Einmaleins-Plan
Einführung der 3er-, 6er-, 9er-Reihe

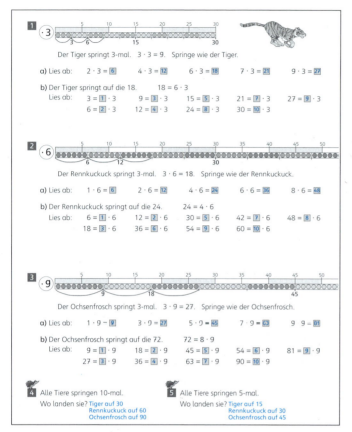

❓ WAS WIRD BENÖTIGT?
Arbeitsmaterial: kleiner Mal-Plan für jeden Schüler
Demonstrationsmaterial: großer Mal-Plan

❓ WORUM GEHT ES?
Als weitere Reihen werden die 3er-, 6er-, 9er-Reihe eingeführt. Die 3er-Reihe ist noch leicht überschaubar und vom Mini-Einmaleins her schon gut vorbereitet ($1 \cdot 3, 2 \cdot 3, 3 \cdot 3, 4 \cdot 3, 5 \cdot 3$).

Die Färbung der 3er- und 6er-Reihe (hellgrün – dunkelgrün) zeigt die enge Verwandtschaft der beiden Reihen (zwei 3er-Sprünge sind so viel wie ein 6er-Sprung).

Die Division als Umkehrung der Multiplikation wird auch hier vorbereitet.

❓ WIE KANN MAN VORGEHEN?
Zur Arbeit mit dem Buch:
Aufgabe 1 bis 3:
Die Seiten 70/71 sind (bis auf die Aufgaben 4, 5) völlig analog zu den Seiten 68/69 aufgebaut, sodass sich die Kinder die neuen Reihen weitgehend selbstständig erarbeiten können. In einer Reflexionsphase sollte über die Ergebnisse, den gleichen Aufbau und erste Beziehungen gesprochen werden.

Aufgabe 4 und 5:
Die Kinder können die Beziehungen zwischen den Landeplätzen nach jeweils zehn bzw. fünf Sprüngen „erforschen": Der Rennkuckuck springt doppelt so weit wie der Tiger. Der Ochsenfrosch springt dreimal so weit wie der Tiger.

Der Einmaleins-Plan
Einführung der 3er-, 6er-, 9er-Reihe 70/71

ARBEITSHEFT Seite 38

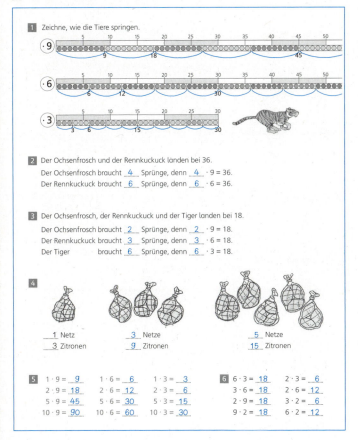

ARBEITSHEFT Seite 39

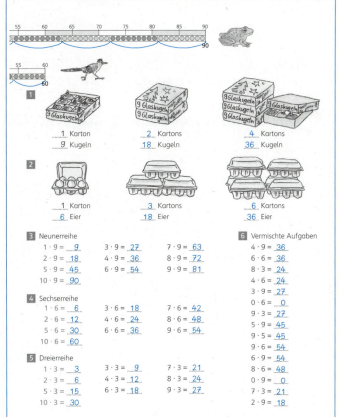

? WIE KÖNNTE ES WEITERGEHEN?
- Intensive Übung der Kernaufgaben, auch zu Hause
- Vergleich der 9er-Reihe mit der 10er-Reihe:
  1 · 9 ist 1 weniger als 1 · 10 = 10, also 10 − 1 = 9
  2 · 9 ist 2 weniger als 2 · 10 = 20, also 20 − 2 = 18
  3 · 9 ist 3 weniger als 3 · 10 = 30, also 30 − 3 = 27
  4 · 9 ist 4 weniger als 4 · 10 = 40, also 40 − 4 = 36
  …
  9 · 9 ist 9 weniger als 9 · 10 = 90, also 90 − 9 = 81

- Vergleich der 3er-Reihe mit der 6er- und 9er-Reihe. Jede zweite Zahl der Dreierreihe ist eine Zahl der Sechserreihe.
  2 · 3 = 1 · 6, 4 · 3 = 2 · 6, 6 · 3 = 3 · 6, 8 · 3 = 4 · 6,
  10 · 3 = 5 · 6 und 3 · 3 = 1 · 9, 6 · 3 = 2 · 9, 9 · 3 = 3 · 9
  (2 Dreiersprünge sind 1 Sechsersprung, 3 Dreiersprünge sind 1 Neunersprung)
- Vergleich der 6er-Reihe mit der 9er-Reihe. Jede dritte Zahl der 6er-Reihe ist eine Zahl der 9er-Reihe.
  3 · 6 = 2 · 9, 6 · 6 = 4 · 9, 9 · 6 = 6 · 9
  (3 Sechsersprünge sind 2 Neunersprünge)

Der größte Fehler, den man bei der Erziehung der Jugend zu begehen pflegt, ist dieser, dass man die Jugend nicht zum eigenen Nachdenken gewöhnt. Das große Geheimnis, die menschliche Seele durch Übung vollkommen zu machen, besteht einzig darin, dass man sie in steter Bemühung erhalte, durch eigenes Nachdenken auf die Wahrheit zu kommen. Die Belohnung ist die Erkenntnis der Wahrheit. Bringt man aber der Jugend die historische Kenntnis gleich anfangs bei, so schläfert man ihre Gemüter ein; die Neugierde wird zu früh gestillt, und der Weg, durch eigenes Nachdenken Wahrheit zu finden, wird auf einmal verschlossen. Wir sind von Natur weit begieriger, das Wie als das Warum zu wissen. Hat man uns nun unglücklicherweise gewöhnt, diese beiden Arten der Erkenntnis zu trennen; hat man uns nicht angeführt, bei jeder Begebenheit auf die Ursache zu denken, jede Ursache gegen die Wirkung abzumessen, und aus dem richtigen Verhältnis derselben auf die Wahrheit zu schließen: so werden wir sehr spät aus dem Schlummer der Gleichgültigkeit erwachen, in welchen man uns eingewiegt hat. Die Wahrheiten verlieren in unseren Augen alle Reizungen, wo wir nicht etwa bei reiferen Jahren selbst noch angetrieben werden, die Ursache der erkannten Wahrheit zu erforschen.

Adolph Diesterweg, Wegweiser für deutsche Lehrer

72/73 Der Einmaleins-Plan
Einführung der 4er-, 8er-, 7er-Reihe

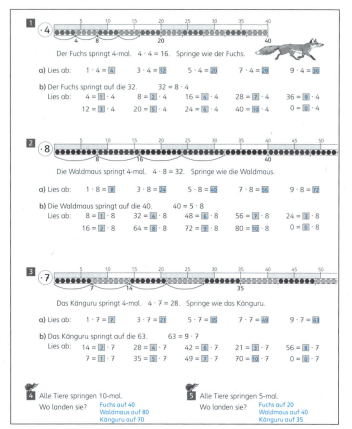

? WAS WIRD BENÖTIGT?
Arbeitsmaterial: kleiner Mal-Plan für jeden Schüler
Demonstrationsmaterial: großer Mal-Plan

? WORUM GEHT ES?
Die Arbeit an den 1 × 1-Reihen von Seite 68/69 und 70/71 wird mit der 4er-, 8er- und 7er-Reihe fortgesetzt und abgeschlossen. Die „Verwandtschaft" der 4er- und 8er-Reihe wird durch die Rotfärbung beider Reihen deutlich. Die 8er-Reihe ist doppelt so lang wie die 4er-Reihe. Die Sonderstellung der 7er-Reihe als „Single" ist auch an der Farbe erkennbar.

? WIE KANN MAN VORGEHEN?
Zur Arbeit mit dem Buch:
Da die Aufgabentypen den Kindern von den vorhergehenden Seiten bekannt sind, können die Kinder auch diese Doppelseite selbstständig bearbeiten.

☐ Hinweis zum Blitzrechenkurs:
Die Grundlegung des Einmaleins ist mit dieser Doppelseite sowohl vom Hunderterfeld her (rechteckige Punktmuster) als auch vom Mal-Plan her (lineare Reihen) vollständig geleistet. Das Einmaleins muss von jetzt an unter Abstützung auf Anschauungsmittel systematisch geübt werden.

Bis zum Ende des Schuljahrs müssen die Kernaufgaben automatisiert sein.

👁 FORSCHEN UND FINDEN
Die Regel für die Expedition „Passende Pärchen" lautet:
Aus den Einmaleins-Reihen auf dem Mal-Plan werden zwei beliebige Reihen ausgewählt.

☐ Beispiel:
Viererreihe   0, 4, 8, 12, 16, 20, 24, 28, 32, 36, 40, …
Siebenerreihe 0, 7, 14, 21, 28, 35, 42, 49, 56, 63, 70, …

Dann wird versucht möglichst viele Zahlen zu finden, die sich als Summe einer Zahl der einen und einer Zahl der anderen Reihe darstellen lassen („passende Pärchen").

☐ Beispiel:
$29 = 21 + 8$, $75 = 40 + 35$, $92 = 56 + 36$
Notfalls dürfen die Reihen auch verlängert werden: 44, 48, 52, 56, 60, 64, 68, 72, 76, 80, 84, 88, 92, 96, 100 und 77, 84, 91, 98. Dann können mehr Zahlen erreicht werden, z. B. $87 = 80 + 7$, $95 = 91 + 4$ usw.

Aus der elementaren Zahlentheorie weiß man, dass in diesem Falle alle Zahlen größer gleich $(4 - 1) \cdot (7 - 1) = 18$ erreicht werden können:

$2 \cdot 7 + 1 \cdot 4 = 18$, also $14 + 4 = 18$
$1 \cdot 7 + 3 \cdot 4 = 19$, also $7 + 12 = 19$
$0 \cdot 7 + 5 \cdot 4 = 20$, also $20 = 20$
$3 \cdot 7 + 0 \cdot 4 = 21$, also $21 = 21$
$2 \cdot 7 + 2 \cdot 4 = 22$, also $14 + 8 = 22$
$1 \cdot 7 + 4 \cdot 4 = 23$, also $7 + 16 = 23$ usw.

Einführung von Multiplikation und Division

Der Einmaleins-Plan
Einführung der 4er-, 8er-, 7er-Reihe

72/73

Wenn die Sechser- und Achterreihe gewählt werden, kann man von einer bestimmten Zahl an alle geraden Zahlen als Summe einer Zahl der Sechserreihe und einer Zahl der Achterreihe schreiben, denn der größte gemeinsame Teiler von 6 und 8 ist 2.

$2 \cdot 6 + 0 \cdot 8 = 12$ $\qquad$ $12 = 12$
$1 \cdot 6 + 1 \cdot 8 = 14$ $\qquad$ $6 + 8 = 14$
$0 \cdot 6 + 2 \cdot 8 = 16$ $\qquad$ $16 = 16$
$3 \cdot 6 + 0 \cdot 8 = 18$ $\qquad$ $18 = 18$
$2 \cdot 6 + 1 \cdot 8 = 20$ $\qquad$ $12 + 8 = 20$
$1 \cdot 6 + 2 \cdot 8 = 22$ usw. $\qquad$ $6 + 16 = 22$ usw.

Die Kinder sollten versuchen möglichst viele Zahlen aus zwei Reihen, die sie beliebig wählen dürfen, zu erreichen.

ARBEITSHEFT Seite 40

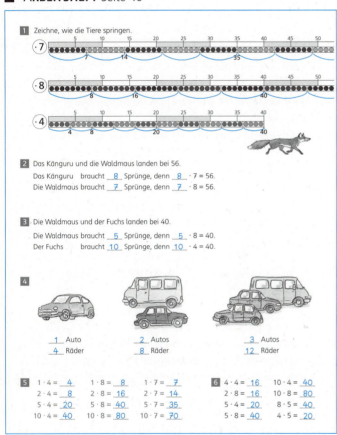

ARBEITSHEFT Seite 41

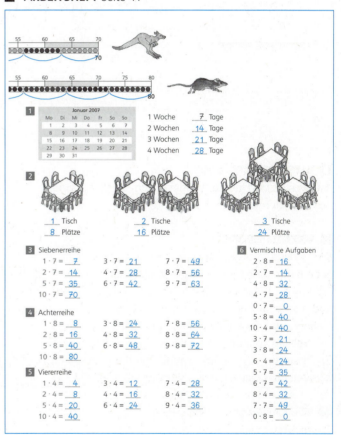

? WIE KÖNNTE ES WEITERGEHEN?

– Vergleich der 4er-Reihe mit der 8er-Reihe:
2 „4er-Sprünge" sind 1 „8er-Sprung": $2 \cdot 4 = 1 \cdot 8 = 8$
4 „4er-Sprünge" sind 2 „8er-Sprünge": $4 \cdot 4 = 2 \cdot 8 = 16$
6 „4er-Sprünge" sind 3 „8er-Sprünge": $6 \cdot 4 = 3 \cdot 8 = 24$

– Vergleich der 7er-Reihe mit der 10er-Reihe:
3 „7er-Sprünge" sind 2 „10er-Sprünge" plus 1:
$20 + 1 = 21$
6 „7er-Sprünge" sind 4 „10er-Sprünge" plus 2:
$40 + 2 = 42$
9 „7er-Sprünge" sind 6 „10er-Sprünge" plus 3:
$60 + 3 = 63$

– Vergleich der 7er-Reihe mit der 6er- und 8er-Reihe:
3 „7er-Sprünge" sind 3 „6er-Sprünge" plus 3: $18 + 3 = 21$
3 „7er-Sprünge" sind 3 „8er-Sprünge" minus 3: $24 - 3 = 21$

– Umrechnen von Wochen in Tage:
1 Woche $\qquad$ 7 Tage
2 Wochen $\qquad$ 14 Tage
3 Wochen $\qquad$ 21 Tage
4 Wochen $\qquad$ 28 Tage
…

Einführung von Multiplikation und Division

74 Tageslauf
Einteilung des Tages durch Stunden und Minuten, Zeiteinheit Woche

Dann kommt 9.01 Uhr, 9.02 Uhr usw., bis um 10.00 Uhr die zehnte Stunde gefüllt ist.

Es ist empfehlenswert, diese kontinuierliche Folge der Uhrzeiten durch passend herausgegriffene Zeitpunkte an den Lernuhren zu verfolgen und anschließend gegebene Uhrzeiten entsprechend zu interpretieren.

☐ Beispiel:
„14.25 Uhr" bedeutet „14 Stunden und eine angefangene Stunde", d.h., seit Mitternacht sind 14 Stunden vergangen und die 15. Stunde hat schon begonnen. Am Stundenzeiger sieht man: Er ist schon weiter als 14.00, hat aber die nächste volle Stunde 15.00 Uhr noch nicht erreicht. Von den 60 Minuten der 15. Stunde seit Mitternacht sind erst 25 abgelaufen, was man am Minutenzeiger ablesen kann.

Zur Arbeit mit dem Buch:
Aufgabe 1:
Die Kinder beschreiben die Situationsbilder und vergleichen mit ihrem Tagesablauf. Wann stehe ich auf? Wann beginnt der Unterricht in unserer Schule? Wie gestalte ich den Nachmittag? Wie lange brauche ich für die Hausaufgaben? Wann mache ich Hausaufgaben?

Anschließend schreiben die Kinder zu den Bildern die Uhrzeiten auf, die analog oder digital dargestellt sind.

Aufgabe 2 und 3:
Im Band 2 sollten die Kinder einen Stundenplan selbstständig lesen können. Sie sollen für jeden Wochentag Schulbeginn, Schulende und die Anzahl der Unterrichtsstunden aufschreiben. Die unterschiedliche Dauer von Schulstunden und „normalen" Stunden sollte besprochen werden. Die Nachmittagsaktivitäten bieten weitere Sprechanlässe.

Aufgabe 4 und 5:
Die Schüler lernen, mit benannten Größen zu rechnen. Sie sollen zur vollen und zur halben Stunde ergänzen. Diese Übung passt sehr gut zu der oben eingeführten Vorstellung „Auffüllen einer Stunde".

❓ WAS WIRD BENÖTIGT?
Arbeits- und Demonstrationsmaterial: Stundenpläne, evtl. Fernsehzeitschriften, Uhren

❓ WORUM GEHT ES?
Das Thema Zeit wird auf dieser Seite erneut behandelt. Von S. 66/67 sind den Kindern die vollen Stunden und die Unterteilung der vollen Stunden in „Viertelstunde", „halbe Stunde" und „Dreiviertelstunde" bekannt. Nun geht es um die feinere Unterteilung der vollen Stunde in 60 Minuten.

Anhand von Situationsbildern wird der zeitliche Ablauf des Tages aus der Sicht eines Schulkindes illustriert, mit dem Stundenplan die Gliederung der Woche in Tage.

❓ WIE KANN MAN VORGEHEN?
Vor der Arbeit mit dem Buch:
Die Übungen mit den Lernuhren von S. 66/67 werden aufgegriffen und weitergeführt: Der zeitliche Ablauf eines Tages muss verstanden werden als kontinuierliche Füllung einer Stunde nach der anderen: Um 0 Uhr (Mitternacht) beginnt die erste Stunde des Tages. Sie wird Minute für Minute gefüllt. Nach 60 Minuten ist die erste Stunde voll: Es ist 1 Uhr. Dann beginnt die zweite Stunde und wird Minute für Minute gefüllt. Wenn sie nach 60 Minuten voll ist, ist es 2 Uhr usw.

Eine Zeitangabe wie z.B. 8.27 Uhr muss daher verstanden werden als 8 volle Stunden und eine angefangene Stunde, die neunte, von welcher schon 27 Minuten vergangen sind. Nach weiteren 33 Minuten ist die neunte Stunde gefüllt: Es ist 9.00 Uhr.

❓ WIE KÖNNTE ES WEITERGEHEN?
- In Fernsehzeitungen herausfinden, wann welche Sendungen beginnen und wie lange sie dauern.
- Über Fernsehgewohnheiten sprechen. Wann siehst du fern? Wie viele Stunden sitzt du vor dem Fernseher?
- Wie viele Stunden deiner Woche sind fest verplant? Wie viele Stunden kannst du frei spielen?
- Stundenplan erstellen: Wochentage (5-Tage-Woche), Anfangs- und Endzeiten der Unterrichtsstunden und Fächer eintragen.

Jahreslauf 75
Jahreskalender, Datum, Denkspiel „Ausgleich der Felder"

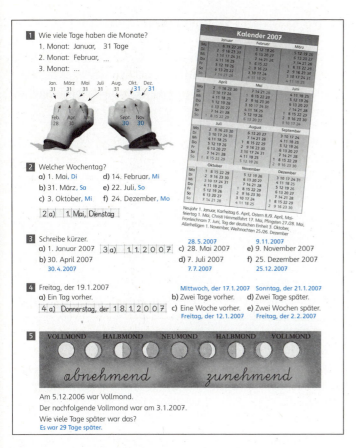

? WAS WIRD BENÖTIGT?
Arbeits- und Demonstrationsmaterial: evtl. aktueller Jahreskalender

? WORUM GEHT ES?
Es ist sinnvoll, die Themen „Jahreskreis" und „Kalender" fächerübergreifend (Sprache/Sachunterricht/Mathematik) zu behandeln. Im Buch wurde exemplarisch der Kalender des Jahres 2007 gewählt. Natürlich muss mit dem jeweils aktuellen Kalender gearbeitet werden.

Im Mittelpunkt stehen die Unterteilung des Jahres in 12 Monate, die Aufeinanderfolge der Monate, die Anzahl ihrer Tage und die ausführliche Schreibweise eines Datums mit Wochentag, Tag, Monat, Jahr.

☐ Sachinformation für die Lehrerin:
Der Ablauf eines Jahres ist nicht nur auf der Erde, sondern auch am Himmel zu verfolgen. Im Laufe des Jahres ändert sich relativ zu einer festen Beobachtungszeit der Sternhimmel über uns, was anhand markanter Sternbilder festzumachen ist. Zum Beispiel ist der Orion ein typisches Wintersternbild. Deutlich zu beobachten ist, dass der Mond nicht nur an der täglichen Drehung des Sternhimmels teilnimmt, sondern sich zusätzlich relativ zum Sternhimmel bewegt: Im Laufe eines Monats steht er zur gleichen Beobachtungszeit (z. B. 20.00 Uhr) an einer anderen Stelle des Himmels. Ein voller Zyklus der Mondphasen dauert etwas mehr als 29 Tage, d. h. etwa 1 Monat, die Zeitspanne zwischen den vier Mondphasen Vollmond – abnehmender Halbmond – Neumond – zunehmender Halbmond – Vollmond also etwa 7 Tage, d. h. eine Woche. Die Unterteilung des Jahres in Monate und Wochen ist also vom Mond abgeleitet.

Auch die Sonne nimmt nicht nur an der täglichen Drehung des Sternhimmels teil, sondern bewegt sich relativ zu den Fixsternen, allerdings viel langsamer als der Mond. Im Laufe des Jahres durchwandert die Sonne die 12 Sternbilder des Tierkreises, die schon seit dem Altertum bekannt sind. Pro Monat bedeutet dies ein Fortschreiten am Tierkreis um etwa 30°, pro Tag ein Fortschreiten um etwa 1°. Die Astronomen wissen aus der Beobachtung totaler Sonnenfinsternisse seit Jahrtausenden, dass hinter der Sonne Sterne stehen, die man wegen der Helligkeit der Sonne nur nicht sieht. Sternkarten geben heute einen vollständigen Aufschluss über die Lage der Sterne auf der Himmelskugel. Wenn wir um Mitternacht beobachten, welches Sternbild an der Stelle steht, an der wir am Mittag die Sonne beobachten, brauchen wir im Tierkreis nur das gegenüberliegende Sternbild (180° weiter) zu suchen und wissen dann, in welchem Sternbild die Sonne gerade steht. Im Planetarium kann man das langsame Wandern der Sonne durch den Tierkreis schön verfolgen, da die Sonne abgedunkelt werden kann.

? WIE KANN MAN VORGEHEN?
Vor der Arbeit mit dem Buch:
Wenn möglich, bringen die Kinder Jahreskalender mit in die Schule. Von der Größe und von der Gestaltung her (Taschenkalender ca. 6 cm × 9 cm und Jahres-Terminkalender 80 cm × 100 cm) unterscheiden sich Kalender sehr stark. Gemeinsam sind die eigentlichen Kalenderdaten. Durch Fragen wie „Kannst du den 19. Mai zeigen? Welcher Wochentag ist der 11. November?" usw. kann man das Vorwissen der Kinder ermitteln (Standortbestimmung).

Es ist sinnvoll, einen Monat als Ausschnitt eines Jahres groß an die Tafel zu zeichnen, damit allen Kindern der Aufbau des Kalenders und die Abkürzungen für die Wochentage klar werden. An Beispielen müssen die verschiedenen Datumsschreibweisen besprochen werden:
Sonntag, 11. März 2007
Sonntag, 11.03.2007
11. März 2007
11.03.2007

Zur Arbeit mit dem Buch:
Aufgabe 1:
Die Erklärung der Monatsnamen ist im Band 2 noch nicht notwendig. Die Kinder finden es aber spannend, wenn sie erfahren, dass die Namen von den Römern geprägt wurden: Januar (nach dem Gott Janus, der zwei Gesichter hat, eines, das voraus-, und eines, das zurückschaut), Februar (nach einem römischen Reinigungsfest), März (nach Kriegsgott Mars, zeitweise 1. Monat), April (lat. aperire = eröffnen, Frühlingsbeginn), Mai (nach Maia, der Göttin des Wachstums), Juni (nach Juno, der Göttin der Familie), Juli (nach Julius Caesar, der vor 2000 Jahren [100 v. Chr. bis 44 v. Chr.] gelebt hat und von

Einführung von Multiplikation und Division 145

75 Jahreslauf
Jahreskalender, Datum, Denkspiel „Ausgleich der Felder"

dem auch das Wort Kaiser abgeleitet ist), August (nach Kaiser Augustus, der vor genau 2000 Jahren [63 v. Chr. bis 14 n. Chr.] gelebt und Trier, die älteste deutsche Stadt, gegründet hat), September (7. Monat nach alter Zählung), Oktober (8. Monat nach alter Zählung), November (9. Monat nach alter Zählung), Dezember (10. Monat nach alter Zählung).

Die „Knöchelmethode" hilft, sich die Namen der Monate mit 31 Tagen einzuprägen.

Aufgabe 2:
Die Kinder sollen vorgegebene Daten im Kalender finden und den Wochentag bestimmen.

Aufgabe 3:
Die Datumsschreibweise mit Tag, Monat und Jahr wird eingeführt.

Aufgabe 4:
Ausgehend von einem festgelegten Datum sollen voraus- oder zurückliegende Daten bestimmt werden. Dabei kann der abgebildete Kalender herangezogen werden.

Aufgabe 5:
Am 5.12.2006 war Vollmond.
Der nachfolgende Vollmond war am 3.01.2007. Dies ist 29 Tage später. Die Dauer eines synodischen Mondmonats (von Vollmond zu Vollmond) beträgt genau 29,53 Tage, etwa 1 Monat. An dieser Stelle sollte darauf hingewiesen werden, dass sich das Wort „Monat" von „Mond" herleitet.

! DENKSCHULE
Denkspiel 7 „Ausgleich der Felder" vorstellen (vgl. S. 22). Das Spiel ist eine Fortsetzung des gleichnamigen Spiels aus Band 1.

? WIE KÖNNTE ES WEITERGEHEN?
– Jedes Kind schreibt sein Geburtsdatum auf.
Gemeinsam kann die Klasse für das kommende Jahr einen Geburtstagskalender anlegen. Zunächst werden an der Tafel unter dem jeweilgen Monatsnamen alle Geburtstage der Kinder gesammelt.

☐ Beispiel:
April: 19. Merle, 21. Ivo
Dann werden an einem Kalender alle Geburtsdaten gesucht, angekreuzt und anschließend mit Wochentag aufgeschrieben.

☐ Beispiel:
Merle: Mittwoch, 19.04.

☐ Anmerkung:
Die Wahrscheinlichkeit, dass zwei Kinder einer Klasse am gleichen Tag Geburtstag haben, ist gar nicht so gering, wie man vielleicht vermutet. Für 23 Kinder ist sie größer als 50%. Für 30 Kinder sogar größer als 70%.

Zu Hause kann jedes Kind die Geburtstage der Mitglieder seiner Familie erfragen und einen Geburtstagskalender erstellen.

■ LITERATUR
Übelacker, Erich: Sternbilder und Sternzeichen. Reihe Was ist Was?, Band 99. Nürnberg: Tessloff 1995

Aufteilen
Einführung der Division: 1. Aspekt

WIE KANN MAN VORGEHEN?
Die Sachsituation „Klassenfrühstück" wird anhand der Illustration geklärt. Die leichte, schon gelöste Aufgabe 1 wird besprochen und mit Plättchen nachgelegt, wobei insbesondere auf das Wörtchen „pro" eingegangen werden muss.

Aufgabe 2 bis 4:
Die Kinder versuchen die weiteren Aufgaben in Gruppenarbeit zu lösen. Wendeplättchen dienen als Semmeln usw., Bierdeckel als Körbchen usw.

Aufgabe 5:
a) 4 Gruppentische werden gedeckt. 1 Glas Marmelade pro Tisch, 2 Flaschen Saft pro Tisch (eine Flasche bleibt als Reserve übrig). Auch die Butter muss aufgeteilt werden: jeweils ein halbes Paket pro Tisch.
b) Die 24 Personen (23 Kinder und 1 Lehrerin) können folgendermaßen sitzen: an drei Tischen je 6 Kinder, an einem Tisch 5 Kinder und die Lehrerin, also an jedem Tisch 6 Personen.
c) 24 Waffeln können auf die 4 Tische verteilt werden. Auf jeden Tisch kommen 6 Waffeln und ein Waffelherz. Ein Herz bleibt übrig.

ARBEITSHEFT Seite 42

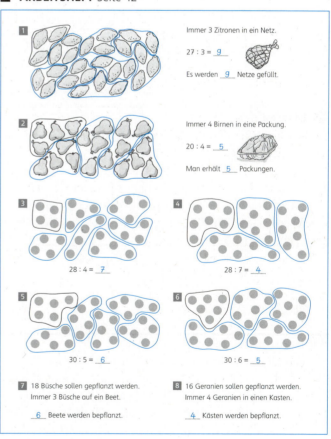

WAS WIRD BENÖTIGT?
Arbeits- und Demonstrationsmaterial: Wendeplättchen, evtl. Bierdeckel o. Ä.

WORUM GEHT ES?
Für die Division als Umkehrung der Multiplikation gibt es zwei unterschiedliche Interpretationen: das Aufteilen und das Verteilen. In beiden Fällen ist die Anzahl der aufzuteilenden bzw. zu verteilenden Dinge gegeben. Beim Aufteilen ist festgelegt, wie groß jeder Teil sein soll und es ist zu berechnen, wie viele Teile entstehen. Beim Verteilen ist die Anzahl der Teile vorgegeben und man muss die Größe jedes Teils bestimmen. Das Aufteilen wird hier, das Verteilen auf S. 77 behandelt. Im Rahmen der Vorbereitung eines gemeinsamen Klassenfrühstücks (Klassenfest) müssen Verteilungsaufgaben gelöst werden:
20 Tomaten, pro Teller 5 Tomaten;
40 Semmeln, pro Körbchen 10 Semmeln;
32 Scheiben Käse, pro Brettchen 8 Scheiben;
20 Tulpen, pro Vase 5 Tulpen.

Gefragt wird jeweils nach der Anzahl der Teller, Körbchen, Brettchen und Vasen. Das Wörtchen pro signalisiert jeweils, wie viele Teile auf jeden Teller, auf jedes Körbchen usw. gelegt werden sollen.

Diese Aufgaben können handelnd gelöst werden, indem man z. B. immer 5 Tomaten abzählt und auf einem Teller zusammenfasst. Die Situation kann leicht mit Plättchen nachgespielt werden:

WIE KÖNNTE ES WEITERGEHEN?
– Weitere Aufgaben in Kurzform an die Tafel schreiben:
40 Tomaten – 8 pro Teller
36 Semmeln – 4 pro Teller usw.

Einführung von Multiplikation und Division

77 Verteilen
Einführung der Division: 2. Aspekt

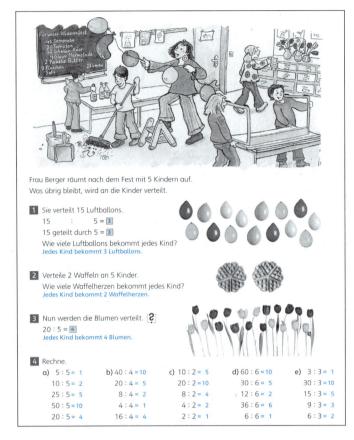

Zur Arbeit mit dem Buch:
Aufgabe 1 bis 3:
Die Kinder lösen die Aufgaben in Gruppenarbeit, indem sie die zu verteilenden Dinge durch Plättchen darstellen.

Aufgabe 4:
Die Kinder lösen die Aufgaben durch konkretes oder vorgestelltes Aufteilen oder Verteilen von Anschauungsmaterial oder nehmen das Einmaleins zu Hilfe.

ARBEITSHEFT Seite 43

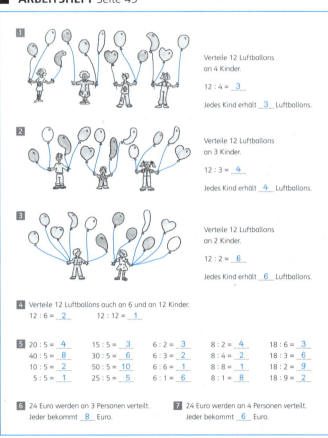

? WAS WIRD BENÖTIGT?
Arbeits- und Demonstrationsmaterial: Wendeplättchen, evtl. Materialien zum Verteilen (Luftballons, Luftschlangen, Blumen, Waffeln …)

? WORUM GEHT ES?
Die ganzheitliche Einführung der Division wird mit dem Verteilen fortgeführt.

Während das Verteilen auf der Handlungsebene sehr einfach und nahe liegend ist – man denke etwa an das Verteilen von 32 Spielkarten an 4 Spieler – lässt es sich bildlich nur unzureichend darstellen. Die Aufgaben sollten deshalb vorwiegend handelnd gelöst werden.

? WIE KANN MAN VORGEHEN?
Vor der Arbeit mit dem Buch:
Einführungsaufgabe:
28 Spielkarten sollen an 4 Spieler verteilt werden. Wie viele Spielkarten erhält jeder?

Durch wiederholtes Verteilen reihum erhält man die Lösung. Anschließend wird die Lösung an der Magnettafel mit Wendeplättchen wiederholt. Dazu können die Namen der 4 Spieler an die Tafel geschrieben werden. Bei der Lösung können wie beim Aufteilen immer 4 Karten abgezählt werden. Sie bleiben aber nicht zusammen, sondern werden auf die einzelnen Spieler verteilt. Diese Methode zeigt, dass jede Verteilungsaufgabe die gleiche Lösung hat wie die entsprechende Aufteilungsaufgabe.

? WIE KÖNNTE ES WEITERGEHEN?
– Eine bestimmte Anzahl Plättchen in Reihen legen lassen, z. B. 40 Plättchen in:
8 Reihen (5 pro Reihe)
5 Reihen (8 pro Reihe)
10 pro Reihe (4 Reihen)
4 pro Reihe (10 Reihen)

148 Einführung von Multiplikation und Division

Teilen am Einmaleins-Plan 78
Division durch 3 und durch 4 am Mal-Plan

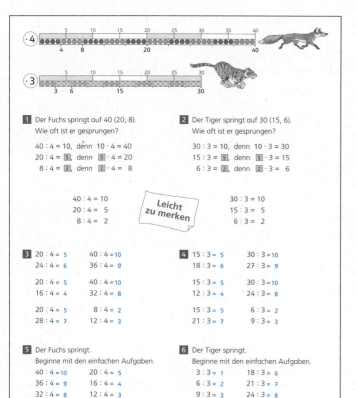

1 Der Fuchs springt auf 40 (20, 8). Wie oft ist er gesprungen?
40 : 4 = 10, denn 10 · 4 = 40
20 : 4 = [5], denn [5] · 4 = 20
8 : 4 = [2], denn [2] · 4 = 8

2 Der Tiger springt auf 30 (15, 6). Wie oft ist er gesprungen?
30 : 3 = 10, denn 10 · 3 = 30
15 : 3 = [5], denn [5] · 3 = 15
6 : 3 = [2], denn [2] · 3 = 6

Leicht zu merken

40 : 4 = 10
20 : 4 = 5
8 : 4 = 2

30 : 3 = 10
15 : 3 = 5
6 : 3 = 2

3
20 : 4 = 5   40 : 4 = 10
24 : 4 = 6   36 : 4 = 9

20 : 4 = 5   40 : 4 = 10
16 : 4 = 4   32 : 4 = 8

20 : 4 = 5   8 : 4 = 2
28 : 4 = 7   12 : 4 = 3

4
15 : 3 = 5   30 : 3 = 10
18 : 3 = 6   27 : 3 = 9

15 : 3 = 5   30 : 3 = 10
12 : 3 = 4   24 : 3 = 8

15 : 3 = 5   6 : 3 = 2
21 : 3 = 7   9 : 3 = 3

5 Der Fuchs springt. Beginne mit den einfachen Aufgaben.
40 : 4 = 10   20 : 4 = 5
36 : 4 = 9   16 : 4 = 4
32 : 4 = 8   12 : 4 = 3
28 : 4 = 7   8 : 4 = 2
24 : 4 = 6   4 : 4 = 1

6 Der Tiger springt. Beginne mit den einfachen Aufgaben.
3 : 3 = 1   18 : 3 = 6
6 : 3 = 2   21 : 3 = 7
9 : 3 = 3   24 : 3 = 8
12 : 3 = 4   27 : 3 = 9
15 : 3 = 5   30 : 3 = 10

❓ WAS WIRD BENÖTIGT?
Arbeits- und Demonstrationsmaterial: Mal-Plan

❓ WORUM GEHT ES?
Der effektivste Weg zur Lösung von Divisionsaufgaben besteht darin, sie als Umkehrung von Malaufgaben zu verstehen. Der Einmaleins-Plan hilft dabei. Auf dieser Seite soll die Herleitung schwieriger Divisionsaufgaben aus einfachen Aufgaben an der 3er- und 4er-Reihe exemplarisch behandelt werden.

Leicht zu rechnen sind die Umkehraufgaben der Kernaufgaben.

☐ Beispiel:
40 : 4 = 10, denn 10 · 4 = 40
20 : 4 = 5, denn 5 · 4 = 20
8 : 4 = 2, denn 2 · 4 = 8

Daraus können schwierigere Aufgaben hergeleitet werden:
20 : 4 = 5
24 : 4 = 6   (Im Mal-Plan: Der Fuchs benötigt für 24 Punkte einen Vierersprung mehr als für 20.)

20 : 4 = 5
16 : 4 = 4   (der Fuchs benötigt einen Vierersprung weniger)

20 : 4 = 5
28 : 4 = 7   (der Fuchs benötigt zwei Vierersprünge mehr)

40 : 4 = 10
36 : 4 = 9   (einen Vierersprung weniger)

❓ WIE KANN MAN VORGEHEN?
Vor der Arbeit mit dem Buch:
Gemeinsam werden im Klassengespräch die Kernaufgaben der Dreier- und Viererreihe am Einmaleins-Plan wiederholt. Dann wird die Fragestellung umgekehrt: Wie viele Sprünge werden bis zu einer bestimmten (Punkt-)Zahl benötigt? Der Fuchs benötigt zwei Sprünge bis zur 8, fünf Sprünge bis zur 20 und 10 Sprünge bis zur 40. D. h. 8 : 4 = 2, 20 : 4 = 5 und 40 : 4 = 10. An einigen Beispielen wird erarbeitet, wie man andere Divisionsaufgaben auf einfache zurückführen kann.

Zur Arbeit mit dem Buch:
Aufgabe 1 bis 4:
Zur Lösung können die abgebildeten Ausschnitte aus dem Mal-Plan herangezogen werden.

Aufgabe 5 und 6:
Zunächst rechnen die Kinder die (roten) Kernaufgaben und erschließen sich dann die weiteren Aufgaben, da die Tiere dann immer ein, zwei Sprünge mehr oder weniger machen.

❓ WIE KÖNNTE ES WEITERGEHEN?
– Wiederholung der Division durch 2, 5 und 10

10 : 2   20 : 2   30 : 2
10 : 5   20 : 5   30 : 5   usw.
10 : 10   20 : 10   30 : 10

15 : 5   25 : 5   35 : 5   usw.
30 : 10   50 : 10   70 : 10

Einführung von Multiplikation und Division

79 Von einfachen zu schweren Aufgaben
Ableitung von Divisionsaufgaben aus den Kernaufgaben

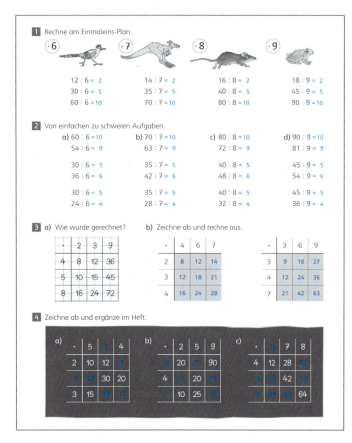

Wenn man in der Tabelle einige Zahlen löscht, entsteht eine „Tabula rasa", die durch Multiplizieren bzw. Dividieren rekonstruiert werden kann.

☐ Beispiel:

·	2		
6		21	
		35	40
			48

$6 : 2 = ③$ 1. Randzahl links 3
$21 : 3 = ⑦$ 2. Randzahl oben 7
$35 : 7 = ⑤$ 2. Randzahl links 5
$40 : 5 = ⑧$ 3. Randzahl oben 8
$48 : 8 = ⑥$ 3. Randzahl links 6

·	2	7	8
3	6	21	
5		35	40
6			48

Die vier fehlenden Zahlen werden durch Multiplikation ermittelt:
$3 · 8 = 24$, $5 · 2 = 10$, $6 · 2 = 12$, $6 · 7 = 42$.

Zur Wiederherstellung der Tabelle müssen also Multiplikationen und Divisionen durchgeführt werden, je nachdem welche Zahlen gegeben sind.

❓ WAS WIRD BENÖTIGT?

Arbeitsmaterial: kleiner Mal-Plan, Arbeitsblatt 9 „Von einfachen zu schweren Geteiltaufgaben"
Demonstrationsmaterial: großer Mal-Plan

❓ WORUM GEHT ES?

Wie bei der Multiplikation werden aus den Kernaufgaben der Division (z. B. $6 : 6 = 1$, $12 : 6 = 2$, $30 : 6 = 5$ und $60 : 6 = 10$) die Ergebnisse der anderen Divisionsaufgaben abgeleitet, $60 : 6 = 10$ also $54 : 6 = 9$ (1 weniger) oder $30 : 6 = 5$ also $36 : 6 = 6$ (1 mehr).

Im zweiten Teil der Seite wird das Übungsformat „Multiplikationstabelle" behandelt, das Multiplikation und Division in Beziehung setzt. Die Grundstruktur ist wie folgt:

Bei einer 3 × 3-Multiplikationstabelle müssen Aufgaben berechnet werden:

☐ Beispiel:

·	2	7	8
3			
5			
6			

·	2	7	8
3	6	21	24
5	10	35	40
6	12	42	48

❓ WIE KANN MAN VORGEHEN?

Vor der Arbeit mit dem Buch:
Zunächst werden im Klassengespräch die Kernaufgaben der 6er-, 7er-, 8er- und 9er-Reihe und ihre Umkehrungen behandelt. An Beispielen wird nochmals besprochen, wie aus einfachen Aufgaben schwierigere Aufgaben erschlossen werden können:

$40 : 8 = 5$ $48 : 8 = 6$ (1 mehr)
$16 : 8 = 2$ $32 : 8 = 4$ (doppelt so viel)
$80 : 8 = 10$ $72 : 8 = 9$ (1 weniger)

Zur Arbeit mit dem Buch:
Die Lehrerin oder die Kinder entscheiden, ob sie Reihe für Reihe (gemäß der vertikalen Unterteilung der Seite) oder „querbeet" (horizontale Unterteilung) vorgehen möchte(n).

Aufgabe 1:
Die Umkehrungen der Kernaufgaben werden noch einmal schriftlich bearbeitet.

Aufgabe 2:
Mit den Kindern sollte besprochen werden, dass es vorteilhaft ist, mit einfachen Aufgaben zu beginnen.

Von einfachen zu schweren Aufgaben

Ableitung von Divisionsaufgaben aus den Kernaufgaben

Aufgabe 3:
a) Das Zustandekommen der Mal-Tabelle wird gemeinsam besprochen. Immer sind Randzahlen zu multiplizieren.
b) Die Kinder zeichnen die Tabellen ins Heft und rechnen die Malaufgaben. Die Ergebnisse müssen mittig in die Felder eingetragen werden, was bedeutet, dass die Ziffern diesmal nicht genau in Kästchen geschrieben werden.

Aufgabe 4:
Nach der Vorübung in Aufgabe 3 wird die erste Tabelle gemeinsam entschlüsselt. Die Kinder machen sich klar, dass Randzahlen durch Divisionsaufgaben gefunden werden. An den beiden anderen Tabellen versuchen sich die Kinder selbst.

❓ WIE KÖNNTE ES WEITERGEHEN?

– Berechnen aller Aufgaben in „Meine Einsdurcheins-Tafel" (Arbeitsheft Seite 64). Farbiges Kennzeichnen der Kernaufgaben. Wo stehen gleiche Ergebnisse?
– Für weitere Aufgaben kann das Arbeitsblatt 9 „Von einfachen zu schweren Geteiltaufgaben" verwendet werden.

ARBEITSHEFT Seite 44

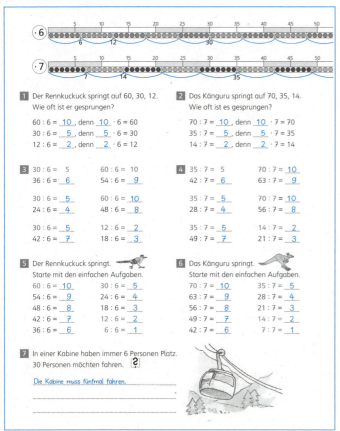

ARBEITSHEFT Seite 45

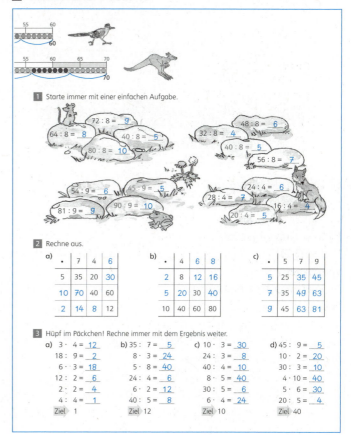

Einführung von Multiplikation und Division

80 Ansichten
Schulung des räumlichen Vorstellungsvermögens, Zuordnen von Seitenansichten

Welches Bild gehört zu welcher Kamera?
A3, B1, C5, D2, E4, F6

Die Idee zu vorliegender Aufgabenstellung wurde dem niederländischen Wiskobas-Projekt entnommen: Ein Kamerateam filmt eine Akrobatik-Show. Die unterschiedlich positionierten Kameras zeigen die Akrobatin aus verschiedenen Perspektiven. Zu jeder der nummerierten Kameras gehört ein Buchstabe. Aufgabe der Kinder ist es, sich in die Positionen der Kameramänner hineinzudenken, sich die entsprechende Ansicht vorzustellen und den Monitoren am Mischpult (gekennzeichnet durch Buchstaben) die Kameras zuzuordnen. Am Mischpult wird entschieden, welches der 6 Bilder gesendet werden soll.

? WIE KANN MAN VORGEHEN?
Die Kinder betrachten das Bild, ordnen die Monitore den Kameras zu und begründen die Zuordnung.

☐ Lösung:
Monitor A gehört zu Kamera 3.
Monitor B gehört zu Kamera 1.
Monitor C gehört zu Kamera 5.
Monitor D gehört zu Kamera 2.
Monitor E gehört zu Kamera 4.
Monitor F gehört zu Kamera 6.

? WAS WIRD BENÖTIGT?
Demonstrationsmaterial: ggf. Folienkopie der Buchseite

? WORUM GEHT ES?
Die Aufgabe ist angelehnt an folgenden „Drei-Berge-Versuch" von Piaget:

Auf einer Unterlage erheben sich drei Berge, die durch ihre Höhe, ihre Form und Farbe unterschieden sind. Die Versuchspersonen müssen sich in andere Betrachter hineinversetzen und sich die Ansicht der Berge aus deren Position vorstellen, ohne den eigenen Platz zu verlassen.

Wer sich zum Gesetz macht, was einem jeden Neugeborenen der Genius des Menschenverstandes beharrlich ins Ohr flüstert, das Tun am Denken und das Denken am Tun zu prüfen, der kann nicht irren.

Johann Wolfgang von Goethe

Einführung von Multiplikation und Division

Grundrisse und Seitenansichten 81

Quader bauen, als Gebäude nach Grundriss aufstellen, Seitenansichten zuordnen

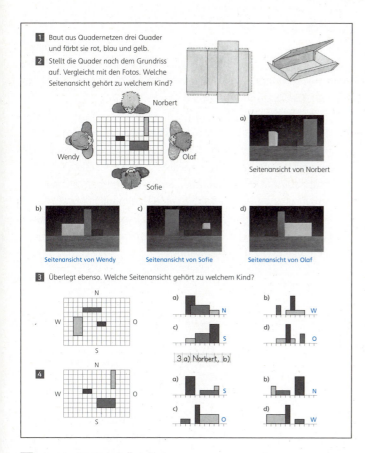

1 Baut aus Quadernetzen drei Quader und färbt sie rot, blau und gelb.
2 Stellt die Quader nach dem Grundriss auf. Vergleicht mit den Fotos. Welche Seitenansicht gehört zu welchem Kind?
3 Überlegt ebenso. Welche Seitenansicht gehört zu welchem Kind?

3 a) Norbert, b)

durch Quader) lernen die Kinder die Begriffe „Grundriss" und „Seitenansicht" kennen.

Der Grundplan (Gitter 14 × 10, Kästchenbreite 2,5 cm) ist eine Orientierungshilfe für die genaue Positionierung jedes einzelnen Gebäudes.

Ein Gebäudekomplex kann von vier Seiten aus betrachtet werden, die den Himmelsrichtungen entsprechend bezeichnet werden. Bei Seitenansichten können Teile oder auch ganze Gebäude durch andere verdeckt (verstellt) sein. Diese Tatsache stellt besondere Anforderungen an die Raumvorstellung.

Bei der Rekonstruktion des Grundrisses aus den Seitenansichten müssen die Kinder zusammenarbeiten, da kein Kind die volle Information hat. Das Thema ist daher auch sehr gut für die Förderung des sozialen Lernens geeignet.

❓ WIE KANN MAN VORGEHEN?

Vor der Arbeit mit dem Buch:
Die Lehrerin versammelt die Kinder um einen Tisch, zeigt ihnen den Grundplan (Gitter) und sagt ihnen, dass die farbigen Quader Gebäude bedeuten und unterschiedlich aufgestellt werden können. Sie einigt sich mit den Kindern über geeignete Bezeichnungen, z. B.:

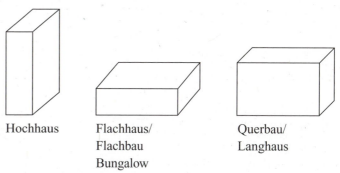

Hochhaus   Flachhaus/   Querbau/
             Flachbau   Langhaus
             Bungalow

Dann werden auf dem Grundplan die vier Himmelsrichtungen festgelegt und eingetragen.

Die Lehrerin gibt eine Grundrisskarte vor und die Kinder versuchen, die Gebäude entsprechend aufzustellen und die Seitenansichtskarten richtig zuzuordnen. Anschließend beschreiben Kinder, die auf verschiedenen Seiten stehen, in welcher Lage die Gebäude zueinander stehen. Beispiel: „Der rote Flachbau steht vor dem gelben Querhaus. Links davon steht das blaue Hochhaus."

Dabei wird deutlich, dass es bei solchen Beschreibungen auf den Standpunkt ankommt.

❓ WAS WIRD BENÖTIGT?

Arbeitsmaterial: Arbeitsblätter 10 (Gitternetz, 2-mal kopieren), 11 (Grundrisse), 12 (Seitenansichten), 13 (Quadernetz), evtl. Zeitungspapier, Tesafilm
Wer den Aufwand nicht scheut, kann sich die Quader auch vom Schreiner sägen lassen und erhält so ein stabiles und unverwüstliches Arbeitsmaterial.
Demonstrationsmaterial: 3 Quader (rot, gelb und blau gefärbt), Gitter, 1 Satz Grundriss/4 Seitenansichten für einen bestimmten Gebäudekomplex.
Für einen DIN A3-Gitterplan müssen zwei Kopien des Arbeitsblattes 10 (DIN A4) zusammengeklebt werden.

☐ Hinweis:
Ein Grundplan, verschiedenfarbige Quader und Aufgabenkarten sind unter dem Titel „Schauen und Bauen 1: Spiele mit dem Quader" im Programm „mathe 2000" erhältlich. Die Kinder können mit diesem Material nach kurzer Einführung völlig selbstständig arbeiten.

❓ WORUM GEHT ES?

Dieses Thema greift die Grundideen der vorhergehenden Seite auf.
Die Betrachtung eines räumlichen Gebildes von verschiedenen Seiten wird in der Lernumgebung „Grundrisse und Seitenansichten" mit Grundideen der Darstellenden Geometrie in Verbindung gebracht. Bei der Aufstellung von Gebäuden (simuliert

Zur Arbeit mit dem Buch:
Es ist günstig, wenn sich die Kinder in Vierergruppen um je einen Tisch gruppieren, auf dem ein Grundplan liegt. Jedes Kind ist dann für eine Seite zuständig.
Die Namen „Norbert", „Olaf", „Sofie" und „Wendy" wurden mit Blick auf die Himmelsrichtungen gewählt, die in Band 3 als objektive Bezugspunkte eingeführt werden.

Einführung von Multiplikation und Division 153

81 Grundrisse und Seitenansichten
Quader bauen, als Gebäude nach Grundriss aufstellen, Seitenansichten zuordnen

Aufgabe 1:
Jede Gruppe baut die drei Quader mit den Maßen 10 cm × 5 cm × 2,5 cm aus dem beiliegenden Netz oder dem Arbeitsblatt 13 und färbt sie (bzw. kopiert auf farbigen Karton).

☐ *Tipp:*
Zur besseren Haltbarkeit und Festigkeit sollten die Quader mit leicht geknülltem Zeitungspapier ausgefüllt werden. Ein Tesafilm (außen herum geklebt) verhindert ein „Aufplatzen" der geklebten Kanten.

Aufgabe 2:
Aus zwei Kopien des Arbeitsblattes 10 kleben die Kinder einen DIN-A3-Grundplan. Die Quader (Gebäude) werden dann, wie auf dem Foto gezeigt, aufgestellt. Die Kinder betrachten die Aufstellung von verschiedenen Seiten und vergleichen mit den Fotos auf der Buchseite. Ebenso betrachten sie die Gebäude von oben und vergleichen mit dem Grundriss.
Die Kinder ordnen die Fotos den entsprechenden Seitenansichten der vier Kinder zu.

Aufgabe 3 und 4:
Die Kinder stellen die Quader wie im Grundriss angegeben auf. Das Gitter bietet hierbei die Orientierung für die genauen Positionen. Die gezeichneten Seitenansichten a), b), c) und d) werden den vier Kindern zugeordnet.

? WIE KÖNNTE ES WEITERGEHEN?
– Je vier Kinder stellen die drei Gebäude auf dem Grundplan auf und beschreiben die Lage aus ihrer Sicht. Beispiel: „Ich sehe links den roten Flachbau, rechts den gelben Querbau, in der Mitte etwas verdeckt das rote Hochhaus."
– Zum Abschluss des Themenblocks „Einführung von Multiplikation und Division" kann die Lernzielkontrolle 4 eingesetzt werden, vgl. Materialien.

Rechenwege 82

Halbschriftliche Addition mit Bewusstmachen und Notieren der Rechenwege

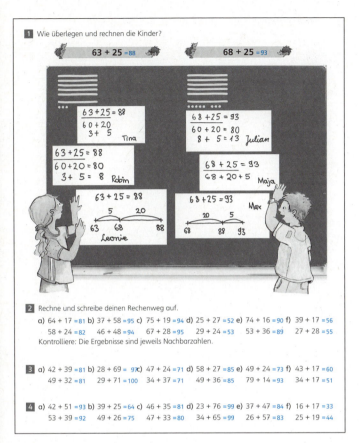

1 Wie überlegen und rechnen die Kinder?

63 + 25 = 88   68 + 25 = 93

2 Rechne und schreibe deinen Rechenweg auf.
a) 64 + 17 = 81 b) 37 + 58 = 95 c) 75 + 19 = 94 d) 25 + 27 = 52 e) 74 + 16 = 90 f) 39 + 17 = 56
   58 + 24 = 82   46 + 48 = 94   67 + 28 = 95   29 + 24 = 53   53 + 36 = 89   27 + 28 = 55
Kontrolliere: Die Ergebnisse sind jeweils Nachbarzahlen.

3 a) 42 + 39 = 81 b) 28 + 69 = 97 c) 47 + 24 = 71 d) 58 + 27 = 85 e) 49 + 24 = 73 f) 43 + 17 = 60
     49 + 32 = 81   29 + 71 = 100   34 + 37 = 71   49 + 36 = 85   79 + 14 = 93   34 + 17 = 51

4 a) 42 + 51 = 93 b) 39 + 25 = 64 c) 46 + 35 = 81 d) 23 + 76 = 99 e) 37 + 47 = 84 f) 16 + 17 = 33
     53 + 39 = 92   49 + 26 = 75   47 + 33 = 80   34 + 65 = 99   26 + 57 = 83   25 + 19 = 44

Nach der gründlichen Behandlung des Einmaleins und seiner Umkehrung werden in einem neuen Themenblock die Addition und die Subtraktion im Hunderter vertieft. Der Nachdruck liegt jetzt auf der Beschreibung und soweit möglich der Notation von Rechenwegen. Zur Übung sind passende Sachaufgaben eingearbeitet.

? WAS WIRD BENÖTIGT?

Arbeits- und Demonstrationsmaterial: Evtl. Zehnerstreifen und Plättchen oder Hunderterrahmen, Rechengeld

? WORUM GEHT ES?

Bei der Einführung der halbschriftlichen Addition auf den Schülerbuchseiten 40–45 wurden verschiedene Rechenwege ohne schriftliche Notation eingeführt. In einem zweiten Durchgang soll nun stärker auf die Rechenwege geachtet werden. Die Kinder sollen dazu ermuntert, *aber nicht verpflichtet werden*, ihre Rechenwege zu notieren. Für die Notation gibt es keine festen Vorschriften. Wie man Rechenwege notieren kann, wird am besten im Klassengespräch geklärt, weil nur im sozialen Austausch Klarheit über Konventionen hergestellt werden kann. Dabei können Schwierigkeiten der Kinder durch andere Kinder und durch die Lehrerin am besten aufgefangen werden.

Es hat sich bewährt, die Rechenwege wie eine Nebenrechnung unter der Aufgabe, abgetrennt durch einen Strich, zu notieren. Später entfällt dies. Von grundlegender und bleibender Bedeutung ist die schrittweise Ermittlung des Ergebnisses in einer Gleichungskette hinter der Aufgabe. Hier handelt es sich um eine Termumformung im Sinne der Algebra.

Auf dieser Seite sind folgende halbschriftliche Verfahren der Addition dargestellt:

– „Zehner plus Zehner, Einer plus Einer" (Tina, Robin, Julian)

63 + 25 = 88   63 + 25 = 88   68 + 25 = 93
60 + 20   60 + 20 = 80   60 + 20 = 80
3 + 5   3 + 5 = 8   8 + 5 = 13

– „Erst Zehner dazu, dann Einer dazu" (Maja)

68 + 25 = 93   oder mit Notation   68 + 25 = 93
68 + 20 + 5   der Rechnung   68 + 20 = 88
                                              88 + 5 = 93

– „Erst Zehner, dann Einer" bzw. umgekehrt mit dem Rechenstrich (Leonie und Max)

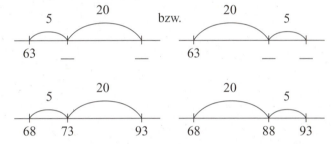

Den verschiedenen halbschriftlichen Strategien entsprechen auch verschiedene Handlungsfolgen beim Legen mit Zehnerstreifen bzw. Zehnerstäben und Plättchen oder mit Rechengeld.

? WIE KANN MAN VORGEHEN?

Vor der Arbeit mit dem Buch:

Bei der Einführung des Einmaleins sind Addition und Subtraktion zwar ständig mitgeübt worden, aber doch etwas in den Hintergrund getreten. Deshalb ist es sinnvoll, einige Aufgaben (u. a. 63 + 25 und 68 + 25, wie im Buch) unter Zuhilfenahme von Zehnerstreifen und Plättchen, des Hunderterrahmens oder von Rechengeld zu wiederholen sowie verschiedene Lösungsmethoden (vgl. Schülerbuchs. 40) nochmals anschaulich darzustellen. Auch die Strich/Punkt-Darstellung (Schülerbuchs. 41 und 43) sollte wiederholt werden. Die Lehrerin zeigt dann an Beispielen, wie man die Rechenwege als eine Art Nebenrechnung unter einem Strich oder mit Hilfe des Rechenstrichs notieren kann. Die Kinder dürfen selbst entscheiden, ob sie unter dem Strich die ganze Rechnung oder nur den Rechenweg notieren wollen.

Vertiefung der Addition und Subtraktion 155

82 Rechenwege
Halbschriftliche Addition mit Bewusstmachen und Notieren der Rechenwege

Zur Arbeit mit dem Buch:
Aufgabe 1:
Im Anschluss an das Vorgespräch werden die abgebildeten Rechenwege in einer Rechenkonferenz besprochen und mit den eigenen Lösungen verglichen. Die Notation der Rechenwege ist, wie schon eingangs betont, nicht als verpflichtend anzusehen. Vielmehr dient sie nur als Grundlage für das Sprechen über Rechenwege und als Angebot zur individuellen Nutzung.

Aufgabe 2:
Die Ergebnisse sind immer Nachbarzahlen. Dadurch ist eine gute Kontrolle gegeben.

Aufgabe 3:
Die Kinder lösen die Aufgaben und schreiben ihren Rechenweg auf. Häufig tritt das gleiche Ergebnis auf, was auf das Gesetz von der Konstanz der Summe und das Vertauschungsgesetz zurückzuführen ist.

▢ Beispiel:
47 + 24 = 60 + 11 = 71   34 + 37 = 60 + 11 = 71
40 + 20   30 + 30
 7 + 4   4 + 7

37 ist 10 weniger als 47, 34 ist 10 mehr als 24, also ist die Summe gleich.

Die Aufgabe 42 + 39 lässt sich leicht aus der einfachen Hilfsaufgabe 42 + 40 = 82 erschließen. Schreibweise:
42 + 39 = 81
42 + 40 = 82   oder

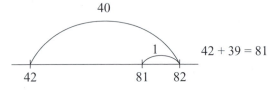

(vgl. hierzu auch die folgende Seite 83)

Aufgabe 4:
Die Aufgaben werden gerechnet, die Lösungswege anschließend verglichen.

ARBEITSHEFT Seite 46, Aufgabe 1 und 2

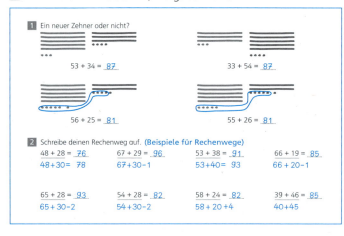

156 Vertiefung der Addition und Subtraktion

Rechenwege 83

Halbschriftliche Addition mit Bewusstmachen und Notieren der Rechenwege

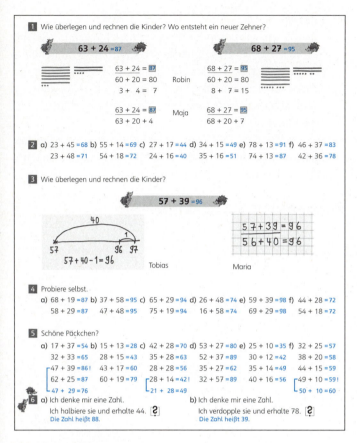

? WAS WIRD BENÖTIGT?
Arbeits- und Demonstrationsmaterial: wie für S. 82

? WORUM GEHT ES?
In Fortführung von der Schülerbuchseite 41 wird zunächst besprochen, wann bei der Strategie „Zehner extra, Einer extra" oder „Schrittweise" durch die Summe der Einer ein neuer Zehner entsteht und wann nicht. Hierbei werden die Aufgabe 63 + 24 und 68 + 27 in einer Rechenkonferenz einander gegenübergestellt.

Als weitere Rechenstrategie wird die Methode „Vereinfachen" thematisiert, die den Rechenaufwand oft gewaltig reduziert. Die Aufgabe 57 + 39 lässt sich z. B. dadurch lösen, dass zunächst 40 addiert (einfache Rechnung) und dann 1 zur Korrektur abgezogen wird.

$\underline{57 + 39}$ = 97 − 1 = 96
57 + 40 − 1

Man kann die Aufgabe aber auch dadurch lösen, dass man einen Summanden um 1 erniedrigt, den anderen um 1 erhöht:
$\underline{57 + 39}$ = 96
56 + 40

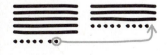

Algebraische Notation:
57 + 39 = 56 + 40 = 96

Man könnte aber auch den ersten Summanden um 3 erhöhen, den zweiten Summanden um 3 erniedrigen:
$\underline{57 + 39}$ = 96
60 + 36

Algebraische Notation:
57 + 39 = 60 + 36 = 96

Alle Strategien können durch Handlungsfolgen an Material oder am Rechenstrich erläutert werden. Ob die Kinder die raffinierteren Strategien nutzen oder nicht: auf jeden Fall werden sie ermuntert, sich beim halbschriftlichen Rechnen die Aufgaben zuerst „zurechtzulegen", ehe sie „Rechenenergie" investieren. Vorteilhaft rechnen heißt, zuerst überlegen, wie man Aufgaben am besten rechnen kann.

? WIE KANN MAN VORGEHEN?
Nach einigen Beispielaufgaben mit Notation der Rechenwege können die Schüler die Aufgaben selbst rechnen. Sie sind aber nicht gezwungen die Wege zu notieren.

Es wäre verfehlt anzunehmen, dass die Strategie „Vereinfachen" nur für starke Rechner geeignet sei. Gerade schwache Rechner müssen alle Hilfen nutzen, die den Rechenaufwand reduzieren.

Bei diesem Thema kommt es besonders stark auf die Qualität der Bearbeitung, nicht auf die Quantität der Aufgaben an.

Aufgabe 1:
Rechenkonferenz zum Thema „Wo entsteht ein neuer Zehner?" Im Vergleich zeigt sich: Wenn bei der Addition der Einer der Zehner überschritten wird, entsteht ein neuer Zehner. Das ist eine gute Kontrolle.

Aufgabe 2:
Zum Teil operativ leicht abgewandelte Aufgaben.

Aufgabe 3:
Rechenkonferenz zur Aufgabe 57 + 39 mit Besprechung der Strategie „Vereinfachen".

Vertiefung der Addition und Subtraktion 157

83 Rechenwege
Halbschriftliche Addition mit Bewusstmachen und Notieren der Rechenwege

Aufgabe 4:
Zwei Aufgabenpaare haben stets das gleiche Ergebnis, denn ein Summand ist um 10 größer, der andere Summand um 10 kleiner. Die einzelnen Aufgaben können mit der angegebenen Strategie „Vereinfachen" gelöst werden, z. B.

68 + 19 mit der Aufgabe 67 + 20 = 87 oder aber mit dem Rechenstrich.

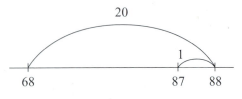

68 + 20 − 1 = 87

Aufgabe 5:
a) Der erste Summand erhöht sich um 15, der zweite erniedrigt sich um 4. Das Ergebnis erhöht sich also immer um 11. Wenn die dritte Aufgabe durch eine Aufgabe mit Ergebnis 76 ersetzt wird, z. B. durch 47 + 29 oder 37 + 39, entsteht ein durchgehendes Muster.
b) Hier ist das Muster etwas versteckt. Es wird immer mit dem Ergebnis als erstem Summanden weiter gerechnet. Der zweite Summand erhöht sich immer um 2. Es ist ein schönes Päckchen.

15 + 13 = 28
28 + 15 = 43
43 + 17 = 60
60 + 19 = 79

c) Alle Summanden und Ergebnisse sind Zahlen der 7er-Reihe. In der 7er-Reihe abwärts fehlt 49. Hier könnte man 28 + 21 = 49 als vierte Aufgabe ersetzen bzw. einschieben.
d) Aus den Ziffern [2] [3] [5] und [7] wurden jeweils zwei 2-stellige Zahlen gebildet und addiert. Als weitere mögliche Aufgaben ergäben sich somit 25 + 73 oder 23 + 75 oder 57 + 23 usw.
e) Der erste Summand erhöht sich jeweils um 5, der zweite Summand um 2, die Summe erhöht sich jeweils um 7 (Siebenerzahlen). Es handelt sich um ein schönes Päckchen.
f) Der erste Summand erhöht sich immer um 6, der zweite erniedrigt sich um 5. Das Ergebnis erhöht sich jeweils um 1, das letzte Ergebnis stört. Die letzte Aufgabe sollte lauten 50 + 10 = 60.

Aufgabe 6:
a) Partnerrätsel: Die Kinder denken sich eine Zahl, z. B. 60. Sie halbieren die Zahl und erhalten 30. Dies wird bei einigen Zahlen, z. B. 70, 56, 72, ausprobiert. Nun sollen die Kinder versuchen die Zahl zu finden, die bei Halbierung 44 ergibt. Wer die Umkehroperation „Verdoppeln" entdeckt, hat sofort die Lösung 88.
b) Hier ist die Zahl 39. Man erhöht sie durch systematisches Probieren oder mit Hilfe der Umkehroperation „Halbieren". Die Kinder stellen sich gegenseitig weitere Zahlenrätsel.

ARBEITSHEFT Seite 46, Aufgabe 3–5

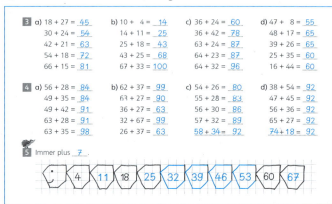

Pflanzen messen 84
Umfänge von Baumstämmen, Wuchshöhen und Pflanztiefen

1

2 Vergleiche Wuchshöhen und Pflanztiefen.

Solange es noch kalt ist, finden nur kleine Frühblüher geeignete Entwicklungsbedingungen vor. Je länger die Sonne scheint und je wärmer es wird, desto größere Pflanzen können wachsen (Grunderfahrung zur Fotosynthese).

Es sollte bei der Behandlung deutlich werden, dass die angegebenen Werte ungefähre Durchschnittswerte sind, von denen einzelne Pflanzen nach oben und unten abweichen können.

❓ WIE KANN MAN VORGEHEN?

Zur Arbeit mit dem Buch:
Aufgabe 1:
Als Einstieg in die Problematik eignen sich Zeitungsmeldungen, die sich mit diesem Umweltschutzthema auseinander setzen, z. B. „Alte Bäume abgeholzt – 1 000 Euro Strafe".

Mit den Kindern wird besprochen, welche Bedeutung die Bäume für eine gesunde Umwelt haben (Lebensraum für andere Tiere, Sauerstoffspender und Klimaverbesserer, Schattenspender, Wasserhaushalt im Boden, Schutz vor Austrocknung). Anschließend wird der Umfang von Bäumen in der näheren Umgebung (Schulhof) gemessen, um herausfinden zu können, welche Bäume nach der örtlichen Baumschutzsatzung geschützt sind.

Aufgabe 2:
Im Herbst wurden die Zwiebeln in Blumentöpfe gepflanzt und über den Winter in Gewächshäusern gelagert. Ab Februar werden die keimenden Blumen verkauft. Das Wachsen der Narzissen im Klassenraum ist besonders eindrucksvoll. In etwa 14 Tagen können sie bis zu einer Länge von 50 cm heranwachsen. Wenn ein Holzstab in den Topf gesteckt wird, kann man die Länge täglich messen und am Stab mit dem Datum markieren.

☐ *Zur Tabelle:*
Am Bild werden Pflanzenhöhe und Pflanztiefe geschätzt und am Maßband dargestellt. Die Gesamtlänge der Pflanze (Wuchshöhe und Pflanztiefe) kann aus den Schätzwerten berechnet werden.

☐ *Lösungen:*
1) Schneeglöckchen: insgesamt etwa 35 cm
2) Krokus: insgesamt etwa 30 cm
3) Hyazinthe: insgesamt etwa 55 cm
4) Narzisse: insgesamt etwa 70 cm
5) Tulpe: insgesamt etwa 80 cm

❓ WAS WIRD BENÖTIGT?

Arbeitsmaterial: Maßband, Meterstab, evtl. Baumschutz-Satzung der Kommune

❓ WORUM GEHT ES?

Diese Seite ist lehrgangsunabhängig und kann dann eingesetzt werden, wenn im Sach- oder Sprachunterricht Frühblüher und/oder Bäume besprochen werden.

Die Kinder sollen ihre Kenntnisse über Längenmessung (Schülerbuchseiten 26–28) auf Sachsituationen anwenden.

1. Baumschutz-Satzungen werden in immer mehr Städten und Gemeinden aufgestellt. Die darin angeführten Maße sind unterschiedlich. Als Richtwert kann aber formuliert werden: Ein Laubbaum ist geschützt und darf nicht ohne Genehmigung durch das Ordnungsamt gefällt werden, wenn sein Umfang größer als 80 cm ist. Gemessen wird der Umfang in einer Höhe von 1 m über dem Boden. Bei mehrstämmigen Bäumen werden die Umfänge der einzelnen Stämme gemessen und addiert.

2. „Frühblüher" sind über die Beziehung von Pflanztiefe und Wuchshöhe hinaus ein interessantes Sachthema. Die frühe Blütezeit wird durch Zwiebeln ermöglicht, die im Vorjahr von Anfang September bis Mitte Dezember gepflanzt werden. Als Faustregel gilt: Tiefe des Pflanzlochs (Pflanztiefe) = zwei- bis dreifache Zwiebelhöhe.

Die Größe der Pflanze hängt von der Größe der Zwiebel („Vorratskammer") ab.

❓ WIE KÖNNTE ES WEITERGEHEN?

Im Laufe des Schuljahres wird das Wachsen von Pflanzen weiter beobachtet (z. B. Bohnen, Mais, anderes Getreide, Blüten, Blätter). Die jeweilige Höhe der Pflanze mit Datum wird aufgeschrieben.

Vertiefung der Addition und Subtraktion

85 Naturschutz für Störche
Zahlen und Größen veranschaulichen und vergleichen, Interpretation/Umgang mit einer Tabelle üben

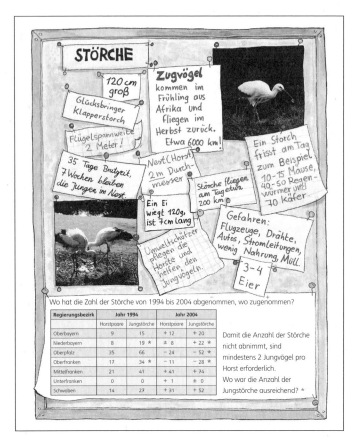

Regierungsbezirk	Jahr 1994		Jahr 2004	
	Horstpaare	Jungstörche	Horstpaare	Jungstörche
Oberbayern	9	15	+ 12	+ 20
Niederbayern	8	19 *	± 8	+ 22 *
Oberpfalz	35	66	− 24	− 52 *
Oberfranken	17	34 *	− 11	− 28 *
Mittelfranken	21	41	+ 41	+ 74
Unterfranken	0	0	+ 1	± 0
Schwaben	14	27	+ 31	+ 52

Damit die Anzahl der Störche nicht abnimmt, sind mindestens 2 Jungvögel pro Horst erforderlich.
Wo war die Anzahl der Jungstörche ausreichend? *

❓ WAS WIRD BENÖTIGT?
Arbeits- und Demonstrationsmaterial: Material über Störche aus Sachbüchern und Lexika, Kalender, ca. 30 kleine Stücke von Ästen (ca. 20–30 cm) zur Veranschaulichung eines Horstes, Maßband

❓ WORUM GEHT ES?
Am Beispiel der Störche soll die Notwendigkeit für aktives Umweltmanagement aufgezeigt werden. Wichtig dabei ist die Sammlung von Daten (hier besonders über Jungvögel). Die Seite ist lehrgangsunabhängig und kann dann eingesetzt werden, wenn im Sach- oder Sprachunterricht der Storch oder andere Vögel besprochen werden.

Weißstörche gehören zu den Vögeln, die gern in der Nähe von Menschen leben und im Leben der Menschen eine besondere Rolle spielen, wie in zahlreichen Märchen, Fabeln und Geschichten zum Ausdruck kommt. Ein Storchennest auf dem Dach gilt als besonderes Glückssymbol.

Der Lebensraum der Störche – grundwassernahe Feuchtwiesenbereiche – ist durch fortschreitende Intensivierung der Landwirtschaft und wasserbauliche Maßnahmen zunehmend eingeschränkt worden. 2004 gab es in Deutschland 4500 Storchenpaare, davon 3500 Paare in den östlichen Bundesländern. Zum Vergleich: Fünfzehn Jahre vorher waren es ca. 3000 Storchenpaare, davon 2500 in den östlichen Bundesländern. Der Bestand hat sich also etwas erholt. Der Storch gilt nach der „Roten Liste" dennoch weiterhin als bedroht und seine Erhaltung wird durch verschiedene Initiativen von Umweltschützern und Stiftungen gefördert. Dazu gehört auch die Führung einer genauen Statistik der vorhandenen Anzahlen (Populationen).

Die Buchseite gibt stichwortartige Sachinformationen zu Nahrungsaufnahme, Körperbau und Brutverhalten der Störche, die im Sachunterricht eventuell ergänzt und ausgebaut werden können.

☐ Weitere Informationen über Störche:

Besonderheiten: Weißstörche (Ciconia ciconia) haben ein weißes Federkleid, Flügel mit schwarzen Enden, lange rote Beine und einen langen roten Schnabel. Am Boden schreiten sie bedächtig einher, beim Fliegen strecken sie den Hals gerade nach vorn. Klappern mit dem Schnabel ist ein Aufforderungs- und Begrüßungsritual und hat dem Storch den Namen „Klapperstorch" eingetragen. (Vgl. das Kinderlied: „1. Auf unserer Wiese gehet was, es watet durch die Sümpfe. Es hat ein schwarz-weiß Röcklein an und trägt auch rote Strümpfe, fängt die Frösche schnapp, schnapp, schnapp, klappert lustig klapper-di-klapp. Wer kann es erraten? 2. Ihr denkt, das ist der Klapperstorch … Nein, es ist Frau Störchin!")

Nahrung: Jeder Storch braucht pro Tag etwa 500 g Nahrung, die aus Mäusen, Fröschen, Fischen, Würmern, Käfern besteht. Die frisch geschlüpften Jungstörche werden ausschließlich mit Kleintieren (Würmer, Schnecken und Insekten) ernährt. Die Vögel suchen auf frisch gemähten Wiesen, Äckern und Ufern nach Nahrung. Der Storch erspäht seine Beute mit den Augen. Für ein Storchenpaar mit Jungen müssen im Umkreis von rund 2,5 km etwa 200 ha grundwassernahe Wiesenflächen vorhanden sein.

Brutpflege: Störche sind brutorttreu. Sie überwintern in Afrika. Im Frühjahr (April) kehren sie wieder zurück und inspizieren den Horst. Die Störchin legt schon wenige Tage nach der Paarbildung 3–4 Eier im Abstand von 48 Stunden. Die Paare wechseln sich beim Brüten ab. Der Horst wird immer wieder repariert und im Laufe der Jahre vergrößert. Er kann bis zu einer halben Tonne schwer werden. Die Jungen fliegen nach 6 Wochen aus, kehren aber bis zum Abflug nach Süden immer wieder in den Horst zurück.

❓ WIE KANN MAN VORGEHEN?
Zur Arbeit mit dem Buch:
1. Interpretation der Zahlen
   Zunächst werden die Informationen vorgelesen. Die Zahlen werden dabei interpretiert und veranschaulicht.
   a) Die Größe des Storches von 120 cm wird abgemessen und mit der Größe der Kinder verglichen.
   b) Die imposante Flügelspannweite von 2 m wird mit dem Meterstab an der Tafel gezeigt.
   c) Der Horst mit einem Durchmesser von 2 Metern wird im Umriss mit kleinen Stöcken (ca. 20 bis 30 cm) nachgelegt. Man benötigt dazu allein zur Markierung des Umrisses etwa 30 Stöckchen, denn der Umfang beträgt über 6 Meter. Kein Wunder, dass ein großer Horst halb so viel wie ein Auto wiegt.

Naturschutz für Störche

Zahlen und Größen veranschaulichen und vergleichen, Interpretation/Umgang mit einer Tabelle üben

d) Störche legen am Tag etwa 200 km zurück.
Diese Strecke wird mit bekannten Strecken verglichen (etwa die Entfernung zwischen den Städten Stuttgart – München). Nach Afrika legen die „Langstreckenflieger" bis zu 6 000 km zurück.

e) Ein Storch frisst am Tag 10–15 Mäuse, 40–50 Regenwürmer und 70 Käfer.

f) Ein Ei ist 7 cm lang (Maßband) und 120 g schwer. Zum Vergleich: Ein Hühnerei wiegt etwa 50 g.

g) Die Brutzeit beträgt 35 Tage, etwas mehr als einen Monat.
Mit einem Kalender kann ausgerechnet werden, wie alt die Jungstörche sind, wenn sie im Herbst nach Afrika fliegen.
Rückkehr aus Afrika: 15. April
Beginn der Brutzeit: 4. Mai
Ende der Brutzeit: 7 Wochen bleiben die Jungstörche im Nest.

h) Weitere Zahlen:
Gewicht: 4,4 kg
Geschwindigkeit: 45 km in der Stunde
Höchstalter: im Zoo 70–100 Jahre

2. Ableseübungen an der Tabelle und Rechnungen mit der Tabelle

In Bayern ist die Anzahl der Störche erfreulicherweise wieder angewachsen, besonders stark in Mittelfranken (Brombachsee!). Während es 1994 insgesamt 104 Storchenpaare mit 202 Jungen gab, wurden 2004 schon 182 Storchenpaare mit 248 Jungen gezählt. Wegen der hohen Sterblichkeit der Jungvögel sind zur Bestandserhaltung pro Horst mindestens 2 Jungvögel erforderlich. Diese Bedingung war 2004 für Niederbayern, Oberpfalz und Oberfranken erfüllt. Wegen der natürlichen Schwankungen dürfen die Zahlen aber nicht „wörtlich" genommen werden. Auch in Mittelfranken und Oberbayern darf von einer Bestandserhaltung ausgegangen werden.

Wir müssen alles daran setzen, um die Lebensbedingungen der Störche und anderer Tiere zu verbessern, denn wenn die Natur stirbt, stirbt auch der Mensch.

Weitere Sachinformationen sind erhältlich bei:
– Naturschutzbund (NABU) Deutschland und den jeweiligen Landesministerien für Umweltschutz
– Stork Foundation
  Waldstraße 27
  13403 Berlin

Die aktuellen Daten über die Weißstorchbestände sind abrufbar unter www.bergenhusen.nabu.de.

86 Gebühren

Gebühren kennen lernen und berechnen, mit Münzen/Banknoten am Automaten umgehen, Denkspiel „Paare verschieben"

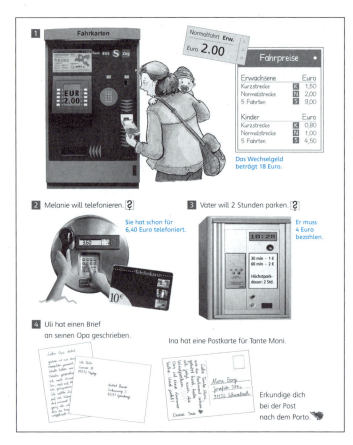

❓ WAS WIRD BENÖTIGT?
Arbeitsmaterial: verschiedene Briefmarken, Tabellen für Postgebühren, Rechengeld, Tabellen der Fahrpreise der örtlichen Verkehrsbetriebe

❓ WORUM GEHT ES?
Die Kinder sollen Kenntnisse über die Benutzung von Fahrkartenautomaten, Telefonzellen mit Münz- oder Kartenautomaten, Parkautomaten erwerben. Hierzu gehört das Wissen über Gebühren, das Rechnen mit Geld, das Eingeben richtiger Münzen oder Scheine und auch die richtige Bedienung der Geräte.

❓ WIE KANN MAN VORGEHEN?
Vor der Arbeit mit dem Buch:
Wenn möglich sollte der Behandlung der Seite ein Unterrichtsgang vorausgehen, bei dem verschiedene Automaten inspiziert werden können.

Zur Arbeit mit dem Buch:
Aufgabe 1:
Beim Fahrkartenautomaten können folgende Fragen besprochen werden:
– Was kosten Fahrten für Erwachsene (Kinder) bei einer Kurzstrecke, bei einer Normalfahrt, bei 5 Fahrten?
– Der Fahrkartenautomat zeigt 2 Euro als Fahrpreis an, ein 20-Euro-Schein wird eingegeben:
Wie viel Rückgeld muss der Automat zurückgeben, welche Münzen können es sein?
– Wie viel kostet eine Fahrt für zwei Erwachsene zum Normaltarif?
– Um wie viel preiswerter als Einzelkarten sind die Fünfer-Karten für Erwachsene, für Kinder?

Aufgabe 2:
Melanie will telefonieren. Es gibt zwei Möglichkeiten: mit der Telefonkarte an einem Kartentelefon oder mit Münzen an einem Münztelefon. Im Buch ist ein Kartentelefon abgebildet. Die eingeschobene Telefonkarte mit einem Anfangsguthaben von 10,00 Euro weist noch ein Guthaben von 3,60 Euro auf. Für wie viel Geld hat Melanie bereits telefoniert? (Berechnung aus dem Anfangsguthaben der Telefonkarte und dem angezeigten Guthaben auf dem Telefon). Obwohl das Rechnen mit Kommazahlen erst im Band 3 thematisiert wird, können es einige Kinder schon.

Weitere Fragen zum Telefonieren: Welche Münzen können bei einem Münztelefon benutzt werden? Wie viel kostet ein Telefongespräch im Ort?

Wie teuer können Ferngespräche sein? Wie teuer ist ein Fünfminutengespräch nach Amerika?

Vielleicht können einige Kinder das zu Hause aus den Telefonrechnungen der Familie entnehmen. In Verbrauchermagazinen (z. B. Stiftung Warentest) sind die jeweils aktuellen Telefongebühren abgedruckt. Es fällt allerdings selbst Erwachsenen schwer, sich im heutigen Tarifdschungel zurechtzufinden.

Besonders hingewiesen werden sollte auf die Notrufnummern von Polizei (110) und Feuerwehr (112).

Aufgabe 3:
Parkautomaten sind den Kindern inzwischen aus jeder Stadt bekannt. Der zur Verfügung stehende Parkraum ist in der Regel knapp. Die Benutzer müssen für die Abstellung eines Fahrzeugs zahlen. An Parkautomaten können Parkscheine für eine bestimmte Zeit gelöst werden. Zumeist werden bestimmte Zeiten als Höchstparkdauer vorgegeben, die nicht überschritten werden darf, wenn kein Bußgeld bzw. keine Strafe riskiert werden soll.

Auf dem abgebildeten Automaten kann maximal 2 Stunden geparkt werden. Die Preise für 30 und für 60 Minuten sind angegeben, sodass der Preis für 2 Stunden ausgerechnet werden kann. Da im Sichtfeld auch die Uhrzeit angezeigt wird, können die Kinder auch berechnen, wann die Parkzeit abgelaufen ist. Diese Information ist für den Parkplatzbenutzer wichtig, da das Überschreiten der Parkzeit eine Ordnungswidrigkeit darstellt, die mit einem Bußgeld belegt wird.

Zuerst sollten die einzelnen Angaben auf dem Automaten und dann der Vorgang des Parkens und Parkscheinziehens besprochen werden. Danach berechnen die Kinder, dass Vater bis 12.30 Uhr parken darf und 4 Euro einwerfen muss. Anschließend kann überlegt werden, mit welchen Münzen der Betrag bezahlt werden kann.

162 **Vertiefung der Addition und Subtraktion**

Gebühren 86

Gebühren kennen lernen und berechnen, mit Münzen/Banknoten am Automaten umgehen, Denkspiel „Paare verschieben"

Aufgabe 4:
Da sich die Postgebühren in gewissen Zeitabständen ändern, wird in der Aufgabe vorgeschlagen, dass sich die Kinder allein, in Gruppen oder mit der Schulklasse bei der Post über das aktuelle Porto informieren. Das Porto ist abhängig vom Gewicht und von der Größe eines Briefes. Obwohl Gewicht und genaue Größen (bzw. DIN-Formate) erst im Band 3 thematisiert werden, werden einige Kinder schon damit umgehen können.

Wichtig für die Kinder: Ein Standardbrief (Inhalt 1 bis 2 Briefbögen) kostet 55 Cent (Stand 2003). Wie viel Eurocent kostet heute ein Normalbrief, eine Postkarte? Wie kann man das Porto von 1 Euro mit verschiedenen Briefmarken (20 Cent, 25 Cent, 40 Cent) zusammenstellen?

❗ DENKSCHULE
Denkspiel D 8 „Paare verschieben" vorstellen (vgl. S. 22)

💾 ARBEITSHEFT Seite 47

❓ WIE KÖNNTE ES WEITERGEHEN?
– Eventuell können die Kinder Parkautomaten auf dem Schulweg oder in der Umgebung mit dem abgebildeten Automaten vergleichen. Die entsprechenden Parkscheine aus dem Automaten können untersucht werden. Welche Angaben finden sich darauf?

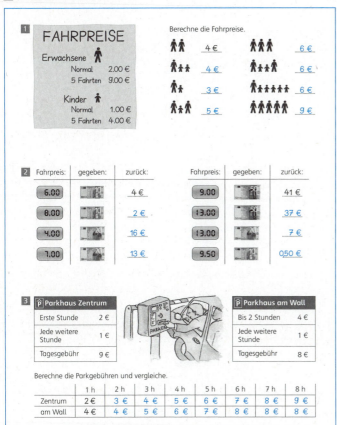

Vertiefung der Addition und Subtraktion 163

87 Knotenschule
Fortsetzung der Knotenschule

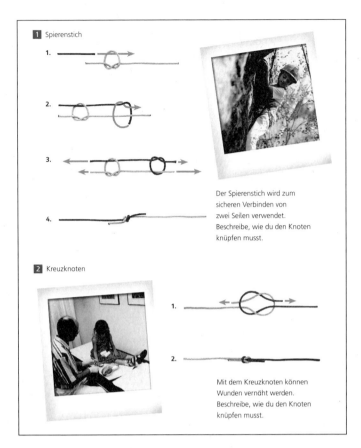

Der Spierenstich wird zum sicheren Verbinden von zwei Seilen verwendet. Beschreibe, wie du den Knoten knüpfen musst.

Mit dem Kreuzknoten können Wunden vernäht werden. Beschreibe, wie du den Knoten knüpfen musst.

? WIE KANN MAN VORGEHEN?

Die Kinder üben den Spierenstich mit zwei dickeren Seilen oder Schnüren und den Kreuzknoten mit einem Schuhriemen. Durch Versuch und Irrtum werden die Kinder ihren Weg finden. Allein die Zeichnungen richtig zu lesen und zu interpretieren ist eine gute geometrische Übung.

? WIE KÖNNTE ES WEITERGEHEN?
– Packerknoten (siehe Schülerbuchseite 125)

? WAS WIRD BENÖTIGT?
Arbeits- und Demonstrationsmaterial: Schnüre und Fäden, z. B. alte Schuhriemen

? WORUM GEHT ES?
In Fortsetzung der Knotenschule (vgl. Band 1, S. 72) werden im Band 2 drei Knoten geübt: der Spierenstich, der Kreuzknoten und der Packerknoten (auf der Weihnachtsseite 125).

Spierenstich:
Dieser Knoten verbindet zwei Seile fest miteinander. Von seinem Aufbau her vereinigt er in sich zwei einfache Knoten, die vor dem Zuziehen ineinander geschoben werden. Wenn es auf Sicherheit ankommt (wie z. B. beim Bergsteigen, wo dieser Knoten häufig verwendet wird), müssen die beiden Knoten jeweils gleichsinnig (nicht seitenverkehrt) geknüpft werden, damit sie sich flächig berühren.

Kreuzknoten:
Er ist nichts anderes als eine Schuhschleife (Band 1) ohne Schleifen und dient zur Verbindung zweier Schnüre. Da er der übliche Knoten ist, mit dem ein Chirurg die Fäden einer Operationsnaht verknüpft, heißt er auch Chirurgenknoten.

Vertiefung der Addition und Subtraktion

Rechenwege 88

Halbschriftliche Subtraktion mit Bewusstmachen und Notieren der Rechenwege, Zehnerunterschreitung bei der Subtraktion

1 Wie überlegen und rechnen die Kinder?

2 Rechne und schreibe deinen Rechenweg auf.
a) $47-28=19$ b) $65-43=22$ c) $57-19=38$ d) $94-36=58$ e) $77-23=54$ f) $88-44=44$
   $48-27=21$ $63-45=18$ $59-17=42$ $96-34=62$ $73-27=46$ $84-48=36$

3 a) $64-48=16$ b) $73-48=25$ c) $46-17=29$ d) $75-57=18$ e) $83-45=38$ f) $63-37=26$
     $55-38=17$ $64-38=26$ $37-7=30$ $66-47=19$ $74-35=39$ $81-54=27$
Kontrolliere: Die Ergebnisse sind jeweils Nachbarzahlen.

4 a) $94-49=45$ b) $90-72=18$ c) $59-27=32$ d) $72-38=34$ e) $62-37=25$ f) $92-15=77$
     $73-37=36$ $72-56=16$ $60-28=32$ $70-36=34$ $61-38=23$ $87-21=66$

? WAS WIRD BENÖTIGT?

Arbeits- und Demonstrationsmaterial: Zehnerstreifen und Plättchen, Hunderterrahmen oder Rechengeld

? WORUM GEHT ES?

Bei der Einführung der halbschriftlichen Subtraktion auf den Schülerbuchseiten 48–54 wurden verschiedene Rechenwege ohne schriftliche Notation eingeführt. Im Vordergrund stand dabei die Veranschaulichung und Beschreibung verschiedener Rechenwege. In einem zweiten Durchgang soll nun stärker auf die Rechenwege geachtet werden. Die Kinder sollen dazu ermuntert, aber nicht verpflichtet werden, ihre Rechenwege zu notieren. Da die Lehrerin dabei jederzeit helfend und glättend eingreifen kann, wird kein Kind überfordert. Die Kinder sollten ermuntert werden auch im Heft ihre Rechenwege zu notieren, aber es besteht kein Zwang es zu tun.

Folgende Hauptstrategien lassen sich bei der halbschriftlichen Subtraktion unterscheiden:

– „Erst Zehner weg, dann Einer weg" (Sinem und Ina)
  $\underline{67-23} = 47 - 3 = 44$ (ohne Zehnerunterschreitung)
  $67 - 20 - 3$

  $\underline{63-27} = 43 - 7 = 36$ (mit Zehnerunterschreitung)
  $63 - 20 - 7$

– „Erst Zehner weg, dann Einer weg" bzw. umgekehrt dargestellt am Rechenstrich (Laura und Hans)
  $67 - 23 = 44$ (ohne Zehnerunterschreitung)

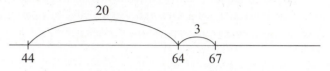

  $63 - 27 = 36$ (mit Zehnerunterschreitung)

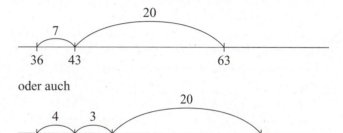

  oder auch

  (zweite Darstellung am Rechenstrich mit Schritten 4, 3, 20 von 36 über 40, 43 bis 63)

– „Zehner extra, Einer extra" (Norbert und Viktor)
  $\underline{67-23} = 40 + 3 = 44$ (ohne Zehnerunterschreitung)
  $60 - 20 = 40$
  $7 - 3 = 4$

  $\underline{63-27} = 40 - 4 = 36$ (mit Zehnerunterschreitung)
  $60 - 20 = 40$
  $3 - 7 = -4$

Diese Strategie kann überzeugend erklärt werden: „Von 60 wird 20 abgezogen. Es bleiben 40. Dann sind noch 7 Einer abzuziehen. Von 3 Einern kann man nur 3 abziehen. 4 Einer müssen noch abgezogen werden. Das wird in der Form $3 - 7 = -4$ notiert. Um die 4 Einer wegzunehmen, muss man einen Zehner anknabbern."

☐ Hinweis:
Die Strategie „Zehner extra, Einer extra" kann nicht am Rechenstrich dargestellt werden.

Wir verweisen an dieser Stelle nochmals auf die Gründe, die uns veranlasst haben, die Strategie „Zehner minus Zehner, Einer minus Einer" trotz ihrer objektiven Schwierigkeit zu thematisieren. Es handelt sich nicht um die Verwendung von negativen Zahlen, sondern um eine bestimmte Methode der Subtraktion. Bei der ikonischen Darstellung mit Zehnerstrichen und Einerpunkten ist leicht festzustellen, ob bei der Strategie „Zehner extra, Einer extra" im Zwischenschritt je nach Fall addiert oder subtrahiert werden muss.

Vertiefung der Addition und Subtraktion   165

88 Rechenwege

Halbschriftliche Subtraktion mit Bewusstmachen und Notieren der Rechenwege, Zehnerunterschreitung bei der Subtraktion

Bei der Aufgabe 57 – 26 bleibt beim Wegnehmen von 6 Einern ein Einer stehen, es wird kein Zehner angeknabbert:
57 – 26 = 30 + 1 (30 plus 1)

Bei der Aufgabe 56 – 27 sind weniger Einer vorhanden, als wegzunehmen sind. Daher muss ein Zehner angeknabbert werden um noch einen Einer wegnehmen zu können:
56 – 27 = 30 – 1 (30 minus 1)
6 – 7 = –1 bedeutet:
6 Einer sind da, 7 sollen weggenommen werden. Wir nehmen 6 weg und merken uns, dass wir noch 1 wegnehmen müssen. Dies kann als –1 notiert werden.

Zur Strategie „Zehner minus Zehner, Einer minus Einer" vergleiche man auch die einleitenden Bemerkungen zur Arithmetik auf S. 10f.

Wie bei der Addition entsprechen den verschiedenen halbschriftlichen Strategien verschiedene Handlungsfolgen beim Legen der Aufgaben mit Material. Bei der von uns vorgeschlagenen Notation, die unverändert auch bei der Erweiterung des Zahlenraumes im Band 3 benutzt werden kann, steht der Rechenweg als eine Art Nebenrechnung abgetrennt durch einen Strich immer unterhalb der eigentlichen Rechnung oder als Rechenstrich neben der Rechnung. Wenn die Nebenrechnung unter dem Strich oder die Darstellung am Rechenstrich weggelassen wird, bleibt ein in der Zeile fortlaufendes algebraisches Rechnen (Termumformung) übrig, z. B.
67 – 23 = 47 – 3 = 44 oder
67 – 23 = 44.

Um Missverständnisse auszuschließen, sei noch einmal wiederholt: Die Rechenwege sind für die Kinder ein Angebot, das sie individuell nutzen können.

? WIE KANN MAN VORGEHEN?

Vor der Arbeit mit dem Buch:
Wie bei der Addition ist es auch bei der Subtraktion sinnvoll, zunächst einige Aufgaben (z. B. 57 – 26 und 56 – 27) unter Zuhilfenahme von Material oder der Strich/Punkt-Darstellung gemeinsam zu rechnen und verschiedene Rechenwege aufzuzeigen. Es entsteht ein Tafelbild ähnlich wie im Buch.

Zur Arbeit mit dem Buch:
Aufgabe 1:
Die Kinder besprechen und diskutieren in einer Rechenkonferenz die abgebildeten Rechenwege und vergleichen mit den vorher gefundenen Rechnungen. Bei den Aufgaben 1 und 2 werden bewusst Rechnungen kontrastiert, die durch Veränderung der Einer- und Zehnerziffern in Subtrahend und Minuend entstehen, z. B. 73 – 39 und 79 – 33 oder auch 62 – 26 und 66 – 22. Hierbei müssen die Kinder besonders sorgfältig vorgehen und differenziert begründen.

Aufgabe 2:
Die Einerziffern von Minuend und Subtrahend sind vertauscht. Vielleicht entdecken einige Kinder, dass sich die Einer der beiden Ergebnisse immer zu 10 ergänzen.

Aufgabe 3:
Die Ergebnisse sind jeweils Nachbarzahlen (Kontrolle). Dies kann auch begründet werden, z. B.
a) 64 – 48 hat das gleiche Ergebnis wie 54 – 38; 55 – 38 muss also 1 mehr sein.
b) 73 – 48 hat das gleiche Ergebnis wie 63 – 38, 64 – 38 muss also 1 mehr sein.
usw.

Aufgabe 4:
Kein durchgängiges Muster, jedoch in c) und d) gleiche Ergebnisse.
60 – 28 hat das gleiche Ergebnis wie 59 – 27 (Konstanz der Differenz).
70 – 36 hat das gleiche Ergebnis wie 72 – 38.

💾 ARBEITSHEFT Seite 48, Aufgabe 2

2 Schreibe deinen Rechenweg auf. *(Beispiele für Rechenwege)*

73 – 49 = 24	72 – 49 = 23	74 – 51 = 23	88 – 19 = 69
73 – 50 = 23	72 – 50 + 1	74 – 50 = 24	88 – 20 = 68
46 – 27 = 19	47 – 29 = 18	48 – 31 = 17	53 – 25 = 28
46 – 26 = 20	47 – 27 = 20	48 – 30 = 18	53 – 23 = 30

166 Vertiefung der Addition und Subtraktion

Rechenwege 89

Halbschriftliche Subtraktion mit Bewusstmachen und Notieren der Rechenwege

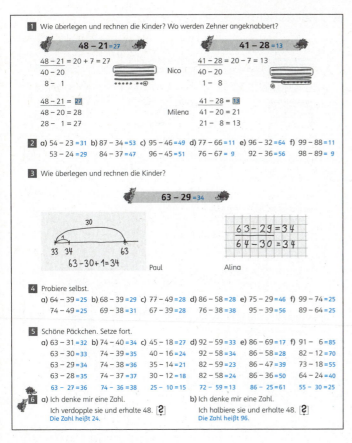

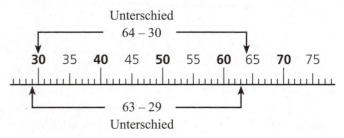

63 − 29 = 34   Algebraische Notation:
64 − 30   63 − 29 = 64 − 30 = 34

Der Unterschied zwischen 63 und 29 ist gleich dem Unterschied zwischen 64 und 30 Darstellung am Zahlenstrahl:

Bei der Strategie „Vereinfachen" tritt eine grundlegende Strategie algebraischen Rechnens in Erscheinung: Es ist sinnvoll, sich wie bei der Addition eine Aufgabe immer erst „zurechtzulegen", ehe man mit der Rechnung beginnt. Die Kinder werden diese Vorgehensweise natürlich nicht sofort übernehmen, sondern brauchen Zeit, um sie sich anzueignen. Hier muss, wie immer bei langfristigen Zielen, eine kontinuierliche Bewusstseinsbildung betrieben werden, die sich aber auf lange Sicht auszahlt.

? WIE KANN MAN VORGEHEN?

Zur Arbeit mit dem Buch:

Aufgabe 1 und 2:

Nicos und Milenas Wege werden nochmals besprochen. Durch Vertauschen der Einerziffern entstehen Aufgaben mit und ohne Zehnerunterschreitung. Dass bei der Strategie „Zehner minus Zehner, Einer minus Einer" ein Zehner angeknabbert werden muss, wenn weniger Einer da sind, als weggenommen werden müssen, sehen die Kinder leicht ein.

? WAS WIRD BENÖTIGT?

Arbeits- und Demonstrationsmaterial: wie für S. 88

? WORUM GEHT ES?

Die vorgestellten Rechenstrategien werden weiter geübt und vertieft.

Anhand von Beispielaufgaben (48 − 21 und 41 − 28) wird überlegt, wann der Zehner unterschritten (angeknabbert) werden muss. Als weitere Strategie wird das „Vereinfachen" thematisiert.

☐ Beispiel:

Die Aufgabe 63 − 29 lässt sich dadurch lösen, dass man zunächst 30 subtrahiert (das ist einfach) und dann 1 addiert (um die 1 zu kompensieren, die zu viel abgezogen wurde).

63 − 29 = 33 + 1 = 34
63 − 30 + 1

Am Rechenstrich lässt sich dies ebenfalls darstellen.

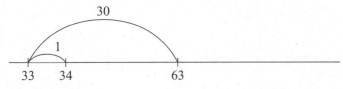

Anderer Rechenweg: Minuend und Subtrahend werden jeweils um 1 erhöht (Gesetz von der Konstanz der Differenz). Dieser Weg, der oftmals zu einer erheblichen Vereinfachung der Rechnung führt, wurde vorher schon an zahlreichen schönen Päckchen angedeutet:

Aufgabe 3:

Besprechung der Rechenwege von Paul und Alina, z. B.: 63 − 29

Paul überlegt am Rechenstrich, dass er zuerst 30 abzieht und dann zum Ausgleich 1 dazuzählt, also 63 − 30 + 1 = 34.

Alina überlegt, dass 63 − 29 dasselbe Ergebnis wie 64 − 30 hat. 64 − 30 = 34.

Eine andere Strategie würde darin bestehen, die 9 gleich von einem Zehner wegzunehmen. Dann würden 3 + 1 Einer und 5 − 2 = 3 Zehner übrig bleiben, also ebenfalls 34.

Aufgabe 4:

Die Ergebnisse können alle vereinfacht werden, z. B. 64 − 39 = 65 − 40 und 99 − 74 = 100 − 75.

Aufgabe 5:

a), b) Es ist sinnvoll, mit der leichten Aufgabe 63 − 30 = 33 (bzw. 74 − 40 = 34) zu beginnen und dann die anderen Aufgaben zu erschließen. Die Kinder setzen die Päckchen fort, so weit sie möchten.

Vertiefung der Addition und Subtraktion   167

89 Rechenwege
Halbschriftliche Subtraktion mit Bewusstmachen und Notieren der Rechenwege

c) Beim dritten Päckchen verringert sich der Minuend um 5, der Subtrahend um 2, daher verringert sich die Differenz um 3. Fortgesetzt werden kann das Päckchen mit 25 − 10 = 15 und 20 − 8 = 12.

d) Beim vierten Päckchen stehen je zwei Aufgaben in einem operativen Zusammenhang.
92 − 59 = 33   82 − 59 = 23
92 − 58 = 34   82 − 58 = 24
Das Päckchen kann mit 72 − 59 = 13 und 72 − 58 = 14 fortgesetzt werden.

e) Beim fünften Päckchen bleibt der Minuend 86 gleich, der Subtrahend wird um 11 kleiner, deshalb erhöht sich die Differenz immer um 11. Fortgesetzt werden kann es mit 86 − 25 = 61, 86 − 14 = 72, 86 − 3 = 83.

f) Beim sechsten Päckchen ergeben sich Fünferzahlen. Von Aufgabe zu Aufgabe wird der Minuend um 9 kleiner und es werden 6 mehr abgezogen, d. h. die Differenz vermindert sich um 15. Das Päckchen kann mit 55 − 30 = 25, 46 − 36 = 10 fortgesetzt werden.

Aufgabe 6:
Partnerrätsel:
a) Die Kinder denken sich eine Zahl, z. B. 20. Sie verdoppeln die Zahl und erhalten 40. Dies wird mit weiteren Zahlen: 15, 21, 35, 43 ausprobiert. Nun sollen die Kinder versuchen die Zahl zu finden, die bei Verdopplung 48 ergibt: 24. Wenn die Kinder die Umkehroperation „Halbieren" sehen, haben sie sofort das Ergebnis.

b) Hier soll die Zahl gesucht werden, die bei Halbierung 48 ergibt. Durch die Umkehroperation „Verdoppeln" ergibt sich 96.
Die Kinder stellen sich gegenseitig weitere Zahlenrätsel.

■ **ARBEITSHEFT** Seite 48, Aufgabe 1 und 3 – 5

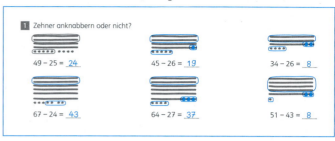

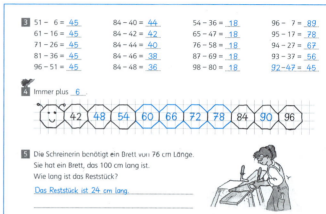

168 Vertiefung der Addition und Subtraktion

Übungen zur Subtraktion
Verschiedene Übungsformate

90

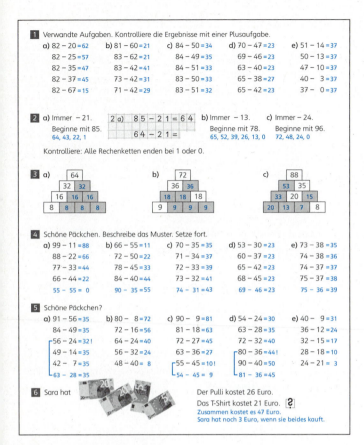

☐ Beispiel:
c) 84 – 50 = 34   (einfache Aufgabe)
   84 – 49 = 34 + 1 = 35   (da 1 weniger abgezogen
                            werden muss)
   84 – 51 = 34 – 1 = 33   (da 1 mehr abgezogen
                            werden muss)
Zur Kontrolle werden die Umkehraufgaben gerechnet.

Aufgabe 2:
Alle Päckchen enden bei 1 oder 0.

Aufgabe 3:
Die Zahlenmauern lassen sich durch Ergänzen ausrechnen.

Aufgabe 4:
a) Der Minuend verringert sich um 11, der Subtrahend erhöht sich um 11, das Ergebnis wird somit immer um 22 kleiner. Alle Zahlen und alle Ergebnisse sind Zahlen der Elferreihe.
Fortsetzung des Päckchens mit 55 – 55 = 0
b) Der Minuend erhöht sich jeweils um 6, der Subtrahend wird um 5 kleiner. Das Ergebnis wird immer 11 größer. Fortsetzung des Päckchens mit 90 – 35 = 55.
c) Der Minuend vergrößert sich um 1 und der Subtrahend verkleinert sich um 1. Das Ergebnis wird immer um 2 größer. Die Kinder setzen fort, so weit sie möchten: 74 – 31 = 43, 75 – 30 = 45, 76 – 29 = 47, …
d) Minuend und Subtrahend erhöhen sich jeweils um die gleiche Zahl (+ 7, + 5, + 3). Dadurch bleibt das Ergebnis immer 23. Fortsetzung mit 69 – 46 = 23.
e) Abwechselnd erhöht sich der Minuend und der Subtrahend bleibt gleich bzw. erniedrigt sich der Subtrahend und der Minuend bleibt gleich. Die Kinder setzen fort, so weit sie möchten: 75 – 36 = 39, 76 – 36 = 40, 76 – 35 = 41, 77 – 35 = 42, …

Aufgabe 5:
a) Es werden 7er-Zahlen voneinander subtrahiert. Wenn die Störung 56 – 24 = 32 durch 63 – 28 = 35 oder 56 – 21 = 35 ersetzt wird, ist das Ergebnis immer 35.
b) Hier werden 8er-Zahlen voneinander subtrahiert. Da der Minuend sich immer um 8 verkleinert, der Subtrahend um 8 vergrößert, wird die Differenz immer um 16 (2 Achter) kleiner. Die Differenz ist selbst eine Zahl der Achterreihe. Es liegt keine Störung vor.
c) Alle Minuenden sind 9er-Zahlen von 90 abwärts, ebenso alle Subtrahenden von 9 aufwärts. Dadurch ergeben sich 9er-Zahlen als Differenz, wenn die letzte Aufgabe 55 – 45 = 10 in 54 – 45 = 9 korrigiert wird. Die Ergebnisse nehmen immer um 2 Neuner, also 18 ab.
d) Bis auf 80 – 36 = 44 sind alle Ergebnisse 5er-Zahlen. Es fällt auf, dass sich die Zehner beim Minuenden immer um 1 erhöhen, die Einer um 1 erniedrigen. M. a. W.: Alle Minuenden sind Neunerzahlen aufwärts bis auf 80, alle Subtra-

? WAS WIRD BENÖTIGT?
Arbeits- und Demonstrationsmaterial: evtl. Rechengeld für Aufgabe 6

? WORUM GEHT ES?
Die Subtraktion wird an bekannten und neuen Übungsformaten geübt. Erstmals wird in Aufgabe 2 das Übungsformat „Immer minus __. Beginne mit __." geübt.

☐ Beispiel:
Aufgabe 2c „Immer minus 24. Beginne mit 96.":
96 – 24 = 72
72 – 24 = 48
48 – 24 = 24
24 – 24 = 0
Solche Päckchen enden in der Regel bei schönen Zahlen, hier bei 1 oder 0, wodurch eine Kontrolle aus der Struktur heraus gegeben ist.

? WIE KANN MAN VORGEHEN?
Zur Arbeit mit dem Buch:
Alle Aufgaben können von den Kindern selbstständig bearbeitet werden.

Aufgabe 1:
Die Aufgaben werden mit oder ohne Ausnutzung operativer Zusammenhänge gerechnet.

Vertiefung der Addition und Subtraktion

90 Übungen zur Subtraktion
Verschiedene Übungsformate

henden sind Viererzahlen von 24 an aufwärts. Deshalb liegt es nahe, 80 – 36 durch 81 – 36 = 45 zu ersetzen.

e) Alle Minuenden sind Viererzahlen von 40 an abwärts, alle Subtrahenden 3er-Zahlen von 9 an aufwärts. Es liegt keine Störung vor. Muster bei den Ergebniszahlen: 31, 24, 17, 10, 3. Also immer minus 7.

Aufgabe 6:
Die Aufgabe sollte nachgespielt werden. Mit welchen Scheinen kann Sara bezahlen? Sara kann mit 50 Euro Pulli und T-Shirt für zusammen 47 Euro kaufen. Sie bekommt dann 3 Euro zurück. Sara könnte auch nur den Pulli oder nur das T-Shirt kaufen. Sie behielte 24 bzw. 29 Euro übrig.

👁 FORSCHEN UND FINDEN

Die Expedition „Abbau von Zahlen" schließt eine intensive Übung der halbschriftlichen Subtraktion ein. Sie ist eine Erweiterung der Übung „Abbau des Hunderters" aus dem „Handbuch produktiver Rechenübungen", Bd. 1, 2. Schuljahr, Abschnitt 2.3.3.

Die einfache Regel lautet folgendermaßen: Es wird eine erste Subtraktionszahl gewählt. Dann werden von verschiedenen Startzahlen aus Minus-Päckchen gebildet, bei denen von Zeile zu Zeile eine um 1 größere Zahl subtrahiert wird. Herauszufinden ist, für welche Startzahlen in der letzten Zeile das Ergebnis 0 entsteht. Die Startzahl ist dann voll „abgebaut".

☐ Beispiele:
„Zuerst minus 5"

21 – 5 = 16	45 – 5 = 40	34 – 5 = 29
16 – 6 = 10	40 – 6 = 34	29 – 6 = 23
10 – 7 = 3	34 – 7 = 27	23 – 7 = 16
	27 – 8 = 19	16 – 8 = 8
	19 – 9 = 10	
	10 – 10 = 0 !	

35 – 5 = 30	11 – 5 = 6	15 – 5 = 10
30 – 6 = 24	6 – 6 = 0 !	10 – 6 = 4
24 – 7 = 17		
17 – 8 = 9		
9 – 9 = 0!		

Bei „Zuerst minus 5" können also die Zahlen 11, 35 und 45 vollständig abgebaut werden. Welche anderen Zahlen noch?

„Zuerst minus 6"

21 – 6 = 15	45 – 6 = 39	34 – 6 = 28
15 – 7 = 8	39 – 7 = 32	28 – 7 = 21
8 – 8 = 0 !	32 – 8 = 24	21 – 8 = 13
	24 – 9 = 15	13 – 9 = 4
	15 – 10 = 5	

30 – 6 = 24	11 – 6 = 5	15 – 6 = 9
24 – 7 = 17		9 – 7 = 2
17 – 8 = 9		
9 – 9 = 0 !		

Bei „Zuerst minus 6" können die Zahlen 21 und 30 abgebaut werden. Welche anderen Zahlen noch?

Folgende Überlegungen helfen die Suche systematischer zu gestalten:

1. Wenn das letzte Ergebnis eines Päckchens von 0 verschieden ist, braucht man die Startzahl nur um dieses Ergebnis zu reduzieren und erhält dann eine abbaubare Startzahl. Man kann die Startzahl aber auch so „aufstocken", dass man weiterrechnen kann und sich in der folgenden Zeile das Ergebnis 0 ergibt.

☐ Beispiel:
Bei „Zuerst minus 6" gelangt man bei der Startzahl 45 zum Ergebnis 5. Reduktion von 45 um 5 führt auf die abbaubare Startzahl 40. Aufstockung um 6 führt zur abbaubaren Startzahl 51.

2. Wenn man eine abbaubare Startzahl gefunden hat, braucht man sie nur um die Zahl zu erhöhen, die als nächster Subtrahend im Päckchen kommen würde, und man hat wieder eine abbaubare Startzahl gefunden.

☐ Beispiel:
Bei „Zuerst minus 6" erhält man aus der abbaubaren Startzahl 21 durch Addition von 9 die abbaubare Startzahl 30, und aus dieser durch Addition von 10 die abbaubare Startzahl 40. Entsprechend gelangt man von 21 durch Subtraktion von 7 zur abbaubaren Startzahl 13 (13 – 6 = 7, 7 – 7 = 0). Mit Hilfe dieser beiden Methoden kann man die abbaubaren Startzahlen gezielt bestimmen.

☐ Beispiel:
„Zuerst minus 5"
Die kleinste abbaubare Startzahl ist offensichtlich 5. Die nächsten sind 11 (= 5 + 6), 18 (= 11 + 7), 26 (= 18 + 8), 35, 45, 56, 68, 81, 95 (= 81 + 14).

Dieses Bildungsgesetz erinnert an die Dreieckszahlen. Tatsächlich ergeben sich die Dreieckszahlen als abbaubare Zahlen bei der Regel „Zuerst minus 1" (vgl. dazu auch den entsprechenden Weiterführungsvorschlag zur Schülerbuchseite 115). Die Dreieckszahlen werden ja durch sukzessive Addition der natürlichen Zahlen „aufgebaut". Daher ist es kein Wunder, dass sie bei der sukzessiven Subtraktion der natürlichen Zahlen

Übungen zur Subtraktion
Verschiedene Übungsformate
90

wieder abgebaut werden. Weiter gilt: Wenn man von einem Subtraktions-Päckchen einer Dreieckszahl die erste (oder die ersten 2, 3, 4, ...) Zeile(n) streicht, erhält man eine abbaubare Startzahl für „Zuerst minus 2" (oder minus 3, 4, ...).

☐ Beispiel:
$36 - 1 = 35, 35 - 2 = 33, 33 - 3 = 30, 30 - 4 = 26, 26 - 5 = 21,$
$21 - 6 = 15, 15 - 7 = 8, 8 - 8 = 0.$
Streichen der ersten fünf Gleichungen führt auf $21 - 6 = 15$ usw., d. h. auf die bei „Zuerst minus 6" abbaubare Startzahl 21.

Diese Vielfalt von Beziehungen ist ein wunderbares Forschungsfeld für die Kinder. Der Lehrer würde alles zerstören, wenn er das o. g. Hintergrundwissen an die Kinder weitergeben würde: „Schweigen ist Gold!"

❓ WAS WIRD BENÖTIGT?
Arbeitsmaterial: Leerformat 6 „Hundertertafeln" oder Leerformat 7 „Breite Hundertertafel"

❓ WIE KANN MAN VORGEHEN?
Die Regel wird an Beispielen eingeführt. Dann wählt jedes Kind eine Subtraktionszahl, schreibt die Regel „Zuerst minus ..." in einer bestimmten Farbe oben auf seine Hundertertafel und macht sich auf die Suche nach Zahlen, die bei dieser Regel abbaubar sind. Jede gefundene Zahl wird in der Hundertertafel in dieser Farbe eingekreist.

Später können die Kinder, die die gleiche Regel gewählt haben, ihre Ergebnisse vergleichen. Aber auch der Vergleich der gefundenen Zahlen bei benachbarten Subtraktionszahlen ist sehr interessant. Kinder, die mit mehr als einer Subtraktionszahl arbeiten, können die zweite oder dritte Regel in anderen Farben auf der gleichen Hundertertafel eintragen und die dazu gehörenden abbaubaren Zahlen in der entsprechenden Farbe eintragen.

☐ Beispiel:
Abbaubare Zahlen bei
„Zuerst minus 5": 5, 11, 18, 26, 35, 45, 56, 68, 81, 95
Abbaubare Zahlen bei
„Zuerst minus 6": 6, 13, 21, 30, 40, 51, 63, 76, 90

Dabei entdecken die Kinder vielleicht, dass die Zahlen der oberen Reihe ohne die erste Zahl 5 um 5 größer sind als die Zahlen der unteren Reihe (angedeutet durch /).

Kinder, die sehr weit kommen, entdecken vielleicht, dass die Zahlen 2, 4, 8, 16, 32, 64 (Zweierpotenzen) und nur diese bei keiner Subtraktionszahl abbaubar sind. Anders ausgedrückt: Genau diese Zahlen lassen sich nicht als Summe aufeinander folgender Zahlen schreiben (Satz von Sylvester).

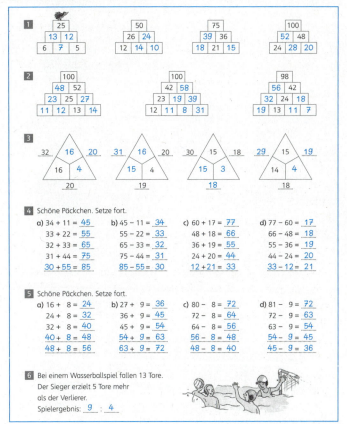

ARBEITSHEFT Seite 49

1
25: 13|12, 6|7|5
50: 26|24, 12|14|10
75: 39|36, 18|21|15
100: 52|48, 24|28|20

2
100: 48|52, 23|25|27, 11|12|13|14
100: 42|58, 23|19|39, 12|11|8|31
98: 56|42, 32|24|18, 19|13|11|7

3
32, 16, 20; 16, 4; 20
31, 16, 20; 15, 4; 19
30, 15, 18; 15, 3; 18
29, 15, 19; 14, 4; 18

4 Schöne Päckchen. Setze fort.
a) $34 + 11 = 45$
  $33 + 22 = 55$
  $32 + 33 = 65$
  $31 + 44 = 75$
  $30 + 55 = 85$
b) $45 - 11 = 34$
  $55 - 22 = 33$
  $65 - 33 = 32$
  $75 - 44 = 31$
  $85 - 55 = 30$
c) $60 + 17 = 77$
  $48 + 18 = 66$
  $36 + 19 = 55$
  $24 + 20 = 44$
  $12 + 21 = 33$
d) $77 - 60 = 17$
  $66 - 48 = 18$
  $55 - 36 = 19$
  $44 - 24 = 20$
  $33 - 12 = 21$

5 Schöne Päckchen. Setze fort.
a) $16 + 8 = 24$
  $24 + 8 = 32$
  $32 + 8 = 40$
  $40 + 8 = 48$
  $48 + 8 = 56$
b) $27 + 9 = 36$
  $36 + 9 = 45$
  $45 + 9 = 54$
  $54 + 9 = 63$
  $63 + 9 = 72$
c) $80 - 8 = 72$
  $72 - 8 = 64$
  $64 - 8 = 56$
  $56 - 8 = 48$
  $48 - 8 = 40$
d) $81 - 9 = 72$
  $72 - 9 = 63$
  $63 - 9 = 54$
  $54 - 9 = 45$
  $45 - 9 = 36$

6 Bei einem Wasserballspiel fallen 13 Tore. Der Sieger erzielt 5 Tore mehr als der Verlierer.
Spielergebnis: 9 : 4

Vertiefung der Addition und Subtraktion

91 Probieren und überlegen
Systematisches Probieren an Zahlenmauern und Rechendreiecken

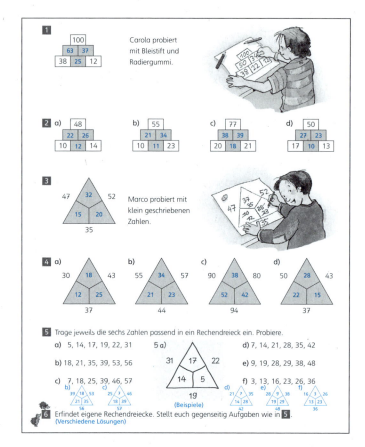

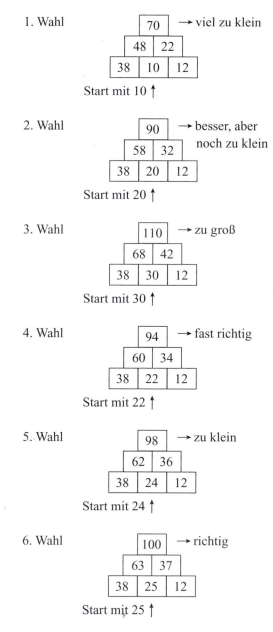

❓ WAS WIRD BENÖTIGT?

Arbeitsmaterial: Radiergummi und Bleistift, Rechengeld, Wendeplättchen, evtl. Leerformate 2 „Zahlenmauern" und 4 „Rechendreiecke", Arbeitsblatt 14 „Zahlenmauern und Rechendreiecke"

❓ WORUM GEHT ES?

Systematisches Probieren ist, wie immer wieder betont wurde, eine Grundstrategie des Problemlösens. Zahlenmauern, Rechendreiecke und Sachaufgaben bilden hierfür ein ideales Übungsfeld.

☐ Beispiele:
1. Um die Zahlenmauer

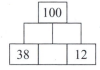

zu lösen, kann man z. B. in der unteren Reihe den mittleren Stein versuchsweise ansetzen und die Mauer zu Ende rechnen. Die erforderlichen Additionen und Subtraktionen können im Kopf oder notfalls als Nebenrechnung auf einem Stück „Schmierpapier" durchgeführt werden.

Als externe Stütze für das Probieren kann man die betreffende Zahlenmauer immer neu zeichnen, was aber aufwändig ist. Man kann der Bequemlichkeit halber auch Bleistift und Radiergummi benutzen, wobei es hilfreich ist, die versuchsweise angesetzten Zahlen nur schwach anzudeuten. Erst die Lösung wird kräftig eingetragen.

Auf dem Arbeitsblatt 14 „Zahlenmauern und Rechendreiecke" sind neben den Aufgaben 1 bis 4 der Schülerbuchseite noch weitere Aufgaben zum Probieren zu finden.

172 Vertiefung der Addition und Subtraktion

Probieren und überlegen 91
Systematisches Probieren an Zahlenmauern und Rechendreiecken

2. Um ein Rechendreieck mit vorgegebenen äußeren Zahlen zu lösen,

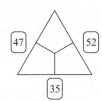

kann man analog vorgehen. Man legt ein inneres Feld fest (z.B. rechts unten) und rechnet (z.B. im Uhrzeigersinn) weiter. Ziel ist es, eine Übereinstimmung mit der dritten äußeren Zahl zu erreichen.

1. Wahl: 28 → viel zu klein — Start mit 8
2. Wahl: 48 → besser, aber noch zu klein — Start mit 18
3. Wahl: 68 → zu groß — Start mit 28
4. Wahl: 58 → zu groß — Start mit 23
5. Wahl: → richtig — Start mit 20

Wieder kann man die einzelnen Versuche in immer neu gezeichneten Rechendreiecken festhalten oder mit Bleistift und Radiergummi arbeiten. Praktisch ist es aber auch, die versuchsweise angesetzten Zahlen klein zu schreiben und sie durchzustreichen, solange sie nicht stimmen. Auf diese Weise kann man besser verfolgen, wie man sich der Lösung immer mehr nähert, als wenn man jeden Versuch wieder ausradiert.

☐ Hinweise:
1. Wir empfehlen das Arbeiten mit Bleistift und Radiergummi sowie das Durchstreichen von Zahlen beim Probieren, weil es sachlich begründet ist, plädieren damit aber nicht für eine unsaubere Heftführung.
2. Bei jeder Lösung einer Zahlenmauer oder eines Rechendreiecks rechnen die Kinder auf dem mehr oder weniger langen Weg zur Lösung eine Vielzahl von Additionsaufgaben. Dies erfordert Zeit. Die Anzahl der gelösten Rechendreiecke und Zahlenmauern ist daher kein Maßstab für die Übungsanstrengung der Kinder. Auch Kinder, die nur wenige Lösungen geschafft haben, haben die Addition im Hunderter intensiv geübt!

❓ WIE KANN MAN VORGEHEN?
Zur Arbeit mit dem Buch:
Aufgabe 1 und 2:
Eine der Zahlenmauern wird (wie eingangs beschrieben) gemeinsam durch systematisches Probieren gelöst. Dabei wird das Arbeiten mit Wischtuch und Kreide bzw. mit Bleistift und Radiergummi erläutert.

☐ Tipp:
Am Anfang erst mit Zehnerzahlen probieren, damit der Rechenaufwand gering bleibt.
An den weiteren Zahlenmauern sollen sich die Kinder selbst versuchen.

Aufgabe 3 und 4:
Ein Rechendreieck wird, wie oben beschrieben, wieder gemeinsam durch systematisches Probieren gelöst und es wird gezeigt, wie das Anschreiben und Durchstreichen von Lösungsansätzen geht.
Die Kinder versuchen, die weiteren Rechendreiecke alleine zu lösen.

Aufgabe 5:
Hier sollen 6 Zahlen passend in ein Rechendreieck eingetragen werden. Die beiden kleinsten Zahlen müssen innen, die beiden größten Zahlen außen stehen. Ansonsten muss man zwischen den vorgegebenen Zahlen Relationen erkennen. Es ergeben sich jeweils verschiedene Lösungen, die alle durch Drehen und Spiegeln der Dreiecke entstehen.

Aufgabe 6:
Hier berechnen die Kinder selbst Rechendreiecke, z. B.

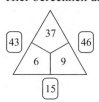

und geben die gefundenen Zahlen hier: 6, 9, 15, 37, 43, 46 dem Partner zum passenden Eintragen in ein Rechendreieck.

Vertiefung der Addition und Subtraktion 173

91 Probieren und überlegen
Systematisches Probieren an Zahlenmauern und Rechendreiecken

ARBEITSHEFT Seite 50

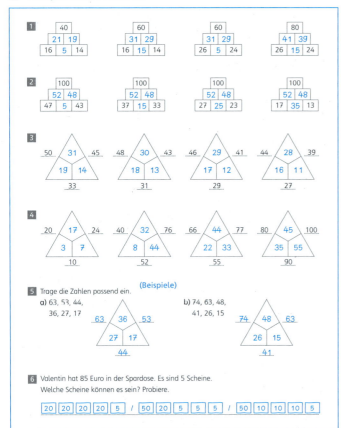

? WIE KÖNNTE ES WEITERGEHEN?

– Für weitere Aufgaben zum systematischen Probieren bei Zahlenmauern und Rechendreiecken können das Arbeitsblatt 14 oder auch die Leerformate 2 und 4 verwendet werden.

Das Beobachten von Lernprozessen ist ein Spiel und Widerspiel von Tätigkeiten, die einander innig beeinflussen. Man beobachtet nicht nur die Kinder, sondern auch sich selbst und zwar in dem Lernprozess, den man als Lehrender durchmacht, und unter dem Eindruck der Rückwirkung von Beobachtung auf das Beobachtete regt man beim Schüler die Bewusstwerdung der Lernprozesse an. Lernprozess, Beobachtung und Analyse beeinflussen und verstärken einander.

Hans Freudenthal

174 Vertiefung der Addition und Subtraktion

Rechnen mit Geld 92
Sachstrukturierte Übungen

Eiscafé Venezia (Eiskarte)

- Bananensplit 3,00 €
- Erdbeerbecher 4,50 €
- Max + Moritz 2,00 €
- Spagetti-Eis 3,50 €
- Früchtebecher 4,00 €
- Hausbecher 6,50 €
- Kugel 0,50 €
- Sahne 0,50 €
- Mini-Becher 1,50 €

1 Schreibe die Rechnungen.

a) Tisch 1:
```
  4,00
+ 3,00
+ 2,00
—————
  9,00
```

Tisch 2:
4,50 €
3,50 €
1,50 €
6,50 €
————
16,00 €

! Das Komma trennt Euro- und Centbetrag.

b) Erik lädt seine drei Freunde zu Spagetti-Eis ein.
Er muss insgesamt 14 Euro bezahlen.

c) Iris kauft 4 Kugeln Eis mit Sahne.
Sie bezahlt 2,50 Euro.

d) Timo hat 6 Euro. Er bestellt einen Bananensplit und einen Mini-Becher für seine Schwester.
Er zahlt 4,50 Euro. Er hat noch 1,50 Euro.

e) Denke dir selbst Aufgaben aus.

2 Lea mag Vanille, Erdbeer und Schokolade. Wie kann sie 3 Kugeln nehmen?
EEE, EEV, EVV, VVV, VES, VVS, VSS, SSS, SSE, SEE

❓ WAS WIRD BENÖTIGT?

Arbeitsmaterial: evtl. kleine Rechnungsblöcke, Rechengeld
Demonstrationsmaterial: Kopie der Eiskarte, Rechnungszettel, Rechengeld

❓ WORUM GEHT ES?

In einem ganzheitlichen Kontext wird das Rechnen mit Geld geübt. Weiter wird besprochen, wie ein Gast in einem Restaurant bedient wird. Anhand der Karte eines Eiscafés können
– Bestellungen aufgegeben,
– Preise ermittelt,
– Rechnungen geschrieben und gelesen,
– Rechnungen bezahlt und
– Wechselgeld herausgegeben werden.

Dabei treten Additions-, Multiplikations-, Divisions- und Ergänzungsaufgaben mit Geldbeträgen auf. Die Preise der Eiskarte sind auf ganze und halbe Euro begrenzt.

❓ WIE KANN MAN VORGEHEN?

Vor der Arbeit mit dem Buch:
Zuerst sollte die Situation zur sachlichen Klärung gespielt werden: Einige Kinder sitzen als „Gäste" an einem kleinen Tisch, erhalten die Eiskarte auf der Schulbuchseite und suchen sich etwas aus. Ein Kind übernimmt die Rolle des Kellners, nimmt die Bestellung auf, bringt das „Eis" und rechnet ab. Das Kind schreibt eine Rechnung auf einen Rechnungsblock. Anschließend wird mit Rechengeld bezahlt. Auf die Angabe 0,50 Euro muss besonders eingegangen werden.

Die Rechnung wird an der Tafel notiert und gemeinsam wird nochmals besprochen, wie der Gesamtpreis errechnet wurde. Zusätzlich sollte die richtige Rückgabe von Wechselgeld geübt werden. Anschließend bekommen alle Kinder Rechengeld und Rechnungsblöcke.

Zur Arbeit mit dem Buch:
Aufgabe 1:
a) Diese Aufgabe entspricht der Spielsituation und wird entsprechend ausgerechnet. Die Geldrückgabe mit Wechselgeld ist ausgespart.

b) – e) Hier werden beispielhaft Sachaufgaben vorgestellt, die sich aus der Karte ergeben. Eventuell können sie mit Rechengeld nachgelegt werden.

Aufgabe 2:
Diese kombinatorische Aufgabe kann zeichnerisch gelöst werden. Alle drei Eissorten sind farblich unterschieden.

Es gibt 10 verschiedene Kombinationsmöglichkeiten:

Vanille	Erdbeer	Schokolade
○○○		
○○	●	
○○		●
○	●	●
○	●●	
○		●●
	●●●	
	●●	●
	●	●●
		●●●

Diese Systematik ist in folgendem Sinne „logo":
Es gibt
1 Möglichkeit mit 3 Vanillekugeln,
2 Möglichkeiten mit 2 Vanillekugeln,
3 Möglichkeiten mit 1 Vanillekugel und
4 Möglichkeiten mit 0 Vanillekugeln:
zusammen $1 + 2 + 3 + 4 = 10$. (Dreieckszahl, „mathe 2000"-Logo)

Vertiefung der Addition und Subtraktion

92 Rechnen mit Geld
Sachstrukturierte Übungen

ARBEITSHEFT Seite 51

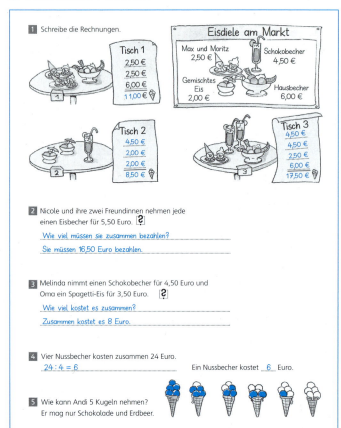

WIE KÖNNTE ES WEITERGEHEN?

— Wie kann Lea 4 Kugeln wählen?
(1 + 2 + 3 + 4 + 5 = 15 Möglichkeiten)

Vanille	Erdbeer	Schokolade
4	0	0
3	1	0
3	0	1
2	2	0
2	0	2
2	1	1
1	3	0
1	0	3
1	2	1
1	1	2
0	4	0
0	0	4

— Wie kann man 3 Kugeln aus 4 Sorten (Vanille, Erdbeer, Schokolade, Nuss) zusammenstellen? (20 Möglichkeiten)

Vertiefung der Addition und Subtraktion

Rechnen mit Geld 93
Weitere sachstrukturierte Übungen

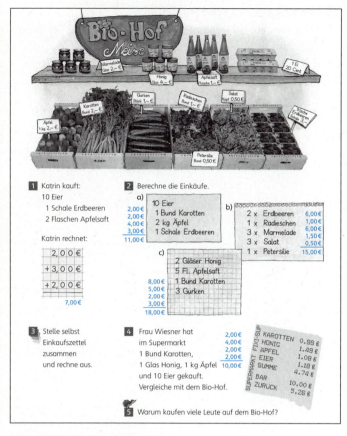

der Einkaufsliste die jeweiligen Preise. Die Kinder stellen dann selbst einige Einkaufszettel auf und berechnen die Endsummen.

Bei diesen Rechnungen wird die Multiplikation (z. B. 3 Bund Möhren kosten „3-mal" 2 Euro) im Kopf ausgeführt, nur die anschließenden Additionen werden notiert.

Alternativ kann man sofort mit dem Buch und der Preisliste des Bio-Hofes Meise beginnen.

Zur Arbeit mit dem Buch:
Anhand des Bildes werden die Preise besprochen und eventuelle Sachfragen geklärt. Einige leichte Aufgaben werden mündlich berechnet, z. B. „Sabine kauft 5 Kopf Salat", „Familie Schneider kauft 6 Schalen Erdbeeren", um die Multiplikation nochmals zu verdeutlichen.

Aufgabe 1:
Die Einzelpreise werden herausgesucht und zum Gesamtpreis addiert.

Aufgabe 2:
Die vorgegebenen Einkaufszettel werden berechnet. Die Einzelpreise werden gesucht, multipliziert und anschließend addiert.

Aufgabe 3:
Die Kinder erstellen selbst ähnliche Einkaufslisten und berechnen die Gesamtpreise. Hier kann jedes Kind die eingekauften Waren in individueller Abkürzung notieren.

Aufgabe 4:
Zum Vergleich mit den Bio-Hof-Preisen ist ein Kassenbon aus dem Supermarkt abgebildet. Hier werden häufig Preise mit Kommazahlen (0,99 Euro) ausgezeichnet. Rechnungen sind dort schwieriger zu erstellen. In der Praxis übernimmt dies der Computer in der Kasse. Auf dem Bon wird durch den Computer die Gesamtsumme erstellt und sogar das Wechselgeld berechnet. Über diese Details muss gesprochen werden. Eventuell können einige Kinder die Rechnung genau überprüfen.

Die Möglichkeit des Rundens wird angesprochen, wobei das Auf- bzw. Abrunden grob erfolgen sollte. Die Preise werden auf volle Euro gerundet und addiert.

? WAS WIRD BENÖTIGT?
Arbeitsmaterial: Rechengeld
Demonstrationsmaterial: große Preisliste

? WORUM GEHT ES?
Auch hier wird in einem ganzheitlichen Kontext der Umgang mit Geld geübt. Anhand des Angebotes eines Bio-Hofes können
- Einkaufszettel geschrieben und gelesen,
- Preise ermittelt,
- Rechnungen geschrieben und gelesen,
- Rechnungen bezahlt und
- Wechselgeld herausgegeben werden.

Auf dem Bio-Hof Meise sind die Preise (wie häufig in Bio-Läden) auf volle Euro gerundet.

In diesem Kontext sollten die verschiedenen Schreibweisen 3 Euro; 3,– Euro; 3,00 Euro; 3.00 Euro oder auch einfach 3,00 auf Kassenbons angesprochen werden, damit die Kinder die Kassenbelege verstehen und lesen können.

? WIE KANN MAN VORGEHEN?
Vor der Arbeit mit dem Buch:
Auch hier besteht die Möglichkeit mit einer Spielsituation zu beginnen.

Einige Gegenstände sind in einem Verkaufsstand vorhanden und mit Preisen ausgezeichnet. An der Tafel oder auf einem großen Blatt Papier wird die Einkaufsliste vorgestellt. Der Verkäufer stellt die Sachen zusammen und berechnet auf

Gerundeter Kassenbon aus dem Buch:		Vergleich mit Bio-Hof	
Karotten	1 Euro	Karotten	2 Euro
Honig	2 Euro	Honig	4 Euro
Äpfel	1 Euro	Äpfel	2 Euro
Eier	1 Euro	Eier	2 Euro
Summe	5 Euro	Summe	10 Euro

Der gerundete Wert von 5 Euro liegt erstaunlich nahe am exakten Betrag von 4,74 Euro.

Vertiefung der Addition und Subtraktion 177

93 Rechnen mit Geld
Weitere sachstrukturierte Übungen

Aufgabe 5:
Die Lehrerin muss darauf hinweisen, dass bei einem Vergleich der Angebote des Bio-Hofs und des Supermarkts nicht nur auf die Preise, sondern auch auf die Packungsgröße, die Qualität der Produkte und vor allem auf die Art ihrer Erzeugung (umweltschonend oder umweltbelastend) zu achten ist.

❓ WIE KÖNNTE ES WEITERGEHEN?
– Mitgebrachte Kassenbons können entsprechend gerundet und dann berechnet werden.

💾 ARBEITSHEFT Seite 52

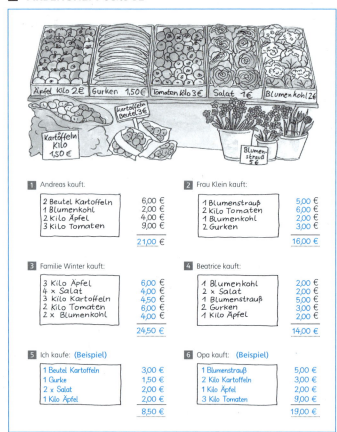

Vertiefung der Addition und Subtraktion

Skizzen zeichnen 94

Grundlegende Lösungsstrategien bei Sachaufgaben; Denkspiel „Zwei auf einem Gleis"

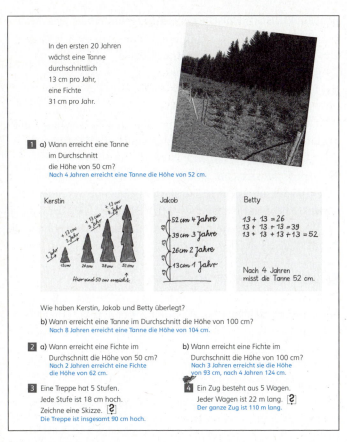

Aufgabe 2:
Eine Fichte wächst erheblich schneller. Nach 2 Jahren erreicht sie eine Höhe von etwa 60 cm, nach 3 Jahren von 90 cm und im 4. Jahr von 120 cm.

Aufgabe 3:
Die Kinder zeichnen eine Skizze:

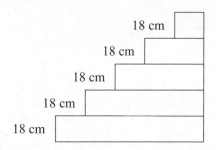

18 cm + 18 cm + 18 cm + 18 cm + 18 cm = 90 cm

Aufgabe 4:
Auch hier hilft eine Skizze. Der Zug ist 110 m lang.

ARBEITSHEFT Seite 53, Aufgabe 1 und 2
Dort soll z. B. ein Schulgarten eingezäunt werden. Die Schüler zeichnen hierzu eine Skizze und berechnen die Länge des Zaunes.

WORUM GEHT ES?
Kinder sollen lernen Sachsituationen mit Hilfe einer Zeichnung zu mathematisieren. Als Beispiel wird das Wachstum von Nadelbäumen gewählt. Wegen sehr unterschiedlicher klimatischen Verhältnisse (vor allem Regenmenge) und unterschiedlicher Böden wurden Mittelwerte gewählt (vgl. hierzu R. Flindt, Biologie in Zahlen, Stuttgart 1988 3. Auflage, Seite 143, Tabelle 2.3.5).

WIE KANN MAN VORGEHEN?
Vor der Arbeit mit dem Buch:
Die Lehrerin stellt die Aufgabe 1a):
Eine Tanne wächst durchschnittlich pro Jahr 13 cm. Im wievielten Jahr erreicht sie die Höhe von 50 cm? Die Lehrerin bittet die Schüler, zur Aufgabe Bilder zu zeichnen und falls möglich die Lösung darzustellen. Die verschiedenen Lösungen der Schüler werden gesammelt und im Klassenverband besprochen (Rechenkonferenz).

An den weiteren Aufgaben versuchen sich die Kinder selbst.

Zur Arbeit mit dem Buch:
Aufgabe 1:
a) Die Lösungen der Kinder werden mit den Lösungen im Buch verglichen.
b) Die Lösungsansätze von a) können übertragen werden. Für die doppelte Höhe braucht die Tanne die doppelte Zeit von 8 Jahren.

DENKSCHULE
Denkspiel 9 „Zwei auf einem Gleis" vorstellen (vgl. S. 23 f.)

Vertiefung der Addition und Subtraktion

95 Tabellen anlegen
„Aufschreiben und überlegen" als Grundstrategie zur Lösung von Sachaufgaben

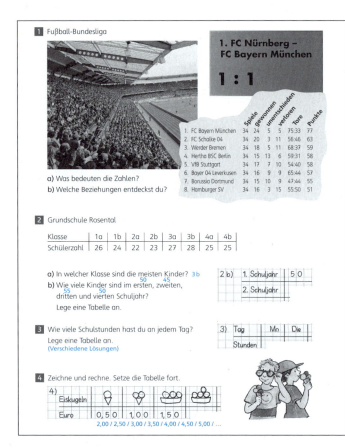

nen Punkt. Bei unentschiedenem Ergebnis erhält jede Mannschaft 1 Punkt.
Bei Bayern München bedeutet dies also
$24 \cdot 3 + 5 \cdot 1 + 5 \cdot 0 = 77$ Punkte,
bei FC Schalke 04
$20 \cdot 3 + 3 \cdot 1 + 11 \cdot 0 = 63$ Punkte.

Der Rangplatz richtet sich zuerst nach der erreichten Punktezahl. Nur bei Punktgleichheit zählt auch die Tordifferenz.

Noch aufschlussreicher ist es, wenn man beobachtet, wie sich eine Tabelle an einem Bundesligawochenende verändert. Besonders spannend ist dabei der letzte Spieltag. Bei der Tabelle im Buch handelt es sich um die Abschlusstabelle der Fußballbundesligasaison 2004/2005.

? WIE KÖNNTE MAN VORGEHEN?

Aufgabe 1:
Die Kinder erzählen alles, was sie über eine Bundesligatabelle wissen. Das Vorwissen der Kinder dürfte für eine angeregte Diskussion ausreichen.

Aufgabe 2:
Bei der Klassentabelle für eine Grundschule kann man die verschiedensten Fragen beantworten. Zum Beispiel:
a) In der Klasse 3b sind die meisten Kinder.
b) Im ersten Schuljahr befinden sich $26 + 24 = 50$ Kinder, im zweiten Schuljahr $22 + 23 = 45$ Kinder, im dritten Schuljahr $27 + 28 = 55$ Kinder, im vierten Schuljahr $25 + 25 = 50$ Kinder.
Insgesamt also 200 Kinder.
Am besten legt man die Tabelle der eigenen Schule zu Grunde.

Aufgabe 3 und 4:
Die Kinder sollten die Tabellen nach der Anregung selbstständig anlegen.

? WAS WIRD BENÖTIGT?

Demonstrationsmaterial: neueste Bundesligatabelle aus der Zeitung, evtl. Preistabellen und eine Tabelle der Schülerzahlen in den verschiedenen Klassen der eigenen Schule

? WORUM GEHT ES?

Verschiedene Sachzusammenhänge des täglichen Lebens werden in Tabellenform dargestellt (Preistabellen der verschiedensten Art, Tabellen für die Körpergröße in Abhängigkeit von Alter, usw.). Ausgehend von einer Tabelle sollen Kinder lernen, eine Tabelle zu lesen und zu interpretieren.

☐ Beispiel: Fußballtabelle
In der ersten und zweiten Spalte stehen Rangplatz und Verein, d. h. z. B. Bayern München auf Platz 1, Borussia Dortmund auf Platz 7. In der 3. Spalte steht die Zahl der bisher durchgeführten Spiele der Saison (im Beispiel: 34). Die Anzahl der gewonnenen, unentschiedenen und verlorenen Spiele ergibt natürlich die Anzahl der 34 durchgeführten Spiele.

In der vorletzten Spalte steht das „Torverhältnis".
Die erste Zahl gibt die Anzahl der selbst geschossenen Tore wieder, die zweite die Anzahl der Tore, die gegen die Mannschaft bisher erzielt wurden.

☐ Beispiel:
Bayern München hat 75 Tore selbst geschossen und 33 kassiert. Die letzte Spalte gibt die Anzahl der erzielten Punkte an. Für ein gewonnenes Spiel gibt es 3 Punkte, für ein verlorenes Spiel kei-

■ ARBEITSHEFT Seite 53, Aufgabe 3 und 4
Dort wird z. B. ein Busfahrplan ausgewertet.

180 Vertiefung der Addition und Subtraktion

Sachrechnen im Kopf 96/97

Einfache Sachaufgaben, die mit Hilfe des Blitzrechnens im Kopf zu lösen sind

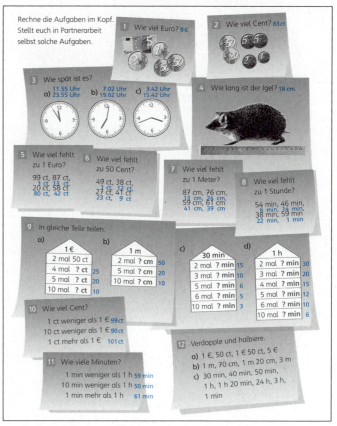

? WAS WIRD BENÖTIGT?
Arbeits- und Demonstrationsmaterial: Lernuhr, Rechengeld, Lineal, Gegenstände zum Messen

? WORUM GEHT ES?
Auch im Sachrechnen muss ein bestimmtes Grundwissen blitzartig verfügbar sein. Hierzu gehören einfach strukturierte Sachaufgaben (wie z. B. Einkauf mit Bezahlen), Grundwissen über Größen (z. B. wie viel Cent hat 1 Euro, wie viel cm hat 1 Meter, wie viele Minuten hat 1 Stunde), Grundoperationen bei Größen (wie z. B. Ergänzen, Messen, Verdoppeln, Halbieren, Teilen). Im Basiskurs Größen sind Aufgaben dieser Art zusammengefasst.

? WIE KANN MAN VORGEHEN?
Zur Seite 96:
Auf exemplarisch ausgewählten Karteikarten sind 10 Sachsituationen bildlich dargestellt. Sie sollten von den Kindern schnell durchschaut und gelöst werden können.

Zur Seite 97:
Die Aufgaben, die sich eng an das Blitzrechnen anschließen, werden von den Kindern selbstständig bearbeitet.

Aufgabe 1:
Zwei 50-Cent-Stücke sollten blitzschnell zu 1 Euro zusammengefasst werden können. Der Eurobetrag sollte schnell bestimmt werden können (weitere Aufgaben im Förderkurs).

Aufgabe 2:
Zwei 5-Cent-Stücke müssen zu 10 Cent zusammengefasst werden (weitere Aufgaben mit Rechengeld legen).

Aufgabe 3:
Uhrzeiten ablesen. Analoge Aufgaben können an der Lernuhr gestellt werden.

Aufgabe 4:
Messen. Der Igel von Kopf bis Schwanzende ist 18 cm lang (weiteres Messen von Gegenständen).

Aufgabe 5–8:
Ergänzen bei Größen: Wie viel fehlt zu …?

Aufgabe 9 a)–d):
Einheiten in gleiche Teile unterteilen:
1 €, 1 m, 30 min, 1 h in 2, …, 10 Teile.

Vertiefung der Addition und Subtraktion

96/97 Sachrechnen im Kopf
Einfache Sachaufgaben, die mit Hilfe des Blitzrechnens im Kopf zu lösen sind

Aufgabe 10–11:
Einfache Subtraktionen und Additionen bei Größen, z. B. 1 min weniger als 1 h.

Aufgabe 12:
Einfache Verdopplungs- und Halbierungsaufgaben.

Das Grundwissen über Größen wird im Arbeitsheft auf den Seiten 62 und 63 behandelt.

❓ WIE KÖNNTE ES WEITERGEHEN?
– Intensive Bearbeitung der Karteikarten des Basiskurses Größen.
– Zum Abschluss des Themenblocks „Vertiefung der Addition und Subtraktion" kann die Lernzielkontrolle 5 eingesetzt werden, vgl. Materialien.

Die Einmaleins-Tafel 98

Vertiefung des Einmaleins, Orientierungsübungen an der Einmaleins-Tafel

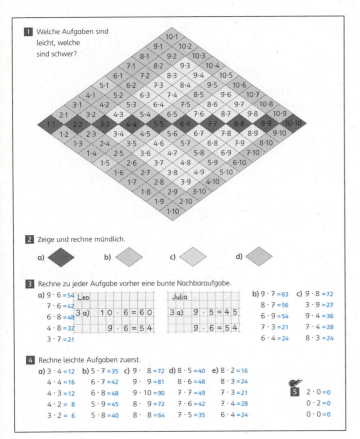

Nach den ersten drei Durchgängen durch das Einmaleins folgt nun in einem eigenen Themenblock im vierten Durchgang die Vertiefung des Einmaleins anhand der Einmaleins-Tafel.

WAS WIRD BENÖTIGT?

Arbeitsmaterial: kleine Einmaleins-Tafeln für jeden Schüler (siehe Buchrückseite oder Arbeitsblatt 15 „Meine Einmaleins-Tafel"), Hunderterfeld (ausklappbarer Umschlag) mit Malwinkel
Demonstrationsmaterial: Einmaleins-Tafel als Poster (erhältlich im Programm „mathe 2000") oder Farbkopie der Seite als Folie für den OHP, Hunderterfeld als Folie mit Malwinkel. Wird das Poster auf eine Magnettafel geheftet, so können Aufgaben mit Wendeplättchen markiert werden.

WORUM GEHT ES?

Die Einmaleins-Tafel (kurz: Mal-Tafel) ist analog zur Einspluseins-Tafel aufgebaut und bietet in übersichtlicher Form eine Systematik aller 100 Einmaleinsaufgaben. Sie stellt die operativen Zusammenhänge zwischen den Aufgaben, nicht deren Ergebnisse in den Vordergrund. Wie die Einspluseins-Tafel im 1. Schuljahr soll die Einmaleins-Tafel den Kindern helfen das Einmaleins ökonomisch zu lernen. Natürlich können die Kinder die Komplexität der Tafel nicht auf einen Schlag erfassen. Sie brauchen und erhalten Zeit, um sich auf der Tafel immer besser zurechtzufinden und die Feinheiten zu erkennen.

Durch die Farbgebung werden die Kernaufgaben des Einmaleins hervorgehoben.

Rote Zeile: Malaufgaben mit gleichen Faktoren (Quadratzahl-Aufgaben)
Blaue Diagonalen: Malaufgaben mit 2 (Verdopplungsaufgaben und ihre Tauschaufgaben)
Gelbe Diagonalen: Malaufgaben mit 5
Grüne Randaufgaben: Malaufgaben mit 1 und 10

Die Randaufgaben sind so einfach, dass sie nicht gesondert gelernt zu werden brauchen. Die Fünferaufgaben ergeben sich über die Halbierung der Zehneraufgaben; die Malaufgaben mit 2 sind bereits aus dem Band 1 her bekannt. Dies wurde schon bei den „kurzen Reihen" ausgenützt. Bis auf die Quadratzahlen sind somit alle farbigen Aufgaben oder ihre Tauschaufgaben bereits geübt und zum größten Teil im Gedächtnis verankert.

Es bleiben daher 30 weiße (bzw. hellgelbe) Aufgaben, von denen je zwei ein Paar von Tauschaufgaben bilden. Im Wesentlichen müssen daher über die farbigen Aufgaben hinaus nur noch die folgenden 15 Aufgaben(paare) gelernt werden:

$4 \cdot 3 = 3 \cdot 4,\ 6 \cdot 3 = 3 \cdot 6,\ 7 \cdot 3 = 3 \cdot 7,\ 8 \cdot 3 = 3 \cdot 8,\ 9 \cdot 3 = 3 \cdot 9$

$6 \cdot 4 = 4 \cdot 6,\ 7 \cdot 4 = 4 \cdot 7,\ 8 \cdot 4 = 4 \cdot 8,\ 9 \cdot 4 = 4 \cdot 9$

$7 \cdot 6 = 6 \cdot 7,\ 8 \cdot 6 = 6 \cdot 8,\ 9 \cdot 6 = 6 \cdot 9$

$8 \cdot 7 = 7 \cdot 8,\ 9 \cdot 7 = 7 \cdot 9$

$9 \cdot 8 = 8 \cdot 9$

Jede dieser Aufgaben kann, wie vom Mal-Plan her bekannt, aus den gefärbten Kernaufgaben auf verschiedene Weise operativ erschlossen werden.

☐ Beispiel:
$6 \cdot 7 = 6 \cdot 6 + 6,\ 6 \cdot 7 = 7 \cdot 7 - 7$ oder $6 \cdot 7 = 5 \cdot 7 + 7$

Die Gesetzmäßigkeiten der operativen Aufgabenserien erschließen sich aus dem Verschieben des Malwinkels am Hunderterfeld. Bei den Quadratzahlen z. B. wird der Malwinkel diagonal verschoben. Die Reihe der Quadratzahlen sind deshalb eine gute Ergänzung zu den Einmaleins-Reihen, bei denen der Malwinkel vertikal bzw. horizontal verschoben wird.

☐ Beispiele:
Klassische Viererreihe

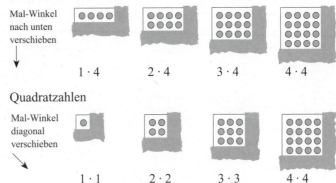

Vertiefung des Einmaleins 183

98 Die Einmaleins-Tafel
Vertiefung des Einmaleins, Orientierungsübungen an der Einmaleins-Tafel

❓ WIE KANN MAN VORGEHEN?

Vor der Arbeit mit dem Buch:
Es ist möglich, die Mal-Tafel schon vor ihrer Benutzung in der Klasse aufzuhängen, damit sich die Kinder zwanglos damit vertraut machen können. Bei der eigentlichen Vorstellung als Poster oder als Folie wird der Name „Einmaleins-Tafel", kurz „Mal-Tafel", genannt, und die Kinder werden aufgefordert sich spontan über die Tafel und ihren Zweck zu äußern.

Orientierungsübungen:
Die Kinder zeigen selbst gewählte Aufgaben mit dem Zeigestock am Poster oder mit dem Stift am OHP, rechnen sie aus und markieren sie mit einem Wendeplättchen als gerechnet. Jedes Kind kann dabei die seinem Leistungsstand entsprechende Aufgabe auswählen.

Die Lehrerin bespricht dann die Grobstruktur der Mal-Tafel, besonders die farbigen Aufgaben, mit den Kindern und erklärt den Zweck der Tafel.

Zur Arbeit mit dem Buch:
Aufgabe 1:
Die farbigen Kernaufgaben werden im Klassenverband besprochen und z. T. auch gerechnet. Dabei werden die Aufgaben mit dem Malwinkel dargestellt.

Die Randaufgaben (grün) und die Verdopplungsaufgaben sind einfach. Dabei sollte auch wiederholt werden, dass Tauschaufgaben wie $7 \cdot 2$ und $2 \cdot 7$, $5 \cdot 6$ und $6 \cdot 5$ oder $10 \cdot 8$ und $8 \cdot 10$ das gleiche Ergebnis haben. Ebenso sollte in der Klasse wiederholt werden, dass $5 \cdot 7$ eine leichte Aufgabe ist und als Hälfte von $10 \cdot 7 = 70$ berechnet werden kann.

Aufgabe 2:
Die farbigen Kernaufgaben werden mündlich gerechnet.

Aufgabe 3:
Zu jeder weißen Aufgabe soll vorher eine bunte Nachbaraufgabe gerechnet werden.

☐ Beispiel:
Aufgabe $7 \cdot 6$

$5 \cdot 7 = 35$ $\qquad$ $6 \cdot 6 = 36$
$6 \cdot 7 = 42$ (7 mehr) $\qquad$ $7 \cdot 6 = 42$ (6 mehr)
$7 \cdot 6 = 42$ (Tauschaufgabe)

Die Kinder sollten sich dabei an der Einmaleins-Tafel orientieren.

Aufgabe 4:
Hier sind in einem Päckchen benachbarte Aufgaben der Einmaleins-Tafel dargestellt. Die Kinder sollten mit für sie einfachen Aufgaben anfangen und daraus die restlichen Aufgaben erschließen.

Aufgabe 5:
Besondere Aufmerksamkeit verdienen die Malaufgaben mit dem Faktor 0, bei denen man unterscheiden muss, ob 0 erster oder zweiter Faktor ist: Die Ergebnisse von Aufgaben wie $1 \cdot 0$, $2 \cdot 0$, $3 \cdot 0$ usw. lassen sich inhaltlich herleiten:
$1 \cdot 0 = 0$, $2 \cdot 0 = 0 + 0 = 0$, $3 \cdot 0 = 0 + 0 + 0 = 0$ usw.
Dagegen lassen sich die Ergebnisse von $0 \cdot 1$, $0 \cdot 2$, $0 \cdot 3$ usw. nicht mehr inhaltlich deuten. An dieser Stelle muss das Permanenzprinzip herangezogen werden: Die Ergebnisse solcher Aufgaben werden so festgelegt, dass die Rechengesetze gültig bleiben.

Das Vertauschungsgesetz zwingt uns $0 \cdot 1 = 1 \cdot 0 = 0$, $0 \cdot 2 = 2 \cdot 0 = 0$ zu setzen usw. Für $0 \cdot 0$ hilft es uns allerdings nicht weiter. Aus dem Distributivgesetz folgt aber: $0 = 0 \cdot 1 = 0 \cdot (1 + 0) = 0 \cdot 1 + 0 \cdot 0 = 0 + 0 \cdot 0$.

Aus dieser Gleichung folgt $0 \cdot 0 = 0 - 0 = 0$

Die Aufgabe $0 \cdot 0$ kann man im Unterricht auch über die Reihe $10 \cdot 0 = 0$, $9 \cdot 0 = 0$, $8 \cdot 0 = 0$, …, $1 \cdot 0 = 0$ erschließen, deren Fortsetzung $0 \cdot 0 = 0$ ist. Inhaltlich lässt sich $0 \cdot 0$ nicht interpretieren.

📙 ARBEITSHEFT
Hintere Umschlagseite: Ausrechnen aller 1×1-Aufgaben (Meine Einmaleins-Tafel)

Vertiefung des Einmaleins

Die Einmaleins-Tafel 99
Fortsetzung von S. 98

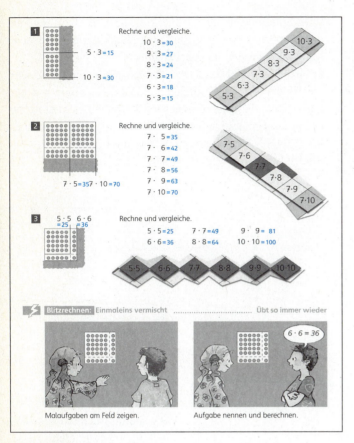

Aufgabe 2:
Die schrägen Diagonalen von links oben nach rechts unten ergeben die Tauschaufgaben einer Einmaleinsreihe.
Deshalb
7 · 10 = 70
7 · 5 = 35 (die Hälfte von 7 · 10 = 70)
7 · 9 = 63 (7 weniger als 7 · 10 = 70)
7 · 6 = 42 (7 mehr als 7 · 5 = 35)
7 · 8 = 56 (14 weniger als 7 · 10 = 70)
7 · 7 = 49 (14 mehr als 7 · 5 = 35)

Aufgabe 3:
Die Ergebnisse der Quadratzahlaufgaben wachsen gesetzmäßig an.

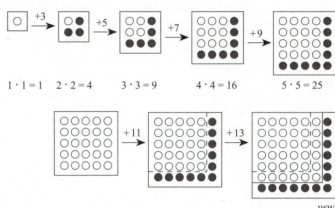

usw.

? WAS WIRD BENÖTIGT?
Arbeitsmaterial: evtl. Mal-Tafel (Umschlag), Hunderterfeld (ausklappbarer Umschlag), Malwinkel, Arbeitsblatt 15 „Meine Einmaleins-Tafel"
Demonstrationsmaterial: Einmaleins-Tafel als Poster oder Folienkopie, Hunderterfeld, Malwinkel

? WORUM GEHT ES?
Es sollten operative Beziehungen herausgearbeitet und zur Berechnung genutzt werden.

Die Kinder sollen erkennen, dass man bei Ausschnitten aus der Tafel zweckmäßig mit einer einfachen (oft farbigen) Aufgabe beginnt und von da aus die Nachbaraufgaben in Angriff nimmt.

? WIE KANN MAN VORGEHEN?
Zur Arbeit mit dem Buch:
Aufgabe 1:
Die schrägen Diagonalen von links unten nach rechts oben ergeben gerade die Einmaleinsreihen.
Deshalb
10 · 3 = 30
5 · 3 = 15 (die Hälfte von 10 · 3 = 30)
9 · 3 = 27 (3 weniger als 10 · 3)
6 · 3 = 18 (3 mehr als 5 · 3)
7 · 3 = 21 (3 mehr als 6 · 3 oder 6 mehr als 5 · 3)
8 · 3 = 24 (6 weniger als 10 · 3 oder 3 mehr als 7 · 3)
Die Zusammenhänge sind auch am Feld zu sehen.

⚡ BLITZRECHNEN
Die Grundlegung der Blitzrechenübung 10 „Einmaleins vermischt" wird mit der Behandlung der Mal-Tafel geleistet.

Wie alle Blitzrechenübungen muss auch diese Übung von den Kindern in den folgenden Wochen und Monaten in der Schule und zu Hause so lange wiederholt werden, bis sie flüssig und sicher beherrscht wird.

🔍 FORSCHEN UND FINDEN
Nach der Behandlung der Einmaleins-Tafel ist eine Vertrautheit mit dem Einmaleins erreicht. Die Expedition „Kreuz und quer durchs Einmaleins" regt dazu an, Beziehungen zwischen den Einmaleinszahlen, d. h. den Ergebnissen der Einmaleinsaufgaben, zu finden.

Die Aufgabenstellung bei dieser Expedition ist ähnlich wie bei „Passende Pärchen", aber noch offener, sodass die Kinder sehr frei vorgehen können: Jede Einmaleinszahl soll als Summe zweier Einmaleinszahlen anderer Reihen dargestellt werden, wobei möglichst kein Faktor doppelt auftreten soll („kreuz und quer"). Jeder verschiedene Faktor zählt einen Punkt.

☐ Beispiele:
Darstellungen mit 6 Punkten: (42 =) 6 · 7 = 4 · 10 + 1 · 2 (Zahlen 6, 7, 4, 10, 1, 2), 56 = 7 · 8 = 5 · 10 + 2 · 3 (Zahlen 7, 8, 5, 10, 2, 3)

Vertiefung des Einmaleins 185

99 Die Einmaleins-Tafel
Fortsetzung von S. 98

Zugelassen sind natürlich auch $49 = 7 \cdot 7 = 9 \cdot 5 + 2 \cdot 2$ (4 Punkte, Zahlen 7, 9, 5, 2) und $48 = 6 \cdot 8 = 8 \cdot 3 + 3 \cdot 8$ (3 Punkte, Zahlen 6, 8, 3).

Die letztgenannte Zerlegung ist natürlich eine verkappte Darstellung innerhalb einer einzigen Reihe, was man an $48 = 6 \cdot 8 = 3 \cdot 8 + 3 \cdot 8$ sieht. Diese Zerlegungen gelten als „zu leicht". Die Kinder sollen sich bemühen, „schwerere" (mit mehr Punkten) zu finden. Natürlich haben aber auch Darstellungen wie $25 = 5 \cdot 5 = 4 \cdot 4 + 3 \cdot 3$ ihren Reiz.

Wer möchte, darf auch Summen mit drei Summanden (oder noch mehr) bilden.

☐ Beispiel:
$70 = 7 \cdot 10 = 6 \cdot 9 + 3 \cdot 4 + 2 \cdot 2$ (7 Punkte), $50 = 5 \cdot 10 = 4 \cdot 7 + 2 \cdot 8 + 1 \cdot 6$ (8 Punkte) oder gar $100 = 10 \cdot 10 = 1 \cdot 2 + 3 \cdot 4 + 5 \cdot 6 + 7 \cdot 8$ (9 Punkte!)

Vielleicht gehen die Kinder auch geschickter Weise umgekehrt vor:
$2 \cdot 9 + 3 \cdot 8 = 42 = 6 \cdot 7$
$2 \cdot 9 + 3 \cdot 8 + 1 \cdot 6 = 48 = 6 \cdot 8$
$2 \cdot 9 + 3 \cdot 8 + 1 \cdot 7 = 49 = 7 \cdot 7$
usw. und erhalten damit Punkte.

ARBEITSHEFT Seite 54

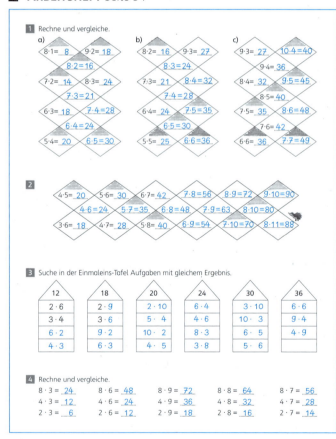

- Koordinierungsübungen: Eine Aufgabe, z.B. $4 \cdot 7$, wird an der Mal-Tafel, am Mal-Plan, am Hunderterfeld mit dem Malwinkel gezeigt und ausgerechnet.
- In ihre eigene Mal-Tafel (Arbeitsblatt 15) tragen die Kinder die Ergebnisse aller Aufgaben ein, die sie schon gut beherrschen. Die noch zu lernenden Aufgaben werden farbig eingerahmt. Jedes Kind weiß dann, auf welche Aufgaben es sein weiteres Lernen konzentrieren muss.
- Rechenketten mit Maloperatoren:

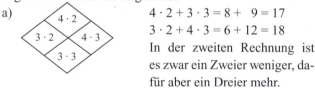

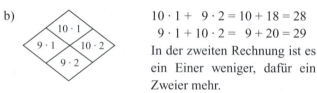

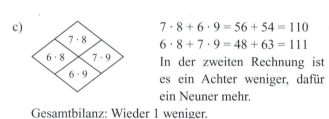

- Ergebnisse in Rauten vergleichen

a)
$\begin{array}{c} 4 \cdot 2 \\ 3 \cdot 2 \quad 4 \cdot 3 \\ 3 \cdot 3 \end{array}$

$4 \cdot 2 + 3 \cdot 3 = 8 + 9 = 17$
$3 \cdot 2 + 4 \cdot 3 = 6 + 12 = 18$
In der zweiten Rechnung ist es zwar ein Zweier weniger, dafür aber ein Dreier mehr.
Gesamtbilanz: In der ersten Zeile 1 weniger.

b)
$\begin{array}{c} 10 \cdot 1 \\ 9 \cdot 1 \quad 10 \cdot 2 \\ 9 \cdot 2 \end{array}$

$10 \cdot 1 + 9 \cdot 2 = 10 + 18 = 28$
$9 \cdot 1 + 10 \cdot 2 = 9 + 20 = 29$
In der zweiten Rechnung ist es ein Einer weniger, dafür ein Zweier mehr.
Gesamtbilanz: 1 weniger.

c)
$\begin{array}{c} 7 \cdot 8 \\ 6 \cdot 8 \quad 7 \cdot 9 \\ 6 \cdot 9 \end{array}$

$7 \cdot 8 + 6 \cdot 9 = 56 + 54 = 110$
$6 \cdot 8 + 7 \cdot 9 = 48 + 63 = 111$
In der zweiten Rechnung ist es ein Achter weniger, dafür ein Neuner mehr.
Gesamtbilanz: Wieder 1 weniger.

Dieses Muster findet sich bei allen 2×2-Rauten der Einmaleins-Tafel.

☐ Hinweis:
Zur Festigung des Einmaleins in der Freiarbeit können „1×1-Kartenspiele" aus dem Programm „mathe 2000" herangezogen werden. Besonders hingewiesen sei nochmals auf die Kartei „Blitzrechnen 2 Basiskurs Zahlen".

❓ WIE KÖNNTE ES WEITERGEHEN?
- Andere Einmaleins-Reihen werden auf der Mal-Tafel gesucht und gerechnet.

Schöne Ergebnisse
Übungen zum Einmaleins **100**

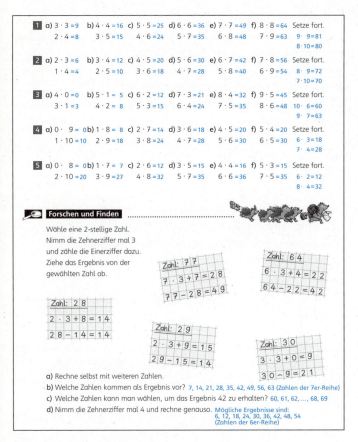

WAS WIRD BENÖTIGT?
Arbeitsmaterial: Leerformat 7 „Breite Hundertertafel", Mal-Tafel (Umschlag)
Demonstrationsmaterial: große Mal-Tafel

WORUM GEHT ES?
Zunächst werden operative Übungen zum Einmaleins angeboten. Dahinter verbergen sich jeweils algebraische Beziehungen. Zum Beispiel wird in Aufgabe 1 eine Quadratzahl (z.B. 6 · 6) mit einer „Fastquadratzahl" (5 · 7 = (6 − 1) · (6 + 1)) verglichen. Der Unterschied ist immer 1, denn es gilt die 3. Binomische Formel:
$n^2 − 1 = (n − 1) · (n + 1)$.

Dieses Muster kann aber auch durch Umlegen von Plättchen an Punktfeldern bewiesen werden, z. B.

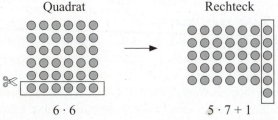

Hier wird aus der 6. Reihe eine 7. Spalte gemacht, 1 Plättchen bleibt übrig.

Eine weitere Möglichkeit des Vergleichs besteht darin, beim Vergleich der Produkte immer nur einen Faktor abzuändern, dessen Veränderung noch gut zu übersehen ist, und dann die Bilanz zu ziehen. Im Beispiel:

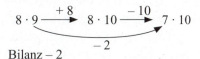

Bilanz − 1

WIE KANN MAN VORGEHEN?
Zur Arbeit mit dem Buch:
Zunächst einmal werden die Aufgaben gerechnet und mögliche Muster erkannt. Es wird jeweils die Frage gestellt: Wo stehen die Einmaleinsaufgaben in der Einmaleins-Tafel? Dies hilft beim Fortsetzen der Päckchen.

Aufgabe 1:
Der Unterschied ist immer 1. Die Aufgaben stehen in zwei Zeilen untereinander in der Mal-Tafel.
Fortzusetzen mit 9 · 9 = 81   und   10 · 10 = 100
                8 · 10 = 80   9 · 11 = 99
Begründung des Musters
Bei der letzten Aufgabe kann man an einem Hunderterfeld die 10. Zeile abschneiden und als 11. Spalte anfügen. 1 Punkt bleibt übrig.

Aufgabe 2:
Der Unterschied ist immer 2. Die Aufgaben stehen in zwei Zeilen untereinander in der Mal-Tafel.
Fortzusetzen mit 8 · 9 = 72   und   9 · 10 = 90
                7 · 10 = 70   8 · 11 = 88

Begründungen:

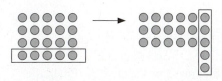

Bilanz − 2

```
●●●●●             ●●●●●
●●●●●    →        ●●●●● ●
●●●●●             ●●●●● ●
●●●●●             ●●●●● 
                                2 bleiben übrig
  4 · 5              3 · 6 + 2
```

Aufgabe 3:
Der Unterschied ist immer 3. Die Aufgaben stehen wieder in zwei untereinander liegenden Zeilen.
Fortzusetzen mit 10 · 6 = 60, 11 · 7 = 77
                9 · 7 = 63, 10 · 8 = 80

Aufgabe 4:
Die Aufgaben stehen in zwei benachbarten Spalten an der Mal-Tafel. Der Unterschied der Ergebnisse ist immer 10.
Fortzusetzen mit
6 · 3 = 18,   7 · 2 = 14,   8 · 1 = 8,   …
7 · 4 = 28,   8 · 3 = 24,   9 · 2 = 18,   …

Vertiefung des Einmaleins   187

100 Schöne Ergebnisse
Übungen zum Einmaleins

Beweis am Feld:
Um aus dem Feld mit 6 · 3 Plättchen ein 7 · 4 Feld zu machen, muss man einen Winkel von 3 + 6 + 1 = 10 Plättchen anfügen.

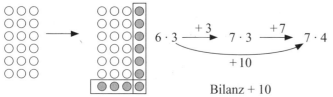

Winkel mit 3 + 6 + 1 = 10 Plättchen

Aufgabe 5:
Die Aufgaben stehen in zwei Spalten in der Mal-Tafel.
Fortzusetzen mit 6 · 2 = 12,   7 · 1 = 7,   …
                  8 · 4 = 32   9 · 3 = 27
Der Unterschied der Ergebnisse ist immer 20.
Beweis am Feld:
Um aus dem 6 · 2-Feld ein 8 · 4-Feld zu machen, muss man einen Winkel von 20 Plättchen anfügen.

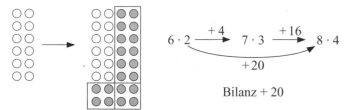

Winkel von 2 · 2 + 6 · 2 + 2 · 2 = 20 Plättchen

FORSCHEN UND FINDEN
Wichtige Lernziele des zweiten Bandes (Einmaleins, Addition, Subtraktion, Begriffe Zehnerziffer, Einerziffer) werden bei der Expedition „Versteckte Einmaleinsreihen" integriert geübt.

WORUM GEHT ES?
Die zugrunde liegende Regel lautet folgendermaßen:
(1) Wähle eine zweistellige Zahl als Startzahl.
(2) Nimm die Zehnerziffer mal 3 und addiere die Einerziffer.
(3) Ziehe das (Zwischen-)Ergebnis von der gewählten Zahl ab.

☐ Beispiele:
84   41   56   19
8 · 3 + 4 = 28 4 · 3 + 1 = 13 5 · 3 + 6 = 21 1 · 3 + 9 = 12
84 − 28 = 56   41 − 13 = 28   56 − 21 = 35   19 − 12 = 7

20   21   22
2 · 3 + 0 = 6 2 · 3 + 1 = 7   2 · 3 + 2 = 8
20 − 6 = 14   21 − 7 = 14   22 − 8 = 14

Wenn man mehrere Aufgaben rechnet, erkennt man, dass die Endergebnisse Vielfache von 7 sind. In den Endergebnissen versteckt sich also die Siebenerreihe. Weiter erkennt man, dass das Endergebnis *nur von der Zehnerziffer* abhängt. Die Einerziffer spielt keine Rolle.

Begründung: Wenn man von einer reinen Zehnerzahl ausgeht, z. B. 40, sieht man direkt, dass das Endergebnis ein Vielfaches von 7 sein muss:
40
4 · 3 + 0 = 12 (ein Vielfaches von 3).
40 − 12 = 28, genauer 4 · 10 − 4 · 3 = 4 · 7 (am Punktmuster unmittelbar abzulesen).

50
5 · 3 + 0 = 15
50 − 15 = 35, d. h. 5 · 10 − 5 · 3 = 5 · 7.

Wenn man nun bei festgehaltenem Zehner die Einer schrittweise um 1 erhöht, sieht man, dass dies *dieselbe* Erhöhung im Zwischenergebnis der zweiten Zeile nach sich zieht:
41 (1 mehr als 40)
4 · 3 + 1 = 13 (1 mehr als 12)
Daher gilt nach dem Gesetz von der Konstanz der Differenz:
41 − 13 = 40 − 12 = 28

Algebraisch sieht man dies noch leichter ein, wenn man das nicht ausgerechnete Zwischenergebnis subtrahiert: 41 − (4 · 3 + 1) = 40 + 1 − 4 · 3 − 1 = 40 − 4 · 3. Die Einer eliminieren sich!

Die Regel kann leicht abgewandelt werden: Statt in der zweiten Zeile immer mal 3 zu nehmen, kann man auch immer mal 2, mal 4, …, mal 9 nehmen. Dann verstecken sich in den Endergebnissen andere Malreihen: 8er-Reihe, 6er-Reihe, …, 1er-Reihe.
Aus dem obigen Beweis geht dies unmittelbar hervor.

☐ Beispiel:
50
5 · <u>4</u> + 0 = 20
50 − 20 = 5 · 10 − 5 · 4 = 5 · <u>6</u> (Sechserreihe)

WAS WIRD BENÖTIGT?
Arbeitsmaterial: Papier, Bleistift, Leerformat 7 „Breite Hundertertafel", evtl. Mal-Plan
Demonstrationsmaterial: Folienkopie der breiten Hundertertafel

WIE KANN MAN VORGEHEN?
Auf der Seite 100 des Schülerbuches wird die Aufgabenstellung eingeführt. Die Kinder können daraus ersehen, wie sie die Rechnungen aufschreiben sollen. Bei den weiteren Aufgaben dürfen sie aber das Wort „Zahl" in der ersten Zeile weglassen.
Das Endergebnis muss vom Zwischenergebnis (das im Schülerband kurz als „Ergebnis" bezeichnet wird) deutlich unterschieden werden.
Damit die Beziehung zwischen Startzahl und Endergebnis klar wird, werden die Kinder aufgefordert, das Endergebnis jeder ihrer Rechnungen in der breiten Hundertertafel unter der entsprechenden Startzahl zu notieren.

Schöne Ergebnisse
Übungen zum Einmaleins 100

Bereits wenn einige Felder ausgefüllt sind, treten Muster hervor:

1	2	3	4	5	6	7	8	9	10
	0						0		
11	12	13	14	15	16	17	18	19	20
		7					7		
21	22	23	24	25	26	27	28	29	30
			14		14	14			21
31	32	33	34	35	36	37	38	39	40
			21						
41	42	43	44	45	46	47	48	49	50
28								28	
51	52	53	54	55	56	57	58	59	60
61	62	63	64	65	66	67	68	69	70
						42			
71	72	73	74	75	76	77	78	79	80
81	82	83	84	85	86	87	88	89	90
91	92	93	94	95	96	97	98	99	100

Einige Kinder werden schnell vermuten, dass bei den Zahlen jeder Zeile das gleiche Endergebnis stehen muss – mit Ausnahme der letzten Spalte, wo die Zehnerziffer um 1 weiterspringt. Dort erhöht sich das Endergebnis um 7 und behält diesen Wert bei allen Zahlen der nächsten Spalte mit der gleichen Zehnerziffer. Durch gezielte Tests wird die Vermutung erhärtet. Wenn die Kinder die Rechnungen für benachbarte Startzahlen vergleichen, wird ihnen vielleicht auffallen, dass auch die Zwischenergebnisse benachbart sind.

Kinder, die diese Struktur durchschaut haben, dürfen die Regel abwandeln und statt „mal 3" einen anderen Multiplikator wählen. In Teilaufgabe d) wird „mal 4" vorgegeben, wobei als Ergebnisse die Zahlen der Sechserreihe herauskommen.

Kurios ist der Fall „mal 10". Man erhält als Endergebnis immer 0.

Besonders interessierte Kinder können auch den Multiplikator „mal 11" (oder „mal 12", …) probieren und werden dann mit dem Phänomen negativer Zahlen konfrontiert.

ARBEITSHEFT Seite 55

Dort ergeben sich Muster an den Einmaleinsreihen, z.B. in Aufgabe 3. Die 7er-Reihe abwärts hat die gleichen Einerziffern wie die 3er-Reihe aufwärts:

7<u>0</u>, 6<u>3</u>, 5<u>6</u>, 4<u>9</u>, 4<u>2</u>, 3<u>5</u>, …
<u>0</u>, <u>3</u>, <u>6</u>, <u>9</u>, 1<u>2</u>, 1<u>5</u>, …

1
8er-Reihe	8	16	24	32	40	48	56	64	72	80
2er-Reihe	2	4	6	8	10	12	14	16	18	20
Summe	10	20	30	40	50	60	70	80	90	100
7er-Reihe	7	14	21	28	35	42	49	56	63	70
3er-Reihe	3	6	9	12	15	18	21	24	27	30
Summe	10	20	30	40	50	60	70	80	90	100

2
6er-Reihe	6	12	18	24	30	36	42	48	54	60
4er-Reihe	4	8	12	16	20	24	28	32	36	40
Unterschied	2	4	6	8	10	12	14	16	18	20
9er-Reihe	9	18	27	36	45	54	63	72	81	90
5er-Reihe	5	10	15	20	25	30	35	40	45	50
Unterschied	4	8	12	16	20	24	28	32	36	40

3 Wie geht es weiter? Was fällt dir auf?

a) 90 − 0 = 90
81 − 1 = 80
72 − 2 = 70
63 − 3 = 60
54 − 4 = 50
45 − 5 = 40

b) 80 − 0 = 80
72 − 2 = 70
64 − 4 = 60
56 − 6 = 50
48 − 8 = 40
40 − 10 = 30

c) 70 − 0 = 70
63 − 3 = 60
56 − 6 = 50
49 − 9 = 40
42 − 12 = 30
35 − 15 = 20

d) 60 − 0 = 60
54 − 4 = 50
48 − 8 = 40
42 − 12 = 30
36 − 16 = 20
30 − 20 = 10

4
4 · 5 = 20   2 · 6 = 12   8 · 3 = 24   8 · 2 = 16
2 · 10 = 20   4 · 3 = 12   4 · 6 = 24   4 · 4 = 16

5
20 : 5 = 4   16 : 4 = 4   10 : 2 = 5   25 : 5 = 5
40 : 10 = 4   8 : 2 = 4   20 : 4 = 5   50 : 10 = 5

Vertiefung des Einmaleins

101 Quadratzahlen und Dreieckszahlen
Beziehungen zwischen Quadratzahlen und Dreieckszahlen; Denkspiel „Wolf, Ziege, Kohlkopf"

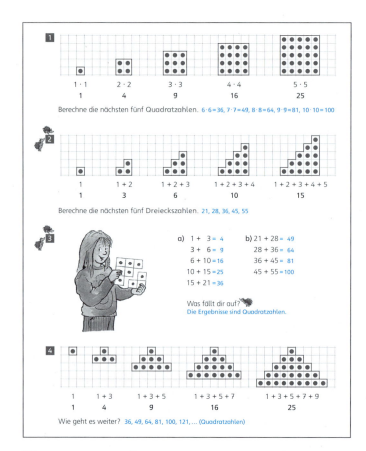

Aus Rechenbeispielen

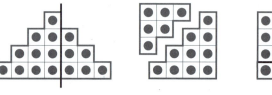

…

ergibt sich die Vermutung, dass die Summe zweier benachbarter Dreieckszahlen immer eine Quadratzahl ist.

Dass diese Vermutung richtig ist, wird geometrisch durch das Aneinanderfügen zweier Dreiecke bewiesen (vgl. Bild zu Aufgabe 3).

Auch auf- und absteigende Treppen (Aufgabe 4) können in ein Quadrat verwandelt werden:

Punktmusterbeweise dieser Art sind voll gültige Beweise. Sie beruhen auf einer Umstrukturierung von Mustern, bei der kein Plättchen hinzugefügt und keines weggenommen wird. Diese Operation beruht nur auf Eigenschaften, die allen Mustern einer bestimmten Form zukommt, ist also allgemein durchführbar.

? WIE KANN MAN VORGEHEN?

Vor der Arbeit mit dem Buch:
Am OHP wird mit dem Malwinkel die Folge der Quadratzahlen erzeugt. Die Kinder überlegen, wie viele Punkte von Quadratzahl zu Quadratzahl hinzukommen.

Zur Arbeit mit dem Buch:
Aufgabe 1:
Die Kinder berechnen die Reihe der Quadratzahlen.

Aufgabe 2:
Analog werden die ersten zehn Dreieckszahlen berechnet.

Im Anschluss daran bietet sich eine Gruppenarbeit an. Jede Gruppe von etwa 5 Kindern zeichnet jeweils Punktmuster der ersten zehn Quadratzahlen und Dreieckszahlen. Als quadratische Einheit wird nicht ein Kästchen wie im Buch sondern ein Zentimeterquadrat (4 Kästchen) verwendet. Die roten Punkte werden mittig platziert. Die Muster werden auf dünnen Karton aufgeklebt und ausgeschnitten. Im Vergleich benachbarter Muster zeigt sich, wie viele Punkte jeweils neu hinzukommen.

? WAS WIRD BENÖTIGT?
Arbeitsmaterial: Wendeplättchen, kariertes Papier, Farbstifte, Schere
Demonstrationsmaterial: Magnettafel mit magnetischen Wendeplättchen, evtl. Folienkopie des Hunderterfelds, Malwinkel

? WORUM GEHT ES?
Diese Seite setzt die Punktmuster-Aktivitäten über gerade und ungerade Zahlen von Band 1 fort. Quadratzahlen werden über quadratische Punktmuster definiert (Aufgabe 1). Um den geometrischen Aspekt noch stärker zu verdeutlichen, werden zusätzlich die Dreieckszahlen eingeführt. Diese Zahlen lassen sich durch Treppen darstellen und sind die Summen aufeinander folgender Zahlen, jeweils bei 1 beginnend (Aufgabe 2). Die ersten zehn Dreieckszahlen 1, 3, 6, 10, 15, 21, 28, 36, 45, 55, berechnen sich danach wie folgt:

1 = 1
1 + 2 = 3
1 + 2 + 3 = 6
1 + 2 + 3 + 4 = 10
1 + 2 + 3 + 4 + 5 = 15
1 + 2 + 3 + 4 + 5 + 6 = 21
1 + 2 + 3 + 4 + 5 + 6 + 7 = 28
1 + 2 + 3 + 4 + 5 + 6 + 7 + 8 = 36
1 + 2 + 3 + 4 + 5 + 6 + 7 + 8 + 9 = 45
1 + 2 + 3 + 4 + 5 + 6 + 7 + 8 + 9 + 10 = 55

Bei der Zahlenexpedition zu S. 45 sind diese Zahlen schon einmal aufgetreten.

Vertiefung des Einmaleins

Quadratzahlen und Dreieckszahlen

Beziehungen zwischen Quadratzahlen und Dreieckszahlen; Denkspiel „Wolf, Ziege, Kohlkopf"

101

Aufgabe 3:
In Form eines Päckchens werden jeweils zwei aufeinander folgende Dreieckszahlen addiert. Einige Kinder werden die Ergebnisse sicher als Quadratzahlen identifizieren. Es stellt sich die Frage, warum zwei aufeinander folgende Dreieckszahlen zusammen eine Quadratzahl ergeben.

Der Beweis wird operativ geführt: Zwei benachbarte Dreiecksmuster werden zu einem Quadrat zusammengesetzt. Die Konstruktion funktioniert immer, wie groß die Muster auch sind.

Aufgabe 4:
Die angegebenen Summen werden berechnet und fortgesetzt. Auch hier ergeben sich wieder Quadratzahlen. Frage: Warum muss dies so sein? Zum Beweis werden aus zwei aufeinander folgenden Dreiecksmustern sowohl eine Doppeltreppe als auch ein Quadrat gelegt:

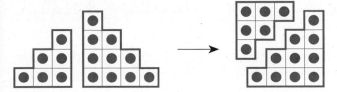

❗ DENKSCHULE

Denkspiel 10 „Wolf, Ziege und Kohl" vorstellen (vgl. Seite 24)

> *Wie jeder Lehrer weiß, zeigen Kinder eine innere und eine äußere Aufmerksamkeit. Die innere Aufmerksamkeit besteht in einer Zuwendung zum Stoff ohne bestimmte Vorbehalte. Sie ist das unmittelbare und persönliche Spiel der geistigen Kräfte. Als solche ist sie eine fundamentale Bedingung geistigen Fortschritts. Fähig zu sein, dieses geistige Spiel zu verfolgen, zu wissen, wie man es anregt und aufrecht erhält und wie man es an den Resultaten abliest, ist das höchste Qualitätsmerkmal eines Lehrers.*
>
> *Es bedeutet Einsicht in geistige Prozesse, die Unterscheidung des Echten von Schund und die Fähigkeit, das Echte zu fördern und den Schund zurückzudrängen.*
>
> John Dewey

102 Malaufgaben in der Umwelt
Anwendungen des Einmaleins

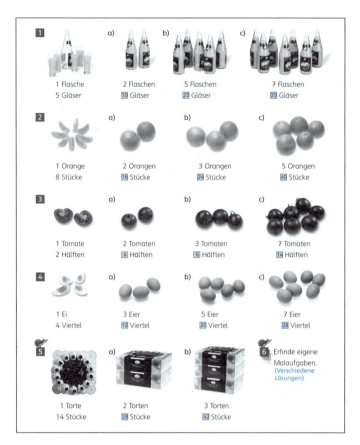

WORUM GEHT ES?

Mathematisch betrachtet werden auf dieser Seite Beispiele für eine proportionale Zuordnung von Größen behandelt, die seit Adam Ries eine herausragende Stellung bei der Anwendung der Mathematik im täglichen Leben hat (Zweisatz und Dreisatz im sogenannten „bürgerlichen Rechnen").

Das Einmaleins ist der ideale Ausgangspunkt für eine erste Begegnung mit der Proportionalität.

☐ Beispiel:
1 Tomate	2 Hälften
2 Tomaten	4 Hälften
3 Tomaten	6 Hälften
4 Tomaten	8 Hälften

usw.

Alle bildlichen Darstellungen der Seite stehen in einem Sachzusammenhang, wie er sich bei der Vorbereitung eines Festes ergibt. Die Aufgabenstellung erfolgt mit geringen sprachlichen Mitteln, sodass auch Kinder mit Leseschwierigkeiten gut mitarbeiten können. Die Bilder bei jeder Aufgabe können als Folge interpretiert werden.

☐ Beispiel:
Eine Apfelsine wird in 8 Stücke zerteilt. Wie viele Stücke erhält man, wenn 2, 3, 4 Apfelsinen zerteilt werden?

WIE KANN MAN VORGEHEN?

Zur Arbeit mit dem Buch:

Aufgabe 1–4:
Die Kinder versuchen zuerst den gemeinsamen Aufbau der Aufgaben zu entdecken: Immer werden Ganze in Teile (Gläser, Stücke, Hälften, Viertel) zerlegt. Wie viele Teile gibt es?

Aufgabe 5:
Hier reicht das kleine Einmaleins nicht mehr aus. Man muss auf die Bedeutung der Multiplikation als verkürzte Addition zurückgehen. 14 + 14 = 28, 28 + 14 = 42

Aufgabe 6:
Kinder erfinden selbst Malaufgaben.

WIE KÖNNTE ES WEITERGEHEN?

– Die Kinder zeichnen selber ähnliche Aufgaben in ihr Heft, z. B.: 1 Pizza/6 Stücke, 2 Pizzen/12 Stücke usw.

Malaufgaben in der Umwelt 103
Weitere Anwendungen des Einmaleins

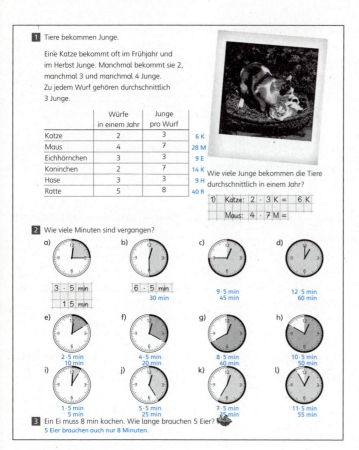

Der zweite Kontext „Uhrzeit" bietet sich zur Wiederholung des 5er-Einmaleins an, da auf dem Zifferblatt die 60 Minuten einer Stunde in 5-Minuten-Abschnitte gegliedert sind.

Den Kindern wird deutlich:
Eine Viertelstunde 3 · 5 min = 15 min,
eine halbe Stunde 6 · 5 min = 30 min,
eine Stunde 12 · 5 min = 60 min.

? WIE KANN MAN VORGEHEN?
Zur Arbeit mit dem Buch:
Aufgabe 1:
Im Klassengespräch muss zunächst geklärt werden, was „Zu jedem Wurf gehören durchschnittlich 3 Junge" bedeutet. Die Grundidee des Ausgleichs scheint hier auf: Der Überschuss über 3 wird mit dem Defizit unter 3 „verrechnet".

Die Anzahl der Jungen wird durch Multiplikation ermittelt. Anschließend muss über die Ergebnisse gesprochen werden.

Aufgabe 2:
An der Lernuhr werden die 5-Minuten-Abschnitte verdeutlicht und zu den Unterteilungen einer Stunde in Viertelstunden in Beziehung gesetzt. Dann bearbeiten die Kinder die Aufgabe im Buch.

? WIE KÖNNTE ES WEITERGEHEN?
– Die Thematik „Tiere bekommen Junge" könnte fächerübergreifend behandelt werden. (Sachunterricht, Sprache)
– Weitere Übungen zu der Vermehrungsrate von Tieren (vgl. Kopiervorlage 2/25 im Handbuch produktiver Rechenübungen, Bd. 1: „Tiere bekommen Junge")

? WAS WIRD BENÖTIGT?
Arbeitsmaterial: Operationsfeld 2 „Lernuhr"
Demonstrationsmaterial: Tabelle zu Aufgabe 1 als Tafelbild

? WORUM GEHT ES?
Es werden zwei weitere Anwendungen des Einmaleins behandelt, eine aus der Natur, die zweite aus der technischen Umwelt.

„Tiere bekommen Junge" ist ein Thema, das Kinder sehr interessiert. Wenn die Kinder Schwierigkeiten haben sich die Aufgaben vorzustellen, sollten sie diese malen oder legen. Werden z. B. bei der Maus für jeden Wurf 7 Plättchen als Stellvertreter für kleine Mäuse hingelegt, so ergeben sich bei 4 Würfen 28 Mäuse.

Die großen Zahlen lassen sich einleuchtend erklären: Je kürzer (z. B. bedingt durch Feinde) die Lebensdauer einer Tierart ist, desto stärker muss sie sich vermehren um den Bestand zu sichern. Große Tiere, die keine natürlichen Feinde und eine hohe Lebenserwartung haben, z. B. Elefanten, können ihren Bestand mit einer kleinen Zahl von Nachkommen sichern und dürfen auch nicht mehr Nachkommen haben, da hierfür der Lebensraum nicht vorhanden ist. Die Natur hat das weise eingerichtet.

104 Immer 4 Aufgaben
Umkehraufgaben zur Multiplikation und Division, grafische Darstellung eines Feldes als Multiplikation und als Division deuten

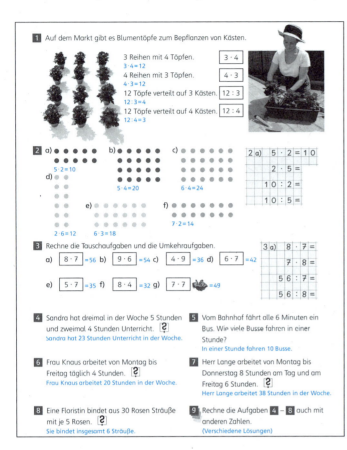

? WIE KANN MAN VORGEHEN?

Zur Arbeit mit dem Buch:

Aufgabe 1:
Die Situation des Bepflanzens von Kästen wird besprochen. Alle vier Aufgaben werden an einem 4 · 3-Feld gedeutet.

Aufgabe 2:
Zu jedem Feld werden 2 Multiplikationsaufgaben und 2 Divisionsaufgaben gerechnet.

Aufgabe 3:
Auch hier lassen sich zu jeder Malaufgabe vier Aufgaben bilden.
Vorsicht bei Aufgabe g:
Hier gibt es nur 2 Aufgaben.
7 · 7 = 49 und 49 : 7 = 7, da die beiden Faktoren gleich sind (Quadratzahl).

Aufgabe 4–8:
Die Aufgaben sollten von den Kindern selbstständig gelöst werden.

Aufgabe 9:
In den Aufgaben 4–8 werden die Daten variiert. Die Kinder stellen sich hierzu selbst Aufgaben.

? WAS WIRD BENÖTIGT?

Arbeitsmaterial: Hunderterfeld mit Einmaleinswinkel, evt. Plättchen
Demonstrationsmaterial: Hunderterfeld mit Winkel auf OHP

? WORUM GEHT ES?

Zu einem 4 · 3-Feld

○○○
○○○   lassen sich immer
○○○   vier Aufgaben bilden.
○○○

3 · 4 = 12   3 mal 4 in jeder Zeile ergibt 12.
4 · 3 = 12   4 mal 3 in jeder Zeile ergibt 12.
12 : 3 = 4   12 aufgeteilt in Spalten zu je 3 ergibt 4 Spalten.
12 : 4 = 3   12 aufgeteilt in Zeilen zu je 4 ergibt 3 Zeilen.

194   Vertiefung des Einmaleins

Sitzplan 105
Lesen eines Plans

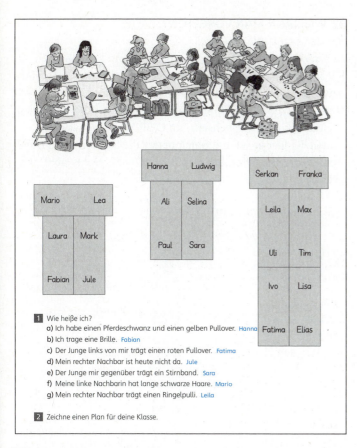

Zur Arbeit mit dem Buch:
Die Kinder äußern sich im Klassengespräch zur dargestellten Klassensituation: Anordnung der Tische, Anzahl der Kinder (der Mädchen, der Jungen), Aussehen der Kinder, Tätigkeiten der Kinder, Erkenntnisse zur Sitzordnung (fast alle Jungen sitzen neben einem Mädchen). Dabei wird deutlich, dass der Plan eine schematisierte Darstellung der Tischordnung ist.

Vergleich mit dem Sitzplan:
Wie heißen die Kinder der linken, mittleren und rechten Tischgruppe?
Die Namen werden vorgelesen.
Nun können sich Beschreibungsübungen anschließen:
1. Vom Plan aus:
   Ein Kind wird ausgewählt, z. B. Ludwig.
   Fragen: In welcher Tischgruppe sitzt Ludwig? (mittlere Tischgruppe). Wie heißen seine Nachbarn? (Hanna, Ali, Selina) Was hat er an? (grüner Pullover)

2. Von der Klassensituation aus:
   Umgekehrt wird nun ein Kind beschrieben:
   „Ich meine ein Mädchen der rechten Tischgruppe, es hat rote Haare, einen lila Pullover, links und rechts von ihm sitzt ein Junge." (Lisa)

3. Die Kinder auf dem Bild stellen sich selbst vor:
   „Wie heiße ich? Ich sitze gegenüber einem Mädchen mit schwarzen Haaren, das mit Plättchen rechnet." (Elias)

Nach weiteren ähnlichen „Wie-heiße-ich?"-Aufgaben bearbeiten die Kinder die Aufgaben im Buch:
a) Ich bin Hanna.
b) Ich bin Fabian.
c) Ich bin Fatima. Mein Nachbar mit dem roten Pullover ist Ivo.
d) Ich bin Jule. Mein fehlender Nachbar heißt Mark.
e) Ich bin Sara. Der Junge mit dem Stirnband heißt Paul.
f) Ich bin Mario. Meine Nachbarin mit den schwarzen Haaren heißt Lea.
g) Ich bin Leila. Mein Nachbar Uli trägt einen Ringelpulli.

? WORUM GEHT ES?
Diese Seite setzt die Seite 73 von Band 1 fort. An die Stelle eines kleinen Stuhlkreises tritt die Sitzanordnung in einem Klassenzimmer. Wieder sollen die Namen der Kinder im Vergleich des Klassenzimmers mit den Informationen des Planes herausgefunden werden.

? WIE KANN MAN VORGEHEN?
Vor der Arbeit mit dem Buch:
Am Beginn sollte eine Standortbestimmung stehen. Die Lehrerin fordert die Kinder auf, einen Plan der Klasse zu zeichnen, der einer fremden Lehrerin helfen soll, die Kinder mit dem richtigen Namen anzusprechen. Zur Orientierung auf dem Plan sollten auch Tafel, Fenster, Tür, Regale, Schrank etc. eingezeichnet werden.

Die Zeichnungen der Kinder werden sehr unterschiedlich ausfallen. Schwierigkeiten könnten auftreten, wenn Kinder sehr wirklichkeitsgetreu Tische und Stühle zeichnen wollen und feststellen, dass sie damit überfordert sind. Hier hilft oft der Hinweis: „Es reicht, wenn du den Tisch von oben zeichnest." Je nach Leistungsfähigkeit können die Kinder dann ihren Platz kennzeichnen, die Namen der Kinder ihrer Tischgruppe oder auch alle Namen der Kinder der Klasse in den Plan eintragen. Beim Herstellen der Pläne werden die Kinder in vielfältiger Weise ihr Wissen über Lagebeziehungen anwenden und vertiefen.

? WIE KÖNNTE ES WEITERGEHEN?
– Die Kinder zeichnen einen Sitzplan des eigenen Klassenzimmers und stellen entsprechende Aufgaben.

106 Wege
Orientierung in einem einfachen Stadtplan

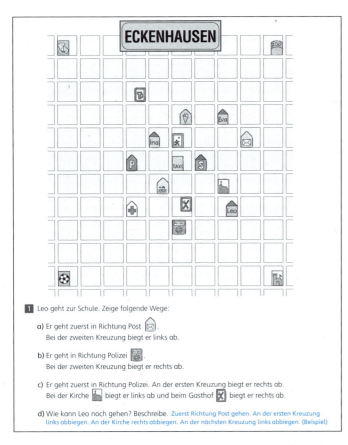

1 Leo geht zur Schule. Zeige folgende Wege:

a) Er geht zuerst in Richtung Post ✉.
   Bei der zweiten Kreuzung biegt er links ab.

b) Er geht in Richtung Polizei 🚓.
   Bei der zweiten Kreuzung biegt er rechts ab.

c) Er geht zuerst in Richtung Polizei. An der ersten Kreuzung biegt er rechts ab.
   Bei der Kirche ⛪ biegt er links ab und beim Gasthof ✕ biegt er rechts ab.

d) Wie kann Leo noch gehen? Beschreibe. *Zuerst Richtung Post gehen. An der ersten Kreuzung links abbiegen. An der Kirche rechts abbiegen. An der nächsten Kreuzung links abbiegen. (Beispiel)*

❓ WAS WIRD BENÖTIGT?

Demonstrationsmaterial: großer Stadtplan auf Fußboden oder Folienkopie der Buchseite, Plan der eigenen Schulumgebung

❓ WORUM GEHT ES?

Die Kinder haben den Ort Eckenhausen, in der alle Straßen (wie in einem Koordinatengitter) senkrecht oder parallel zueinander laufen, schon im Band 1 kennen gelernt. Die Lage der Gebäude ist die gleiche wie früher, aber vier Freizeitangebote außerhalb des Stadtkerns sind neu hinzugekommen. Damit der Startpunkt eines Weges eindeutig festgelegt ist, sind die Gebäude so angeordnet, dass sie an einer Kreuzung liegen. Jeder Weg beginnt und endet an dem entsprechenden Kreuzungspunkt, dem Mittelpunkt der Kreuzung. Die Anzahl der Wegstücke eines Weges wird ermittelt, indem man von Kreuzungspunkt zu Kreuzungspunkt läuft. **Diese Konvention muss unbedingt beachtet werden.**

Im Unterschied zu Band 1 werden Wege auf dem Plan nicht nur gegangen und dabei beschrieben, sondern es müssen umgekehrt auch sprachlich beschriebene Wege auf dem Plan gesucht werden. Dabei müssen sich die Kinder in die Lage des gehenden Kindes versetzen, um Lagebeziehungen wie „rechts" und „links" richtig zu verwenden. Denn läuft z. B. Ina in Richtung Post, dann muss sie zur Schule an der zweiten Kreuzung rechts abbiegen. Geht jemand umgekehrt von der Post in Richtung Ina, dann muss er zur Schule bei der zweiten Kreuzung links abbiegen.

❓ WIE KANN MAN VORGEHEN?

Vor der Arbeit mit dem Buch:

Je nach den räumlichen Möglichkeiten kann Eckenhausen mit Klebestreifen auf dem Boden des Klassenzimmers aufgeklebt bzw. mit Kreide aufgezeichnet werden oder als Zeichnung auf einem großen Stück Papier ausgelegt werden. Alternativ kann auch eine Folie der Buchseite am OHP betrachtet werden.

Die Kinder gehen mit Spielpuppen die Straßen nach. Dabei werden die Begriffe „links abbiegen" und „rechts abbiegen" geklärt.

Zur Arbeit mit dem Buch:

Die Piktogramme stehen für:

	Tankstelle			Krankenhaus
	Eisdiele			Gasthof
	Spielplatz			Polizei
	Postamt			See
	Parkhaus			Zoo
	Schule			Sportplatz
	Schwimmbad			Burg
	Kirche			Taxistand

Nach einem allgemeinen Gespräch über den Stadtplan von Eckenhausen (Was bedeuten die Piktogramme?) liest ein Kind den Text von Aufgabe 1 vor.

Aufgabe 1:

Die Kinder zeigen auf dem Plan, wie Leo bei a), b) und c) zur Schule geht.

Anschließend finden sie selbst weitere Wege, die Leo zur Schule gehen kann. Dabei sollte deutlich werden, dass Leo bei Umwegen größere Strecken zurücklegt als nötig.

Die Aufgabe 1 ist als Anregung zu verstehen, ähnliche Aufgaben an einem Plan der eigenen Schulumgebung zu behandeln. Günstig ist es, wenn dabei Piktogramme wie im Plan von Eckenhausen benutzt werden. Als Vorübung zur Erstellung des Planes kann die Schulumgebung vorher in einem Sandkasten modelliert werden.

Wege 107

Länge der Wege bestimmen, verschiedene Wege finden, kürzeste Wege erkennen

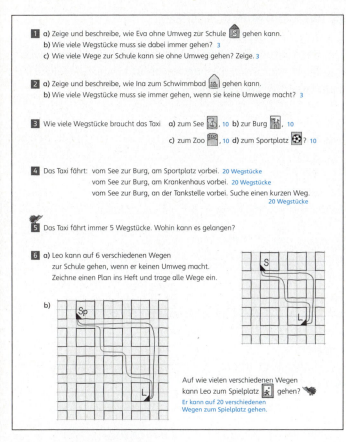

❓ WAS WIRD BENÖTIGT?
Demonstrationsmaterial: evtl. Folienkopie von S. 106

❓ WORUM GEHT ES?
Wie in Band 1 ist jetzt die Anzahl der Wegstücke des kürzesten Weges zwischen zwei Punkten zu bestimmen (keine Umwege). Die Kinder werden feststellen, dass es verschiedene Wege mit gleicher Streckenlänge gibt (kürzeste Wege). Auch bei dieser Aufgabenstellung kommt es ganz entscheidend darauf an, dass Wegstücke von Kreuzungspunkt zu Kreuzungspunkt gezählt werden.

❓ WIE KANN MAN VORGEHEN?
Zur Arbeit mit dem Buch:

Aufgabe 1:
a) Es gibt z. B. folgende Möglichkeiten:
   – Richtung Eisdiele, dann 1. Kreuzung links.
   – Richtung Kirche, dann 2. Kreuzung rechts.
   – Richtung Kirche, dann 1. Kreuzung rechts und die nächste Kreuzung wieder links.
b) Eva muss immer 3 Wegstücke zurücklegen.
c) Es gibt 3 verschiedene kürzeste Wege.

Aufgabe 2:
a) Beispiel: Richtung Spielplatz, 1. Kreuzung rechts
b) Ohne Umwege sind es immer 3 Wegstücke.

Aufgabe 3:
Zum See: 10 Wegstücke
Zur Burg: 10 Wegstücke
Zum Zoo: 10 Wegstücke
Zum Sportplatz: 10 Wegstücke

Aufgabe 4:
Hier gibt es jeweils zahlreiche kürzeste Wege aus 20 Wegstücken.

Aufgabe 5:
Markiert man bei jedem Weg mit 5 Wegstücken den Endpunkt (Kreuzungspunkt), so liegen die Punkte auf einem auf der Spitze stehenden Quadrat. Die beiden Diagonalen des Quadrates sind die Straßen, die sich am Taxistand kreuzen. Wenn das Taxi bei 5 Wegstücken auch Umwege fahren würde, könnte es noch zu anderen Kreuzungspunkten gelangen.

Aufgabe 6:
a) Die Kinder suchen die 6 Wege.
b) Hier werden die Kinder viele Wege finden. Insgesamt gibt es 20 verschiedene Wege.

Dass sozialen Zielen der Vorrang vor Lernzielen eingeräumt wurde, war ein Hauptgrund für den Niedergang der amerikanischen Grundbildung und damit für die Krise der Allgemeinbildung in den Vereinigten Staaten. Kinder der Ober- und Mittelklasse erwerben diese Allgemeinbildung noch. Diejenigen, die sie am nötigsten hätten, erwerben sie nicht: Kinder aus armen Familien und Ausländerkinder.

Peter Drucker, Die postkapitalistische Gesellschaft

108 Sachaufgaben lösen
Beziehungen zwischen Sachsituationen und mathematischer Beschreibung herausarbeiten

? WORUM GEHT ES?

Bei der Lösung von Sachaufgaben geht es immer um eine Übersetzung realer Gegebenheiten in die Mathematik. Man muss daher zwei Ebenen unterscheiden: die Sachebene und die Ebene der Mathematik. In einem Text wird eine Sachsituation beschrieben, die gegebenen Daten müssen der Fragestellung entsprechend rechnerisch verarbeitet werden. Das Ergebnis ist am Schluss für die Situation zu interpretieren. Bei den Aufgaben dieser Seite wird die Trennung der beiden Ebenen besonders augenfällig, da einerseits Aufgaben (ohne Fragestellung), andererseits Rechnungen gegeben sind. Aufgabe der Kinder ist es, zu jeder Sachaufgabe eine Frage zu finden, die durch eine passende Rechnung beantwortet wird.

? WIE KANN MAN VORGEHEN?

Zur Arbeit mit dem Buch:
Die Struktur der Seite wird zuerst besprochen. Dann bearbeiten die Kinder die Seite, am besten in Gruppen, stellen ihre Ergebnisse vor und begründen sie.

Aufgabe 1:
Mit dem Vater sind es 4 Personen, die 4 · 3 = 12 Kugeln verzehren. (Sofie)

Aufgabe 2:
Eine Fahrt kostet 12 Euro : 4 = 3 Euro. (Henri)

Aufgabe 3:
Sascha bekommt 20 Euro – 12 Euro = 8 Euro zurück. (Paul)

Aufgabe 4:
Die Cousine ist 8 + 12 = 20 Jahre alt. (Serkan)

Aufgabe 5:
Zusammen sind 46 Euro + 8 Euro + 14 Euro = 68 Euro zu bezahlen. (Silvie)

Aufgabe 6:
Kinder zahlen 28 Euro : 2 = 14 Euro. (Alex)

Aufgabe 7:
Der Schreiner muss 80 cm – 78 cm = 2 cm absägen. (Leila)

? WIE KÖNNTE ES WEITERGEHEN?

– Die Kinder finden selbst eine Zusammenstellung von Sachaufgaben und Rechnungen.

Vertiefung des Einmaleins

Sachaufgaben finden 109

Beziehungen zwischen Sachsituationen und mathematischer Beschreibung herausarbeiten

Zur Arbeit mit dem Buch:
Aufgabe 1:
Die vorgegebenen Sachaufgaben werden besprochen, wobei die unterschiedlichen Bedeutungen der Zahlen 5 und 4 herausgestellt werden:
– 5 Tage, je 4 Stunden (Julia)
– 5 Reihen, je 4 Fenster (Artur)
– 5 Pizzen, je 4 Teile (Nino)
– 5 Sprünge, je 4 m (Luise)
– 5 Kinder, je 4 Euro (Elli)
– 5 Packs, je 4 Becher (Ben)

Aufgabe 2:
Nach dem Vorbild von Aufgabe 1 wird diese Aufgabe von den Kindern selbstständig bearbeitet. Bei der Beurteilung der Schülerlösungen muss beachtet werden, dass es schwer ist, Aufgaben zu finden, die sachlich bedeutsam sind. Wegen der Schwierigkeit dieser Aufgabe genügt es, wenn die Kinder nur zu einigen Rechnungen Sachaufgaben finden.

☐ Beispiele für leichtere Aufgaben:
  5 · 7: Wie viele Tage haben 5 Wochen?
  27 – 4: Eine Klasse hat 27 Kinder, 4 sind krank. Wie viele sind im Unterricht?
  4 + 9 – 3: Am Vogelhaus sitzen 4 Meisen, 9 kommen dazu und 3 fliegen wieder weg. Wie viele sind noch da?
  2 · 6 + 3 · 5: Frau Schulze arbeitet in der Woche zweimal 6 Stunden und dreimal 5 Stunden. Wie viele Stunden sind es insgesamt?

☐ Beispiel für eine schwierigere Aufgabe: 6 · 3:
  Eine Fußballmannschaft hat 6 Spiele hintereinander gewonnen. Wie viele Punkte hat sie erzielt?

? WORUM GEHT ES?

Auf dieser Seite wird der Weg von der Ebene der Mathematik zur Sachebene beschritten. An einem Beispiel wird gezeigt, dass man zu einer Rechnung ganz unterschiedliche Sachaufgaben finden kann, die durch die Rechnung gelöst werden.

? WIE KANN MAN VORGEHEN?

Vor der Arbeit mit dem Buch:
Die Lehrerin schreibt die Aufgabe 4 · 6 an die Tafel und fordert die Kinder auf, sich dazu Sachaufgaben auszudenken. Mögliche Aufgaben:
– 4 Tische, an jedem 6 Personen. Wie viele Personen sind es zusammen?
– 4 Saftkästen, in jedem 6 Flaschen. Wie viele Flaschen sind es insgesamt?
– 4 Personen gehen ins Kino. Eine Karte kostet 6 Euro. Wie viel müssen sie insgesamt bezahlen?
– usw.

Arbeitsheft: Wiederholung des Grundwissens

Wiederholung des bisher erarbeiteten Grundwissens zur Lernstandskontrolle

Alle Aufgaben dieser Seite orientieren sich an früheren Aufgabenstellungen im Schülerbuch und sollten nun selbstständig gelöst werden. Sie können parallel zu dem folgenden Themenblock „Ergänzende Übungen" nach und nach eingesetzt werden.

ARBEITSHEFT Seite 57

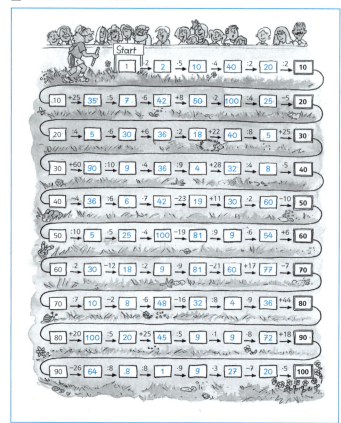

ARBEITSHEFT Seite 58

1 Wie viele? 29, 92, 35, 53

2 Zahlen darstellen
a) sechsundzwanzig 26
b) siebenunddreißig 37
c) zweiundsechzig 62
d) dreiundsiebzig 73

3 Zahlen ordnen
3, 11, 97, 19, 68, 27, 71, 13, 48, 33, 40
3, 11, 13, 19, 27, 33, 40, 48, 68, 71, 97

4 Zahlen zerlegen
a) 47 = 40 + 7   b) 91 = 90 + 1   c) 50 = 50 + 0   d) 63 = 60 + 3
74 = 70 + 4   19 = 10 + 9   5 = 0 + 5   36 = 30 + 6

5 In Einerschritten zählen
Vorwärts: 28, 29, 30, 31, 32, 33, 34, 35, 36, 37, 38, 39
77, 78, 79, 80, 81, 82, 83, 84, 85, 86, 87, 88
Rückwärts: 91, 90, 89, 88, 87, 86, 85, 84, 83, 82, 81, 80
66, 65, 64, 63, 62, 61, 60, 59, 58, 57, 56, 55

6 In Zehnerschritten zählen
Vorwärts: 7, 17, 27, 37, 47, 57, 67, 77, 87, 97
2, 12, 22, 32, 42, 52, 62, 72, 82, 92
Rückwärts: 100, 90, 80, 70, 60, 50, 40, 30, 20, 10, 0
94, 84, 74, 64, 54, 44, 34, 24, 14, 4

ARBEITSHEFT Seite 59

7 Nachbarzahlen
81, 82, 83 ; 48, 49, 50 ; 54, 55, 56 ; 89, 90, 91 ; 98, 99, 100
27, 28, 29 ; 66, 67, 68 ; 70, 71, 72 ; 19, 20, 21 ; 8, 9, 10
28, 29, 30 ; 75, 76, 77 ; 16, 17, 18 ; 11, 12, 13 ; 0, 1, 2

8 Ergänzen zum Zehner
63 + 7 = 70   14 + 6 = 20   83 + 7 = 90   93 + 7 = 100
56 + 4 = 60   41 + 9 = 50   38 + 2 = 40   98 + 2 = 100
42 + 8 = 50   65 + 5 = 70   77 + 3 = 80   68 + 2 = 70

9 Vergleiche: < oder >?
92 > 29   97 < 100   19 < 21   9 < 90   27 < 73
18 < 81   19 > 18   91 > 21   17 < 61   42 > 38
63 > 36   18 < 19   19 > 12   16 < 71   32 < 48

10 100 teilen
100 = 2 mal 50   100 = 5 mal 20   100 = 10 mal 10
100 = 4 mal 25   100 = 20 mal 5   100 = 50 mal 2

11 Mit Zehnern rechnen wie mit Einern (Plus)
5 + 5 = 10   6 + 4 = 10   7 + 3 = 10   8 + 2 = 10
50 + 50 = 100   60 + 40 = 100   70 + 30 = 100   80 + 20 = 100

4 + 5 = 9   6 + 2 = 8   7 + 2 = 9   3 + 3 = 6
40 + 50 = 90   60 + 20 = 80   70 + 20 = 90   30 + 30 = 60

12 Mit Zehnern rechnen wie mit Einern (Minus)
9 – 5 = 4   8 – 7 = 1   7 – 5 = 2   10 – 5 = 5
90 – 50 = 40   80 – 70 = 10   70 – 50 = 20   100 – 50 = 50

3 – 3 = 0   8 – 5 = 3   7 – 2 = 5   10 – 10 = 0
30 – 30 = 0   80 – 50 = 30   70 – 20 = 50   100 – 100 = 0

ARBEITSHEFT Seite 60

1 Plusaufgaben
27 + 30 = 57   61 + 30 = 91   49 + 1 = 50   25 + 7 = 32
37 + 20 = 57   31 + 60 = 91   19 + 40 = 59   27 + 5 = 32
73 + 20 = 93   13 + 60 = 73   41 + 9 = 50   72 + 5 = 77

40 + 30 = 70   20 + 30 = 50   36 + 50 = 86   36 + 7 = 43
4 + 5 = 9   6 + 6 = 12   36 + 51 = 87   36 + 17 = 53
44 + 35 = 79   26 + 36 = 62   36 + 52 = 88   36 + 27 = 63

2 Verdoppeln
30 + 30 = 60   40 + 40 = 80   20 + 20 = 40   10 + 10 = 20
4 + 4 = 8   7 + 7 = 14   6 + 6 = 12   5 + 5 = 10
34 + 34 = 68   47 + 47 = 94   26 + 26 = 52   15 + 15 = 30

44 + 44 = 88   37 + 37 = 74   36 + 36 = 72   25 + 25 = 50
45 + 45 = 90   27 + 27 = 54   46 + 46 = 92   24 + 24 = 48
46 + 46 = 92   17 + 17 = 34   45 + 45 = 90   14 + 14 = 28

3 Minusaufgaben
56 – 30 = 26   51 – 20 = 31   51 – 22 = 29   65 – 9 = 56
65 – 30 = 35   62 – 30 = 32   88 – 59 = 29   56 – 8 = 48
67 – 20 = 47   73 – 40 = 33   97 – 38 = 59   48 – 7 = 41

70 – 30 = 40   64 – 40 = 24   86 – 7 = 79   57 – 30 = 27
5 – 4 = 1   64 – 41 = 23   86 – 17 = 69   57 – 37 = 20
75 – 34 = 41   64 – 42 = 22   86 – 27 = 59   57 – 38 = 19

4 Halbieren
80 = 40 + 40   40 = 20 + 20   50 = 25 + 25   60 = 30 + 30
6 = 3 + 3   8 = 4 + 4   6 = 3 + 3   4 = 2 + 2
86 = 43 + 43   48 = 24 + 24   56 = 28 + 28   64 = 32 + 32

84 = 42 + 42   46 = 23 + 23   54 = 27 + 27   66 = 33 + 33
82 = 41 + 41   44 = 22 + 22   52 = 26 + 26   68 = 34 + 34
88 = 44 + 44   42 = 21 + 21   58 = 29 + 29   70 = 35 + 35

Arbeitsheft: Wiederholung des Grundwissens

Wiederholung des bisher erarbeiteten Grundwissens zur Lernstandskontrolle

ARBEITSHEFT Seite 61

5 Plus und Minus

26 + 21 = 47	63 + 24 = 87	38 + 19 = 57	58 + 13 = 71
47 − 21 = 26	87 − 24 = 63	57 − 19 = 38	71 − 13 = 58
87 − 51 = 36	55 − 36 = 19	74 − 21 = 53	72 − 49 = 23
36 + 51 = 87	19 + 36 = 55	53 + 21 = 74	23 + 49 = 72
69 + 13 = 82	63 − 24 = 39	36 + 55 = 91	92 − 67 = 25
82 − 13 = 69	39 + 24 = 63	91 − 55 = 36	25 + 67 = 92

6 Einmaleins

2 · 2 = 4   2 · 5 = 10   2 · 10 = 20   2 · 1 = 2   2 · 3 = 6
5 · 2 = 10   5 · 5 = 25   5 · 10 = 50   5 · 1 = 5   5 · 3 = 15
10 · 2 = 20   10 · 5 = 50   10 · 10 = 100   10 · 1 = 10   10 · 3 = 30

2 · 8 = 16   2 · 4 = 8   2 · 9 = 18   2 · 6 = 12   2 · 7 = 14
5 · 8 = 40   5 · 4 = 20   5 · 9 = 45   5 · 6 = 30   5 · 7 = 35
10 · 8 = 80   10 · 4 = 40   10 · 9 = 90   10 · 6 = 60   10 · 7 = 70

3 · 3 = 9   6 · 6 = 36   9 · 9 = 81   10 · 3 = 30   5 · 4 = 20
4 · 4 = 16   7 · 7 = 49   10 · 10 = 100   9 · 3 = 27   6 · 4 = 24
5 · 5 = 25   8 · 8 = 64   1 · 1 = 1   8 · 3 = 24   7 · 4 = 28

2 · 6 = 12   5 · 7 = 35   4 · 9 = 36   4 · 8 = 32   10 · 8 = 80
4 · 6 = 24   4 · 7 = 28   5 · 9 = 45   5 · 8 = 40   9 · 8 = 72
8 · 6 = 48   3 · 7 = 21   6 · 9 = 54   7 · 8 = 56   8 · 8 = 64

7 Aufteilen

24 : 3 = 8   24 : 4 = 6

8 Einfache Aufgaben zum Teilen

90 : 9 = 10   80 : 8 = 10   70 : 7 = 10   60 : 6 = 10   40 : 4 = 10
45 : 9 = 5   40 : 8 = 5   35 : 7 = 5   30 : 6 = 5   20 : 4 = 5
18 : 9 = 2   16 : 8 = 2   14 : 7 = 2   12 : 6 = 2   8 : 4 = 2

ARBEITSHEFT Seite 62

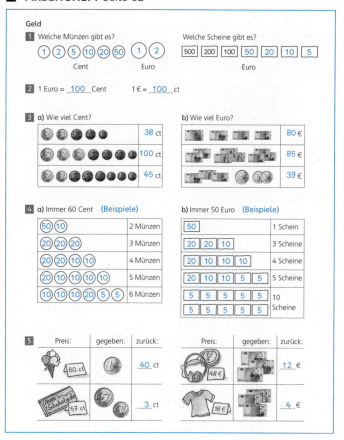

Geld

1 Welche Münzen gibt es? 1 2 5 10 20 50 Cent   1 2 Euro
Welche Scheine gibt es? 500 200 100 50 20 10 5 Euro

2 1 Euro = 100 Cent   1 € = 100 ct

3 a) Wie viel Cent? 38 ct / 100 ct / 45 ct
b) Wie viel Euro? 80 € / 85 € / 39 €

4 a) Immer 60 Cent (Beispiele)
50 10	2 Münzen
20 20 20	3 Münzen
20 20 10 10	4 Münzen
20 10 10 10 10	5 Münzen
10 10 10 20 5 5	6 Münzen

b) Immer 50 Euro (Beispiele)
50	1 Schein
20 20 10	3 Scheine
20 10 10 10	4 Scheine
20 10 10 5 5	5 Scheine
5 5 5 5 5 5 5 5 5 5	10 Scheine

5 zurück: 40 ct / 3 ct / 12 € / 4 €

ARBEITSHEFT Seite 63

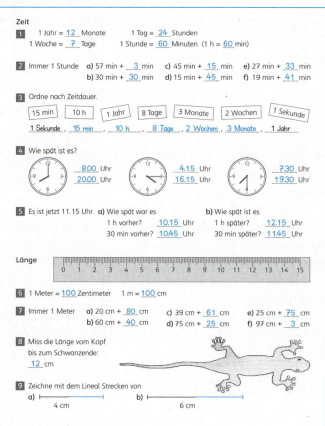

Zeit

1 1 Jahr = 12 Monate   1 Tag = 24 Stunden
1 Woche = 7 Tage   1 Stunde = 60 Minuten (1 h = 60 min)

2 Immer 1 Stunde
a) 57 min + 3 min   c) 45 min + 15 min   e) 27 min + 33 min
b) 30 min + 30 min   d) 15 min + 45 min   f) 19 min + 41 min

3 Ordne nach Zeitdauer.
15 min, 10 h, 1 Jahr, 8 Tage, 3 Monate, 2 Wochen, 1 Sekunde

1 Sekunde, 15 min, 10 h, 8 Tage, 2 Wochen, 3 Monate, 1 Jahr

4 Wie spät ist es?
8.00 Uhr / 20.00 Uhr   4.15 Uhr / 16.15 Uhr   7.30 Uhr / 19.30 Uhr

5 Es ist jetzt 11.15 Uhr.
a) Wie spät war es   1 h vorher? 10.15 Uhr   30 min vorher? 10.45 Uhr
b) Wie spät ist es   1 h später? 12.15 Uhr   30 min später? 11.45 Uhr

Länge

6 1 Meter = 100 Zentimeter   1 m = 100 cm

7 Immer 1 Meter
a) 20 cm + 80 cm   c) 39 cm + 61 cm   e) 25 cm + 75 cm
b) 60 cm + 40 cm   d) 75 cm + 25 cm   f) 97 cm + 3 cm

8 Miss die Länge vom Kopf bis zum Schwanzende: 12 cm

9 Zeichne mit dem Lineal Strecken von
a) 4 cm   b) 6 cm

ARBEITSHEFT Seite 64

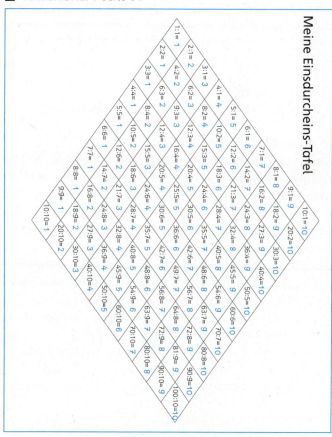

Meine Einsdurcheins-Tafel

201

110 Teilen mit Rest
Restschreibweise

Der hier beginnende Themenblock „Ergänzende Übungen" ist wie im Band 1 als „Puffer" gedacht. Es dient zur weiteren Übungen von Fähigkeiten und Fertigkeiten, die vorher behandelt worden sind. Lehrerin und/oder Kinder können wählen, welche Seiten oder Aufgaben sie in welchem Umfang in welcher Tiefe bearbeiten wollen.

❓ WAS WIRD BENÖTIGT?
Arbeits- und Demonstrationsmaterial: Wendeplättchen

❓ WORUM GEHT ES?
Beim Aufteilen und Verteilen können Reste auftreten, die in Zerlegungsform 26 = 8 · 3 + 2 oder in der bewährten Restschreibweise 26 : 3 = 8 R 2 notiert werden können.

Obwohl der Ausdruck auf der rechten Seite der Restschreibweise keine Zahl angibt und daher das Gleichheitszeichen nur als „ergibt" gelesen werden kann, weist die in begrenztem Rahmen verwendete Restschreibweise deutliche Vorteile auf:

– Sie gibt klar die Handlung des Teilens wieder und drückt diese auch in einer Divisionsaufgabe aus (26 : 3).
– Sie beschreibt das Ergebnis der Handlung mit einem Rest, der natürlich noch interpretiert werden muss.
– 26 : 3 = 8 R 2 ist im Sinne der Zone der nächsten Entwicklung ein ausbaufähiges Zwischenergebnis, denn der Rest kann, sobald Brüche zur Verfügung stehen, weiter aufgeteilt werden (26 : 3 = 8 + $\frac{2}{3}$).
– Auch in der Wissenschaft findet die Restschreibweise Verwendung. In der klassischen Zahlentheorie kommt es gerade auf die Reste an.

Solange die Handlung des Teilens im Vordergrund steht, sollte u. E. unbedingt die Restschreibweise benutzt werden. Sie findet ihre natürliche Fortsetzung in der schrittweisen halbschriftlichen Division im Band 3. Am Ende von Band 4 haben die Kinder ein bestimmtes Grundverständnis von Brüchen und können nachvollziehen, dass der Rest 2 noch weiter geteilt werden kann.

❓ WIE KANN MAN VORGEHEN?
Zur Arbeit mit dem Buch:
Aufgabe 1:
Besonders geeignet zur Einführung ist das bekannte „Atom-Spiel": Wenn der Spielleiter „Dreier" ruft, müssen die Kinder Dreier-Gruppen bilden. Die Gruppenbildung kann ohne Rest möglich sein, es können aber auch ein oder zwei Kinder übrig bleiben. Wenn der Spielleiter „Fünfer" ansagt, können je nach Klassengröße 1, 2, 3 oder 4 Kinder übrig bleiben, falls es nicht aufgeht.

Wenn das „Atom-Spiel" vom Sportunterricht bekannt ist, können die Kinder sofort das Einstiegsbild beschreiben, ansonsten sollte das Spiel zunächst einmal gespielt werden.

Die im Bild dargestellte Situation ist auf drei verschiedene Weisen notiert:
– umgangssprachlich (8 Dreier, 2 Kinder bleiben übrig),
– als Zerlegungsaufgabe (26 = 8 · 3 + 2) und
– in der neuen Restschreibweise (26 : 3 = 8 R 2).

Aufgabe 2 und 3:
Die Spielsituation wird jetzt mit Plättchen modelliert. Die Gesamtzahl der Plättchen ist vorgegeben und bleibt fest. Wie kann man sie aufteilen? Bei welchen Zahlen bleibt ein Rest? Wie groß kann der Rest sein?

Die zeichnerische Form des Aufteilens (Bündelns) ist bekannt. Die Aufgaben können, falls erforderlich, auch mit Plättchen gelegt werden.

Aufgabe 4 und 5:
Die Kinder sollten immer wieder aufgefordert werden zu formalen Aufgaben Rechengeschichten zu erfinden, damit die Mathematik mit Leben erfüllt wird.

Zur Aufgabe 18 : 3 kann z. B. folgende Geschichte erfunden werden: „Das Atom-Spiel wird mit 18 Kindern gespielt. Sie sollen Dreier bilden." Oder: „18 Nüsse sollen an 3 Kinder verteilt werden."

Die Schüler legen 18 Plättchen auf den Tisch und bilden Dreier-Mengen.

Dann zählen sie die Teilmengen und schauen, ob ein Plättchen übrig bleibt. Lösung: 6 Dreier. Der Rest 0 muss nicht aufgeschrieben werden.

Bei den Aufgaben 4c) und d) kann besprochen werden, warum jeweils der gleiche Rest herauskommt.

202 Ergänzende Übungen

Teilen mit Rest 111
Divisionsaufgaben am Einmaleins-Plan mit und ohne Rest lösen

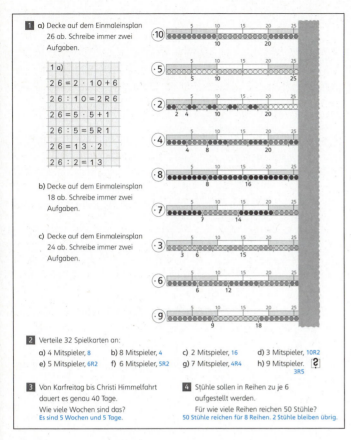

1 a) Decke auf dem Einmaleinsplan 26 ab. Schreibe immer zwei Aufgaben.

1 a)								
2	6	=	2	·	1	0	+	6
2	6	:	1	0	=	2	R	6
2	6	=	5	·	5	+	1	
2	6	:	5	=	5	R	1	
2	6	=	1	3	·	2		
2	6	:	2	=	1	3		

b) Decke auf dem Einmaleinsplan 18 ab. Schreibe immer zwei Aufgaben.

c) Decke auf dem Einmaleinsplan 24 ab. Schreibe immer zwei Aufgaben.

2 Verteile 32 Spielkarten an:
a) 4 Mitspieler, 8   b) 8 Mitspieler, 4   c) 2 Mitspieler, 16   d) 3 Mitspieler, 10R2
e) 5 Mitspieler, 6R2   f) 6 Mitspieler, 5R2   g) 7 Mitspieler, 4R4   h) 9 Mitspieler, 3R5

3 Von Karfreitag bis Christi Himmelfahrt dauert es genau 40 Tage. Wie viele Wochen sind das?
Es sind 5 Wochen und 5 Tage.

4 Stühle sollen in Reihen zu je 6 aufgestellt werden. Für wie viele Reihen reichen 50 Stühle?
50 Stühle reichen für 8 Reihen. 2 Stühle bleiben übrig.

? WAS WIRD BENÖTIGT?
Arbeits- und Demonstrationsmaterial: Einmaleins-Plan, Lineal, Papierstreifen oder Foliengerade zum Abdecken, 32 Spielkarten

? WORUM GEHT ES?
Der Einmaleins-Plan ist ein ideales Mittel um eine gegebene Zahl durch 10, 5, 2, 4, 8, 7, 3, 6, 9 zu teilen. Die Ergebnisse werden in Zerlegungsform und in der Restschreibweise notiert.

26 = 2 · 10 + 6   26 : 10 = 2 R 6
(In 26 geht 10 zweimal, 6 bleiben übrig.)

26 = 5 · 5 + 1   26 : 5 = 5 R 1
(In 26 geht 5 fünfmal, 1 bleibt übrig.)

26 = 10 · 2 + 6   26 : 2 = 10 R 6
oder
26 = 13 · 2   26 : 2 = 13

26 = 6 · 4 + 2   26 : 4 = 6 R 2
26 = 3 · 8 + 2   26 : 8 = 3 R 2
26 = 3 · 7 + 5   26 : 7 = 3 R 5
26 = 8 · 3 + 2   26 : 3 = 8 R 2
26 = 4 · 6 + 2   26 : 6 = 4 R 2
26 = 2 · 9 + 8   26 : 9 = 2 R 8

Der Plan verdeutlicht operative Zusammenhänge zwischen Divisionsaufgaben.

☐ Beispiel:
26 : 4 = 6 R 2 und 26 : 8 = 3 R 2
oder umgekehrt
26 : 3 = 8 R 2 und 26 : 6 = 4 R 2

? WIE KANN MAN VORGEHEN?
Zur Arbeit mit dem Buch:
Aufgabe 1:
a) Die Schüler markieren auf dem Einmaleins-Plan mit einem Lineal eine bestimmte Zahl, z. B. 26. Zu jeder Einmaleins-Reihe werden die entsprechende Zerlegungsaufgabe und Divisionsaufgabe notiert. Die Ergebnisse sind am Plan ablesbar.
   26 = 10 · 2 + 6 kann interpretiert werden als: 26 besteht aus 10 Zweiern und 6 bleiben übrig. Natürlich ist auch die Lösung 26 = 13 · 2 richtig (26 besteht aus 13 Zweiern).
   Die übrigen Aufgaben werden in Einzelarbeit gelöst.

b), c) Die von Aufgabe 1a bekannte Arbeitsweise wird nun zur Vertiefung auf die Zahlen 18 und 24 übertragen. Bei Zahlen größer als 20 sind mehrere Schreibweisen bei der 2er-Reihe möglich:
24 : 2 = 10 R 4 (Reihe hört im Plan bei 20 auf) oder
24 : 2 = 12.

Aufgabe 2:
Wenn mehrere Kartenspiele zur Verfügung stehen, kann diese Aufgabe am besten in Gruppenarbeit gelöst werden. Die Gruppengröße variiert. Die Karten werden verteilt. Es wird festgestellt, wie viele Karten jeder bekommen hat und wie viele übrig bleiben. Die Kontrollrechnung kann durch die Zerlegungsaufgabe erfolgen. Ansonsten können auch Plättchen anstelle von Spielkarten verteilt werden.

Die Aufgabenlösung ist auch in Einzelarbeit möglich. In Aufgabe a (4 Mitspieler) legt der Schüler 4 Karten nebeneinander, darunter legt er eine weitere Reihe mit 4 Karten usw., bis er alle Karten ausgelegt hat oder bis er einen Rest übrig behält.

Dieses Verfahren ist auch zeichnerisch gut darzustellen:

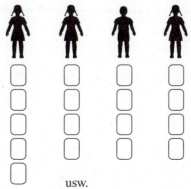

usw.

Ergänzende Übungen

111 Teilen mit Rest
Divisionsaufgaben am Einmaleins-Plan mit und ohne Rest lösen

und führt auf die Felddarstellung zurück:

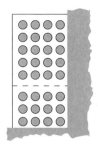

$8 \cdot 4 = 32$
$32 : 4 = 8$

Aufgabe 3 und 4:
Die Sachaufgaben können ebenfalls mit Hilfe des Einmaleins-Plans gelöst werden.

❓ WIE KÖNNTE ES WEITERGEHEN?
– Erkundungsaufgaben:
Welche Zahlen haben durch 5 geteilt den Rest 1?
(6, 11, 16, 21, 26, …)
Welche Zahlen haben durch 4 geteilt den Rest 3?
(7, 11, 15, 19, 23, …)
Welche Zahlen haben durch 7 geteilt den Rest 2?
(9, 16, 23, …)

Schöne Zahlen
Mit Zahlen spielen 112

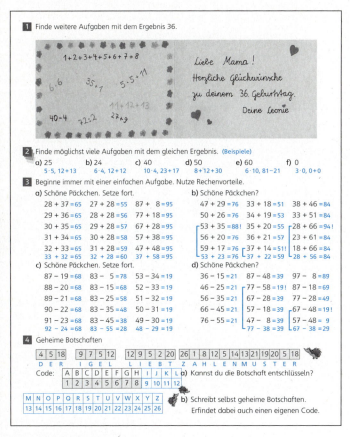

? WORUM GEHT ES?

Im Rahmen produktiver Übungen wird das Rechnen im Hunderter geübt und die Einsicht in mathematische Beziehungen gefördert. Besonders herausgestellt werden zwei Gesetze:
- Gesetz von der Konstanz der Summe:
  $a + b = (a + c) + (b - c)$ und
  $a + b = (a - c) + (b + c)$
- Gesetz von der Konstanz der Differenz:
  $a - b = (a + c) - (b + c)$ und
  $a - b = (a - c) - (b - c)$

Interessant sind folgende Gegenüberstellungen:
- Wenn in einer Summe beide Summanden um c erhöht werden, so erhöht sich die Summe um 2c.
- Wenn in einer Differenz a – b der Minuend um c erhöht und der Subtrahend um c erniedrigt wird, so erhöht sich die Differenz um 2c.

? WIE KANN MAN VORGEHEN?

Aufgabe 1 und 2:
Die Kinder suchen zu einem festen Ergebnis möglichst schöne Aufgaben. Weitere Beispiele:
a) $25 = 5 \cdot 5$
   $25 = 3 + 4 + 5 + 6 + 7$
   $25 = 4 \cdot 4 + 3 \cdot 3$
   $25 = 1 + 3 + 5 + 7 + 5 + 3 + 1$

b) $24 = 8 \cdot 3$
   $24 = 6 \cdot 4$
   $24 = 7 + 8 + 9$
   $24 = 2 + 20 + 2$
   $24 = 2 \cdot 10 + 2 \cdot 2$

c) $40 = 6 + 7 + 8 + 9 + 10$
   $40 = 6 \cdot 6 + 2 \cdot 2$
   $40 = 6 \cdot 6 + 2 \cdot 2$
   $40 = 7 \cdot 7 - 3 \cdot 3$
   $40 = 49 - 9$

Für das Ergebnis 0 gibt es besonders viele und z.T. merkwürdige Aufgaben:
$10 - 10 = 0$, $100 - 100 = 0$, $8 \cdot 0 = 0$, $15 + 5 - 20 = 0$, ... usw.
Den Kindern unterlaufen bei 0 aber auch leicht Fehler, z. B. $0 \cdot 3 = 3$ oder $0 : 0 = 0$.

Aufgabe 3:
a) Die Aufgaben des ersten Päckchens haben immer das Ergebnis 65. Der erste Summand nimmt jeweils um 1 zu, der zweite Summand um 1 ab.
Fortsetzung: $33 + 32 = 65$, $34 + 31 = 65$, ...
Beim zweiten Päckchen nimmt der erste Summand um 1 zu, der zweite Summand bleibt gleich, die Summe wird also jeweils um 1 größer.
Fortsetzung: $32 + 28 = 60$, $33 + 28 = 61$, ...
Beim dritten Päckchen nimmt der erste Summand um 10 ab, der zweite Summand erhöht sich um 10. Das Ergebnis 95 ändert sich nicht.
Fortsetzung: $37 + 58 = 95$, $27 + 68 = 95$, ...

b) Beim ersten Päckchen erhöht sich der erste Summand immer um 3, der zweite Summand erniedrigt sich immer um 3. Störung bei $53 + 35 = 88$, es muss heißen $53 + 23 = 76$. Dann ist das Ergebnis immer gleich 76.
Beim zweiten Päckchen erhöht sich der erste Summand immer um 1, der zweite Summand ebenfalls um 1. Die Summe wird dann immer um 2 größer. Störung bei $37 + 14 = 51$, es muss heißen $37 + 22 = 59$.
Beim dritten Päckchen erniedrigt sich der erste Summand um 5, dafür erhöht sich der zweite Summand um 5. Das Ergebnis bleibt gleich. Störung bei $28 + 66 = 94$, es muss heißen $28 + 56 = 84$.

c) Beim ersten Päckchen werden Minuend und Subtrahend immer um 1 größer, das Ergebnis ist also immer gleich 68.
Fortsetzung: $92 - 24 = 68$, $93 - 25 = 68$, ...
Beim zweiten Päckchen bleibt der Minuend gleich, der Subtrahend erhöht sich um 10, d. h., das Ergebnis wird immer um 10 kleiner. Fortsetzung: $83 - 55 = 28$, $83 - 65 = 18$, ...
Beim dritten Päckchen nehmen Minuend und Subtrahend immer um 1 ab, d. h., das Ergebnis bleibt immer gleich 19.
Fortsetzung: $48 - 29 = 19$, $47 - 28 = 19$, ...

Ergänzende Übungen 205

112 Schöne Zahlen
Mit Zahlen spielen

d) Beim ersten Päckchen nehmen Minuend und Subtrahend immer um 10 zu, das Ergebnis bleibt somit gleich 21. Keine Störung.

Beim zweiten Päckchen erniedrigen sich der Minuend und Subtrahend um 10, also bleibt das Ergebnis immer gleich 39. Störung bei 77 – 58 = 19, es muss heißen 77 – 38 = 39.

Beim letzten Päckchen erniedrigt sich der Minuend um 10, der Subtrahend erhöht sich um 10. Das Ergebnis wird von Aufgabe zu Aufgabe um 20 kleiner. Störung bei 67 – 48 = 19, es muss heißen: 67 – 38 = 29.

Aufgabe 4:
Die Botschaft heißt: „Der Igel liebt Zahlenmuster"
Weitere Beispiele für Codes:
– Alphabet und Zahlenreihe um 1, 2, … verschieben (A-2, B-3, C-4, … oder A-3, B-4, C-5, …)
– Buchstaben der Folge der geraden oder ungeraden Zahlen zuordnen (A-2, B-4, C-6, … oder A-1, B-3, C-5, …)
– Alphabet vorwärts und Zahlenreihe rückwärts (A-26, B-25, C-24, …)

Die Kinder finden hier sicher noch viele weitere Varianten.

❓ WIE KÖNNTE ES WEITERGEHEN?
– Die Kinder gestalten selbst eine Geburtstagskarte mit schönen Zahlen.

Rechnen ohne auszurechnen

Nutzen von Rechenvorteilen, Förderung des algebraischen Denkens

113

---

1 Vergleiche immer die Aufgabenpaare. Was fällt dir auf?

a) 19 + 17 =36   53 + 15 =68   24 + 26 =50   33 + 38 =71   28 + 59 =87
   20 + 16 =36   58 + 10 =68   25 + 25 =50   32 + 40 =72   27 + 60 =87

b) 41 − 17 =24   55 − 19 =36   89 − 16 =73   85 − 21 =64   77 − 49 =28
   44 − 20 =24   56 − 20 =36   83 − 10 =73   84 − 20 =64   77 − 50 =27

c) 4·7 + 4·7 =56   6·3   =18   10·7 − 1·7 =63   5·8 − 1·8 =32   3·8 − 3·8 =0
   5·7 + 3·7 =56   5·3 + 1·3 =18   9·7   =63   2·8 + 2·8 =32   0·8   =0

d) Finde weitere Aufgaben mit dem gleichen Ergebnis.

2 Welche Zahlen fehlen? Überlege ohne zu rechnen!

a) 19 + 17 = 17 + 19   b) 26 + 37 = 30 + 33   c) 20 + 54 = 55 + 19
   28 + 15 = 15 + 28   0 + 23 = 3 + 20   50 + 40 = 53 + 37
   37 + 16 = 40 + 13   88 + 7 = 90 + 5   38 + 20 = 39 + 19
   71 + 19 = 20 + 70   47 + 9 = 8 + 48   15 + 20 = 17 + 18
   18 + 16 = 17 + 17   37 + 19 = 40 + 16   23 + 15 = 18 + 20

d) 37 − 19 = 38 − 20   e) 27 − 18 = 29 − 20   f) 56 − 20 = 55 − 19
   48 − 31 = 47 − 30   49 − 19 = 50 − 20   73 − 50 = 71 − 48
   41 − 18 = 43 − 20   66 − 37 = 69 − 40   97 − 67 = 90 − 60
   33 − 0 = 43 − 10   78 − 39 = 79 − 40   49 − 32 = 47 − 30
   66 − 28 = 68 − 30   65 − 27 = 68 − 30   68 − 37 = 71 − 40

3 Hans ist heute 8 Jahre alt, sein Vater 36 Jahre.
a) Wie viele Jahre ist der Vater älter als Hans?
b) Wie alt sind beide in 5 Jahren?
c) Wie viele Jahre ist dann der Vater älter als Hans?

a) Vater ist 28 Jahre älter als Hans.
b) Hans ist in 5 Jahren 13, Vater 41 Jahre alt.
c) Vater ist immer 28 Jahre älter als Hans.

4 Sofie hat 17 Euro, Robin hat 24 Euro.   Robin gibt Sofie 3 Euro ab.
a) Wie viel Euro hat Robin mehr? 7 Euro   c) Wie viel Euro hat Robin nun mehr? 1 Euro
b) Wie viel Euro haben sie zusammen? 41 Euro   d) Wie viel Euro haben sie jetzt zusammen? 41 Euro

---

❓ WORUM GEHT ES?

Die Gleichung 55 + 19 = 20 + x kann man auf verschiedene Art lösen.

1. Weg:
Durch Ausrechnen der linken Seite ergibt sich:
74 = 20 + x und x = 74 − 20 = 54
Das erfordert eine Reihe von Rechnungen und Überlegungen.

2. Weg:
Ausnutzen von Rechenvorteilen:

Der Summand 20 auf der rechten Seite ist um 1 größer als der Summand 19 auf der linken Seite. Damit die Summe gleich bleibt, muss der andere Summand auf der rechten Seite um 1 kleiner sein als 55, also: 55 + 19 = 20 + 54

1 mehr
1 weniger

Der zweite Weg beruht auf einer algebraischen Überlegung. Dabei erspart man sich das Ausrechnen.

Alle Aufgaben auf dieser Seite lassen sich lösen, ohne sie genau auszurechnen. Ausrechnen ist aber nicht verboten und führt natürlich auch zum Ergebnis. Auf dieser Seite sollen die Kinder nach Möglichkeit jedoch Rechenvorteile nutzen. Es wird damit algebraisches Denken (im Hinblick auf die Sekundarstufe I) vorbereitet.

❓ WIE KANN MAN VORGEHEN?

Zur Arbeit mit dem Buch:

Aufgabe 1:

Hier vergleichen die Kinder immer zwei Aufgaben. Ist eine Aufgabe berechnet, so lässt sich das Ergebnis der anderen Aufgabe erschließen.

☐ Beispiele:
20 + 16 = 36, also 19 + 17 = 36
77 − 50 = 27, also 77 − 49 = 28 (1 mehr)
10 · 7 − 1 · 7, also 9 · 7 = 63

Aufgabe 2:

Hier lassen sich die fehlenden Zahlen ausrechnen, aber auch ohne Rechnen erschließen. Ob die fehlende Zahl stimmt, lässt sich immer nachrechnen (Probe).

Sicherlich werden die Kinder Aufgaben unterschiedlich elegant lösen. Wichtig ist es, dass die Päckchen an der Tafel gemeinsam besprochen werden.

☐ Beispiel:
a) 19 + 17 = 17 + 19
   Vertauschung der Summanden
   28 + 15 = 15 + 28
   Vertauschung der Summanden
   37 + 16 = 40 + 13
   Ein Summand 3 mehr, der andere Summand 3 weniger
   71 + 19 = 20 + 70
   Ein Summand 1 mehr, der andere Summand 1 weniger
   18 + 16 = 17 + 17
   Ein Summand 1 weniger, der andere Summand 1 mehr

Aufgabe 3:

Bei dieser Sachaufgabe spiegelt sich das Gesetz von der Konstanz der Differenz wider. Der Altersunterschied zwischen zwei Personen bleibt immer gleich.

Aufgabe 4:

Bei diesen Sachaufgaben spiegelt sich ebenfalls das Gesetz von der Konstanz der Summe wider.

114 Gerade und ungerade Zahlen
Halbieren und Fast-Halbieren

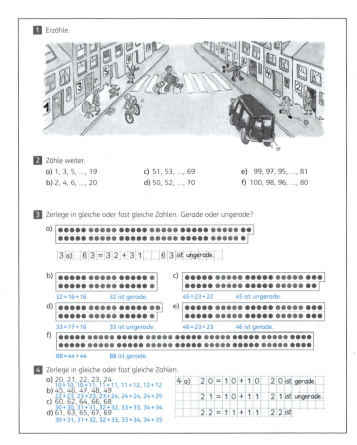

WAS WIRD BENÖTIGT?
Arbeitsmaterial: Plättchen, kariertes Heft
Demonstrationsmaterial: Wendeplättchen auf Magnettafel, normale Wendeplättchen auf OHP oder Folie mit Gitternetz und farbige Folienstifte

WORUM GEHT ES?
Gerade und ungerade Zahlen wurden im Band 1 mit Hilfe von Plättchenmustern eingeführt: Zahlen, die sich als „aufgehende" Doppelreihe legen lassen, sind gerade, Zahlen, bei denen ein Single auftritt, sind ungerade. Jetzt sollen die Begriffe „gerade, ungerade" auf den Hunderterraum erweitert und mit der Division durch 2 in Verbindung gebracht werden.

Gerade Zahlen lassen sich in zwei gleiche Summanden zerlegen (Beispiel: 32 = 16 + 16). Bei der Division durch 2 bleibt kein Rest. Ungerade Zahlen können nur in „fast gleiche" Summanden zerlegt werden (Beispiel: 33 = 17 + 16). Bei der Division durch 2 bleibt der Rest 1 (33 : 2 = 16 R 1). Man spricht daher von „Fast-Halbieren".

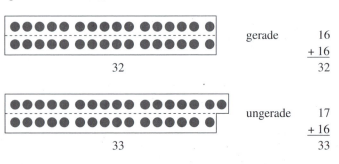

Die Ausdehnung der Begriffe „gerade/ungerade" auf den Hunderterraum ist keineswegs selbstverständlich. Es kommt vor, dass Kinder z. B. die Zahl 30 als ungerade ansehen, weil sie 3 als ungerade erkannt haben. Bis zu der Erkenntnis, dass es bei „gerade/ungerade" nur auf die Einerziffer ankommt, ist noch ein weiter Weg zurückzulegen.

WIE KANN MAN VORGEHEN?
Vor der Arbeit mit dem Buch:
Die Lehrerin legt ca. 13 Plättchen an der Magnettafel und fragt, ob die gelegte Zahl gerade oder ungerade ist. Im Klassengespräch erinnern sich die Kinder an die Aktivitäten im Band 1. Es wird eine Doppelreihe gelegt, die zeigt, ob die gelegte Zahl gerade oder ungerade ist.

Zur Arbeit mit dem Buch:
Aufgabe 1:
Das Einstiegsbild erinnert an gerade und ungerade Zahlen aus dem ersten Schuljahr. Auf der rechten Seite der Straße befinden sich die geraden, auf der linken Seite die ungeraden Hausnummern.

Fragen: Wenn die Straße weitergehen würde, auf welcher Straßenseite würden sich die Hausnummern 12, 20, 30, … befinden, auf welcher Straßenseite die Hausnummern 17, 25, …?

Aufgabe 2:
Die Zahlenfolgen werden ergänzt und an der Hunderterreihe (ausklappbarer Umschlag) gezeigt.

Aufgabe 3:
Die Kinder lesen die Zerlegungen in gleiche bzw. fast gleiche Summanden ab.

Die Fünfer-/Zehnerstruktur ermöglicht strukturiertes Zählen.

Im Anschluss an die Aufgaben 2 und 3 wird an der Tafel die Zahl 20 als Doppelreihe mit Plättchen gelegt und halbiert. Dann wird 1 Plättchen dazugelegt und die Zahl 21 wird fast halbiert. Dann wird ein weiteres Plättchen dazu gelegt und 22 wird halbiert usw.

20 = 10 + 10   gerade
21 = 11 + 10   ungerade
22 = 11 + 11   gerade
23 = 12 + 11   ungerade
24 = 12 + 12   gerade
25 = 13 + 12   ungerade

Es entstehen schöne Muster, die zeigen, dass auf der Zahlenreihe gerade und ungerade Zahlen alternieren.

Aufgabe 4
Es gibt verschiedene Strategien des Halbierens und Fasthalbierens, die zuerst gemeinsam besprochen werden.

Gerade und ungerade Zahlen
Halbieren und Fast-Halbieren
114

☐ Beispiele:
55 soll zerlegt werden:
50 = 25 + 25   Zehner halbiert
 5 = 3 + 2   Einer fast-halbiert
55 = 28 + 27   Zahl fast-halbiert
64 soll zerlegt werden:
60 = 30 + 30   Zehner halbiert
 4 = 2 + 2   Einer halbiert
64 = 32 + 32   Zahl halbiert

Ist die Zahl der Zehner ungerade, so muss ein Zehner in zwei Fünfer halbiert werden.

Anschließend bearbeiten die Kinder die Aufgaben. Dabei erkennen sie Muster:

a) 20 = 10 + 10
   21 = 10 + 11
   22 = 11 + 11
   ...

b) 45 = 22 + 23
   46 = 23 + 23
   47 = 23 + 24
   ...

c) 60 = 30 + 30
   62 = 31 + 31
   64 = 32 + 32
   ...

d) 61 = 30 + 31
   63 = 31 + 32
   65 = 32 + 33
   ...

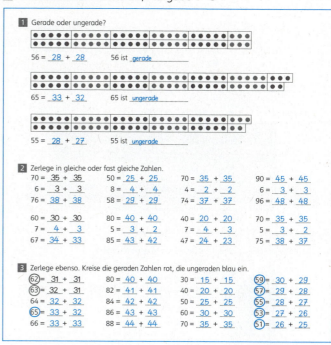

ARBEITSHEFT Seite 56, Aufgabe 1–3

1 Gerade oder ungerade?

56 = 28 + 28   56 ist gerade

65 = 33 + 32   65 ist ungerade

55 = 28 + 27   55 ist ungerade

2 Zerlege in gleiche oder fast gleiche Zahlen.

70 = 35 + 35	50 = 25 + 25	70 = 35 + 35	90 = 45 + 45
6 = 3 + 3	8 = 4 + 4	4 = 2 + 2	6 = 3 + 3
76 = 38 + 38	58 = 29 + 29	74 = 37 + 37	96 = 48 + 48
60 = 30 + 30	80 = 40 + 40	40 = 20 + 20	70 = 35 + 35
7 = 4 + 3	5 = 3 + 2	7 = 4 + 3	5 = 3 + 2
67 = 34 + 33	85 = 43 + 42	47 = 24 + 23	75 = 38 + 37

3 Zerlege ebenso. Kreise die geraden Zahlen rot, die ungeraden blau ein.

62 = 31 + 31	80 = 40 + 40	30 = 15 + 15	59 = 30 + 29
63 = 32 + 31	82 = 41 + 41	40 = 20 + 20	57 = 29 + 28
64 = 32 + 32	84 = 42 + 42	50 = 25 + 25	55 = 28 + 27
65 = 33 + 32	86 = 43 + 43	60 = 30 + 30	53 = 27 + 26
66 = 33 + 33	88 = 44 + 44	70 = 35 + 35	51 = 26 + 25

Ergänzende Übungen 209

115 Gerade und ungerade Zahlen
Halbieren und Fast-Halbieren

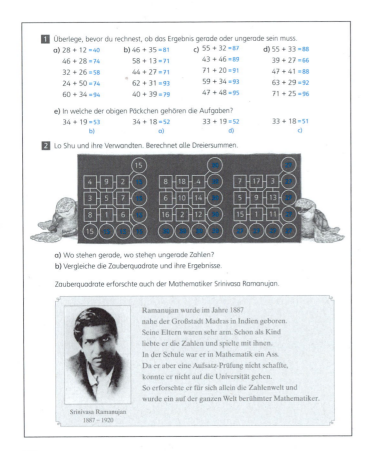

1 Überlege, bevor du rechnest, ob das Ergebnis gerade oder ungerade sein muss.

a) 28 + 12 = 40   b) 46 + 35 = 81   c) 55 + 32 = 87   d) 55 + 33 = 88
   46 + 28 = 74   58 + 13 = 71   43 + 46 = 89   39 + 27 = 66
   32 + 26 = 58   44 + 27 = 71   71 + 20 = 91   47 + 41 = 88
   24 + 50 = 74   62 + 31 = 93   59 + 34 = 93   63 + 29 = 92
   60 + 34 = 94   40 + 39 = 79   47 + 48 = 95   71 + 25 = 96

e) In welche der obigen Päckchen gehören die Aufgaben?
   34 + 19 = 53   34 + 18 = 52   33 + 19 = 52   33 + 18 = 51
        b)   a)   d)   c)

2 Lo Shu und ihre Verwandten. Berechnet alle Dreiersummen.

a) Wo stehen gerade, wo stehen ungerade Zahlen?
b) Vergleiche die Zauberquadrate und ihre Ergebnisse.

Zauberquadrate erforschte auch der Mathematiker Srinivasa Ramanujan.

Ramanujan wurde im Jahre 1887 nahe der Großstadt Madras in Indien geboren. Seine Eltern waren sehr arm. Schon als Kind liebte er die Zahlen und spielte mit ihnen. In der Schule war er in Mathematik ein Ass. Da er aber eine Aufsatz-Prüfung nicht schaffte, konnte er nicht auf die Universität gehen. So erforschte er für sich allein die Zahlenwelt und wurde ein auf der ganzen Welt berühmter Mathematiker.

Srinivasa Ramanujan
1887 – 1920

? WORUM GEHT ES?

Die Einsicht in die Struktur gerader und ungerader Zahlen wird vertieft. In Aufgabe 1 treten folgende Muster in Erscheinung:
„gerade + gerade = gerade",
„gerade + ungerade = ungerade",
„ungerade + gerade = ungerade",
„ungerade + ungerade = gerade"

In Aufgabe 2 werden ausgehend vom magischen Quadrat „Lo Shu" aus Band 1 (S. 106–107) magische Quadrate mit den ersten neun geraden und den ersten neun ungeraden Zahlen betrachtet. Das erste wird durch gewonnen, dass im Lo Shu alle Zahlen verdoppelt werden. Die magische Summe ist dann 2 · 15 = 30 (gerade)

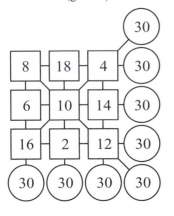

Wenn man in diesem Quadrat von jeder Zahl 1 abzieht, so erhält man die ersten neun ungeraden Zahlen 1, 3, 5, 7, 9, 11, 13, 15, 17. Die neue magische Summe ist natürlich 30 − 3 = 27 (also ungerade).

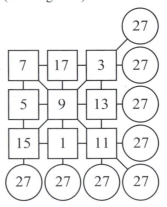

Im Zusammenhang mit diesen magischen Quadraten sollen die Kinder etwas über den berühmten indischen Mathematiker Ramanujan erfahren, der auch über magische Quadrate geforscht hat.

Srinivasa Ramanujan (gesprochen: Schri-ni-wá-sa Rammáh-na-dschan) wurde am 22. Dezember 1887 in der südindischen Kleinstadt Erode, ca. 330 km südwestlich von Madras, geboren. Seine Familie gehörte zwar zur höchsten Kaste der Hindus, zu den Brahmanen, lebte aber in sehr ärmlichen Verhältnissen.

Ramanujan kam mit 5 Jahren in die Schule und konnte mit 7 Jahren dank eines Stipendiums auf die Höhere Schule der Bezirkshauptstadt Kumbakonam wechseln. Seine außergewöhnliche mathematische Begabung wurde sofort erkannt. Er war ein ruhiger, nachdenklicher Schüler und hatte ein außergewöhnliches Gedächtnis. Es machte ihm Spaß, seinen Mitschülern mathematische Lehrsätze und Formeln vorzuführen und die Dezimalbruchentwicklungen der Zahlen π und e beliebig weit aufzusagen.

Als er 15 Jahre alt war und in die Oberstufe aufrückte, beschaffte ihm ein Freund aus der Leihbücherei des staatlichen College in Kumbakonam das Buch „Synopsis der Reinen Mathematik" des englischen Mathematikers Carr. Dieses Buch, eine Sammlung von etwa 5 000 Lehrsätzen und Formeln, die zum größten Teil ohne Beweise, allenfalls mit spärlichsten Beweisandeutungen, aufgeschrieben waren, inspirierte Ramanujans Genie. Ohne jede Hilfe entwickelte er die zugehörigen Beweise und entdeckte neue Zahlbeziehungen.

Auf diese Weise legte er den Grundstein für eigenständige mathematische Forschungen, die in der Folge sein Leben vollständig bestimmen sollten. Er konstruierte magische Quadrate, spielte mit Primzahlen und erforschte Probleme der Algebra, Trigonometrie, Differential- und Integralrechnung. Er war von der Mathematik so gefangen, dass er die anderen Fächer stark vernachlässigte.

Mehrere Versuche eine bestimmte Prüfung zu bestehen, die ihm sein Stipendium und den Verbleib am College bzw. an der Universität gesichert hätte, scheiterten wegen offenkundiger

Gerade und ungerade Zahlen
Halbieren und Fast-Halbieren

Schwächen in anderen Fächern. Ramanujan konnte im damaligen Universitätssystem keinen Platz finden. Dieses System war viel zu starr, als dass es einem Hochbegabten wie Ramanujan hätte gerecht werden können.

Völlig auf sich selbst gestellt und mittellos vertiefte er sich einige Jahre in die Welt der Zahlen, bis er im Alter von 25 Jahren durch Vermittlung einflussreicher Regierungsbeamter, die auf seine außergewöhnlichen Fähigkeiten aufmerksam geworden waren, Angestellter in der Hafenverwaltung von Madras wurde. Diese Position ließ ihm genügend Zeit für seine Forschungen, deren Ergebnisse er in den (heute berühmten) „Notizbüchern" festhielt und teilweise in indischen Mathematikzeitschriften veröffentlichte.

1913 sandte er einige seiner Entdeckungen an den berühmten englischen Mathematiker G. H. Hardy in Cambridge und bat ihn um Unterstützung. Hardy erkannte Ramanujans Genie trotz der eigentümlichen Symbolsprache, die Ramanujan in seiner Abgeschiedenheit für sich entwickelt hatte, und setzte alle Hebel in Bewegung, um Ramanujan nach England zu holen, was 1914, kurz vor Ausbruch des Ersten Weltkriegs, auch gelang.

Im wissenschaftlichen Austausch mit führenden Mathematikern der westlichen Welt entfaltete sich Ramanujans Begabung zur vollen Blüte. Er fand die verdiente wissenschaftliche Anerkennung, die sich insbesondere in seiner Wahl zum Mitglied der Royal Society und des Trinity College Cambridge ausdrückte.

Für den strengen Hindu Ramanujan war der Aufenthalt in England aber mit großen Problemen verbunden. Als Vegetarier kam er mit der englischen Küche nicht zurecht. Infolge des Krieges stockte der Nachschub von Nahrungsmitteln aus der Heimat. Auch das englische Klima bekam Ramanujan nicht gut. 1917 erkrankte er, vermutlich an Tuberkulose, und verbrachte viele Monate in Spitälern. Erst nach Ende des Weltkrieges, Anfang 1919, konnte er nach Indien zurückkehren und wurde dort begeistert empfangen. Sein Gesundheitszustand war aber bereits so angegriffen, dass er sich auch in seiner Heimat nicht mehr erholte. Ein Jahr später verstarb er im Alter von nur 33 Jahren.

Heute noch studieren Mathematiker Ramanujans „Notizbücher" und rätseln über seine Kreativität und deren Entfaltung in so widrigen äußeren Umständen.

Ramanujan selbst war zeit seines Lebens überzeugt, dass er seine mathematische Begabung der in seiner Familie verehrten Göttin Namagiri zu verdanken habe und dass sie ihm seine Entdeckungen im Traum offenbare.

G. H. Hardy äußerte sich über Ramanujans Begabung folgendermaßen:

„Ich bin oft gefragt worden, ob Ramanujan irgendeine geheime Methode oder irgendeine Besonderheit des Denkens hatte, die ihn von anderen Mathematikern unterscheiden würde. Ich kann das nicht mit Sicherheit ausschließen, glaube es aber nicht … Sein Gedächtnis und seine Rechenfertigkeit waren ungewöhnlich entwickelt, aber keineswegs abnorm. Wenn er zwei große Zahlen multiplizieren musste, tat er das auf gewöhnliche Weise, aber ungewöhnlich schnell und genau … Er konnte sich Besonderheiten und Merkwürdigkeiten von Zahlen merken. Jede Zahl war sozusagen sein persönlicher Freund. Als ich ihn einmal im Krankenhaus besuchte, sagte ich ihm, ich sei mit dem Taxi Nr. 1729 gekommen und hoffe, dass diese nichtssagende Zahl kein böses Omen sei. ‚Nein,‘ antwortete er, ‚1729 ist eine sehr interessante Zahl. Es ist die kleinste Zahl, die sich auf zwei verschiedene Weisen als Summe zweier dritter Potenzen ausdrücken lässt.' (Anmerkung E. Ch. W.: $1729 = 12^3 + 1^3 = 1728 + 1$ und $1729 = 10^3 + 9^3 = 1000 + 729$). Am verblüffendsten war Ramanujans Einsicht in algebraische Formeln und unendliche Reihen. Er ging viel mehr als die meisten heutigen Mathematiker von umfangreichem Beispielmaterial aus. Aber mit seinem Gedächtnis, seiner Zähigkeit und seinem Rechengeschick verband sich eine Gabe für Verallgemeinerung, ein Gefühl für Form und die Fähigkeit, seine Vermutungen blitzartig anzupassen. In dieser Kombination von Fähigkeiten ist Ramanujan bis heute unerreicht."

E. H. Neville, ein anderer englischer Mathematiker, sagte in einem Nachruf: „Ramanujans Laufbahn ist, gerade weil er ein Mathematiker war, von einzigartiger Bedeutung für die Entwicklung der Beziehungen zwischen Indien und dem Westen. Indien hat große Wissenschaftler hervorgebracht, aber niemand kann sagen, wie viel ihrer Inspiration sie von den großen westlichen Forschungseinrichtungen erhielten, in denen sie ihre prägenden Jahre verbrachten. Indien hat auch große Dichter und Philosophen hervorgebracht, aber es gibt natürlich stets eine leichte Subjektivität, wenn die Lehrmeister fremde Literatur empfehlen. Nur in der Mathematik sind die Standards unangreifbar und daher war Ramanujan der erste Inder, von dem die westlichen Wissenschaftler wussten, dass er schon von Geburt an ihren größten Gelehrten gleich war. Der in der westlichen Welt so weit verbreiteten Annahme, dass die Weißen den Schwarzen in wesentlichen Dingen überlegen seien, dieser beleidigenden Annahme, die so viele humanitäre Argumente und politische Appelle überdauert hat und die so viele Versuche einer Zusammenarbeit zwischen dem Westen und Indien vergiftet hat – dieser wurde von Ramanujan ein tödlicher Schlag versetzt."

LITERATUR

Kanigel, Robert: Der das Unendliche kannte. Das Leben des genialen Mathematikers Srinivasa Ramanujan. Aus dem Amerikanischen übersetzt von Albrecht Beutelspacher. Vieweg, Braunschweig/Wiesbaden 1993

Dieses von einem Outsider, nämlich einem Wissenschaftsjournalisten ohne besondere mathematische Vorbildung, verfasste und von dem Gießener Mathematiker Beutelspacher hervorragend übersetzte Buch beschreibt das Zusammentreffen der Kulturen des Ostens und des Westens im Umfeld der wissenschaftlichen Begegnung zweier Genies, der Mathematiker Ramanujan und Hardy. In der spannend erzählten Biographie, die sich an ein breites Publikum mit kulturgeschichtlichem Interesse wendet,

115 Gerade und ungerade Zahlen
Halbieren und Fast-Halbieren

wird die Zeit der ersten Jahrzehnte unseres Jahrhunderts im subtropischen Südindien und im kalten England lebendig. Der Autor entwirft ein scharfsinniges psychologisches Porträt der beiden Zentralfiguren und der Menschen in ihrem Umfeld und schafft das Kunststück einen Eindruck von der mathematischen Leistung Ramanujans zu vermitteln, ohne beim Leser spezielle mathematische Kenntnisse voraussetzen zu müssen.

WIE KANN MAN VORGEHEN?

Zur Arbeit mit dem Buch:

Aufgabe 1:
Die auftretenden Muster werden sichtbar, wenn die geraden Zahlen eingekreist werden.
a) gerade + gerade = gerade
b) gerade + ungerade = ungerade
c) ungerade + gerade = ungerade
d) ungerade + ungerade = gerade

Der Beweis, dass es sich hierbei um ein allgemein gültiges Muster handelt, wird im Band 4 unter Verwendung von Doppelreihen explizit erarbeitet.

Bei e) müssen die Aufgaben vor dem Ausrechnen zugeordnet werden. Das ist ein Test für das Verständnis der vorhergehenden Teilaufgaben.

Aufgabe 2:
Die Lehrerin schreibt das Lo Shu-Quadrat vom Band 1 an die Tafel. Die magischen Summen werden nochmals berechnet und alle Zahlen auf gerade/ungerade untersucht:

4	9	2
3	5	7
8	1	6

In den Ecken stehen gerade Zahlen, sonst nur ungerade Zahlen. Es gibt magische Summen mit zwei geraden und einer ungeraden Zahl, z. B. 4 + 5 + 6 = 15, und die Summen mit drei ungeraden Zahlen, z. B. 9 + 1 + 5 = 15.

Dann wird aus dem Lo Shu durch Verdopplung der Zahlen ein neues Quadrat gewonnen und daraus durch Reduzierung jeder Zahl um 1 ein weiteres Quadrat. Die Kinder werden dann auf das Buch verwiesen, in dem alle drei Quadrate stehen, und gebeten alle Summen im Heft auszurechnen. Anschließend werden alle Zahlen wieder auf gerade/ungerade untersucht.

8	18	4
6	10	14
16	2	12

Alle Zahlen sind gerade. Die magische Summe ist doppelt so groß, also auch gerade.

7	17	3
5	9	13
15	1	11

Muster:
Alle Zahlen sind ungerade. Die Magische Summe ist 30 – 3 = 27, also auch ungerade.

Zum Abschluss wird der Text über den Mathematiker Ramanujan gelesen, der solche Zauberquadrate schon als Kind erforschte.

ARBEITSHEFT Seite 56, Aufgabe 4 und 5

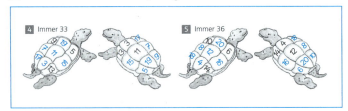

4 Immer 33   5 Immer 36

WIE KÖNNTE ES WEITERGEHEN?

— Erkundungsaufgabe: Abbau des Hunderters und anderer Zahlen mit ungeraden Zahlen (vgl. die Zahlenexpedition zu S. 90).

Von beliebig vorgegebenen Zahlen des Hunderterraums werden die ungeraden Zahlen 1, 3, 5, 7, … in Form einer Aufgabenkette subtrahiert: Zuerst minus 1, dann minus 3, dann minus 5, usw.

Frage: Wann „geht es auf", d. h. wann endet die Aufgabenkette bei dem Ergebnis 0?

100 – 1 = 99	50 – 1 = 49	49 – 1 = 48
99 – 3 = 96	49 – 3 = 46	48 – 3 = 45
96 – 5 = 91	46 – 5 = 41	45 – 5 = 40
91 – 7 = 84	41 – 7 = 34	40 – 7 = 33
84 – 9 = 75	34 – 9 = 25	33 – 9 = 24
75 – 11 = 64	25 – 11 = 14	24 – 11 = 13
64 – 13 = 51	14 – 13 = 1	13 – 13 = 0
51 – 15 = 36		
36 – 17 = 19		
19 – 19 = 0		
Es geht auf!	Es geht nicht auf!	Es geht auf!

Ergebnis: Genau bei den Quadratzahlen „geht es auf". (Vgl. hierzu Handbuch produktiver Rechenübungen, Bd. 1, 1. Schj. Abschnitt 2.3.3.)

— Im Lo Shu-Quadrat mit den Zahlen 1 bis 9 wird jede Zahl mit 3 multipliziert (Dreierreihe). Welches magische Quadrat erhält man? Wie groß ist die magische Summe? Wie sind gerade und ungerade Zahlen verteilt?

— Wie kann man mit Zahlen der anderen Einmaleinsreihen magische Quadrate erzeugen?

212 Ergänzende Übungen

Gleichungen 116
Lösen einfacher Gleichungen

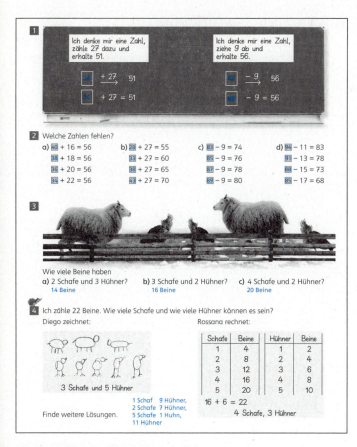

□ Beispiel:
Ich zähle 22 Beine. Wie viele Schafe und Hühner können es sein?

1. Tabelle nutzen:
   Man stellt zuerst in Tabellen dar, wie viele Beine 1, 2, 3,... Schafe und 1, 2, 3, ... Hühner haben, und setzt dann 22 aus je einer Zahl der einen und je einer Zahl der anderen Tabelle zusammen.
   Es gibt mehrere (genau 6) Lösungen:

Schafe	Beine	Hühner	Beine
1	4	1	2
2	8	2	4
3	12	3	6
4	16	4	8
5	20	5	10
		6	12
		7	14
		8	16
		9	18
		10	20
		11	22

□ Lösungen:
4 + 18 = 22, also 1 Schaf, 9 Hühner
8 + 14 = 22, also 2 Schafe, 7 Hühner
12 + 10 = 22, also 3 Schafe, 5 Hühner
16 + 6 = 22, also 4 Schafe, 3 Hühner
20 + 2 = 22, also 5 Schafe, 1 Huhn
0 + 22 = 22, also 11 Hühner

2. Skizze zeichnen: Es werden zuerst 22 Beine gezeichnet und diese dann zu Tieren gebündelt, wobei ausgenutzt werden kann, dass man aus einem Schaf zwei Hühner machen kann.

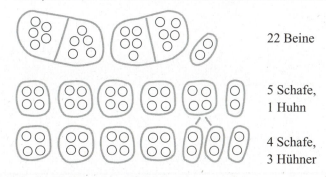

Mathematisch gesehen wurde hier die Gleichung $4x + 2y = 22$ gelöst, wobei nur ganzzahlige Lösungen zugelassen sind. Man spricht hier von diophantischen Gleichungen, benannt nach dem griechischen Mathematiker Diophant (um 250 n. Chr.), der solche Gleichungen erstmalig untersucht hat.

? WAS WIRD BENÖTIGT?
Arbeitsmaterial: evtl. Wendeplättchen
Demonstrationsmaterial: evtl. Wendeplättchen, Zahlkarten und Tesafilm

? WORUM GEHT ES?
Beim Ergänzen wurden zwar bereits Gleichungen der Form $27 + x = 51$ gelöst, nicht aber Aufgaben der Form $x + 27 = 51$.

Diese Aufgaben lassen sich formal durch Ausnutzen des Vertauschungsgesetzes lösen. Eine weitere Möglichkeit besteht darin, die Aufgabe als Zahlenrätsel darzustellen: „Ich denke mir eine Zahl, schreibe sie auf ein Blatt Papier und drehe das Blatt um, damit niemand die Zahl sehen kann. Wenn ich zu dieser Zahl 27 dazuzähle, so erhalte ich 51. Wie heißt die Zahl?"

Darstellung

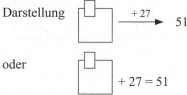

oder

Die Lösung 24 erhält man durch den Umkehrpfeil:

24 ←─ -27 ── 51 bzw. 51 − 27 = 24.

Eine andere Möglichkeit zum Lösen von Gleichungen besteht im systematischen Probieren mit Hilfe einer Tabelle oder einer Skizze.

? WIE KANN MAN VORGEHEN?
Zur Arbeit mit dem Buch:
Aufgabe 1:
Die Aufgaben werden als Zahlenrätsel an der Tafel gestellt und von der Klasse gemeinsam gelöst.

Ergänzende Übungen 213

116 Gleichungen
Lösen einfacher Gleichungen

Aufgabe 2:
Die Aufgaben werden gelöst, dabei können auch operative Zusammenhänge ausgenutzt werden.

☐ Beispiel:
__ + 16 = 56, einfache Lösung: 40 + 16 = 56.
__ + 18 = 56 Lösung muss um 2 kleiner sein, also 38.

Aufgabe 3:
Unterstützt und angeregt durch das Foto sollen die Kinder die Sachaufgaben lösen. Dabei muss den Kindern klar werden, dass es nicht darum geht, die Tiere möglichst schön zu zeichnen. Es kommt darauf an, durch einfache Strichzeichnungen das mathematisch Wesentliche herauszustellen (Tierkörperumrisse mit 2 Beinen oder mit 4 Beinen).

Aufgabe 4:
Die Aufgabe ist bewusst so gestellt, dass mehrere Lösungen möglich sind. Zwei Schülerlösungen sind abgebildet, um die Möglichkeit, verschiedene Lösungswege zu wählen, anzudeuten.

Während Diego nur eine Lösung angibt, kann man aus Rossanas Tabelle verschiedene Möglichkeiten ablesen und weitere selbst entwickeln (z. B. 1 Schaf und 9 Hühner haben zusammen auch 22 Beine).

Im Unterricht kann man den Kindern die Aufgabe zur freien Bearbeitung stellen oder zunächst Diegos und Rossanas Lösung exemplarisch besprechen und dann die noch fehlenden vier Lösungen suchen lassen.

Die Aufgabe regt im Sinne des operativen Prinzips zum Abwandeln und Neukombinieren von Zahlen an. Die Kinder können dabei exemplarisch erfahren, wie man durch Verändern von Zahlen Lösungsansätze flexibel an die Aufgabenbedingungen anpassen kann.

❓ WIE KÖNNTE ES WEITERGEHEN?

— In einer Menge von Fliegen (6 Beine) und Spinnen (8 Beine) gibt es zusammen 48 Beine. Wie viele Fliegen/Spinnen könnten es sein?
(z. B. 6 Spinnen, keine Fliege: $6 \cdot 8 = 48$
3 Spinnen und 4 Fliegen: $3 \cdot 8 + 4 \cdot 6 = 24 + 24 = 48$)

Ungleichungen 117
Lösungen von Ungleichungen mit Hilfe des Mal-Plans finden

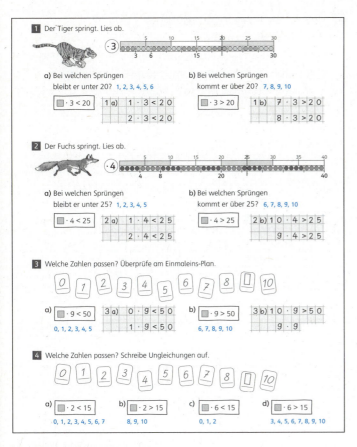

WAS WIRD BENÖTIGT?
Arbeitsmaterial: Einmaleins-Plan, evtl. Wendekarten
Demonstrationsmaterial: Einmaleins-Plan, Wendekarten

WORUM GEHT ES?
Auf dieser Doppelseite werden multiplikative Ungleichungen betrachtet. Der erste Faktor ist variabel. Wie bei der Addition in Band 1 werden die Ungleichungen nur für eine kleine Grundmenge betrachtet, die durch die Vorgabe der Reihen am Einmaleins-Plan bzw. der Zahlenkarten von 0 bis 10 bestimmt ist.

Inhaltliche Deutung am Mal-Plan: Auf dem Einmaleins-Plan wird eine Marke platziert. Durchgängige Fragestellung: Wie oft darf das Tier nur springen um die Marke nicht zu übertreffen? (Ungleichungen mit <) Wie oft muss es springen um über die Marke zu kommen? (Ungleichungen mit >)

Nachdem das Prinzip der Aufgaben am Einmaleins-Plan verstanden ist, wird es auf Zahlenkarten übertragen. Als Hilfe und zur Überprüfung kann der Einmaleins-Plan hinzugenommen werden. Die Zahlenkarten unterstützen wie im Band 1 folgende Lösungsstrategie: Sind die höchste und die niedrigste Lösungszahl ermittelt, dann liegen alle übrigen Lösungszahlen dazwischen.

WIE KANN MAN VORGEHEN?
Vor der Arbeit mit dem Buch:
Als Einstieg wird am Einmaleins-Plan demonstriert, wie der Tiger springt. Dann wird ein Streichholz als „Hürde" hinter die Zahl 20 gelegt.

Fragestellung: Wie oft muss der Tiger springen um über 20 zu kommen? Bei welchen Sprungzahlen bleibt er unter 20?
Diese Fragestellung wird in die mathematische Zahlensprache übersetzt und an die Tafel geschrieben:
__ · 3 < 20   __ · 3 > 20
Alle möglichen Sprungzahlen werden konkret geprüft. Nach jeder Sprungzahl wird das Ergebnis in die Zahlensprache übersetzt und als Ungleichung festgehalten.
5 · 3 < 20, 6 · 3 < 20, 7 · 3 > 20, ...

Was besagen diese Ungleichungen? Wenn der Tiger 5 Sprünge macht, kommt er nicht über 20, wenn er 6 Sprünge macht, auch nicht. Erst wenn er 7 Sprünge macht, kommt er über 20. Wenn der Tiger die Hürde mit 7 Sprüngen schafft, dann wird er sie erst recht mit 8, 9 und 10 Sprüngen schaffen.

Damit sind weitere Lösungen der Ungleichung __ · 3 > 20 gefunden. Wenn der Tiger mit 6 Sprüngen die Hürde nicht schafft, dann auch nicht mit 5, 4, 3, 2 und 1 Sprüngen.

Zur Arbeit mit dem Buch:
Die Aufgaben sind durch das Klassengespräch gut vorbereitet.

Aufgabe 1:
Der Tiger springt an der Dreierreihe. Hürde ist die Zahl 20.

Aufgabe 2:
Der Fuchs springt an der Viererreihe. Hürde ist die Zahl 25.

Aufgabe 3:
Gemeinsame Bearbeitung an der Tafel. Als Einstieg werden die Wendekarten von 0 bis 10 an die Tafel geheftet.
Falls diese nicht zur Verfügung stehen, kann man einfache Zahlenkarten aus Papier oder Pappe an die Tafel kleben. Darunter wird die Ungleichung geschrieben:
__ · 9 < 50
Frage: Welche der Zahlen passt, damit die Ungleichung richtig ist? Die passenden Karten werden über die Aufgabe geheftet. Zusätzlich werden alle Lösungen festgehalten:
0 · 9 < 50, 1 · 9 < 50 usw.
Die Kinder finden heraus: Wenn die Zahl 6 nicht mehr passt, dann werden die Zahlen 7, 8, 9 und 10 auch nicht mehr passen. Danach sind die Zahlen 0 bis 5 die Lösungen der Teilaufgabe a, die Zahlen 6 bis 10 die Lösungen der Teilaufgabe b.

Als Lösungs- und Überprüfungshilfe dient der Einmaleins-Plan, mit dem die Ungleichung interpretiert werden kann:
Wie oft muss der Ochsenfrosch springen um über die 50 zu kommen? Wann bleibt er unter der 50?

Aufgabe 4:
Lösung analog zu Aufgabe 3.

WIE KÖNNTE ES WEITERGEHEN?
– Kinder finden selbst Aufgaben mit Ungleichungen und lösen sie am Einmaleins-Plan.

Ergänzende Übungen

118 Maße am Körper
Messen mit dem Zentimeterband auf cm genau, Ablesen von Tabellen, Schätzen

a) Welche Körpermaße hast du?
b) Welche Kleidergröße hast du?

2 David ist 137 cm groß.
Welche Kleidergröße braucht er?
Er braucht Größe 140.

3 Vor einem Jahr war Elisabeth 128 cm groß. Inzwischen ist sie 7 cm gewachsen.
Welche Kleidergröße braucht sie?
Sie braucht Größe 140.

Faustregeln

Für Erwachsene ist die Spannweite ungefähr gleich der Körpergröße.

Der Halsumfang ist ungefähr doppelt so groß wie der Umfang des Handgelenks.

Der Bauchumfang ist ungefähr doppelt so groß wie der Halsumfang.

4 Peter war bei der Geburt 52 cm und mit 4 Jahren 105 cm groß.
Heute ist er 131 cm groß. 26 cm seit 4. Jahr
Wie viel ist er gewachsen? 79 cm seit Geburt
Welche Kleidergröße braucht er?
Er braucht Größe 134.

5 Maria ist 132 cm groß und 27 kg schwer. Ihre Mutter 168 cm groß und wiegt 59 kg.
Berechne die Unterschiede.
Mutter ist 36 cm größer und 32 kg schwerer als Maria.

6 Alexander hat einen Bauchumfang von 60 cm.
Schätze seinen Halsumfang und etwa 30 cm
den Umfang seines Handgelenks. etwa 15 cm

7 Überprüft die Faustregeln.

? WAS WIRD BENÖTIGT?

Arbeitsmaterial: Zentimetermaß, Maßband oder „Zollstock" (Fachausdruck: Gliedermaßstab)

? WORUM GEHT ES?

Die Kinder sollen mit Maßbändern verschiedene Körpermaße (auf cm gerundet) ermitteln. Anhand der Körpergröße lässt sich etwa die Kleidergröße bei Kindern feststellen (vgl. Tabelle). Darüber hinaus ergeben sich folgende Faustregeln:
– Die Spannweite der ausgebreiteten Arme ist ungefähr gleich der Körpergröße (vgl. hier die berühmte Zeichnung von Leonardo da Vinci, abgebildet auf der italienischen Euromünze, Schülerbuchs. 5. Dort steht ein Mensch mit ausgebreiteten Armen in einem Quadrat. Die Höhe des Quadrats ist die Körpergröße, die Breite die Spannweite der Arme).
– Der Halsumfang ist etwa doppelt so groß wie der Umfang des Handgelenks.
– Der Taillenumfang ist ungefähr doppelt so groß wie der Halsumfang.

Wie gut diese Faustregeln für Kinder gelten, kann man aus der Tabelle 1 mit Originalmaßen von 8–9-jährigen Kindern erkennen: Bei 9 von 14 Kindern stimmt die Spannweite bis auf 1–3 cm mit der Körpergröße überein, der Fehler ist höchstens 2 %. Bei 5 von 14 Kindern stimmt das Doppelte des Halsumfangs bis auf 1–2 cm mit dem Taillenumfang überein. Bei 13 von 14 Kindern stimmt das Doppelte des Umfangs vom Handgelenk bis auf 1–2 cm mit dem Halsumfang überein.

? WIE KANN MAN VORGEHEN?

Vor der Arbeit mit dem Buch:
In Partnerarbeit messen alle Kinder zunächst ihre Körpermaße (Körpergröße, Spannweite, Umfang des Handgelenks, Halsumfang, Taillenumfang und evtl. den Kopfumfang). Die Daten werden an der Tafel gesammelt (vgl. Tabelle 1).

Tabelle 1

	Tim	Nils	Matthias	Philipp	Elias	Eduard	Simon
Körpergröße	155	153	143	140	138	136	136
Spannweite	153	152	141	139	132	135	129
Taille	60	70	62	60	62	59	60
Hals	29	32	28	29	30	31	28
Hand	15	17	14	15	14	14	14
Kopf	53	54	52	54	54	52	56

	David	Kai	Marvin	Verena	Lena	Stefanie	Anita
Körpergröße	131	127	124	138	138	135	127
Spannweite	130	127	118	135	130	138	121
Taille	55	59	59	64	58	66	58
Hals	28	28	27	30	28	29	25
Hand	13	14	13	16	14	15	13
Kopf	52	54	50	55	52	52	53

Zur Arbeit mit dem Buch:
Aufgabe 1:
Jedes Kind kann aufgrund seiner Körpergröße seine Kleidergröße bestimmen. Natürlich sind bei der Kleidergröße außer der Körpergröße noch andere Körpermaße von Bedeutung, fallen aber in der Regel nicht ins Gewicht. Aus der Tabelle 2, in der neben der Kleidergröße auch der Taillenumfang angegeben ist, erschließt man, dass lediglich Tim, David, Verena und Stefanie beim Taillenumfang Probleme mit der Kleidergröße haben könnten. Es empfiehlt sich nicht, diesen Aspekt weiter zu vertiefen. Die Körpergröße ist nur ein grober Anhalt für die richtige Kleidergröße. Schnitt, Fabrikat, Vorlieben für weite oder enge Kleidung spielen eine große Rolle.

Tabelle 2:

Taillenumfang	Körpergröße	Kleidergröße
55 – 57	111 – 116	116
56 – 58	117 – 122	122
57 – 59	123 – 128	128
58 – 60	129 – 134	134
60 – 63	135 – 140	140
63 – 65	141 – 146	146
65 – 67	147 – 152	152
67 – 69	153 – 158	158
69 – 71	159 – 164	164

Maße am Körper 118
Messen mit dem Zentimeterband auf cm genau, Ablesen von Tabellen, Schätzen

Aufgabe 2:
Aus der Tabelle wird die Kleidergröße 140 entnommen.

Aufgabe 3:
Elisabeth benötigt wahrscheinlich schon Kleidergröße 140.

Aufgabe 4:
Peters Größe hat sich in den ersten 4 Lebensjahren verdoppelt, er ist 53 cm gewachsen. In den nächsten vier Jahren ist er nur noch um 26 cm gewachsen (also die Hälfte der ersten vier Jahre). Insgesamt ist er 79 cm gewachsen. Heute braucht er Kleidergröße 134.

Aufgabe 5:
Maria ist 36 cm kleiner und 32 kg leichter als ihre Mutter.

Aufgabe 6:
Nach den Faustregeln müsste Alexander etwa einen Halsumfang von 30 cm und einen Umfang des Handgelenks von 15 cm haben. Jedes Kind überprüft die Faustregeln für seine Maße.

Aufgabe 7:
Jedes Kind überprüft zunächst die Faustregeln an seinen Daten. Anschließend werden alle Daten an der Tafel verglichen. Als Hausaufgabe überprüfen die Kinder die Faustregeln an Eltern und Geschwistern. (Bei kleineren Geschwistern, z.B. Kindergartenkindern, stimmt die Faustregel noch nicht.)

? WIE KÖNNTE ES WEITERGEHEN?

– Die Körpergröße von Jungen und Mädchen nimmt in den folgenden Jahren von Jahr zu Jahr ziemlich gleichmäßig zu. Die Mädchen überholen die Jungen im 10. Lebensjahr und werden erst im 14. Lebensjahr wieder von den Jungen eingeholt und dann überholt. Der jährliche (durchschnittliche) Wachstumsschub kann an einer Tabelle berechnet werden. (Vgl. hierzu Kopiervorlage 2/21 „Wir werden größer" im Handbuch produktiver Rechenübungen, Bd. 1.)

119 Zahntabellen
Struktur von Zahntabellen analysieren, Anzahl der Zähne bestimmen

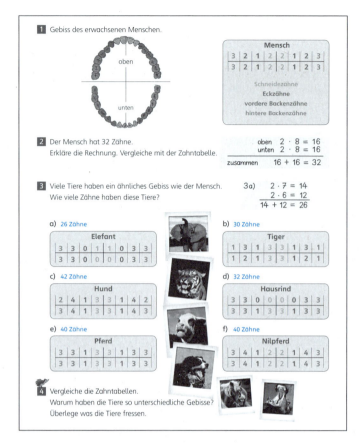

❓ WAS WIRD BENÖTIGT?
Demonstrationsmaterial: evtl. Gipsabdruck eines menschlichen Gebisses (evtl. Ausleihen bei Zahnarzt)

❓ WORUM GEHT ES?
Das Thema Milchgebiss vom Band 1 (S. 37) wird fortgesetzt. Das vollständige Gebiss eines erwachsenen Menschen unterscheidet sich vom Milchgebiss dadurch, dass zu den $4 \cdot 2 = 8$ vorderen Backenzähnen $4 \cdot 3 = 12$ hintere Backenzähne dazukommen (im Buch grün).

Die so genannte Zahnformel des erwachsenen Menschen lautet daher:

	HB	VB	E	S	S	E	VB	HB
oben	3	2	1	2	2	1	2	3
unten	3	2	1	2	2	1	2	3
	rechts				links			

Dies sind   oben: $2 \cdot 8 = 16$
            unten: $2 \cdot 8 = 16$
            zusammen: $4 \cdot 8 = 32$ Zähne.

Nach dem gleichen Prinzip (Anzahlen der Schneidezähne, der Eckzähne, der vorderen Backenzähne und der hinteren Backenzähne in jeder der vier Kiefernhälften) sind auch die Zahnformeln erwachsener Säugetiere aufgebaut. Auf die Milchgebisse von Jungtieren wird hier nicht eingegangen. Dass Hundewelpen und Katzenkindern Milchzähne ausfallen und ein zweites Gebiss nachwächst, dürfte einigen Kindern bekannt sein.

Die Beispiele im Buch zeigen, dass sich Ober- und Unterkiefer sehr wohl unterscheiden können. Jedoch sind die Säugetiergebisse immer links/rechts-symmetrisch.

Zahnformeln geben Anlass für Additions- und Vergleichsübungen. Neben den sieben Zahnformeln im Schulbuch für Mensch, Hund, Tiger, Pferd, Hausrind, Elefant und Nilpferd geben wir hier weitere an:

Hase (wie Kaninchen)

3	3	0	2	2	0	3	3
3	2	0	1	1	0	2	3

Katze (wie Tiger und Löwe)

1	3	1	3	3	1	3	1
1	2	1	3	3	1	2	1

Igel

3	3	1	3	3	1	3	3
3	2	1	2	2	1	2	3

Hamster (wie Maus)

3	0	0	1	1	0	0	3
3	0	0	1	1	0	0	3

Bär (wie Hund und Fuchs)

2	4	1	3	3	1	4	2
3	4	1	3	3	1	4	3

Nashorn

3	4	0	0	0	0	4	3
3	3	0	0	0	0	3	3

Kamel

3	3	1	1	1	1	3	3
3	2	1	3	3	1	2	3

Opossum

4	3	1	5	5	1	3	4
4	3	1	4	4	1	3	4

Seehund

1	4	1	3	3	1	4	1
1	4	1	2	2	1	4	1

Schwein (wie Maulwurf)

3	4	1	3	3	1	4	3
3	4	1	3	3	1	4	3

Reh (wie Hausrind, Giraffe, Gemse, Ziege, Schaf)

3	3	0	0	0	0	3	3
3	3	1	3	3	1	3	3

❓ WIE KANN MAN VORGEHEN?
Zur Arbeit mit dem Buch:

Aufgabe 1:
Anhand der Bilder im Buch werden zunächst Sachinformationen gegeben. Beim menschlichen Gebiss werden die Zahntypen und der Aufbau der Zahntabelle geklärt. Auf die Seiten links/rechts wird dabei bewusst nicht eingegangen, weil die vom Betrachter aus linke Hälfte die rechte Gebisshälfte des Menschen bzw. der Tiere ist und umgekehrt.

Aufgabe 2:
Die Rechnung wird anhand der Zahntabelle erklärt.

Aufgabe 3:
An einigen Beispielen werden unterschiedliche Zahntabellen besprochen, verglichen und die Gesamtzahlen der Zähne (wie in Aufgabe 2 vorgegeben) berechnet.

218 Ergänzende Übungen

Zahntabellen

Struktur von Zahntabellen analysieren, Anzahl der Zähne bestimmen

Dann bearbeiten die Kinder selbstständig weiter. Die Anzahl der Zähne berechnet sich zu:
a) Elefant 26
b) Tiger 30
c) Hund 42
d) Hausrind 32
e) Pferd 40
f) Nilpferd 40

Aufgabe 4:
Die Aufgabe 4 wird gemeinsam besprochen.

Besonders auffällig sind die Gebisse von Elefant und Kuh. Der Elefant mit zwei Stoßzähnen sammelt die Nahrung mit dem Rüssel und benötigt nur die Backenzähne um sie zu zermahlen. Die Kuh drückt das Gras mit der Zunge auf die unteren Schneide- und Eckzähne und benötigt daher keine oberen Schneide- und Eckzähne.

Der Hund hat als Allesfresser ein „ausgewogenes" Gebiss, während der Tiger als Fleischfresser mit weniger hinteren Backenzähnen auskommt.

Bei dem Nilpferd, das sich pflanzlich ernährt, sind die Backenzähne besonders zahlreich. Das Pferd benutzt die Schneidezähne um das Gras abzurupfen und die Backenzähne um es zu zerkleinern.

WIE KÖNNTE ES WEITERGEHEN?

– Bearbeitung der Kopiervorlagen 2/23a und b aus dem Handbuch produktiver Rechenübungen, Bd. 1 mit den Zahnformeln weiterer Tiere
Dabei ergeben sich folgende Zahnzahlen:

Hase 28
Igel 36
Hamster (Maus) 16
Kamel 34
Opossum 50
Schwein 44
Seehund 34
Nashorn 26

– Abschließend können folgende Fragen beantwortet werden:
Welches Tier hat die wenigsten Zähne?
Welches die meisten?
Welche Zahlen treten überhaupt auf?
Welche Tiere haben die gleiche Anzahl von Zähnen?
Welche Tiere haben die gleichen Zahntabellen?
Für welche Tiere sind Backenzähne, Schneidezähne, Eckzähne wichtig bzw. unwichtig?

LITERATUR

Handbuch produktiver Rechenübungen, Band 1, 2. Schuljahr
Abschnitt 4.3.1

120 Sachaufgaben
Integrative Behandlung von Sachaufgaben

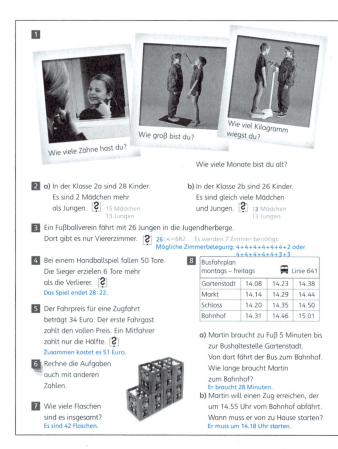

? WAS WIRD BENÖTIGT?
Arbeitsmaterial: Maßband, Personenwaage, Spiegel
Demonstrationsmaterial: örtlicher Busfahrplan

? WORUM GEHT ES?
Bereits behandelte Themen wie Alter, Körpergröße, Zeit, Malaufgaben in der Umwelt werden hier im Zusammenhang wiederholt. Zum Teil müssen die Kinder die Frage(n) selbst finden.

? WIE KANN MAN VORGEHEN?
Zur Arbeit mit dem Buch:
Aufgabe 1:
Die Kinder interpretieren die Abbildungen. Das Zählen der Zähne mit Hilfe des Spiegels und das Messen der Körpergröße in Partnerarbeit sind schon bekannt. Die meisten Kinder werden auch ihr Gewicht auf einer Personenwaage ablesen können. Sonst hilft ein Mitschüler und im Notfall die Lehrerin.

☐ Hinweis:
Da wahrscheinlich nur eine bzw. wenige Waagen zur Verfügung stehen, sollte der Ablauf der einzelnen Aktivitäten mit den Kindern genau geplant werden. Besonders übergewichtige Kinder schämen sich, ihr Gewicht bestimmen zu lassen. Dies sollte respektiert werden. Die Kinder notieren die erhobenen Daten und vergleichen diese mit den Daten der Mitschüler.

Aufgabe 2:
Diese Aufgaben sollten selbstständig erlesen und bearbeitet werden.

Aufgabe 3:
Der Verein benötigt 7 Viererzimmer, wobei entweder 1 Viererzimmer nur mit 2 Jungen, oder 2 Viererzimmer mit je 3 Jungen belegt werden müssen.

Aufgabe 4:
Ein möglicher Lösungsweg: 6 Tore erhält die siegreiche Mannschaft, die restlichen 44 Tore werden gleich verteilt, also 22.
Sieger: 22 + 6 = 28
Verlierer: 22
Weiterer Lösungsweg:
25 Tore/25 Tore   unentschieden
26 Tore/24 Tore   2 Unterschied
27 Tore/23 Tore   4 Unterschied
28 Tore/22 Tore   6 Unterschied

Aufgabe 5:
Zusammen zahlen sie 34 Euro + 17 Euro = 51 Euro.

Aufgabe 6:
In den Aufgaben 2–5 werden die Daten variiert. Die Kinder stellen sich hierzu selbst Aufgaben.

Aufgabe 7:
Hier muss die Multiplikationsaufgabe 7 · 6 = 42 erkannt werden.

Aufgabe 8:
Diese Aufgabe sollte gemeinsam erarbeitet werden.
a) Martin braucht 5 Minuten bis zur Bushaltestelle und 23 Minuten mit dem Bus zum Bahnhof. Also insgesamt etwa 30 Minuten bis zum Bahnhof.
b) Will Martin um 14.55 am Bahnhof sein, so muss er den Bus um 14.23 nehmen und zu Hause 5 Minuten vorher starten, also etwa um 14.15 Uhr.

? WIE KÖNNTE ES WEITERGEHEN?
– Kopiervorlage 2/22 „Wir werden schwerer" aus dem Handbuch produktiver Rechenübungen, Band 1

Sachaufgaben 121
Sachaufgaben aus Bildern und Texten erschließen und lösen

? WAS WIRD BENÖTIGT?

Arbeits- und Demonstrationsmaterial: Fahrkarten aus dem lokalen Nahverkehr, Kalender, Prospekte (Zeitungen) mit Preisen u. ä.

? WORUM GEHT ES?

In Fortsetzung von Seite 120 sollen Sachaufgaben aus der Umwelt erschlossen und gelöst werden. Teilweise müssen die Kinder die Frage(n) selbst finden.

? WIE KANN MAN VORGEHEN?

Zur Arbeit mit dem Buch:
Die Kinder lösen die Aufgaben in Partnerarbeit. Anschließend gemeinsame Besprechung in der Klasse.

Aufgabe 1:
Wie hoch ist das Rückgeld?
Ivo bezahlt mit 100 Cent und bekommt 32 Cent Rückgeld.
Rechnung: 100 ct – 68 ct = 32 ct.

Aufgabe 2:
Wie viel kostet eine Fahrkarte für Hin- und Rückfahrt?
Rechnung: 27 € + 27 € = 54 €. Sie kostet 54 Euro.

Aufgabe 3:
Wie viel Geld bleibt Boje?
Rechnung: 100 ct – 40 ct = 60 ct. Es verbleiben ihm 60 Cent. Wenn er zwei Kugeln kauft muss er 80 Cent bezahlen. Ihm bleiben noch 100 ct – 80 ct = 20 ct.

Aufgabe 4:
4 · 30 ct = 120 ct = 1 Euro 20 Cent
4 Hefte kosten 1 Euro 20 Cent.

Aufgabe 5:
Der Zug hat 15 Minuten Verspätung. Es wird um ca. 17.09 Uhr abfahren.
16.54 Uhr + 15 min = 17.09 Uhr oder

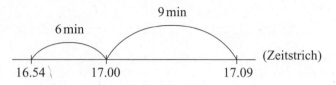

(Zeitstrich)

Aufgabe 6:
Lucie muss 34 cm wachsen. 72 cm – 38 cm = 34 cm oder

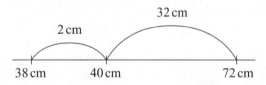

Aufgabe 7:
Die Ferien dauern:
3 Tage im Juli: 29. 7., 30. 7., 31. 7.
16 Tage im August: 1. 8., 2. 8., …, 16. 8.
Insgesamt also (3 + 16) Tage = 19 Tage.

Aufgabe 8:
Wie viele Rollen Verkleidung müssen gekauft werden?
3 Rollen reichen für 3 · 3 m = 9 m,
4 Rollen reichen für 4 · 3 m = 12 m.
Es müssen also 4 Rollen gekauft werden. 1 m bleibt als Reststück übrig.

Aufgabe 9:
In den Aufgaben 1–8 werden die Daten variiert. Die Kinder stellen sich hierzu selbst Aufgaben.

122 Falten, schneiden, legen
Erzeugung verschiedener Formen aus Grundformen

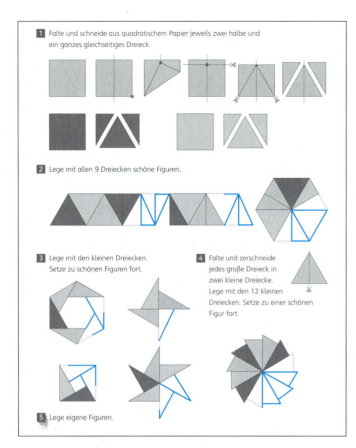

? WAS WIRD BENÖTIGT?
Arbeitsmaterial: Quadratisches Faltpapier (10 cm × 10 cm oder 9 cm × 9 cm), am preiswertesten ist ein Zettelblock mit verschiedenfarbigem Papier
Demonstrationsmaterial: Quadratisches Papier (15 cm × 15 cm oder größer)

? WORUM GEHT ES?
Die Seite setzt die Seiten 94–95 vom Band 1 fort. Aus einem quadratischen Papier werden jetzt aber nicht kleinere Quadrate, Rechtecke und gleichschenklig rechtwinklige Dreiecke, sondern gleichseitige und halbe gleichseitige Dreiecke hergestellt. Die entstehenden Teile werden zu neuen Formen zusammengesetzt.

? WIE KANN MAN VORGEHEN?
Vor der Arbeit mit dem Buch:
Die Lehrerin zeigt an einem großen Demonstrationsquadrat, wie man ein gleichseitiges Dreieck falten kann:

1. Schritt:
   Falten des Quadrats an der vertikalen Mittellinie.

2. Schritt (nicht ganz einfach):
   Die *rechte untere* Ecke (im Buch, Aufgabe 1, rot markiert) wird nach oben auf die Mittellinie gefaltet, sodass die Faltlinie durch die *linke untere* Ecke verläuft. Dazu muss man nach der Methode des systematischen Probierens vorgehen: Die rot markierte Ecke wird versuchsweise auf der Mittellinie platziert, die Faltkante angedeutet, aber noch nicht gefaltet. Je nachdem, ob die angedeutete Faltlinie ober- oder unterhalb der linken unteren Ecke verläuft, wird die rote Ecke solange verschoben, bis es passt. Dann wird die Faltkante mit dem Finger fest geknickt.

3. Schritt:
   Die Position der roten Ecke auf der Mittellinie wird mit einem Stift markiert. Dann wird das Papier aufgefaltet. Mit dem Lineal wird ein horizontaler Strich durch die Marke gezogen und mit der Schere daran entlang ein Streifen abgeschnitten.

4. Schritt:
   Durch den markierten Punkt und die linke untere Ecke wird eine zweite Faltkante geknickt.

5. Schritt:
   Mit der Schere werden entlang der diagonalen Faltkanten zwei Dreiecke abgeschnitten. Zurück bleibt ein gleichseitiges Dreieck.

Diese Beschreibung klingt komplizierter, als der Herstellungsprozess tatsächlich ist. Durch Vor- und Nachmachen und Abschauen von Anderen lernen die Kinder besser, worum es geht, als durch Beschreibungen.

Falten, schneiden, legen
Erzeugung verschiedener Formen aus Grundformen
122

Zur Arbeit mit dem Buch:
Aufgabe 1:
Unterstützt durch die Bildfolge stellt jedes Kind aus drei verschiedenfarbigen Quadraten je ein gleichseitiges und zwei halbe gleichseitige Dreiecke her. Die Kinder helfen sich dabei. Evtl. können Kinder auch in Gruppen zusammenarbeiten und sich die Arbeit teilen.

Aufgabe 2:
Die insgesamt 9 Teile lassen sich zu einem Parallelogramm, einem Rechteck und einem regelmäßigen Sechseck zusammensetzen.

Aufgabe 3:
Aus den halben gleichseitigen Dreiecken lassen sich schöne drehsymmetrische Figuren legen:

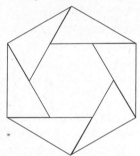 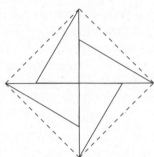 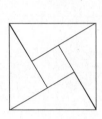 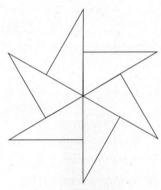

Sechseck mit sechseckigem „Loch"   Viereckiger Stern   Quadrat mit quadratischem „Loch" (Beweisfigur zum Satz von Pythagoras)   Sechseckiger Stern

Aufgabe 4:
Für diese Aufgabe werden je 4 Dreiecke in drei verschiedenen Farben benötigt. Es entsteht eine Art Schaufelrad oder eine Fräse mit 12 Zacken.

❓ WIE KÖNNTE ES WEITERGEHEN?
– Die Kinder finden selbst schöne Figuren, die sie mit den Teilen legen können.

123 Schachtel falten
Von der Fläche in den Raum: Umsetzung eines Planes

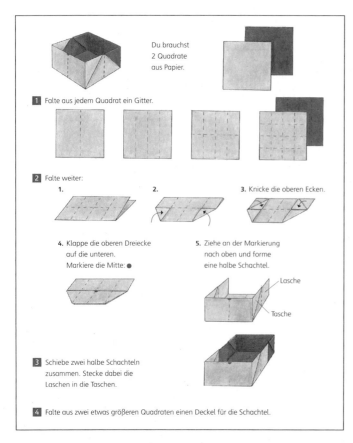

? WAS WIRD BENÖTIGT?
Arbeitsmaterial: Pro Kind 2 Quadrate aus Papier, mindestens 10 cm × 10 cm (farbiges Faltpapier, in Form quadratischer Notizblöcke sehr preiswert), besser jedoch Quadrate mit 15 cm × 15 cm oder 20 cm × 20 cm
Demonstrationsmaterial: 2 große Quadrate aus Papier

? WORUM GEHT ES?
Die Aktivität schließt ebenfalls an das Falten und Zerschneiden eines Quadrats im Band 1 an. Die Kinder sollen eine bildlich und sprachlich beschriebene Handlungsanweisung zur Herstellung einer Schachtel umsetzen. Hierbei wird das räumliche Vorstellungsvermögen geschult.

? WIE KANN MAN VORGEHEN?
Besonders schön wird die Schachtel wenn Regenbogenpapier oder spezielles Origamipapier verwendet wird. Da diese Papiere aber oft recht teuer sind, empfiehlt es sich zunächst Quadrate aus preiswertem Material herstellen zu lassen.

☐ Tipp:
DIN-A4-Schreibblatt zu einem Quadrat 21 cm × 21 cm kürzen:

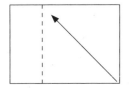

Ecke nach oben falten,

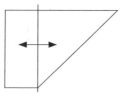

überstehendes schmales Rechteck umknicken und zurückfalten, an der Faltkante abschneiden.

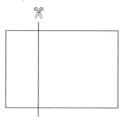

Es ist günstig, vorab eine große Schachtel zu falten, die in der Klasse zur Demonstration benutzt werden kann.

Eine große Schachtel entsteht anschließend vor den Augen der Kinder. Danach stellen die Kinder selbst ihre Schachtel her, wobei sie sich gegenseitig helfen.

☐ Anmerkung:
Die Kantenlänge des Faltpapiers hat einen großen Einfluss auf die Größe der Schachtel. Die Grundfläche der Schachtel ist nur ein Viertel der Fläche eines Faltquadrates. Das heißt, bei 10 cm × 10 cm Faltpapier ist die Grundfläche der Schachtel nur 5 cm × 5 cm groß, die Höhe nur 2,5 cm. Bei doppelter Kantenlänge des Faltpapiers vervierfacht (!) sich die Grundfläche. Da sich auch die Höhe der Schachtel verdoppelt, verachtfacht (!) sich der Rauminhalt. In eine Schachtel mit doppelter Kantenlänge passen 2 Schichten mit je 4 Schachteln der ursprünglichen Kantenlänge. Man sollte sich davon überzeugen, dass es so ist!

? WIE KÖNNTE ES WEITERGEHEN?
– Zwei Schachteln ergeben zusammen ein Flächenmodell eines Würfels.
– Schachteln aus 10 cm × 10 cm Faltpapier werden mit einer Schachtel von 20 cm × 20 cm Faltpapier verglichen. Die Kinder können dabei die häufige Fehlvorstellung korrigieren, dass eine Verdopplung der Längen eine Verdopplung der Fläche zur Folge hat.
– Zum Abschluss des Themenblocks „Ergänzende Übungen" kann die Lernzielkontrolle 6 eingesetzt werden, vgl. Materialien.

Bald ist Weihnachten
Rechnen am Kalender, Bau eines Denkspiels 124

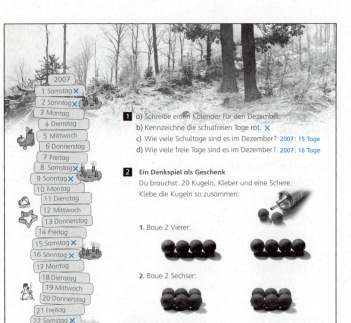

WAS WIRD BENÖTIGT?
Arbeitsmaterial: 20 Kugeln für jedes Kind, Klebstoff, Schere, Deckfarben, Lineal

☐ Tipp:
Kugeln für das Pyramidenpuzzle sind in Großpackungen in Bastelgeschäften oder Heimwerkermärkten zu besorgen. Es gibt sie aus glatt lackiertem Holz, aber auch aus weißem, gepresstem Papier. Wir empfehlen Papierkugeln nicht nur, weil sie viel preiswerter sind, sondern weil sie erheblich einfacher zu bemalen und zusammenzukleben sind. Es ist aber (mit größerem Aufwand) auch möglich, gelochte Holzkugeln mit Hilfe von Zahnstocherabschnitten und Klebstoff fest miteinander zu verbinden.

WORUM GEHT ES?
Die vom arithmetischen Lehrgang unabhängige Doppelseite „Weihnachten" muss jahreszeitlich passend eingeordnet werden.
Innerhalb des Mini-Projektes „Bald ist Weihnachten" werden verschiedene mathematische Themen angesprochen.
– Arithmetik: Rechnen am Kalender (Berechnung von Schultagen und freien Tagen bis Weihnachten als Vorbereitung des Sachthemas „Kalender" auf Schülerbuchseite 75).
– Geometrie: Schulung der Raumvorstellung durch Bau eines dreidimensionalen Pyramidenpuzzles (bekannt als „Rätsel des Tut-ench-Amun").

Diese mathematischen Aktivitäten sind eingebettet in die Vorbereitung der Klasse auf das Weihnachtsfest.

WIE KANN MAN VORGEHEN?
Zur Arbeit mit dem Buch:
Aufgabe 1:
Die Wochentage werden anhand eines aktuellen Kalenders bestimmt. Die Anzahlen der Schultage und der schulfreien Tage können durch strukturiertes Zählen ermittelt werden. Ihre Summe muss 31 sein. Natürlich kann jede der beiden Zahlen durch Subtraktion der anderen von 31 auch rechnerisch ermittelt werden.

Aufgabe 2:
Die Papierkugeln werden mit Deckfarben bemalt oder kurz in mit Wasserfarbe kräftig gefärbtes Wasser getaucht. Sie müssen einen Tag trocknen. Die Kugeln werden dann gemäß der Bauanleitung zusammengeklebt. Um den Vierer, aber auch den Sechser möglichst in gerader Linie zu kleben, legt man die Kugeln an den Rand eines Lineals oder eines Zeichenblocks. Obwohl Papierkugeln gut kleben, dürfen die Kinder sie erst wieder anfassen, wenn die Klebeverbindung trocken ist (Trockenzeit beachten!).

Wenn das Puzzle gebrauchsfertig ist, können die Kinder versuchen die vier Teile zu einer 20er-Pyramide zusammenzusetzen. Auf einer Unterlage (Tuch) rutschen die Teile der Pyramide nicht so leicht weg.

☐ Lösung:
Wenn man sich die 20 Kugeln der fertigen Pyramide von unten beginnend Schicht für Schicht durchnummeriert denkt,

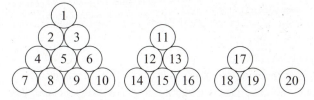

können die Teile z. B. folgendermaßen gelegt werden:

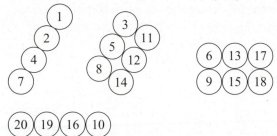

WIE KÖNNTE ES WEITERGEHEN?
– Im Handel gibt es kompliziertere Pyramidenpuzzle, die man für die Freiarbeit anschaffen kann.

125 Bald ist Weihnachten
Geometrische Formen (Würfel, Pyramide), Falten und Symmetrie, Packerknoten

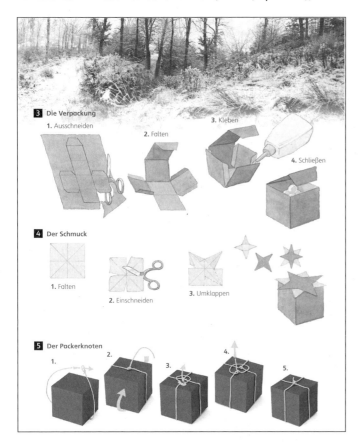

❓ WAS WIRD BENÖTIGT?
Arbeitsmaterial: Arbeitsblatt 16 „Würfelnetz", Goldpapier, Weihnachtspapier, Schmuckband, quadratisches Faltpapier zwischen 5 und 10 cm Kantenlänge
Demonstrationsmaterial: vergrößerte Kopie des Würfelnetzes

❓ WORUM GEHT ES?
Das Pyramidenpuzzle soll in einem hübschen Geschenkwürfel verpackt werden. Bei der Herstellung des Würfels und des Schmuckes werden geometrische Grundbegriffe (Würfel, Netz, Symmetrieachsen des Quadrats) handelnd erfasst bzw. vertieft. Die Knotenschule wird mit dem Packerknoten fortgesetzt.

❓ WIE KANN MAN VORGEHEN?
Zur Arbeit mit dem Buch:
Aufgabe 3:
Jedes Kind erhält ein Würfelnetz (am besten auf farbigen Karton kopiert). Die Lehrerin zeigt, wie daraus ein Würfel zu bauen ist. Die Kinder schneiden dann das Netz aus und helfen sich gegenseitig bei der Herstellung der Schachtel. Es gibt verschiedene Möglichkeiten für die Wahl des Papiers: Man kann die Kopiervorlage entweder direkt auf farbiges Papier kopieren oder eine weiße Kopiervorlage auf ein farbiges Geschenkpapier (Weihnachtspapier) übertragen oder weißes Papier bemalen. Die einzelnen Arbeitsschritte für den Bau des Würfels sind abgebildet und dienen als Arbeitsanleitung. Kinder, die schneller arbeiten und manuell geschickter sind, helfen den anderen Kindern bei der Herstellung. Nach dem Ausschneiden des Netzes werde alle Falze gefaltet. Die Klebelaschen helfen beim Zu-

sammenkleben. Der Deckel darf natürlich nicht zugeklebt werden.

Aufgabe 4:
Als Verzierung und Schmuck wird ein symmetrischer Faltstern, zur Würfelschachtel passend, aus einem quadratischen Stück Faltpapier von 5 – 10 cm Kantenlänge hergestellt. Da dies ein sehr kleines Format ist, kann zur Übung zuerst ein größerer Stern als Klassendekoration hergestellt werden.

Beide Mittellinien und beide Diagonalen werden gefaltet, die Mittellinien bis knapp (!) zur Hälfte eingeschnitten. Die entstandenen aufgeschnittenen Ecken werden zur Diagonalen hin eingefaltet. Wer zwei Sterne faltet, kann diese zu einem achtstrahligen Stern übereinander kleben. Diese Sterne sehen besonders schön aus, wenn sie mit verschiedenfarbigem Transparentpapier hergestellt werden.

Aufgabe 5:
Erklärung des Packerknotens zum Verschnüren des Weihnachtsgeschenkes.

❓ WIE KÖNNTE ES WEITERGEHEN?
– Ausschmücken des Klassenzimmers mit Achter-Faltsternen aus Transparent- oder Seidenpapier

Bald ist Ostern 126

Einführung und Interpretieren des Baumdiagramms zur Lösung einer kombinatorischen Grundaufgabe

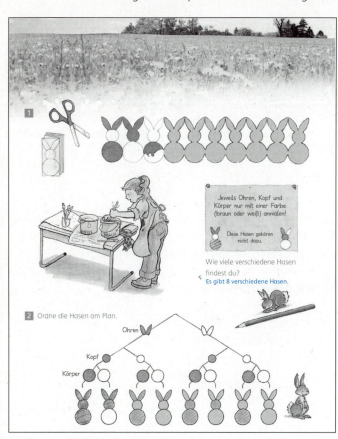

❓ WAS WIRD BENÖTIGT?
Arbeitsmaterial: Papier, Farbstifte, Arbeitsblatt 17 „Baumdiagramm Hasen"
Demonstrationsmaterial: ggf. Folienkopie der Buchseite oder Tafelbild mit acht unterschiedlich gefärbten Hasen zum Anheften. Auch von Arbeitsblatt 17 kann eine Folienkopie hergestellt und mit Folienstiften gefärbt werden.

❓ WORUM GEHT ES?
Die vom arithmetischen Lehrgang unabhängige Doppelseite „Ostern" muss jahreszeitlich passend eingeordnet werden. Neben den vielfältigen Möglichkeiten, sich auch fächerübergreifend mit dem Thema auseinander zu setzen (z. B. Kunst: Eier färben, Hasen malen oder basteln; Sprache: Geschichten, Gedichte, …), wird eine grundlegende kombinatorische Fragestellung behandelt und die Datenstruktur „Baumdiagramm" als angemessene Lösungsstrategie eingeführt.

Bei den Hasen der Hasenfamilie Braunweiß können die drei Körperteile Ohren, Kopf und Körper unabhängig voneinander in den 2 Farben Braun oder Weiß gefärbt werden. Mischformen wie z. B. Hellbraun (Braun mit Weiß gemischt), 2 unterschiedliche Ohren, braun-weiß gestreift etc. sind nicht zugelassen.

Die Frage „Wie viele unterschiedliche Hasen gibt es?" kann am Material handelnd gelöst werden: Die Kinder versuchen mehr oder weniger systematisch alle Hasen zu finden. Eine vollständige Übersicht über alle kombinatorischen Möglichkeiten liefert das Baumdiagramm:

1. Entscheidung: Die Ohren können braun oder weiß sein.
2. Entscheidung: Unabhängig von den Ohren kann der Kopf braun oder weiß sein.
3. Entscheidung: Unabhängig von Ohren und Kopf kann der Körper braun oder weiß sein.

Insgesamt ergeben sich also $2 \cdot 2 \cdot 2 = 8$ verschiedene Möglichkeiten (Hasen).

❓ WIE KANN MAN VORGEHEN?
Vor der Arbeit mit dem Buch:
Die Lehrerin stellt die Hasenfamilie Braunweiß an einzelnen Familienmitgliedern exemplarisch vor und stellt die Frage, wie viele verschieden aussehende Hasen es in der Familie gibt.

Die Hasen können von den Kindern auch freihand gezeichnet, gefärbt und ausgeschnitten werden. Unterschiedliche Größen und Formen spielen bei der kombinatorischen Fragestellung ja keine Rolle.

Die Anzahl der gefundenen Hasen wird im Klassengespräch diskutiert. Als Kontrolle, ob auch wirklich alle 8 Hasen gefunden (und keiner doppelt gezählt) wurden, entwickelt die Lehrerin gemeinsam mit den Kindern an der Tafel Stufe für Stufe das Baumdiagramm.

Zum Schluss gehen die Kinder die Wege im Baumdiagramm nochmals nach und malen zu den Baumspitzen die entsprechend gefärbten Hasen bzw. kleben die vorbereiteten Hasen an die Tafel.

Zur Arbeit mit dem Buch:
Aufgabe 1:
Die Kinder entdecken auf dem oberen Bild ihre Aktivität wieder.

Aufgabe 2:
Dem Tafelbild entsprechend gehen die Kinder im Baumdiagramm die Wege nach und färben die Hasen entsprechend (Arbeitsblatt 17).

127 Bald ist Ostern
Fortsetzung von S. 126, Denkspiel „Paare verschieben"

❓ WAS WIRD BENÖTIGT?
Arbeitsmaterial: Tonpapier in den Farben Rot, Blau, Gelb, Schere, Arbeitsblätter 18 „Schmuckeier" und 19 „Baumdiagramm Schmuckeier"

❓ WORUM GEHT ES?
Es wird eine zu S. 126, Aufgabe 2 analoge kombinatorische Fragestellung behandelt: „Wie viele verschiedene Eier mit Schleife gibt es?"

Die Schmuckeier bestehen nur aus 2 Elementen (Eier und Schleife), aber man kann jeweils zwischen 3 Farben auswählen.
1. Entscheidung: Soll die Schleife rot, blau oder gelb sein? Ja oder nein.
2. Entscheidung: Soll das Ei rot, blau oder gelb gefärbt sein? Ja oder nein.

Da die beiden Entscheidungen unabhängig voneinander sind, ergeben sich für die Schmuckeier am Baumdiagramm 3 · 3 = 9 Möglichkeiten.

❓ WIE KANN MAN VORGEHEN?
Vor der Arbeit mit dem Buch:
Aus Tonpapier in den Farben Rot, Blau, Gelb werden Ostereier und Schleifen geschnitten (Arbeitsblatt 18 als Kopiervorlage). Aufgabe ist es, die Ostereier und die Schleifen so zusammenkleben, dass unterschiedliche Schmuckeier entstehen. An der Tafel werden am Baumdiagramm alle 9 möglichen Eier gefunden.

Zur Arbeit mit dem Buch:
Aufgabe 3:
Die Kinder entdecken ihre Aktivitäten wieder und kennen schon die Antwort: Es gibt 9 verschiedene Eier.

Aufgabe 4:
Die Kinder färben die Eier im Baumdiagramm (Arbeitsblatt 19).

Aufgabe 5:
Es gibt 4 · 4 = 16 verschiedene Schmuckeier.

❗ DENKSCHULE
Münzspiel D 8 „Paare verschieben" vorstellen (vgl. S. 22).

❓ WIE KÖNNTE ES WEITERGEHEN?
– Analoge Fragestellung mit 2 Eierfarben (Blau, Rot) und 3 Schleifenfarben (Blau, Rot, Gelb)
Wie viele Eier gibt es jetzt?
Lösung:

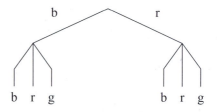

6 Möglichkeiten

– Analog 3 Eierfarben (Blau, Rot, Gelb) und 2 Schleifenfarben (Blau, Rot)
Wie viele Eier gibt es jetzt?
Lösung:

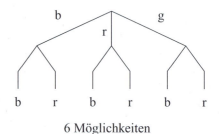

6 Möglichkeiten

Materialien

Operationsfelder	1a/b	Einmaleinsplan
	2	Lernuhr
Leerformate	1	Zahlenhäuser
	2	Zahlenmauern
	3	Zehner- und Fünferstreifen
	4	Rechendreiecke
	5	Hunderterfelder
	6	Hundertertafeln
	7	Breite Hundertertafel
	8	Uhrzeiten
Arbeitsblätter	1	Rechendreiecke (Legen und überlegen), zu Schülerbuchseite 8
	2	Würfeltabellen, zu Schülerbuchseite 9
	3	Metermaß, zu Schülerbuchseite 27
	4	Tangram, zu Schülerbuchseite 30 und 31
	5	1+1-Marathon, zu Schülerbuchseite 37
	6	Von einfachen zu schweren Plusaufgaben, zu Schülerbuchseite 42
	7	Von einfachen zu schweren Minusaufgaben, zu Schülerbuchseite 50
	8	Von einfachen zu schweren Malaufgaben, zu Schülerbuchseite 65
	9	Von einfachen zu schweren Geteiltaufgaben, zu Schülerbuchseite 79
	10	Gitternetz, zu Schülerbuchseite 81
	11	Grundrisse, zu Schülerbuchseite 81
	12	Seitenansichten, zu Schülerbuchseite 81
	13	Quadernetz, zu Schülerbuchseite 81
	14	Zahlenmauern und Rechendreiecke (Probieren und überlegen), zu Schülerbuchseite 91
	15	Meine Einmaleins-Tafel, zu Schülerbuchseite 98 und 99
	16	Würfelnetz, zu Schülerbuchseite 125
	17	Baumdiagramm „Hasen", zu Schülerbuchseite 126
	18	Schmuckeier, zu Schülerbuchseite 127
	19	Baumdiagramm „Schmuckeier", zu Schülerbuchseite 127
		Lösungen zu den Arbeitsblättern 1, 5, 6, 7, 8, 9, 14, 15
Formenzeichenkurs	1	Kreise
	2	Strecken
	3	Quadrate
	4	Rechtecke
Lernzielkontrollen		Lernzielkontrollen
		Lösungen zu den Lernzielkontrollen
		Blitzrechenpass

Einmaleins-Plan

| 1 | 2 | 3 | 4 | 5 | 6 | 7 | 8 | 9 | 10 | 11 | 12 | 13 | 14 | 15 | 16 | 17 | 18 | 19 | 20 | 21 | 22 | 23 | 24 | 25 | 26 | 27 | 28 | 29 | 30 | 31 | 32 | 33 | 34 | 35 | 36 | 37 | 38 | 39 | 40 | 41 | 42 | 43 | 44 | 45 | 46 | 47 | 48 | 49 | 50 |

·10 — 10, 20, 50

·5 — 5, 10, 25, 50

·2 — 2, 4, 10, 20

·4 — 4, 8, 20, 40

·8 — 8, 16, 40

·7 — 7, 14, 35

·3 — 3, 6, 15, 30

·6 — 6, 12, 30

·9 — 9, 18, 45

·1 — 1, 2, 5, 10

Alle Einmaleins-Zahlen

| 1 | 2 | 3 | 4 | 5 | 6 | 7 | 8 | 9 | 10 | | 12 | | 14 | 15 | 16 | | 18 | | 20 | 21 | | | 24 | 25 | | 27 | 28 | | 30 | | 32 | | | 35 | 36 | | | | 40 | | 42 | | | 45 | | | 48 | 49 | 50 |

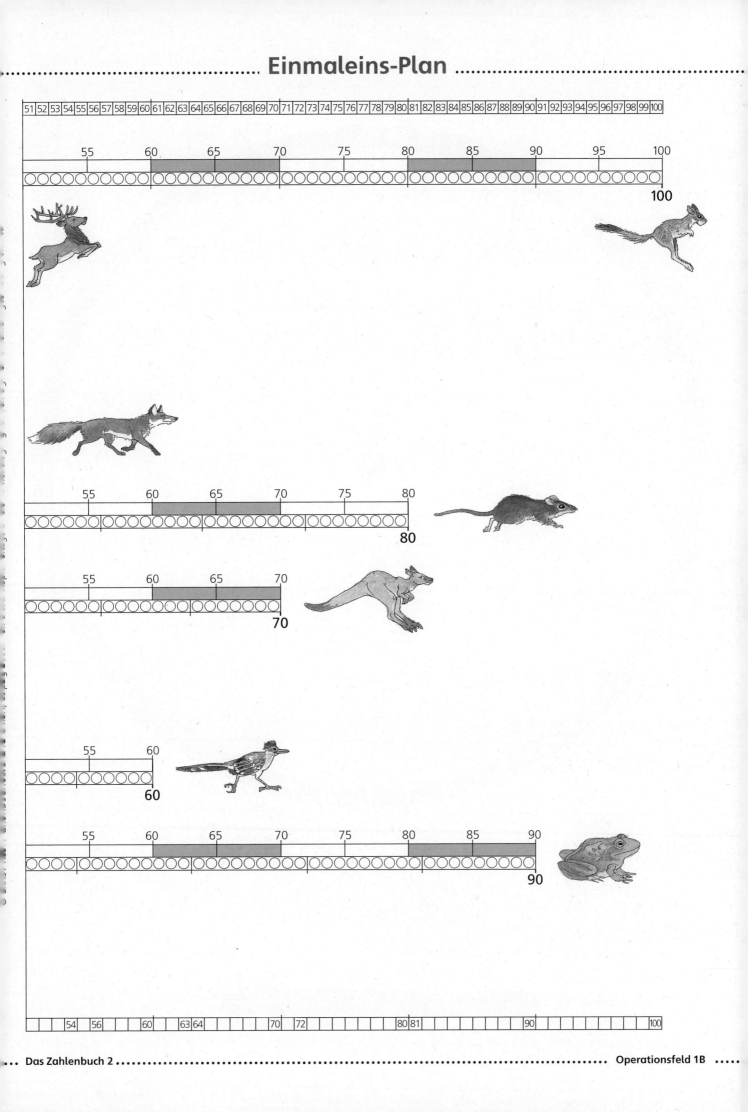

Lernuhr

Das Zahlenbuch 2 — Operationsfeld 2

Zahlenhäuser

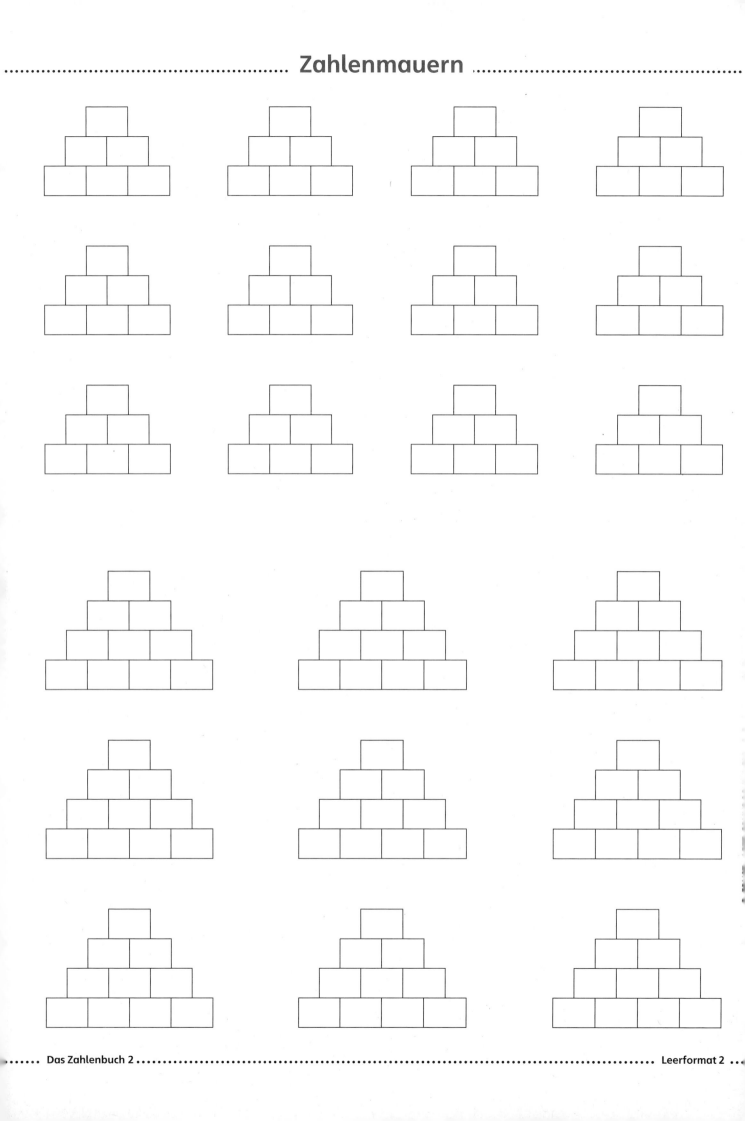

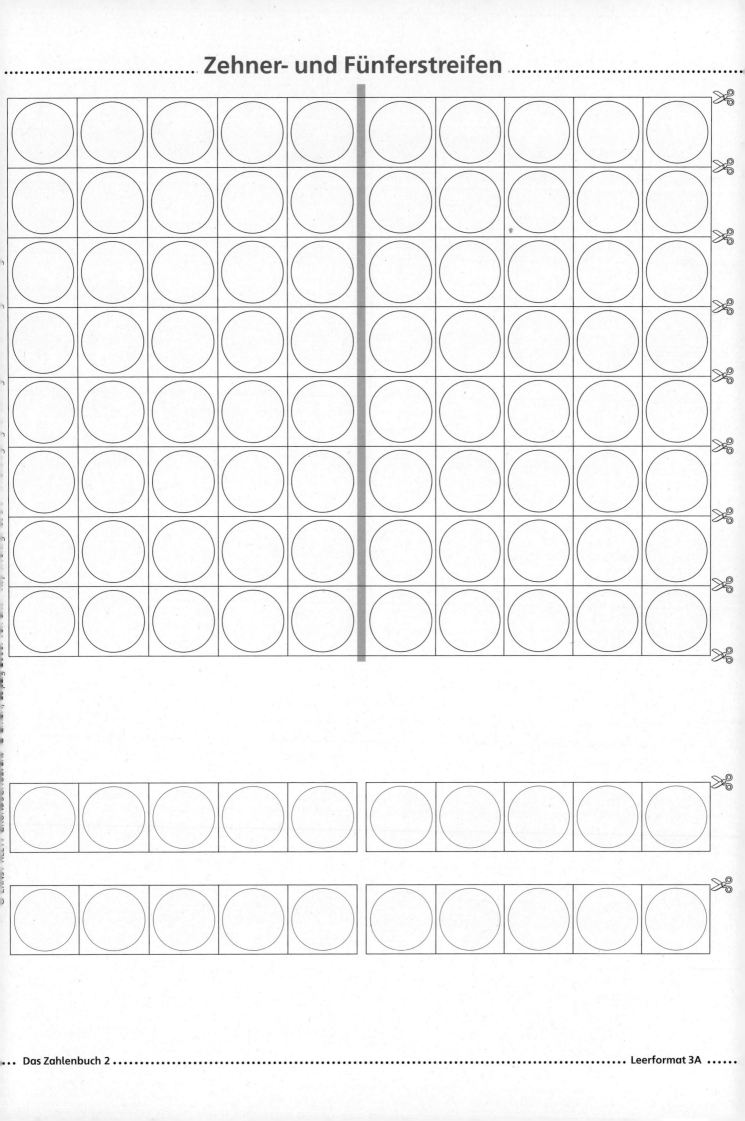

Zehner- und Fünferstreifen

Das Zahlenbuch 2

Leerformat 3B

Rechendreiecke

Das Zahlenbuch 2 — Leerformat 4

Hunderterfelder

Das Zahlenbuch 2 — Leerformat 5

Hundertertafeln

1	2	3	4	5	6	7	8	9	10
11	12	13	14	15	16	17	18	19	20
21	22	23	24	25	26	27	28	29	30
31	32	33	34	35	36	37	38	39	40
41	42	43	44	45	46	47	48	49	50
51	52	53	54	55	56	57	58	59	60
61	62	63	64	65	66	67	68	69	70
71	72	73	74	75	76	77	78	79	80
81	82	83	84	85	86	87	88	89	90
91	92	93	94	95	96	97	98	99	100

Breite Hundertertafel

1	2	3	4	5	6	7	8	9	10
11	12	13	14	15	16	17	18	19	20
21	22	23	24	25	26	27	28	29	30
31	32	33	34	35	36	37	38	39	40
41	42	43	44	45	46	47	48	49	50
51	52	53	54	55	56	57	58	59	60
61	62	63	64	65	66	67	68	69	70
71	72	73	74	75	76	77	78	79	80
81	82	83	84	85	86	87	88	89	90
91	92	93	94	95	96	97	98	99	100

Uhrzeiten

.... Uhr .... Uhr .... Uhr   .... Uhr .... Uhr .... Uhr
.... Uhr .... Uhr .... Uhr   .... Uhr .... Uhr .... Uhr

.... Uhr .... Uhr .... Uhr   .... Uhr .... Uhr .... Uhr
.... Uhr .... Uhr .... Uhr   .... Uhr .... Uhr .... Uhr

Rechendreiecke

1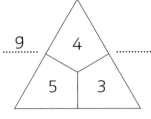

2 a) 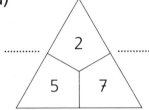 b) 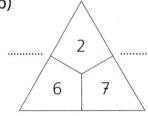 c) 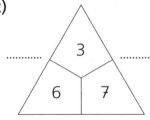 d)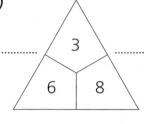

3 a) 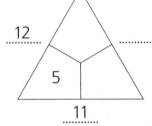 b) 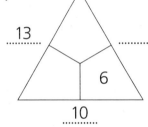 c) 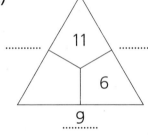 d)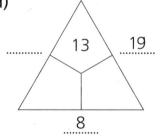

4 Probiere.

a) 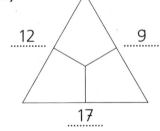 b) 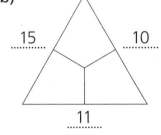 c) 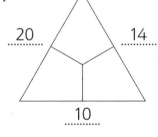 d)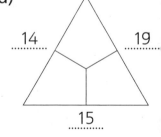

Probiere.

a) 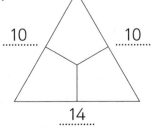 b) 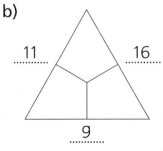 c) 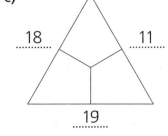 d)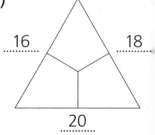

Würfeltabellen

Augen		Anzahl
⚀		
⚁		
⚂		
⚃		
⚄		
⚅		

Augen-summe	
2	
3	
4	
5	
6	
7	
8	
9	
10	
11	
12	

+	⚀	⚁	⚂	⚃	⚄	⚅
⚀						
⚁						
⚂						
⚃						
⚄						
⚅						

Das Zahlenbuch 2, zu Seite 9 — Arbeitsblatt 2

Metermaß

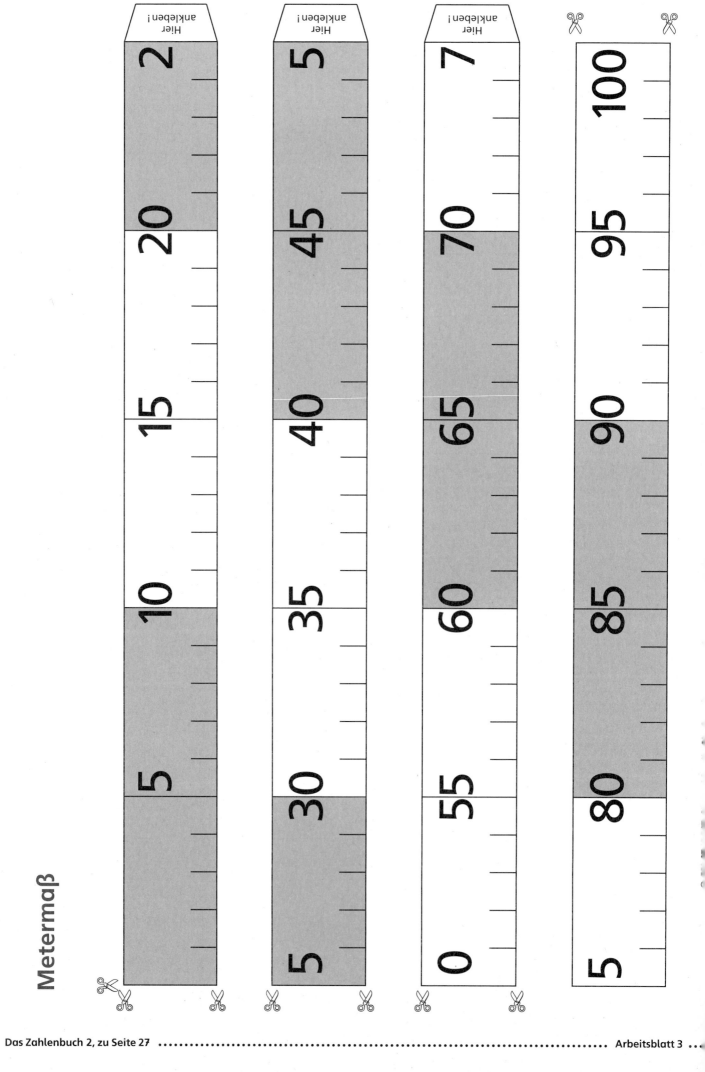

Das Zahlenbuch 2, zu Seite 27 — Arbeitsblatt 3

Tangram

Das Zahlenbuch 2, zu Seite 30/31 — Arbeitsblatt 4

1+1-Marathon

Row 1: 1 →+4→ ☐ →+5→ ☐ →−2→ ☐ →+5→ ☐ →−4→ ☐ →+6→ ☐ →−5→ ☐

Row 2: 10 →−7→ ☐ →+3→ ☐ →+2→ ☐ →+3→ ☐ →−8→ ☐ →−1→ ☐ →+5→ ☐ →−2→ ☐

Row 3: 10 →−8→ ☐ →−2→ ☐ →+6→ ☐ →−2→ ☐ →−4→ ☐ →+6→ ☐ →+2→ ☐ →−10→ ☐ →+5→ ☐

Row 4: 10 →+2→ ☐ →−4→ ☐ →+9→ ☐ →−10→ ☐ →+1→ ☐ →−9→ ☐ →+8→ ☐ →+2→ ☐ →−4→ ☐

Row 5: 10 →−6→ ☐ →+4→ ☐ →+6→ ☐ →−5→ ☐ →+3→ ☐ →−5→ ☐ →+7→ ☐ →−8→ ☐ →+1→ ☐

Row 6: 10 →−3→ ☐ →+2→ ☐ →+2→ ☐ →−3→ ☐ →+8→ ☐ →−9→ ☐ →+8→ ☐ →−3→ ☐ →+4→ ☐

Row 7: 10 →−4→ ☐ →+5→ ☐ →+5→ ☐ →−6→ ☐ →+7→ ☐ →+7→ ☐ →−8→ ☐ →−6→ ☐ →+10→ ☐

Das Zahlenbuch 2, zu Seite 37 — Arbeitsblatt 5

Von einfachen zu schweren Plusaufgaben

1 a) 44 + 5 = ...   b) 43 + 8 = ...   c) 37 + 6 = ...

d) 52 + 9 = ...   e) 34 + 5 = ...   f) 66 + 6 = ...

2 a) 74 + 3 = ...   b) 36 + 5 = ...   c) 78 + 3 = ...   d) 42 + 6 = ...
47 + 3 = ...   63 + 5 = ...   87 + 3 = ...   24 + 6 = ...
37 + 40 = ...   35 + 6 = ...   38 + 7 = ...   64 + 20 = ...
47 + 30 = ...   35 + 60 = ...   83 + 7 = ...   26 + 40 = ...

3 a) 40 + 30 = ...   b) 20 + 60 = ...   c) 10 + 70 = ...   d) 30 + 20 = ...
4 + 5 = ...   6 + 2 = ...   6 + 4 = ...   8 + 4 = ...
44 + 35 = ...   26 + 62 = ...   16 + 74 = ...   38 + 24 = ...

4 Schöne Päckchen. Setze fort.

a) 15 + 7 = ...   b) 49 + 6 = ...   c) 4 + 50 = ...   d) 50 + 40 = ...
26 + 7 = ...   48 + 7 = ...   15 + 40 = ...   41 + 40 = ...
37 + 7 = ...   47 + 8 = ...   26 + 30 = ...   32 + 40 = ...
48 + 7 = ...   46 + 9 = ...   37 + 20 = ...   23 + 40 = ...
...... + ... = ... + ... = ... + ... = ... + ... = ...

5 a) 38 + 4 = ...   b) 43 + 8 = ...   c) 36 + 5 = ...   d) 43 + 9 = ...
42 + 30 = ...   51 + 20 = ... + 40 = ... + 30 = ...
38 + 34 = ...   43 + 28 = ...   36 + 45 = ...   43 + 39 = ...

6 a) 38 + 2 + 27 = ...   b) 44 + 6 + 32 = ...   c) 27 + 3 + 25 = ...
38 + 29 = ...   44 + 38 = ...   27 + 28 = ...

7 a) 34 + 40 − 1 = ...   b) 47 + 20 − 1 = ...   c) 56 + 30 − 2 = ...
34 + 39 = ...   47 + 19 = ...   56 + 28 = ...

Von einfachen zu schweren Minusaufgaben

1 a) 46 − 8 = ____ b) 48 − 6 = ____ c) 55 − 8 = ____ d) 33 − 5 = ____

2 a) 34 − 20 = ____ b) 53 − 30 = ____ c) 62 − 40 = ____ d) 74 − 30 = ____

3
a) 74 − 3 = ____
   47 − 3 = ____
   47 − 30 = ____
   74 − 30 = ____

b) 36 − 5 = ____
   63 − 5 = ____
   63 − 50 = ____
   65 − 30 = ____

c) 78 − 3 = ____
   87 − 3 = ____
   38 − 7 = ____
   83 − 7 = ____

d) 42 − 6 = ____
   24 − 6 = ____
   64 − 20 = ____
   62 − 40 = ____

4 Schöne Päckchen. Setze fort.

a) 20 − 9 = ____
   30 − 8 = ____
   40 − 7 = ____
   50 − 6 = ____
   ___ − ___ = ____

b) 96 − 40 = ____
   85 − 40 = ____
   74 − 40 = ____
   63 − 40 = ____
   ___ − ___ = ____

c) 70 − 3 = ____
   60 − 4 = ____
   50 − 5 = ____
   40 − 6 = ____
   ___ − ___ = ____

d) 65 − 10 = ____
   64 − 20 = ____
   63 − 30 = ____
   62 − 40 = ____
   ___ − ___ = ____

5
a) 68 − 30 = ____
   38 − 4 = ____
   68 − 34 = ____

b) 85 − 40 = ____
   45 − 6 = ____
   85 − 46 = ____

c) 74 − 50 = ____
   ___ − 6 = ____
   74 − 56 = ____

d) 54 − 30 = ____
   ___ − 7 = ____
   54 − 37 = ____

6
a) 70 − 50 = ____
   8 − 3 = ____
   78 − 53 = ____

b) 90 − 70 = ____
   6 − 5 = ____
   96 − 75 = ____

c) 40 − 20 = ____
   7 − 3 = ____
   47 − 23 = ____

d) 50 − 30 = ____
   6 − 5 = ____
   56 − 35 = ____

7 Beginne immer mit einer einfachen Aufgabe.

a) 67 − 39 = ____
   67 − 40 = ____
   67 − 41 = ____

b) 83 − 29 = ____
   83 − 30 = ____
   83 − 34 = ____

c) 44 − 24 = ____
   44 − 25 = ____
   44 − 26 = ____

d) 86 − 28 = ____
   86 − 8 = ____
   86 − 18 = ____

8
a) 56 + ____ = 63
   63 − 56 = ____

b) 74 + ____ = 82
   82 − 74 = ____

c) 49 + ____ = 56
   56 − 49 = ____

d) 66 + ____ = 71
   71 − 66 = ____

Von einfachen zu schweren Malaufgaben

1 a) 2 · 3 = ...   b) 2 · 7 = ...   c) 2 · 8 = ...   d) 2 · 4 = ...   e) 2 · 6 = ...
      4 · 3 = ...   4 · 7 = ...   4 · 8 = ...   4 · 4 = ...   4 · 6 = ...

2 a) 10 · 2 = ...   b) 10 · 5 = ...   c) 10 · 6 = ...   d) 10 · 8 = ...   e) 10 · 7 = ...
      5 · 2 = ...   5 · 5 = ...   5 · 6 = ...   5 · 8 = ...   5 · 7 = ...

3 a) 10 · 4 = ...   b) 10 · 3 = ...   c) 10 · 5 = ...   d) 10 · 9 = ...   e) 10 · 2 = ...
      9 · 4 = ...   9 · 3 = ...   9 · 5 = ...   9 · 9 = ...   9 · 2 = ...

4 a) 5 · 3 = ...   b) 5 · 6 = ...   c) 5 · 8 = ...   d) 5 · 4 = ...   e) 5 · 9 = ...
      2 · 3 = ...   2 · 6 = ...   2 · 8 = ...   2 · 4 = ...   2 · 9 = ...
      7 · 3 = ...   7 · 6 = ...   7 · 8 = ...   7 · 4 = ...   7 · 9 = ...

5 a) 2 · 6 = ...   b) 2 · 8 = ...   c) 2 · 4 = ...   d) 2 · 2 = ...   e) 2 · 3 = ...
      3 · 6 = ...   3 · 8 = ...   3 · 4 = ...   3 · 2 = ...   3 · 3 = ...
      5 · 6 = ...   5 · 8 = ...   5 · 4 = ...   5 · 2 = ...   5 · 3 = ...
      8 · 6 = ...   8 · 8 = ...   8 · 4 = ...   8 · 2 = ...   8 · 3 = ...

6 a) 5 · 4 = ...   b) 5 · 7 = ...   c) 5 · 9 = ...   d) 5 · 8 = ...   e) 5 · 3 = ...
      6 · 4 = ...   6 · 7 = ...   6 · 9 = ...   6 · 8 = ...   6 · 3 = ...

7 a) 10 · 3 = ...   b) 10 · 6 = ...   c) 10 · 8 = ...   d) 10 · 9 = ...   e) 10 · 7 = ...
      2 · 3 = ...   2 · 6 = ...   2 · 8 = ...   2 · 9 = ...   2 · 7 = ...
      8 · 3 = ...   8 · 6 = ...   8 · 8 = ...   8 · 9 = ...   8 · 7 = ...

8 a) 8 · 4 = ...   b) 8 · 7 = ...   c) 8 · 5 = ...   d) 0 · 8 = ...   e) 0 · 9 = ...
      4 · 4 = ...   4 · 7 = ...   4 · 5 = ...   3 · 8 = ...   3 · 9 = ...
      2 · 4 = ...   2 · 7 = ...   2 · 5 = ...   6 · 8 = ...   6 · 9 = ...
      1 · 4 = ...   1 · 7 = ...   1 · 5 = ...   9 · 8 = ...   9 · 9 = ...

9 Schöne Päckchen?

     a) 8 · 2 = ...   b) 3 · 4 = ...   c) 6 · 5 = ...   d) 6 · 6 = ...   e) 3 · 8 = ...
        2 · 9 = ...   6 · 2 = ...   3 · 10 = ...   4 · 8 = ...   4 · 6 = ...
        4 · 4 = ...   4 · 3 = ...   9 · 3 = ...   9 · 4 = ...   6 · 5 = ...

Von einfachen zu schweren Geteiltaufgaben

1 a) 60 : 6 = ___ b) 70 : 7 = ___ c) 80 : 8 = ___ d) 40 : 4 = ___ e) 90 : 9 = ___
30 : 6 = ___ 35 : 7 = ___ 40 : 8 = ___ 20 : 4 = ___ 45 : 9 = ___

2 a) 6 : 6 = ___ b) 4 : 4 = ___ c) 9 : 9 = ___ d) 3 : 3 = ___ e) 7 : 7 = ___
12 : 6 = ___ 8 : 4 = ___ 18 : 9 = ___ 6 : 3 = ___ 14 : 7 = ___
18 : 6 = ___ 12 : 4 = ___ 27 : 9 = ___ 9 : 3 = ___ 21 : 7 = ___

3 a) 30 : 3 = ___ b) 70 : 7 = ___ c) 50 : 5 = ___ d) 60 : 6 = ___ e) 20 : 2 = ___
27 : 3 = ___ 63 : 7 = ___ 45 : 5 = ___ 54 : 6 = ___ 18 : 2 = ___
24 : 3 = ___ 56 : 7 = ___ 40 : 5 = ___ 48 : 6 = ___ 16 : 2 = ___

4 a) 15 : 3 = ___ b) 45 : 9 = ___ c) 35 : 7 = ___ d) 30 : 6 = ___ e) 40 : 8 = ___
6 : 3 = ___ 9 : 9 = ___ 21 : 7 = ___ 12 : 6 = ___ 16 : 8 = ___
21 : 3 = ___ 54 : 9 = ___ 56 : 7 = ___ 42 : 6 = ___ 56 : 8 = ___

5 a) 16 : 8 = ___ b) 14 : 7 = ___ c) 18 : 9 = ___ d) 12 : 6 = ___ e) 8 : 4 = ___
32 : 8 = ___ 28 : 7 = ___ 36 : 9 = ___ 24 : 6 = ___ 16 : 4 = ___
64 : 8 = ___ 56 : 7 = ___ 72 : 9 = ___ 48 : 6 = ___ 32 : 4 = ___

6 a) 32 : 8 = ___ b) 28 : 4 = ___ c) 45 : 5 = ___ d) 54 : 6 = ___ e) 48 : 6 = ___
32 : 4 = ___ 28 : 7 = ___ 45 : 9 = ___ 54 : 9 = ___ 48 : 8 = ___

7 a) 8 : 2 = ___ b) 24 : 2 = ___ c) 32 : 2 = ___ d) 40 : 2 = ___ e) 16 : 2 = ___
8 : 4 = ___ 24 : 4 = ___ 32 : 4 = ___ 40 : 4 = ___ 16 : 4 = ___
8 : 8 = ___ 24 : 8 = ___ 32 : 8 = ___ 40 : 8 = ___ 16 : 8 = ___

8 Schöne Päckchen?

a) 8 : 1 = ___ b) 7 : 1 = ___ c) 5 : 1 = ___ d) 6 : 1 = ___ e) 4 : 1 = ___
16 : 2 = ___ 14 : 2 = ___ 10 : 2 = ___ 18 : 3 = ___ 12 : 4 = ___
32 : 4 = ___ 28 : 7 = ___ 20 : 5 = ___ 36 : 6 = ___ 24 : 6 = ___
64 : 8 = ___ 56 : 8 = ___ 40 : 8 = ___ 54 : 9 = ___ 36 : 9 = ___

Das Zahlenbuch 2, zu Seite 81 — Arbeitsblatt 10

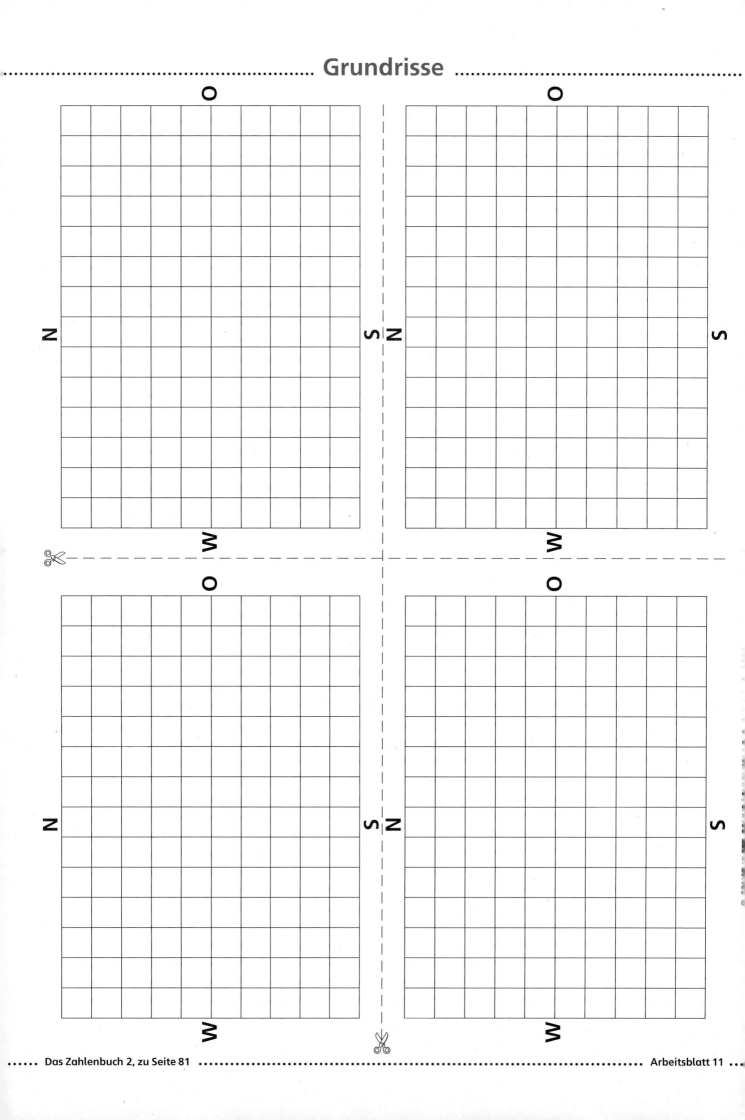

Seitenansichten

S

O

N

W

Das Zahlenbuch 2, zu Seite 81 — Arbeitsblatt 12

Quadernetz

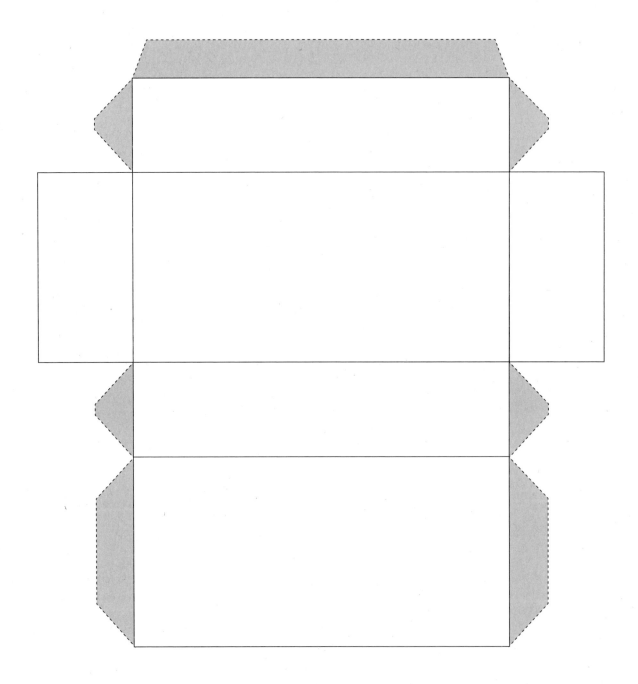

Zahlenmauern und Rechendreiecke

1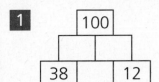

2 a) 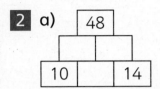 b) 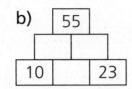 c) 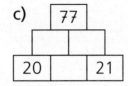 d)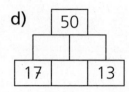

3

4 a) 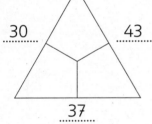 b)  c) 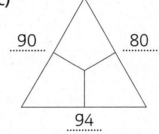 d)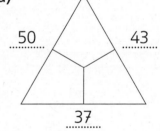

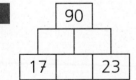 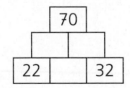 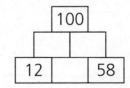 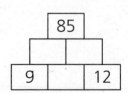

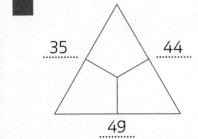 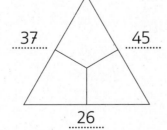  

Meine Einmaleins-Tafel

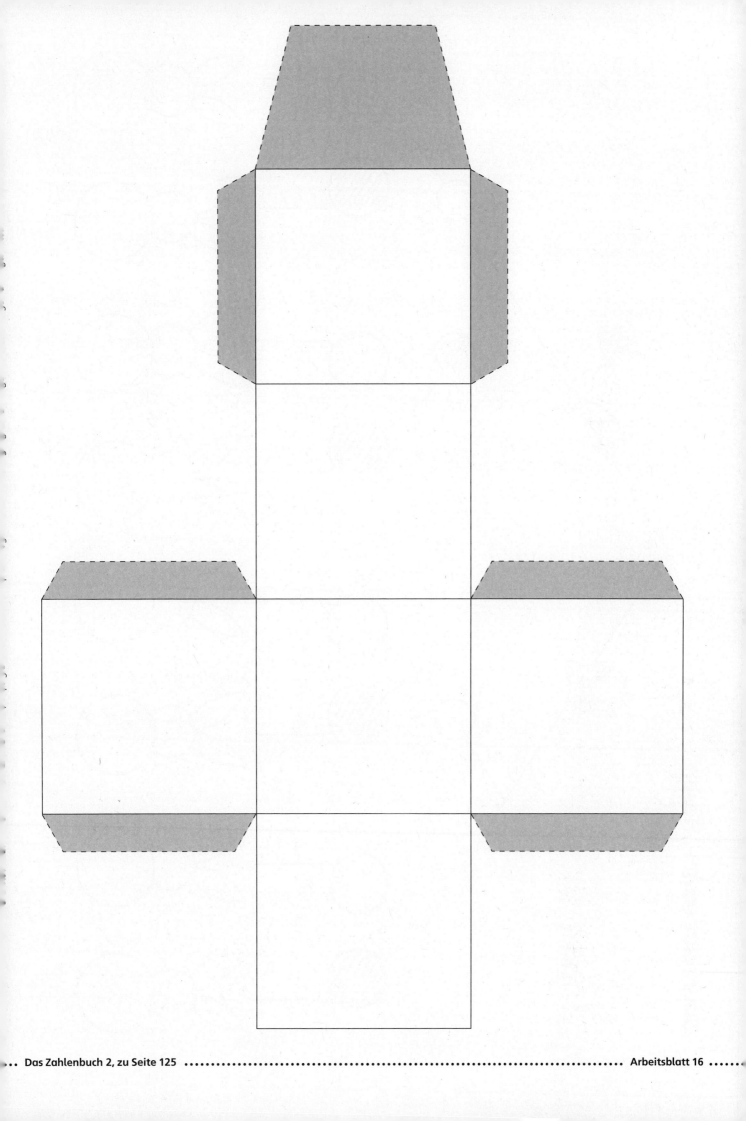

Das Zahlenbuch 2, zu Seite 125 — Arbeitsblatt 16

Baumdiagramm „Hasen"

Das Zahlenbuch 2, zu Seite 126 — Arbeitsblatt 17

Baumdiagramm „Schmuckeier"

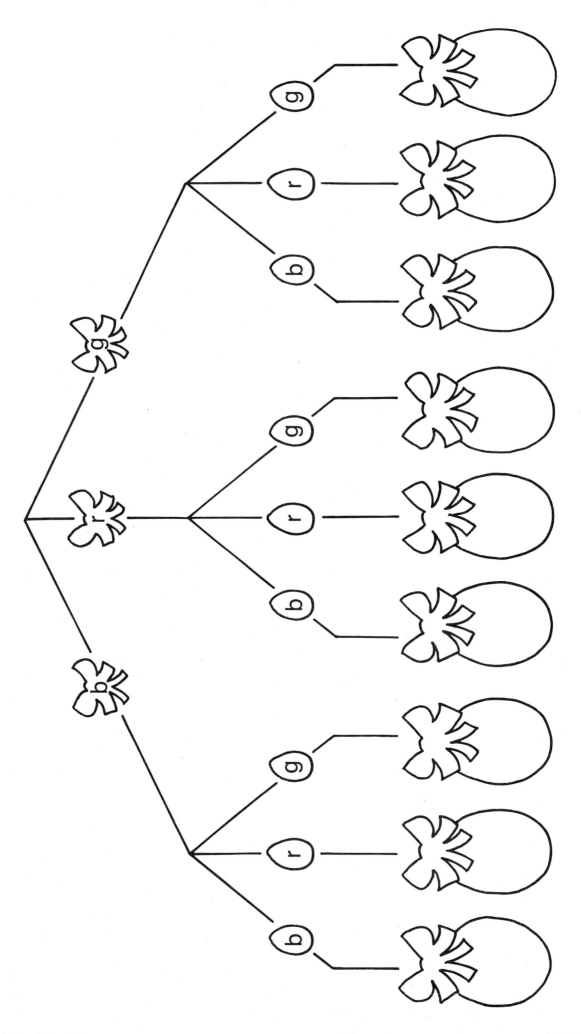

Das Zahlenbuch 2, zu Seite 127 — Arbeitsblatt 19

Arbeitsblatt 1 — Lösungen

1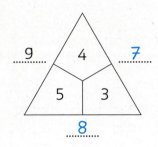

2 a)  b)  c) 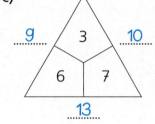 d)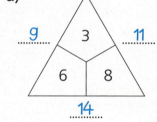

3 a) 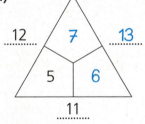 b) 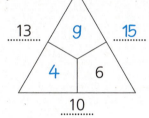 c) 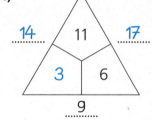 d)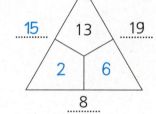

4 Probiere.
a)  b) 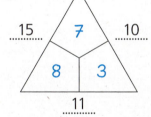 c) 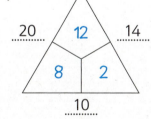 d)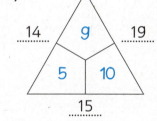

Probiere.
a) 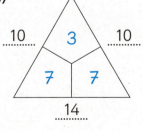 b) 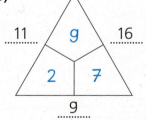 c) 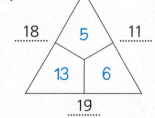 d)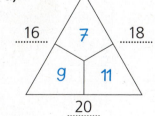

Arbeitsblatt 5 — Lösungen

1+1-Marathon

Start												
10	−7→ 3	+3→ 6	+2→ 8	1	+4→ 5	+5→ 10	−2→ 8	+5→ 13	−4→ 9	+6→ 15	−5→
10	−8→ 2	+6→ 0		8	+2→ 10	+3→ 13	+3→ 16	−8→ 8	−1→ 7	+5→ 12	−2→
10	+2→ 12	−4→ 8	+9→	6	+7→ 13	−2→ 11	−4→ 7	+6→ 13	+2→ 15	−10→ 5	+5→
10	−6→ 4	+4→ 8	+6→	17	−10→ 7	+1→ 8	+10→ 18	−9→ 9	+8→ 17	−3→ 14	−4→
10	−3→ 7	+2→ 9	+6→	14	−5→ 9	+3→ 12	−5→ 7	+7→ 14	+3→ 6	9	+1→
10	−4→ 6	+5→ 11	+2→	11	−3→ 8	+8→ 16	−9→ 7	+8→ 15	−3→ 12	−6→ 6	+4→
10		+5→		16	−6→ 10	−6→ 4	+7→ 11	−8→ 3	+7→ 10	+10→ 20	

Arbeitsblatt 6 — Lösungen

1 a) 44 + 5 = **49** b) 43 + 8 = **51** c) 37 + 6 = **43**
d) 52 + 9 = **61** e) 34 + 5 = **39** f) 66 + 6 = **72**

2 a) 74 + 3 = **77** b) 36 + 5 = **41** c) 78 + 3 = **81** d) 42 + 6 = **48**
47 + 3 = **50** 63 + 5 = **68** 87 + 3 = **90** 24 + 6 = **30**
37 + 40 = **77** 35 + 6 = **41** 38 + 7 = **45** 64 + 20 = **84**
47 + 30 = **77** 35 + 60 = **95** 83 + 7 = **90** 26 + 40 = **66**

3 a) 40 + 30 = **70** b) 20 + 60 = **80** c) 10 + 70 = **80** d) 30 + 20 = **50**
4 + 5 = **9** 6 + 2 = **8** 6 + 4 = **10** 8 + 4 = **12**
44 + 35 = **79** 26 + 62 = **88** 16 + 74 = **90** 38 + 24 = **62**

4 Schöne Päckchen. Setze fort.

a) 15 + 7 = **22** b) 49 + 6 = **55** c) 4 + 50 = **54** d) 50 + 40 = **90**
26 + 7 = **33** 48 + 7 = **55** 15 + 40 = **55** 41 + 40 = **81**
37 + 7 = **44** 47 + 8 = **55** 26 + 30 = **56** 32 + 40 = **72**
48 + 7 = **55** 46 + 9 = **55** 37 + 20 = **57** 23 + 40 = **63**
59 + 7 = **66** **45** + **10** = **55** **48** + **10** = **58** **14** + **40** = **54**

5 a) 38 + 4 = **42** b) 43 + 8 = **51** c) 36 + 5 = **41** d) 43 + 9 = **52**
42 + 30 = **72** 51 + 20 = **71** **41** + 40 = **81** **52** + 30 = **82**
38 + 34 = **72** 43 + 28 = **71** 36 + 45 = **81** 43 + 39 = **82**

6 a) 38 + 2 + 27 = **67** b) 44 + 6 + 32 = **82** c) 27 + 3 + 25 = **55**
38 + 29 = **67** 44 + 38 = **82** 27 + 28 = **55**

7 a) 34 + 40 − 1 = **73** b) 47 + 20 − 1 = **66** c) 56 + 30 − 2 = **84**
34 + 39 = **73** 47 + 19 = **66** 56 + 28 = **84**

Arbeitsblatt 7 — Lösungen

1 a) 46 − 8 = 38   b) 48 − 6 = 42   c) 55 − 8 = 47   d) 33 − 5 = 28

2 a) 34 − 20 = 14   b) 53 − 30 = 23   c) 62 − 40 = 22   d) 74 − 30 = 44

3
a) 74 − 3 = 71
47 − 3 = 44
47 − 30 = 17
74 − 30 = 44

b) 36 − 5 = 31
63 − 5 = 58
63 − 50 = 13
65 − 30 = 35

c) 78 − 3 = 75
87 − 3 = 84
38 − 7 = 31
83 − 7 = 76

d) 42 − 6 = 36
24 − 6 = 18
64 − 20 = 44
62 − 40 = 22

4 Schöne Päckchen. Setze fort.

a) 20 − 9 = 11
30 − 8 = 22
40 − 7 = 33
50 − 6 = 44
60 − 5 = 55

b) 96 − 40 = 56
85 − 40 = 45
74 − 40 = 34
63 − 40 = 23
52 − 40 = 12

c) 70 − 3 = 67
60 − 4 = 56
50 − 5 = 45
40 − 6 = 34
30 − 7 = 23

d) 65 − 10 = 55
64 − 20 = 44
63 − 30 = 33
62 − 40 = 22
61 − 50 = 11

5
a) 68 − 30 = 38
38 − 4 = 34
68 − 34 = 34

b) 85 − 40 = 45
45 − 6 = 39
85 − 46 = 39

c) 74 − 50 = 24
24 − 6 = 18
74 − 56 = 18

d) 54 − 30 = 24
24 − 7 = 17
54 − 37 = 17

6
a) 70 − 50 = 20
8 − 3 = 5
78 − 53 = 25

b) 90 − 70 = 20
6 − 5 = 1
96 − 75 = 21

c) 40 − 20 = 20
7 − 3 = 4
47 − 23 = 24

d) 50 − 30 = 20
6 − 5 = 1
56 − 35 = 21

7 Beginne immer mit einer einfachen Aufgabe.

a) 67 − 39 = 28
67 − 40 = 27
67 − 41 = 26

b) 83 − 29 = 54
83 − 30 = 53
83 − 34 = 49

c) 44 − 24 = 20
44 − 25 = 19
44 − 26 = 18

d) 86 − 28 = 58
86 − 8 = 78
86 − 18 = 68

8
a) 56 + 7 = 63
63 − 56 = 7

b) 74 + 8 = 82
82 − 74 = 8

c) 49 + 7 = 56
56 − 49 = 7

d) 66 + 5 = 71
71 − 66 = 5

Arbeitsblatt 8 — Lösungen

1
a) 2 · 3 = 6   b) 2 · 7 = 14   c) 2 · 8 = 16   d) 2 · 4 = 8   e) 2 · 6 = 12
   4 · 3 = 12   4 · 7 = 28   4 · 8 = 32   4 · 4 = 16   4 · 6 = 24

2
a) 10 · 2 = 20   b) 10 · 5 = 50 c) 10 · 6 = 60 d) 10 · 8 = 80 e) 10 · 7 = 70
   5 · 2 = 10   5 · 5 = 25   5 · 6 = 30   5 · 8 = 40   5 · 7 = 35

3
a) 10 · 4 = 40   b) 10 · 3 = 30 c) 10 · 5 = 50 d) 10 · 9 = 90 e) 10 · 2 = 20
   9 · 4 = 36   9 · 3 = 27   9 · 5 = 45   9 · 9 = 81   9 · 2 = 18

4
a) 5 · 3 = 15   b) 5 · 6 = 30   c) 5 · 8 = 40   d) 5 · 4 = 20   e) 5 · 9 = 45
   2 · 3 = 6   2 · 6 = 12   2 · 8 = 16   2 · 4 = 8   2 · 9 = 18
   7 · 3 = 21   7 · 6 = 42   7 · 8 = 56   7 · 4 = 28   7 · 9 = 63

5
a) 2 · 6 = 12   b) 2 · 8 = 16   c) 2 · 4 = 8   d) 2 · 2 = 4   e) 2 · 3 = 6
   3 · 6 = 18   3 · 8 = 24   3 · 4 = 12   3 · 2 = 6   3 · 3 = 9
   5 · 6 = 30   5 · 8 = 40   5 · 4 = 20   5 · 2 = 10   5 · 3 = 15
   8 · 6 = 48   8 · 8 = 64   8 · 4 = 32   8 · 2 = 16   8 · 3 = 24

6
a) 5 · 4 = 20   b) 5 · 7 = 35   c) 5 · 9 = 45   d) 5 · 8 = 40   e) 5 · 3 = 15
   6 · 4 = 24   6 · 7 = 42   6 · 9 = 54   6 · 8 = 48   6 · 3 = 18

7
a) 10 · 3 = 30 b) 10 · 6 = 60 c) 10 · 8 = 80 d) 10 · 9 = 90 e) 10 · 7 = 70
   2 · 3 = 6   2 · 6 = 12   2 · 8 = 16   2 · 9 = 18   2 · 7 = 14
   8 · 3 = 24   8 · 6 = 48   8 · 8 = 64   8 · 9 = 72   8 · 7 = 56

8
a) 8 · 4 = 32   b) 8 · 7 = 56   c) 8 · 5 = 40   d) 0 · 8 = 0   e) 0 · 9 = 0
   4 · 4 = 16   4 · 7 = 28   4 · 5 = 20   3 · 8 = 24   3 · 9 = 27
   2 · 4 = 8   2 · 7 = 14   2 · 5 = 10   6 · 8 = 48   6 · 9 = 54
   1 · 4 = 4   1 · 7 = 7   1 · 5 = 5   9 · 8 = 72   9 · 9 = 81

9 Schöne Päckchen?

a) 8 · 2 = 16   b) 3 · 4 = 12   c) 6 · 5 = 30   d) 6 · 6 = 36   e) 3 · 8 = 24
   ⌐2 · 9 = 18 !   6 · 2 = 12   3 · 10 = 30   ⌐4 · 8 = 32 !   4 · 6 = 24
   ⌊4 · 4 = 16   4 · 3 = 12   ⌐9 · 3 = 27 !   ⌊9 · 4 = 36   ⌐6 · 5 = 30 !
    2 · 8 = 16   ⌊10 · 3 = 30   4 · 9 = 36   ⌊6 · 4 = 24

Arbeitsblatt 9 — Lösungen

1 a) 60 : 6 = 10   b) 70 : 7 = 10   c) 80 : 8 = 10   d) 40 : 4 = 10   e) 90 : 9 = 10
   30 : 6 = 5   35 : 7 = 5   40 : 8 = 5   20 : 4 = 5   45 : 9 = 5

2 a) 6 : 6 = 1   b) 4 : 4 = 1   c) 9 : 9 = 1   d) 3 : 3 = 1   e) 7 : 7 = 1
   12 : 6 = 2   8 : 4 = 2   18 : 9 = 2   6 : 3 = 2   14 : 7 = 2
   18 : 6 = 3   12 : 4 = 3   27 : 9 = 3   9 : 3 = 3   21 : 7 = 3

3 a) 30 : 3 = 10 b) 70 : 7 = 10   c) 50 : 5 = 10   d) 60 : 6 = 10   e) 20 : 2 = 10
   27 : 3 = 9   63 : 7 = 9   45 : 5 = 9   54 : 6 = 9   18 : 2 = 9
   24 : 3 = 8   56 : 7 = 8   40 : 5 = 8   48 : 6 = 8   16 : 2 = 8

4 a) 15 : 3 = 5   b) 45 : 9 = 5   c) 35 : 7 = 5   d) 30 : 6 = 5   e) 40 : 8 = 5
   6 : 3 = 2   9 : 9 = 1   21 : 7 = 3   12 : 6 = 2   16 : 8 = 2
   21 : 3 = 7   54 : 9 = 6   56 : 7 = 8   42 : 6 = 7   56 : 8 = 7

5 a) 16 : 8 = 2   b) 14 : 7 = 2   c) 18 : 9 = 2   d) 12 : 6 = 2   e) 8 : 4 = 2
   32 : 8 = 4   28 : 7 = 4   36 : 9 = 4   24 : 6 = 4   16 : 4 = 4
   64 : 8 = 8   56 : 7 = 8   72 : 9 = 8   48 : 6 = 8   32 : 4 = 8

6 a) 32 : 8 = 4   b) 28 : 4 = 7   c) 45 : 5 = 9   d) 54 : 6 = 9   e) 48 : 6 = 8
   32 : 4 = 8   28 : 7 = 4   45 : 9 = 5   54 : 9 = 6   48 : 8 = 6

7 a) 8 : 2 = 4   b) 24 : 2 = 12   c) 32 : 2 = 16   d) 40 : 2 = 20   e) 16 : 2 = 8
   8 : 4 = 2   24 : 4 = 6   32 : 4 = 8   40 : 4 = 10   16 : 4 = 4
   8 : 8 = 1   24 : 8 = 4   32 : 8 = 4   40 : 8 = 5   16 : 8 = 2

8 Schöne Päckchen?
   a) 8 : 1 = 8   b) 7 : 1 = 7   c) 5 : 1 = 5   d) 6 : 1 = 6   e) 4 : 1 = 4
   16 : 2 = 8   14 : 2 = 7   10 : 2 = 5   18 : 3 = 6   ⌐12 : 4 = 3 !
   32 : 4 = 8   ⌐28 : 7 = 4 !   ⌐20 : 5 = 4 !   36 : 6 = 6   24 : 6 = 4
   64 : 8 = 8   56 : 8 = 7   40 : 8 = 5   54 : 9 = 6   36 : 9 = 4
                    ⌊28 : 4 = 7   ⌊20 : 4 = 5   ⌊12 : 3 = 4

Arbeitsblatt 13 — Lösungen

1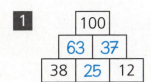

2 a) 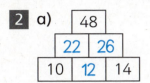 b) c) d)

3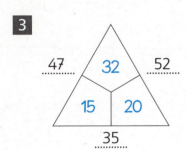

4 a) 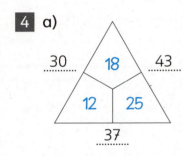 b) 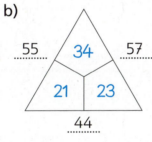 c) 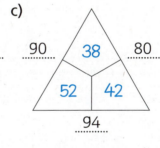 d)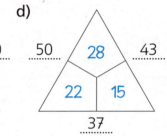

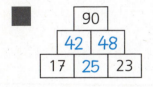

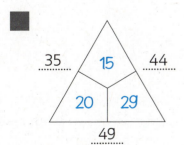  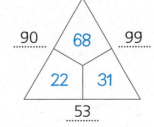 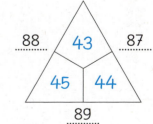

Arbeitsblatt 15 — Lösungen

Meine Einmaleins-Tafel

·	1	2	3	4	5	6	7	8	9	10
1	1	2	3	4	5	6	7	8	9	10
2	2	4	6	8	10	12	14	16	18	20
3	3	6	9	12	15	18	21	24	27	30
4	4	8	12	16	20	24	28	32	36	40
5	5	10	15	20	25	30	35	40	45	50
6	6	12	18	24	30	36	42	48	54	60
7	7	14	21	28	35	42	49	56	63	70
8	8	16	24	32	40	48	56	64	72	80
9	9	18	27	36	45	54	63	72	81	90
10	10	20	30	40	50	60	70	80	90	100

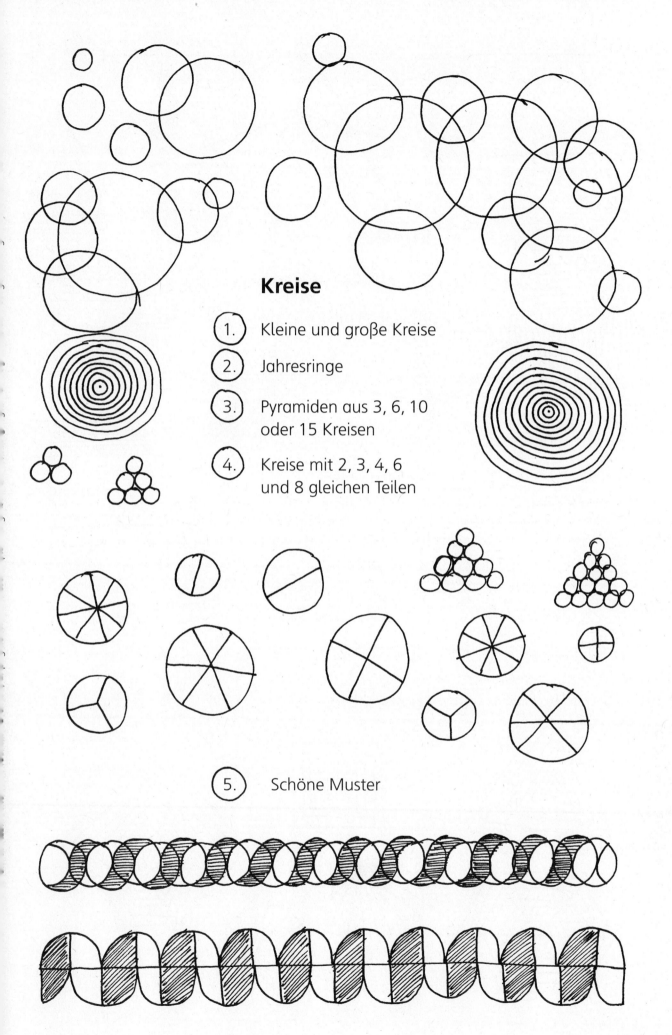

Kreise

1. Kleine und große Kreise
2. Jahresringe
3. Pyramiden aus 3, 6, 10 oder 15 Kreisen
4. Kreise mit 2, 3, 4, 6 und 8 gleichen Teilen
5. Schöne Muster

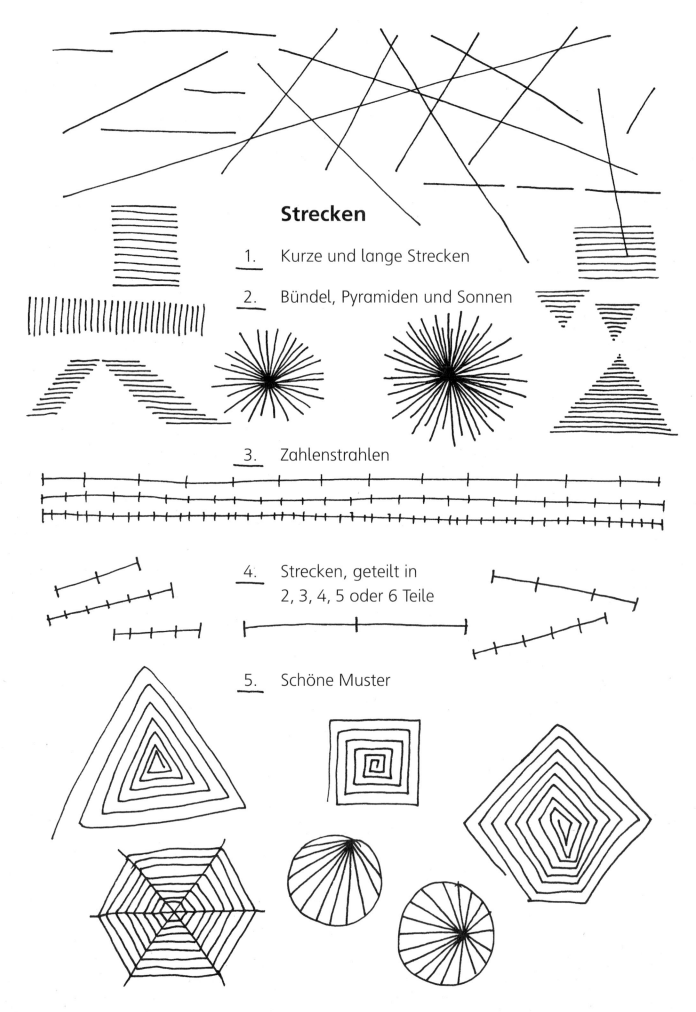

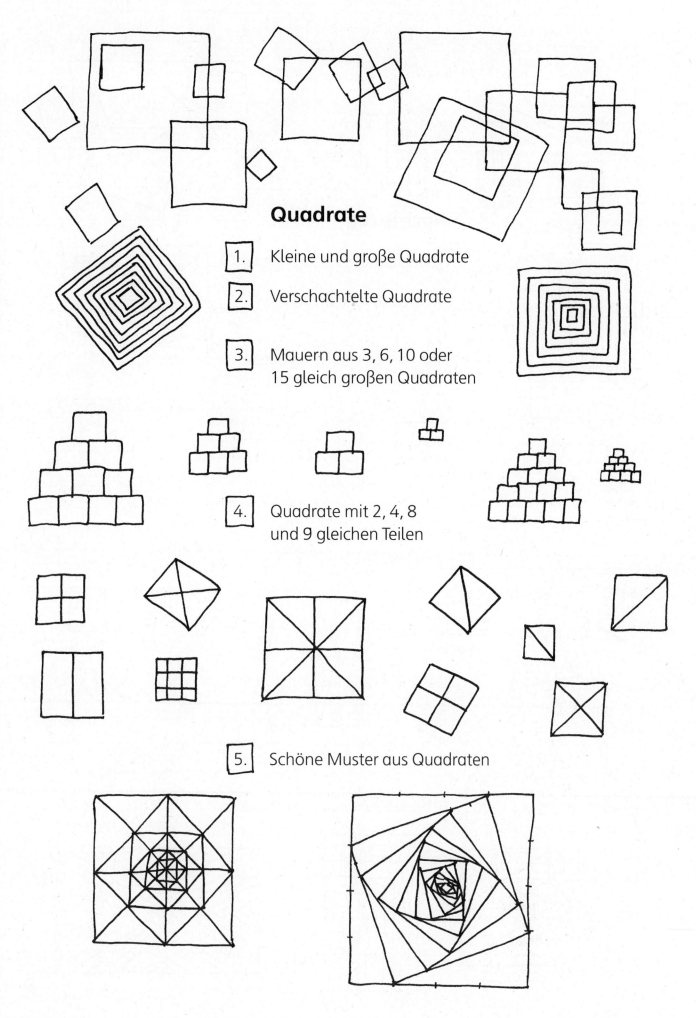

Quadrate

1. Kleine und große Quadrate

2. Verschachtelte Quadrate

3. Mauern aus 3, 6, 10 oder 15 gleich großen Quadraten

4. Quadrate mit 2, 4, 8 und 9 gleichen Teilen

5. Schöne Muster aus Quadraten

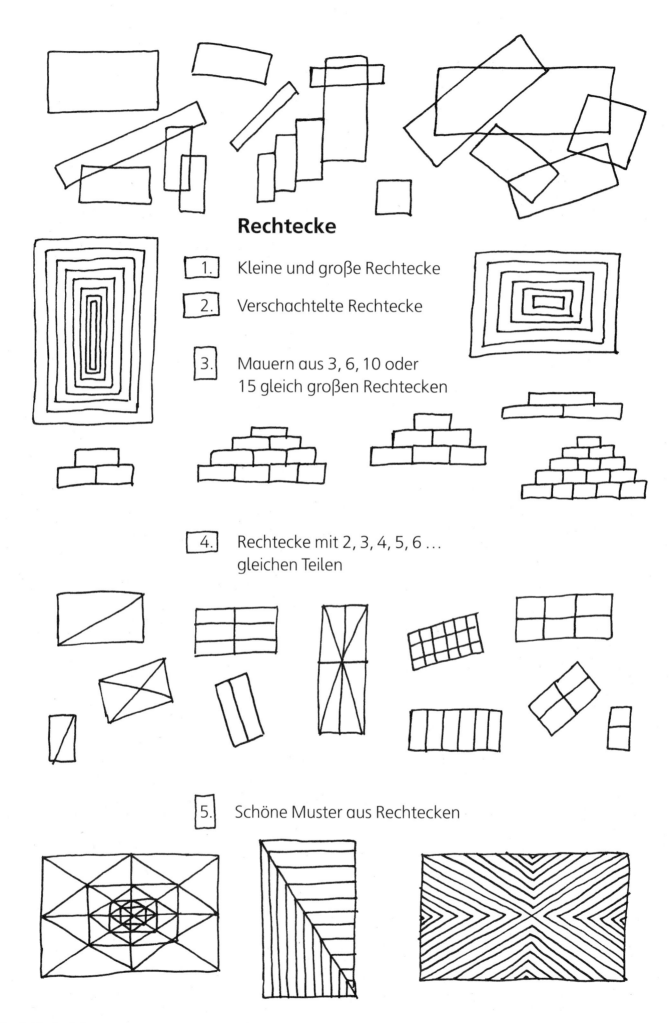

Rechtecke

1. Kleine und große Rechtecke
2. Verschachtelte Rechtecke
3. Mauern aus 3, 6, 10 oder 15 gleich großen Rechtecken
4. Rechtecke mit 2, 3, 4, 5, 6 … gleichen Teilen
5. Schöne Muster aus Rechtecken

Lernzielkontrollen

Auf den folgenden Seiten finden sich schriftliche Lernzielkontrollen, die am Ende der folgenden sechs Themenblöcke stehen:

- Orientierung im Hunderterraum I (Lernzielkontrolle 1)
- Orientierung im Hunderterraum II (Lernzielkontrolle 2)
- Integrierende Übungen (Lernzielkontrolle 3)
- Einführung von Multiplikation und Division (Lernzielkontrolle 4)
- Vertiefung der Addition und Subtraktion (Lernzielkontrolle 5)
- Ergänzende Übungen (Lernzielkontrolle 6)

Für jede der sechs Lernzielkontrollen werden zwei Versionen angeboten, eine Version A und eine Version B mit etwas höheren Anforderungen. Die beiden Versionen haben die gleiche Aufgabenstruktur, auf deren Grundlage durch Abwandlung der Aufgaben andere Kontrollen auf gleichem, tieferem oder höherem Niveau formuliert werden können.

Die Antworten der Kinder auf die Frage „Was fällt dir auf?" in den Lernzielkontrollen 3 und 6 werden sehr unterschiedlich ausfallen. Die angegebenen Stichworte beschreiben nur einige wichtige Aspekte der Struktur.

☐ Hinweis:
Wie schon im Abschnitt „Lern- und Leistungskontrolle" des Bandes 1 betont wurde, dürfen schriftliche Tests keinesfalls alleine zur Leistungsbewertung herangezogen werden, sondern sind durch mündliche Tests (insbesondere zum „Blitzrechnen") und andere Formen von Leistungsnachweisen zu ergänzen.

Bei der Gesamtbewertung kann man sich daran orientieren, dass für die Notenstufen 1 und 2 nicht nur reproduktive, sondern in entsprechendem Umfang auch produktive Leistungen im Sinne der allgemeinen Lernziele Mathematisieren (Sachrechnen), Explorieren, Argumentieren und Formulieren erforderlich sind.

Name: .... Klasse: .... Datum: ....

1 Wie viele?

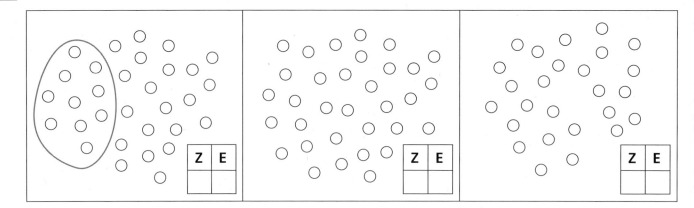

2

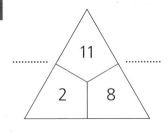   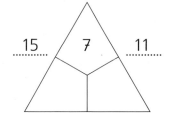   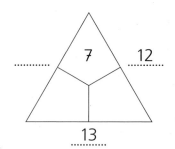

3 100 = 30 + ...   100 = 50 + ...   40 + ... = 100
100 = 20 + ...   100 = 10 + ...   70 + ... = 100
100 = 60 + ...   100 = 90 + ...   80 + ... = 100

4 30 + 40 = ...   90 − 40 = ...   30 + ... = 80
20 + 50 = ...   70 − 60 = ...   10 + ... = 40
80 + 10 = ...   50 − 10 = ...   70 + ... = 90

5 Schreibe die Zahlen.

   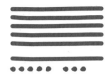      

....

6 Zeichne die Zahlbilder.

24   31   42   56

Das Zahlenbuch 2   Lernzielkontrolle 1A (1)

Name: .... Klasse: .... Datum: ....

7 Schreibe die Nachbarzahlen.

........, 16, ..., 49, ..., 30, ..., 38, ...
........, 26, ..., 59, ..., 50, ..., 72, ...
........, 36, ..., 69, ..., 70, ..., 91, ...

8 Wie geht es weiter?

22, 24, 26, ..., ..., ..., ...
33, 44, 55, ..., ..., ..., ...
65, 70, 75, ..., ..., ..., ...
73, 72, 71, ..., ..., ..., ...
88, 86, 84, ..., ..., ..., ...

9

| Lukas kauft: | Er gibt: | Anna kauft: | Sie gibt: |

Wie viel Euro bekommt er zurück?
Er bekommt .... Euro zurück.

Wie viel Cent bekommt sie zurück?
Sie bekommt .... Cent zurück.

Name: .... Klasse: .... Datum: ....

1 Wie viele?

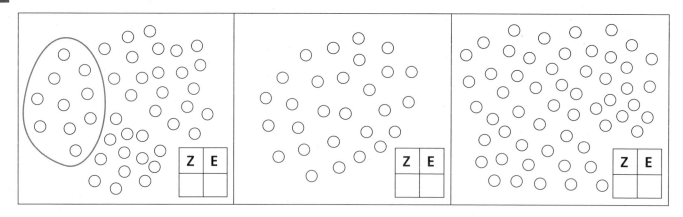

2

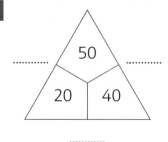 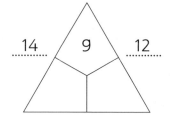 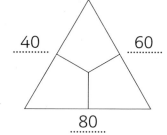

3 100 = 70 + ...   100 = 50 + ...   60 + ... = 100
100 = 80 + ...   100 = 90 + ...   30 + ... = 100
100 = 40 + ...   100 = 10 + ...   20 + ... = 100

4 20 + 40 = ...   70 − 20 = ...   20 + ... = 50
60 + 30 = ...   50 − 30 = ...   40 + ... = 70
90 + 10 = ...   80 − 40 = ...   30 + ... = 90

5 Schreibe die Zahlen.

....

6 Zeichne die Zahlbilder.

23   41   32   57

Das Zahlenbuch 2

Name: .... **Klasse:** .... **Datum:** ....

7 Schreibe die Nachbarzahlen.

........, 47, ..., 29, ..., 40, ..., 56, ...
........, 57, ..., 39, ..., 70, ..., 92, ...
........, 67, ..., 49, ..., 90, ..., 71, ...

8 Wie geht es weiter?

32, 34, 36, ..., ..., ..., ...   53, 52, 51, ..., ..., ..., ...
11, 22, 33, ..., ..., ..., ...   68, 66, 64, ..., ..., ..., ...
35, 40, 45, ..., ..., ..., ...   74, 69, 64, ..., ..., ..., ...
9, 18, 27, ..., ..., ..., ...   5, 50, 10, 45, ..., ..., ...

9 Simon kauft: Er gibt: Elisa kauft: Sie gibt:

Wie viel Euro bekommt er zurück?   Wie viel Cent bekommt sie zurück?
Er bekommt .... Euro zurück.   Sie bekommt .... Cent zurück.

Name: .... Klasse: .... Datum: ....

1 Ordne am Rechenstrich: 14, 61, 40, 70, 28, 59, 13, 41

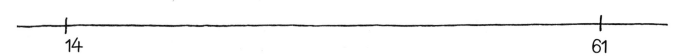

2

43 + 10 = ...
43 − 10 = ...

36 + 10 = ...
36 − ..... = ...

71 + ... = ...
..... − ..... = ...

52 + 5 = ...
52 − 5 = ...

87 + ... = ...
..... − ..... = ...

..... + ... = ...
..... − ..... = ...

3 Ergänze bis 100.

30 + ... = 100   50 + ... = 100   88 + ... = 100
25 + ... = 100   51 + ... = 100   97 + ... = 100
75 + ... = 100   49 + ... = 100   69 + ... = 100

4 a) Wie viel Euro?   b) Wie viel Cent?

5 Lege und zeichne mit möglichst wenigen Scheinen und Münzen.

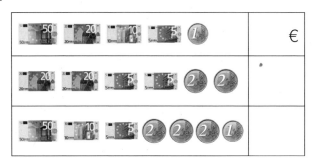

	32 €
	41 €
	64 €

	12 ct
	25 ct
	36 ct

Name: .... **Klasse:** .... **Datum:** ....

6 Sonja hat in ihrer Geldbörse genau drei Scheine.
Sie hat insgesamt weniger als 50 Euro.
Welche Scheine können es sein?
Finde sechs verschiedene Lösungen.

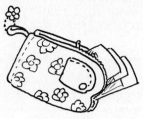

....

....

7 Zeichne Strecken mit folgenden Längen:

4 cm ⊢——

8 cm ⊢——

14 cm ⊢——

8 Miss in der Figur die folgenden Strecken:

$\overline{AB}$ = ... cm

$\overline{CE}$ = ... cm

$\overline{BL}$ = ... cm

$\overline{DK}$ = ... cm

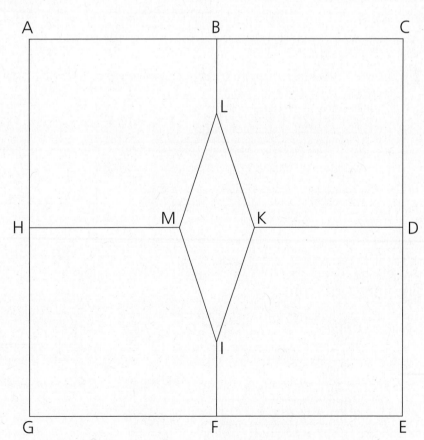

Name: .... Klasse: .... Datum: ....

1 Ordne am Rechenstrich: 24, 81, 43, 29, 60, 30, 79, 42

```
————|————————————————————————————|————
    24                                                         81
```

2

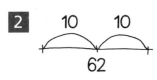

62 + 10 = ...
62 − 10 = ...

26 + 10 = ...
26 − ..... = ...

81 + ... = ...
..... − ..... = ...

35 + 5 = ...
35 − 5 = ...

27 + ... = ...
..... − ..... = ...

..... + ... = ...
..... − ..... = ...

3 Ergänze bis 100.

40 + ... = 100
35 + ... = 100
85 + ... = 100

60 + ... = 100
61 + ... = 100
59 + ... = 100

78 + ... = 100
84 + ... = 100
39 + ... = 100

4 Lege und zeichne mit möglichst wenigen Scheinen und Münzen.

20 20 5 (1)	46 €
	59 €
	72 €

	14 ct
	26 ct
	29 ct

5 Immer 40 Euro

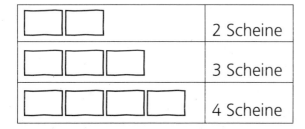
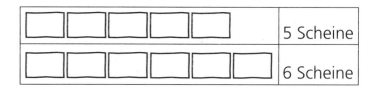

Das Zahlenbuch 2 — Lernzielkontrolle 2B (1)

Name: .... **Klasse:** .... **Datum:** ....

6 Tom hat in seiner Geldbörse drei verschiedene Scheine.
Er hat insgesamt weniger als 100 Euro.
Welche Scheine können es sein?
Finde möglichst viele Lösungen.

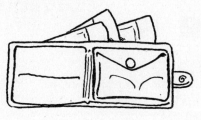

....

....

7 Zeichne Strecken mit folgenden Längen:

5 cm ├──┤

9 cm ├──┤

13 cm ├──┤

8 Miss in der Figur die folgenden Strecken:

$\overline{AB}$ = ... cm

$\overline{DC}$ = ... cm

$\overline{BF}$ = ... cm

$\overline{CG}$ = ... cm

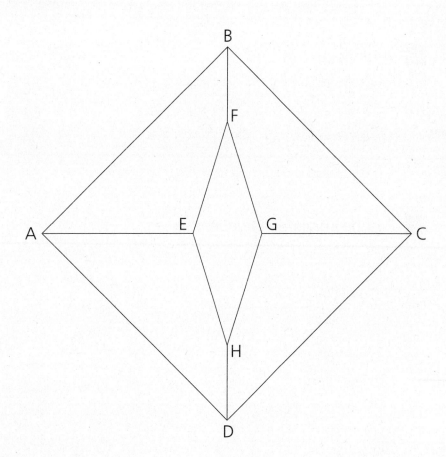

Das Zahlenbuch 2 Lernzielkontrolle 2B (2)

Name: .... Klasse: .... Datum: ....

1 a)

Start	− 7 →	− 3 →	Ziel
37	....		....
51	....		....
48	....		....
23	....		....

b) Was fällt dir auf?
....
....
....
....

c)

Start	+ 14 →	+ 6 →	− 20 →	Ziel
35	....	....		....
61	....	....		....
28	....	....		....
55	....	....		....

d) Was fällt dir auf?
....
....
....
....

2 8 + 6 = ...   5 + 9 = ...   **3** 85 − 20 = ...   93 − 22 = ...
    28 + 26 = ...   15 + 29 = ...   73 − 40 = ...   67 − 43 = ...
    48 + 46 = ...   35 + 19 = ...   91 − 3 = ...   18 − 14 = ...
    47 + 47 = ...   35 + 20 = ...   64 − 34 = ...   54 − 36 = ...

4 Verdoppeln

20 + 20 = ...   11 + 11 = ...
15 + 15 = ...   12 + 12 = ...
10 + 10 = ...   13 + 13 = ...

5 Halbieren

60 = 30 + 30   44 = ... + ...
62 = ... + ...   48 = ... + ...
64 = ... + ...   50 = ... + ...

6 Rechne immer 4 Aufgaben.

13 + 26 = ...
26 + 13 = ...
39 − 13 = ...
39 − 26 = ...

Das Zahlenbuch 2   Lernzielkontrolle 3A (1)

Name: .... Klasse: .... Datum: ....

7

TIERPARK

Erwachsene 👤 5 Euro

Kinder 👤 3 Euro

Berechne die Eintrittspreise.

a) 👤👤👤 .... €

b) 👤👤👤👤 .... €

c) 👤👤👤👤👤👤 .... €

8 In einer Klasse sind 28 Kinder.
Es sind 2 Jungen mehr als Mädchen.
a) Wie viele Jungen und wie viele Mädchen sind in der Klasse?
....
....

b) Wie heißt die Lehrerin?
....

9 Wie viele Würfel?

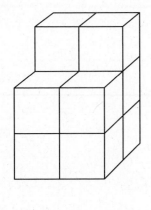

....

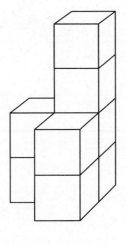

....

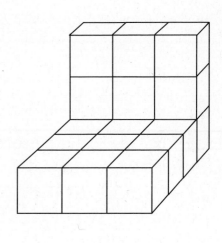

....

Name: .... Klasse: .... Datum: ....

1 a)

Start	+13 →	+7 →	−20 →	Ziel
45	....	....		....
32	....	....		....
68	....	....		....
71	....	....		....

b) Was fällt dir auf?

....
....
....
....

c)

Start	+18 →	−0 →	Ziel
26	....		44
34	....		....
42	....		....
11	....		....

d) Was fällt dir auf?

....
....
....
....

2 7 + 4 = ...   8 + 5 = ...
27 + 24 = ...   18 + 25 = ...
47 + 44 = ...   38 + 15 = ...
48 + 43 = ...   40 + 15 = ...

3 63 − 30 = ...   83 − 33 = ...
52 − 40 = ...   57 − 43 = ...
71 − 4 = ...   67 − 24 = ...
96 − 36 = ...   44 − 16 = ...

4 Verdoppeln

40 + 40 = ...   21 + 21 = ...
35 + 35 = ...   22 + 22 = ...
30 + 30 = ...   23 + 23 = ...

5 Halbieren

80 = 40 + 40   64 = ... + ...
82 = ... + ...   74 = ... + ...
84 = ... + ...   94 = ... + ...

6 Trage die Zahlen passend in die Zahlenmauern ein.

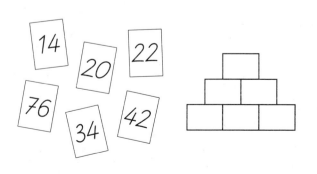 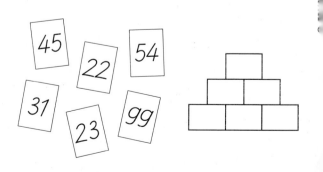

Name: .... Klasse: .... Datum: ....

7

TIERPARK

Erwachsene 🚹 5 Euro

Kinder 🚹 3 Euro

Berechne die Eintrittspreise.

a)  🚹🚹🚹   .... €

b)  🚹🚹🚹🚹🚹   .... €

c) Familie Eker zahlt 22 Euro Eintritt.
   Wie viele Erwachsene und wie viele
   Kinder sind es?

   ....

   ....

8 In einer Klasse sind 26 Kinder.
Es sind 4 Jungen weniger als Mädchen.
a) Wie viele Jungen und wie viele Mädchen sind in der Klasse?

....

....

b) Wie viele Kinder sind in der Klasse?

....

9 Wie viele Würfel?

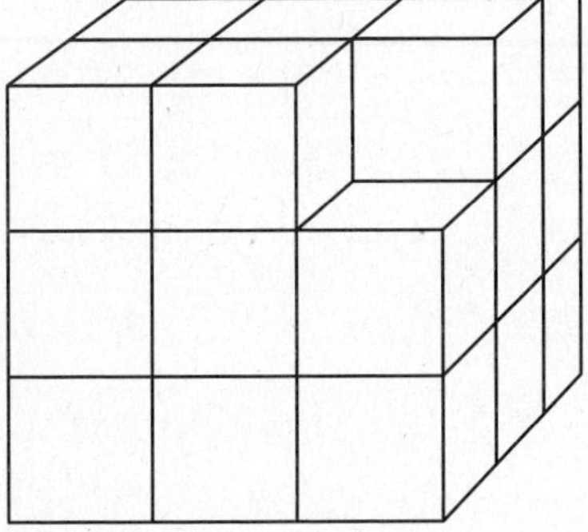

....

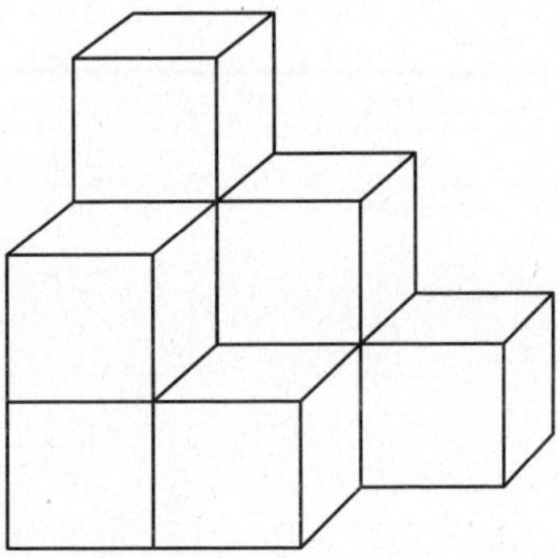

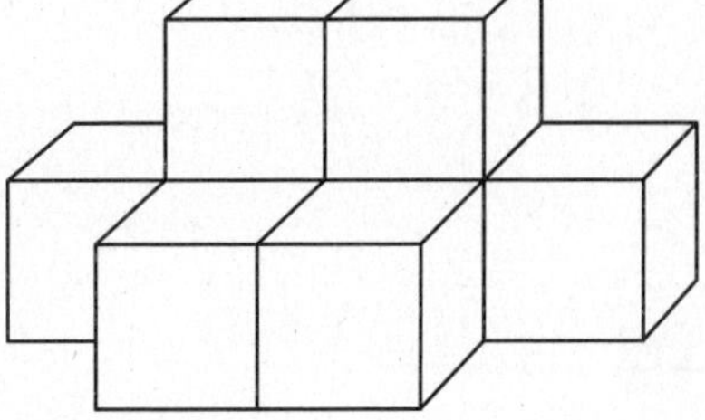

Das Zahlenbuch 2 — Lernzielkontrolle 3B (2)

Name: .... Klasse: .... Datum: ....

1 Finde immer eine Malaufgabe und rechne.

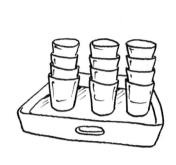  

3 · 4 = ... · ...... = ... · ...... = ...

2 Wie viele?

  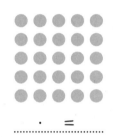

...... · ...... = ... · ...... = ... · ...... = ... · ...... = ... · ...... = ...

3 Zeichne und rechne.

2 · 4 = ...   4 · 4 = ...   3 · 5 = ...   4 · 2 = ...

4 1 · 5 = ...   1 · 4 = ...   1 · 8 = ...   1 · 7 = ...
    2 · 5 = ...   2 · 4 = ...   2 · 8 = ...   2 · 7 = ...
    5 · 5 = ...   5 · 4 = ...   5 · 8 = ...   5 · 7 = ...
    10 · 5 = ...   10 · 4 = ...   10 · 8 = ...   10 · 7 = ...

5 5 · 3 = ...   5 · 9 = ...   2 · 6 = ...   2 · 3 = ...
    6 · 3 = ...   6 · 9 = ...   4 · 6 = ...   4 · 3 = ...
    7 · 3 = ...   7 · 9 = ...   8 · 6 = ...   8 · 3 = ...

Das Zahlenbuch 2   Lernzielkontrolle 4A (1)

Name:................................ Klasse: .... Datum:.....................

6 Zeichne und rechne.

Verteile 20 Dauerlutscher an 5 Kinder.	32 Äpfel sollen in Tüten mit jeweils 4 Äpfeln aufgeteilt werden.
Wie viele Lutscher bekommt jeder? Jeder bekommt .... Lutscher.	Wie viele Tüten braucht man? Man braucht .... Tüten.

7 Immer 1 Stunde.

45 min + ... min   53 min + ... min
30 min + ... min   40 min + ... min
55 min + ... min   15 min + ... min

8 Wie spät ist es?

.... Uhr   .... Uhr   .... Uhr   .... Uhr   .... Uhr
.... Uhr   .... Uhr   .... Uhr   .... Uhr   .... Uhr

9

Praxis Birgit Ries
Krankengymnastik
Sprechstunde:
Mo   Di   Mi   Do   Fr
9–12 9–12   –   9–12 9–12
16–18 –   16–18 18–20 –

Wie viele Stunden ist die Praxis geöffnet?

a) Montag .... Stunden

b) Mittwoch .... Stunden

c) Donnerstag .... Stunden

d) In der Woche .... Stunden

Name: .... Klasse: .... Datum: ....

1 Finde immer eine Malaufgabe und rechne.

3 · 4 = ... · .... = ... · .... = ...

2 Wie viele?

.... · .... = ... · .... = ... · .... = ... · .... = ... · .... = ...

3 Zeichne und rechne.

3 · 3 = ...   2 · 4 = ...   4 · 5 = ...   6 · 2 = ...

4 1 · 4 = ...   1 · 7 = ...   1 · 6 = ...   1 · 9 = ...
    2 · 4 = ...   2 · 7 = ...   2 · 6 = ...   2 · 9 = ...
    5 · 4 = ...   5 · 7 = ...   5 · 6 = ...   5 · 9 = ...
   10 · 4 = ...   10 · 7 = ...   10 · 6 = ...   10 · 9 = ...

5 5 · 5 = ...   5 · 8 = ...   2 · 3 = ...   2 · 2 = ...
    6 · 5 = ...   6 · 8 = ...   4 · 3 = ...   4 · 2 = ...
    7 · 5 = ...   7 · 8 = ...   8 · 3 = ...   8 · 2 = ...

..Name:.. Klasse: .... Datum:.........................

6 Zeichne und rechne.

Verteile 24 Bonbons an 6 Kinder.	28 Kinder sind in der Klasse. Es sitzen immer 4 Kinder an einem Tisch.
Wie viele Bonbons bekommt jeder? Jeder bekommt .... Bonbons.	Wie viele Tische sind das? Es sind .... Tischgruppen.

7 Immer 1 Stunde.

35 min + ... min   44 min + ... min
50 min + ... min   57 min + ... min
25 min + ... min   31 min + ... min

8 Wie spät ist es?

.... Uhr   .... Uhr   .... Uhr   .... Uhr   .... Uhr
.... Uhr   .... Uhr   .... Uhr   .... Uhr   .... Uhr

9 Es ist jetzt 8:30 Uhr. Wie spät ist es

a) in 2 Stunden? .... Uhr   b) in 30 Minuten? .... Uhr

c) in 45 Minuten? .... Uhr   d) in 12 Stunden? .... Uhr

10

Praxis Tina Röbe
Logopädin

Sprechstunde:
Mo	Di	Mi	Do	Fr
11 – 13	11 – 13	–	10 – 12	10 – 12
15 – 18	15 – 18	15 – 18	15 – 18	15 – 18

Wie viele Stunden ist die Praxis geöffnet?

a) Montag .... Stunden

b) Mittwoch .... Stunden

c) Donnerstag .... Stunden

d) In der Woche .... Stunden

Name: .... Klasse: .... Datum: ....

1 Schreibe deinen Rechenweg auf.

35 + 42 = ...   29 + 36 = ...   46 + 21 = ...   53 + 18 = ...

2 57 − 24 = ...   63 − 35 = ...   69 − 47 = ...   71 − 56 = ...

3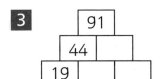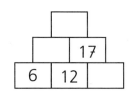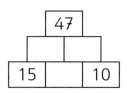

4 Trage diese sechs Zahlen passend in die Zahlenmauer ein:
72, 37, 35, 23, 21, 14

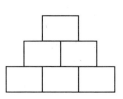

5 Rechne geschickt und schreibe deinen Rechenweg auf.

38 + 29 = ...   62 + 19 = ...   49 + 14 = ...

65 − 29 = ...   81 − 59 = ...   38 − 19 = ...

Das Zahlenbuch 2 — Lernzielkontrolle 5A (1)

Name: .... Klasse: .... Datum: ....

6

Eiscafe Pisa

Kugel	0,50 €
Erdbeerbecher	4,50 €
Bananensplit	4,00 €
Spagetti-Eis	3,50 €
Schokobecher	5,50 €
Biene-Maja-Eis	4,00 €

a) Hendrik kauft 5 Kugeln Eis. [?]

....
....

b) Medina bestellt für ihre Freundin einen Erdbeerbecher und für sich ein Spagetti-Eis. [?]

....
....

c) Linda geht mit ihrer Schwester und den Eltern Eis essen. Jeder bestellt einen Schokobecher. [?]

....
....

7 Funke-Grundschule

Klasse	1a	1b	2a	2b	3a	3b	4a	4b
Anzahl der Kinder	29	28	25	25	28	27	18	20

a) In welcher Klasse sind die meisten Kinder?

....

b) In welcher Klasse sind die wenigsten Kinder?

....

c) Wie viele Kinder sind im 1., 2., 3. und 4. Schuljahr?

1. Schuljahr	
2. Schuljahr	
3. Schuljahr	
4. Schuljahr	

Name: .... Klasse: .... Datum: ....

1 Schreibe deinen Rechenweg auf.

45 + 22 = ...   39 + 56 = ...   33 + 29 = ...   67 + 25 = ...

2 47 − 25 = ...   73 − 56 = ...   91 − 77 = ...   52 − 49 = ...

3
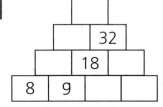
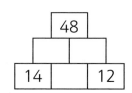
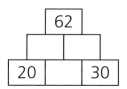

4 Trage diese sechs Zahlen passend in die Zahlenmauer ein:
83, 49, 34, 33, 16, 18

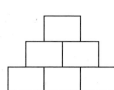

5 Trage diese sechs Zahlen passend in das Rechendreieck ein:
58, 45, 37, 33, 25, 12

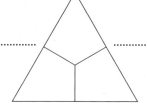

6 Rechne geschickt und schreibe deinen Rechenweg auf.

48 + 19 = ...   52 + 39 = ...   29 + 64 = ...

75 − 49 = ...   61 − 29 = ...   48 − 19 = ...

Das Zahlenbuch 2 — Lernzielkontrolle 5B (1)

Name: .... Klasse: .... Datum: ....

7

Eiscafe Pisa
- Kugel 0,50 €
- Erdbeerbecher 4,50 €
- Bananensplit 4,00 €
- Spagetti-Eis 3,50 €
- Schokobecher 5,50 €
- Biene-Maja-Eis 4,00 €

a) Leonie bestellt für ihre Freundin einen Schokobecher und für sich 6 Kugeln Vanille. [?]

....

....

b) Jakob geht mit seiner Schwester und den Eltern Eis essen. Jeder bestellt Spagetti-Eis. [?]

....

....

c) Nils hat 11 Euro. Er will für zwei Freunde und für sich Biene-Maja-Eis bestellen. [?]

....

....

8 Marienborn-Grundschule

Klasse	1a	1b	1c	2a	2b	2c	3a	3b	3c	4a	4b
Anzahl der Kinder	24	25	24	27	26	26	23	24	24	27	28

a) In welcher Klasse sind die meisten Kinder?

....

b) In welcher Klasse sind die wenigsten Kinder?

....

c) Wie viele Kinder sind im 1., 2., 3. und 4. Schuljahr?
Lege eine Tabelle an.

Name: .... Klasse: .... Datum: ....

1

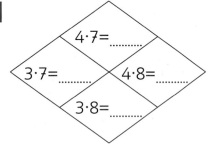
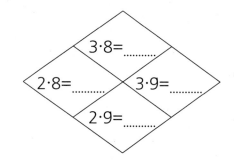

2 Setze fort.

2 · 2 = ...   2 · 3 = ...
3 · 3 = ...   3 · 4 = ...
4 · 4 = ...   4 · 5 = ...
.... · .... = ... · .... = ...
.... · .... = ... · .... = ...
.... · .... = ... · .... = ...

3 20 : 4 = ...   24 : 6 = ...   27 : 9 = ...   12 : 3 = ...
32 : 4 = ...   42 : 6 = ...   35 : 7 = ...   36 : 6 = ...
16 : 4 = ...   18 : 6 = ...   45 : 5 = ...   64 : 8 = ...

4

16 : 5 = ... R ....   14 : 6 = ... R ....   24 : 7 = ... R ....

5 ..... + 13 = 46   ..... − 25 = 35   ..... · 3 = 18   ..... : 4 = 3
..... + 29 = 59   ..... − 20 = 46   ..... · 9 = 36   ..... : 6 = 2
..... + 36 = 71   ..... − 15 = 30   ..... · 7 = 21   ..... : 5 = 6

Das Zahlenbuch 2   Lernzielkontrolle 6A (1)

Name: .... Klasse: .... Datum: ....

6 Schöne Päckchen. Setze fort. Beschreibe die Muster.

33 + 63 = ...
43 + 53 = ...
53 + 43 = ...
63 + ... = ...
..... + ... = ...

44 − 24 = ...
45 − 23 = ...
46 − 22 = ...
47 − ..... = ...
..... − ..... = ...

7 Moritz ist 145 cm groß.
Seine Mutter ist 170 cm groß.
Berechne den Unterschied.

8 Senem ist 126 cm groß.
Sie ist doppelt so groß wie ihr kleiner Bruder.
Wie groß ist der Bruder?

9 Aylin fuhr am 25. Juli zu ihrer Oma
und kam am 3. August wieder nach Hause.
Wie viele Nächte hat sie bei der Oma geschlafen?

Name: .... Klasse: .... Datum: ....

1

4·6= ....
3·6= ....   4·7= ....
3·7= ....

3·9= ....
2·9= ....   3·10= ....
2·10= ....

8·8= ....
7·8= ....   8·9= ....
7·9= ....

....·....=12
2·4= ....·....=15
2·5= ....

2 Setze fort.

4 · 4 = ...	4 · 3 = ...	7 · 3 = ...
5 · 5 = ...	5 · 4 = ...	6 · 4 = ...
6 · 6 = ...	6 · 5 = ...	5 · 5 = ...
....·.... = ...	....·.... = ...	....·.... = ...
....·.... = ...	....·.... = ...	....·.... = ...
....·.... = ...	....·.... = ...	....·.... = ...

3

30 : 6 = ...   12 : 4 = ...   63 : 9 = ...   15 : 3 = ...
18 : 6 = ...   36 : 4 = ...   42 : 7 = ...   49 : 7 = ...
54 : 6 = ...   24 : 4 = ...   25 : 5 = ...   32 : 8 = ...

4

21 : 5 = ... R ....

18 : 4 = ... R ....

27 : 8 = ... R ....

5 Finde Aufgaben mit dem Ergebnis 45.

...... + ... = 45
...... − ...... = 45
...... · ...... = 45

Name: .... Klasse: .... Datum: ....

6 Schöne Päckchen. Setze fort. Beschreibe die Muster.

82 + 2 = ...
72 + 13 = ...
62 + 24 = ...
52 + ... = ...
...... + ... = ...

71 − 69 = ...
72 − 68 = ...
73 − 67 = ...
74 − ...... = ...
...... − ...... = ...

7
...... + 12 = 36   ...... − 22 = 46   ...... · 4 = 20   ...... : 4 = 6
...... + 39 = 49   ...... − 40 = 51   ...... · 9 = 45   ...... : 7 = 3
35 + ... = 71   45 − ...... = 30   ...... · 8 = 56   ...... : 2 = 9
12 + ... = 55   63 − ...... = 28   ...... · 5 = 35   ...... : 6 = 6

8 Leah ist 125 cm groß. Ihr Vater ist 183 cm groß.
Berechne den Unterschied.

....

9 Jonas ist 136 cm groß.
Er ist doppelt so groß wie sein kleiner Bruder.
Wie groß ist der Bruder?

....

10 Memet fuhr am 15. Juli zu seinen Großeltern in die Türkei.
Am 22. August kam er zurück.
Wie viele Tage war er unterwegs?

....

Lösungen

LERNZIELKONTROLLE 1A (1)

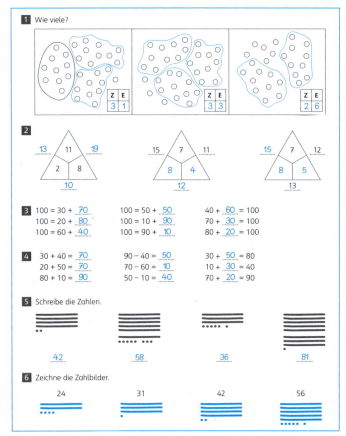

LERNZIELKONTROLLE 1A (2)

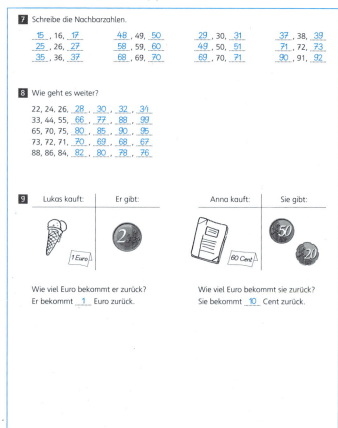

LERNZIELKONTROLLE 1B (1)

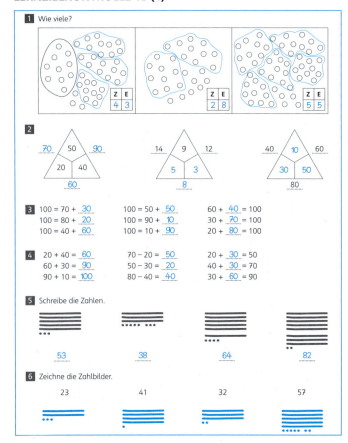

LERNZIELKONTROLLE 1B (2)

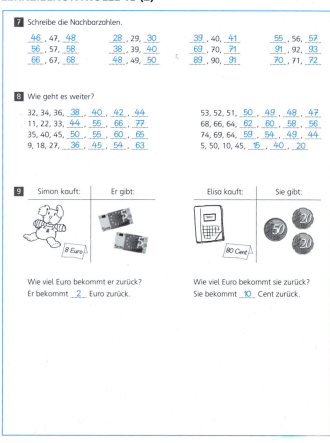

Lösungen

LERNZIELKONTROLLE 2A (1)

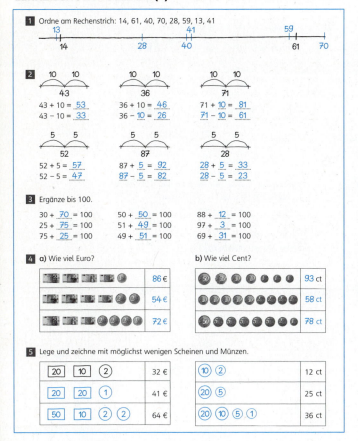

LERNZIELKONTROLLE 2A (2)

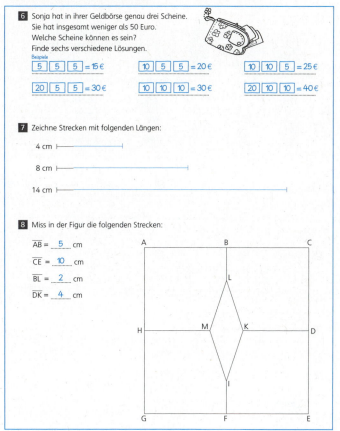

LERNZIELKONTROLLE 2B (1)

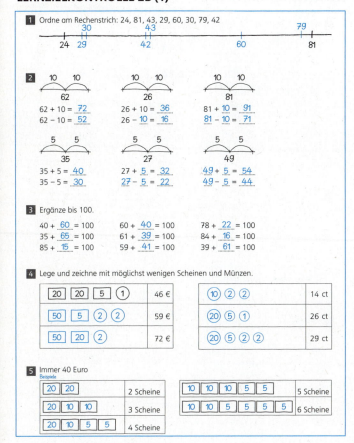

LERNZIELKONTROLLE 2B (2)

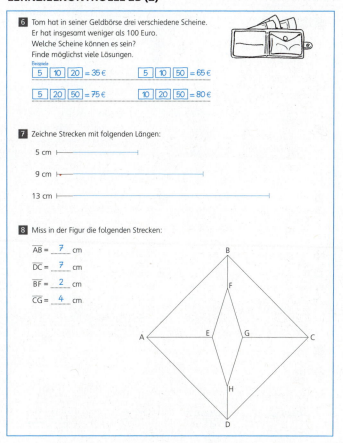

.... Lösungen

LERNZIELKONTROLLE 3A (1)

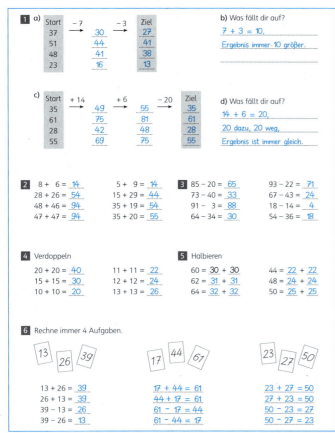

LERNZIELKONTROLLE 3A (2)

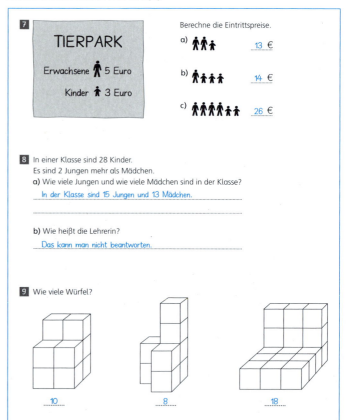

LERNZIELKONTROLLE 3B (1)

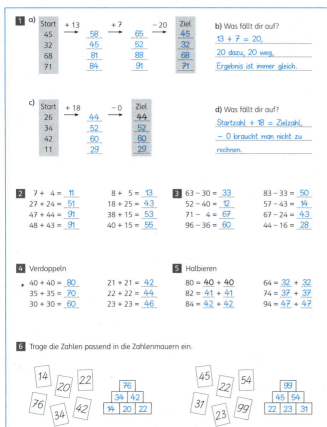

LERNZIELKONTROLLE 3B (2)

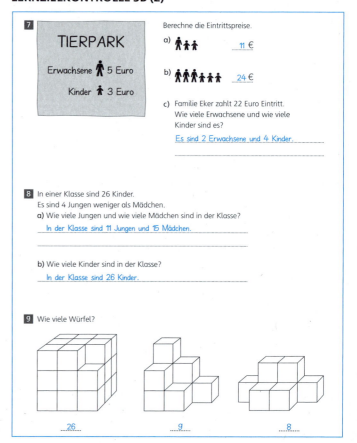

Lösungen

LERNZIELKONTROLLE 4A (1)

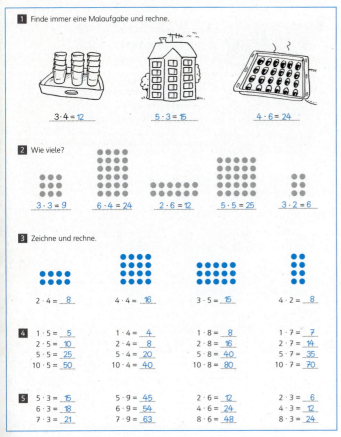

LERNZIELKONTROLLE 4A (2)

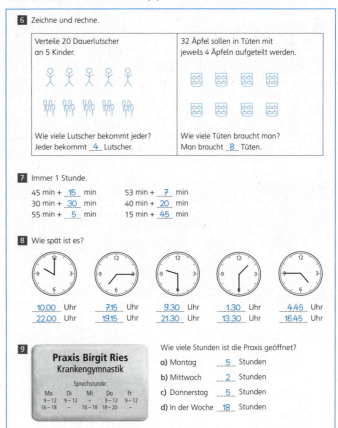

LERNZIELKONTROLLE 4B (1)

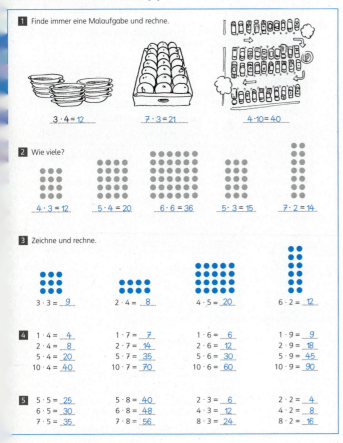

LERNZIELKONTROLLE 4B (2)

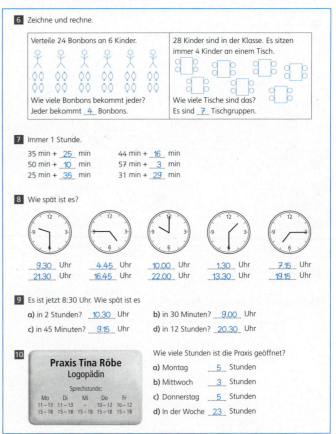

Lösungen

LERNZIELKONTROLLE 5A (1)

1 Schreibe deinen Rechenweg auf.

35 + 42 = 77   29 + 36 = 65   46 + 21 = 67   53 + 18 = 71

2 57 − 24 = 33   63 − 35 = 28   69 − 47 = 22   71 − 56 = 15

3
```
      91                35              47
   44  47             18  17         26  21
 19  25  22          6  12  5      15  11  10
```

4 Trage diese sechs Zahlen passend in die Zahlenmauer ein: 72, 37, 35, 23, 21, 14
```
      72
   35  37
 21  14  23
```

5 Rechne geschickt und schreibe deinen Rechenweg auf.

38 + 29 = 67   62 + 19 = 81   49 + 14 = 63

65 − 29 = 36   81 − 59 = 22   38 − 19 = 19

LERNZIELKONTROLLE 5A (2)

6

a) Hendrik kauft 5 Kugeln Eis.
Wie viel muss er bezahlen?
Er muss 2,50 Euro bezahlen.

b) Medina bestellt für ihre Freundin einen Erdbeerbecher und für sich ein Spagetti-Eis.
Wie viel muss sie bezahlen?
Sie muss 8 Euro bezahlen.

c) Linda geht mit ihrer Schwester und den Eltern Eis essen. Jeder bestellt einen Schokobecher.
Wieviel kostet es zusammen?
Zusammen kostet es 22 Euro.

7 Funke-Grundschule

Klasse	1a	1b	2a	2b	3a	3b	4a	4b
Anzahl der Kinder	29	28	25	25	28	27	18	20

a) In welcher Klasse sind die meisten Kinder?
In Klasse 1a sind die meisten Kinder.

b) In welcher Klasse sind die wenigsten Kinder?
In Klasse 4a sind die wenigsten Kinder.

c) Wie viele Kinder sind im 1., 2., 3. und 4. Schuljahr?

1. Schuljahr	57 Kinder
2. Schuljahr	50 Kinder
3. Schuljahr	55 Kinder
4. Schuljahr	38 Kinder

LERNZIELKONTROLLE 5B (1)

1 Schreibe deinen Rechenweg auf.

45 + 22 = 67   39 + 56 = 95   33 + 29 = 62   67 + 25 = 92

2 47 − 25 = 22   73 − 56 = 17   91 − 77 = 14   52 − 49 = 3

3
```
      67                48              62
   35  32            25  23          26  36
 17  18  14        14  11  12      20  6  30
    9  9  5
```

4 Trage diese sechs Zahlen passend in die Zahlenmauer ein: 83, 49, 34, 33, 16, 18
```
      83
   49  34
 33  16  18
```

5 Trage diese sechs Zahlen passend in das Rechendreieck ein: 58, 45, 37, 33, 25, 12 (Beispiel)

45 12 37
  33 25
    58

6 Rechne geschickt und schreibe deinen Rechenweg auf.

48 + 19 = 67   52 + 39 = 91   29 + 64 = 93

75 − 49 = 26   61 − 29 = 32   48 − 19 = 29

LERNZIELKONTROLLE 5B (2)

7

a) Leonie bestellt für ihre Freundin einen Schokobecher und für sich 6 Kugeln Vanille.
Wie viel muss sie bezahlen?
Sie muss 8,50 Euro bezahlen.

b) Jakob geht mit seiner Schwester und den Eltern Eis essen. Jeder bestellt Spagetti-Eis.
Wie viel kostet es zusammen?
Zusammen kostet es 14 Euro.

c) Nils hat 11 Euro. Er will für zwei Freunde und für sich Biene-Maja-Eis bestellen.
3 Becher Biene-Maja-Eis kosten zusammen 12 Euro.
Es fehlt 1 Euro.

8 Marienborn-Grundschule

Klasse	1a	1b	1c	2a	2b	2c	3a	3b	3c	4a	4b
Anzahl der Kinder	24	25	24	27	26	26	23	24	24	27	28

a) In welcher Klasse sind die meisten Kinder?
In Klasse 4b sind die meisten Kinder.

b) In welcher Klasse sind die wenigsten Kinder?
In Klasse 3a sind die wenigsten Kinder.

c) Wie viele Kinder sind im 1., 2., 3. und 4. Schuljahr? Lege eine Tabelle an.

1. Schuljahr	73 Kinder
2. Schuljahr	79 Kinder
3. Schuljahr	71 Kinder
4. Schuljahr	55 Kinder

Lösungen

LERNZIELKONTROLLE 6A (1)

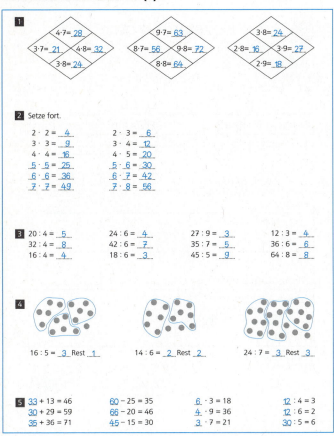

LERNZIELKONTROLLE 6A (2)

6 Schöne Päckchen. Setze fort. Beschreibe die Muster.

33 + 63 = 96
43 + 53 = 96   Erste Zahl immer 10 mehr,
53 + 43 = 96   zweite Zahl immer 10 weniger,
63 + 33 = 96   Ergebnis immer gleich.
73 + 23 = 96

44 − 24 = 20
45 − 23 = 22   Erste Zahl immer 1 mehr,
46 − 22 = 24   zweite Zahl immer 1 weniger,
47 − 21 = 26   Ergebnis immer 2 mehr.
48 − 20 = 28

7 Moritz ist 145 cm groß.
Seine Mutter ist 170 cm groß.
Berechne den Unterschied.

Mutter ist 25 cm größer als Moritz.

8 Senem ist 126 cm groß.
Sie ist doppelt so groß wie ihr kleiner Bruder.
Wie groß ist der Bruder?

Ihr Bruder ist 63 cm groß.

9 Aylin fuhr am 25. Juli zu ihrer Oma
und kam am 3. August wieder nach Hause.
Wie viele Nächte hat sie bei der Oma geschlafen?

Aylin hat 9 Nächte bei der Oma geschlafen.

LERNZIELKONTROLLE 6B (1)

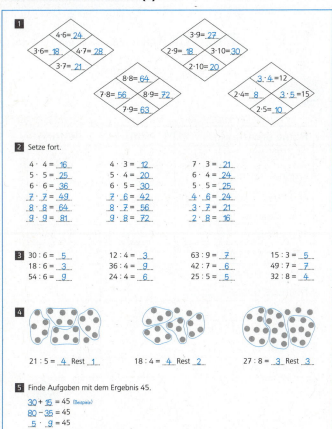

LERNZIELKONTROLLE 6B (2)

6 Schöne Päckchen. Setze fort. Beschreibe die Muster.

82 + 2 = 84
72 + 13 = 85   Erste Zahl immer 10 weniger,
62 + 24 = 86   zweite Zahl immer 11 mehr,
52 + 35 = 87   Ergebnis immer 1 mehr.
42 + 46 = 88

71 − 69 = 2
72 − 68 = 4   Erste Zahl immer 1 mehr,
73 − 67 = 6   zweite Zahl immer 1 weniger,
74 − 66 = 8   Ergebnis immer 2 mehr.
75 − 65 = 10

7
24 + 12 = 36   68 − 22 = 46   5 · 4 = 20   24 : 4 = 6
10 + 39 = 49   91 − 40 = 51   5 · 9 = 45   21 : 7 = 3
35 + 36 = 71   45 − 15 = 30   7 · 8 = 56   18 : 2 = 9
12 + 43 = 55   63 − 35 = 28   7 · 5 = 35   36 : 6 = 6

8 Leah ist 125 cm groß. Ihr Vater ist 183 cm groß.
Berechne den Unterschied.

Vater ist 58 cm größer als Leah.

9 Jonas ist 136 cm groß.
Er ist doppelt so groß wie sein kleiner Bruder.
Wie groß ist der Bruder?

Sein Bruder ist 68 cm groß.

10 Memet fuhr am 15. Juli zu seinen Großeltern in die Türkei.
Am 22. August kam er zurück.
Wie viele Tage war er unterwegs?

Memet war 39 Tage unterwegs.

Lernzielkontrollen – Lösungen

Blitzrechenpass

Blitzrechenpass

....
Name

hat am .... die Schlussprüfung im Blitzrechnen zum Zahlenbuch 2 abgelegt.

....

....
Bemerkungen

....
Unterschrift   Stempel

Einzelprüfungen

Name der Übung	1. Prüfung	2. Prüfung
Wie viele?		
Ergänzen zum Zehner		
Zählen in Schritten		
Ergänzen bis 100		
100 teilen		
Verdoppeln/Halbieren		
Einfache Plus- und Minusaufgaben		
Zerlegen		
Einmaleins am Feld/ am Plan		
Einmaleins vermischt		

Blitzrechenpass

....
Name

hat am .... die Schlussprüfung im Blitzrechnen zum Zahlenbuch 2 abgelegt.

....

....
Bemerkungen

....
Unterschrift   Stempel

Einzelprüfungen

Name der Übung	1. Prüfung	2. Prüfung
Wie viele?		
Ergänzen zum Zehner		
Zählen in Schritten		
Ergänzen bis 100		
100 teilen		
Verdoppeln/Halbieren		
Einfache Plus- und Minusaufgaben		
Zerlegen		
Einmaleins am Feld/ am Plan		
Einmaleins vermischt		